CONTABILIDADE
TRIBUTÁRIA

O GEN | Grupo Editorial Nacional – maior plataforma editorial brasileira no segmento científico, técnico e profissional – publica conteúdos nas áreas de ciências sociais aplicadas, exatas, humanas, jurídicas e da saúde, além de prover serviços direcionados à educação continuada e à preparação para concursos.

As editoras que integram o GEN, das mais respeitadas no mercado editorial, construíram catálogos inigualáveis, com obras decisivas para a formação acadêmica e o aperfeiçoamento de várias gerações de profissionais e estudantes, tendo se tornado sinônimo de qualidade e seriedade.

A missão do GEN e dos núcleos de conteúdo que o compõem é prover a melhor informação científica e distribuí-la de maneira flexível e conveniente, a preços justos, gerando benefícios e servindo a autores, docentes, livreiros, funcionários, colaboradores e acionistas.

Nosso comportamento ético incondicional e nossa responsabilidade social e ambiental são reforçados pela natureza educacional de nossa atividade e dão sustentabilidade ao crescimento contínuo e à rentabilidade do grupo.

MARCELO COLETTO **POHLMANN**

2ª EDIÇÃO
CONTABILIDADE
TRIBUTÁRIA

- O autor deste livro e a editora empenharam seus melhores esforços para assegurar que as informações e os procedimentos apresentados no texto estejam em acordo com os padrões aceitos à época da publicação, *e todos os dados foram atualizados até a data de fechamento do livro.* Entretanto, tendo em conta a evolução das ciências, as atualizações legislativas, as mudanças regulamentares governamentais e o constante fluxo de novas informações sobre os temas que constam do livro, recomendamos enfaticamente que os leitores consultem sempre outras fontes fidedignas, de modo a se certificarem de que as informações contidas no texto estão corretas e de que não houve alterações nas recomendações ou na legislação regulamentadora.

- Data de fechamento do livro: 01/11/2023

- O autor e a editora se empenharam para citar adequadamente e dar o devido crédito a todos os detentores de direitos autorais de qualquer material utilizado neste livro, dispondo-se a possíveis acertos posteriores caso, inadvertida e involuntariamente, a identificação de algum deles tenha sido omitida.

- **Atendimento ao cliente: (11) 5080-0751 | faleconosco@grupogen.com.br**

- Direitos exclusivos para a língua portuguesa
Copyright © 2024 *by*
Editora Atlas Ltda.
Uma editora integrante do GEN | Grupo Editorial Nacional
Travessa do Ouvidor, 11
Rio de Janeiro – RJ – 20040-040
www.grupogen.com.br

- Reservados todos os direitos. É proibida a duplicação ou reprodução deste volume, no todo ou em parte, em quaisquer formas ou por quaisquer meios (eletrônico, mecânico, gravação, fotocópia, distribuição pela Internet ou outros), sem permissão, por escrito, da Editora Atlas Ltda.

- A 1ª edição foi publicada pela Editora IESDE.

- Capa: Manu | OFÁ Design

- Imagem de capa: RHJ | istockphoto

- Editoração eletrônica: LBA Design

- Ficha catalográfica

CIP-BRASIL. CATALOGAÇÃO NA PUBLICAÇÃO
SINDICATO NACIONAL DOS EDITORES DE LIVROS, RJ

P811c
2. ed.
Pohlmann, Marcelo Coletto
Contabilidade tributária / Marcelo Coletto Pohlmann. – 2. ed. – Barueri [SP]: Atlas, 2024.

Inclui bibliografia
ISBN 978-65-5977-586-6

1. Contabilidade tributária – Brasil. 2. Tributação – Brasil. 3. Reforma tributária – Brasil. I. Título.

24-87743

CDD: 657.46
CDU: 657:336.22

Gabriela Faray Ferreira Lopes – Bibliotecária – CRB-7/6643

Dedico esta obra aos meus pais, Carlos e Jurema,
pelas orientações, pelo empenho e pelo carinho que me propiciaram;

à minha esposa,
Márcia, pelo amor e pela felicidade que me proporciona no nosso convívio diário;

e ao meu filho, Miguel,
por ter me permitido a experiência de ser pai!

SOBRE O AUTOR

Marcelo Coletto Pohlmann é advogado tributarista e sócio da Tessari & Pohlmann Advogados Associados. Doutor e Mestre em Contabilidade pela Universidade de São Paulo (USP). Especialista em Integração Econômica e Direito Internacional Fiscal pela Escola de Administração Fazendária (Esaf)/Fundação Getulio Vargas (FGV)/Universidade de Münster, na Alemanha. Graduado em Ciências Contábeis e em Direito pela Universidade Federal do Rio Grande do Sul (UFRGS). É professor adjunto da Escola de Negócios da Pontifícia Universidade Católica do Rio Grande do Sul (PUCRS). Coordenador de cursos de especialização em Gestão de Tributos e Planejamento Tributário Estratégico e de pós-graduação em Contabilidade, Gestão Financeira e Fiscal. Autor do livro *Tributação e Política Tributária* (GEN | Atlas), em coautoria com Sérgio de Iudícibus. Autor também de capítulos dos livros *Teoria Avançada da Contabilidade* e *Análise Multivariada*, publicados pelo GEN | Atlas. Até fevereiro de 2020, exerceu o cargo de procurador da Fazenda Nacional. Sócio do Instituto de Estudos Tributários (IET). Autor de artigos em matéria contábil e tributária.[1]

---

1   Os artigos podem ser consultados em: http://tessaripohlmann.adv.br/artigos-marcelo-pohlmann/. Acesso em: 06 out. 2023.

APRESENTAÇÃO

A Contabilidade Tributária é uma disciplina ou ramo da contabilidade que se dedica ao estudo dos princípios, conceitos, técnicas, métodos e procedimentos aplicáveis à apuração dos tributos devidos pelas empresas e entidades em geral, à busca e à análise de alternativas para a redução da carga tributária e ao cumprimento das obrigações acessórias estabelecidas pelo Fisco. É presença obrigatória no currículo dos cursos de Ciências Contábeis, sendo encontrada também com outras denominações equivalentes, tais como Contabilidade e Legislação Tributária, Legislação Tributária e Fiscal e Gestão Tributária.

Privilegiou-se, nesta obra, uma abordagem prática e objetiva, mas sem se esquecer dos aspectos teóricos que dão fundamento aos procedimentos contábeis e fiscais. Assim, cada capítulo traz conceitos, análise da legislação aplicável e demonstração da apuração dos tributos, ilustrada com exemplos práticos.

A obra tem múltiplas finalidades. A principal delas é dar suporte à disciplina de Contabilidade Tributária dos cursos de Ciências Contábeis. Serve, igualmente, como leitura complementar para a disciplina de Direito Tributário dos cursos de graduação em Direito, bem como para disciplinas de Contabilidade e Finanças nos cursos de Administração e Economia.

É útil, também, como material de apoio nos cursos de especialização das áreas contábil e tributária, além de servir como um manual básico e prático para os profissionais envolvidos com a gestão tributária das empresas.

A obra inicia com um capítulo introdutório, no qual são abordadas a abrangência da Contabilidade Tributária, as principais áreas de atuação do contador tributarista, bem como perspectivas e desafios relacionados à matéria tributária. Nesse capítulo, são dados os primeiros passos no caminho do entendimento do conteúdo e da amplitude da Contabilidade Tributária, tanto no aspecto acadêmico quanto no aspecto prático.

Além disso, o capítulo introdutório traz importantes noções sobre algumas tendências e desenvolvimentos recentes incorporados ao campo de atuação do contador tributarista, como são os casos da governança tributária, da inteligência fiscal e da tecnologia da informação fiscal. Tudo isso com o objetivo maior de motivar o leitor para o desafio de ser bem-sucedido nessa verdadeira missão que é a gestão tributária das empresas.

Seguem-se os capítulos que tratam da incidência e da apuração daqueles que denominamos, nesta obra, tributos empresariais gerais: IRPJ, CSLL, IPI, ICMS, ISSQN, PIS, Cofins, Simples Nacional, Imposto de Importação, Imposto de Exportação, IOF, ITBI, ITCD e CIDE. No Capítulo 15, abre-se espaço para tratar das retenções de tributos em decorrência de hipóteses de responsabilidade tributária.

Procurando manter simetria e homogeneidade na abordagem dos tributos empresariais, cada capítulo explora os principais temas que envolvem a definição da incidência do tributo e a sua apuração, especialmente quanto a:

- definições e princípios constitucionais;
- legislação de regência;
- sujeição passiva;
- hipóteses de incidência e fatos geradores;
- regimes de apuração;
- base de cálculo;
- alíquotas;
- créditos;
- obrigações acessórias;
- exemplos de cálculo do tributo.

O Capítulo 2 tem enfoque diferenciado em relação aos demais capítulos, razão pela qual merece registro especial. Nele, são analisados a estrutura e as fontes das normas contábeis, a importância das normas tributárias nesse contexto e o reflexo destas últimas no registro dos eventos que afetam o resultado do exercício e, por consequência, os tributos sobre ele incidentes. Com essas questões, instiga-se o aluno a um questionamento teórico sobre a normatização da contabilidade.

O Capítulo 16 é dedicado inteiramente ao estudo do planejamento tributário, importante função a cargo do contador tributarista. Nele, são abordados os conceitos, detalhados os aspectos metodológicos e analisados alguns casos de planejamento tributário.

O último capítulo fica reservado às propostas de reforma tributária, que agora parece engrenar de verdade, com a criação do Imposto sobre Bens e Serviços (IBS), não cumulativo. Nesse capítulo, as propostas são descritas e comparadas, bem como analisados seus efeitos sobre o destino dos tributos hoje em vigor, em especial ICMS, IPI, PIS, Cofins e ISSQN, que possivelmente serão extintos para dar lugar ao novo IBS.

Por fim, ressalta-se a preocupação com a linguagem clara e objetiva no enfrentamento dos usualmente ásperos e indigestos temas relacionados à gestão tributária das empresas, propiciando uma iniciação ágil e segura do aluno ao exercício dessa gratificante atividade profissional.

PREFÁCIO

Foi com grande alegria e satisfação que recebi o convite do Marcelo para fazer uma apresentação desta obra!

Tive o prazer de ser seu orientador em duas oportunidades, ambas no Programa de Pós-graduação em Contabilidade da Faculdade de Economia, Administração, Contabilidade e Atuária da Universidade de São Paulo (FEA/USP): no mestrado, levou a cabo uma pesquisa inédita à época, sobre a harmonização contábil no Mercosul.

Posteriormente, no doutorado, mais uma vez tomou para si o desafio de navegar em águas que, apesar de terem grande potencial, eram pouco exploradas, para produzir, sob uma abordagem interdisciplinar, um robusto e abrangente referencial teórico para a pesquisa em matéria tributária. Em sua tese, definiu, por meio de uma classificação abrangente, as linhas de pesquisa sobre o fenômeno da tributação em seus mais variados aspectos e, assim, abriu um caminho para ser trilhado pelos pesquisadores amantes da temática tributária.

O livro que me vem às mãos segue o mesmo padrão de excelência, apesar de que, agora, com uma ousada pretensão no âmbito didático, ou seja, a de servir como referência básica para as disciplinas de Contabilidade Tributária, Gestão Tributária e Legislação Tributária, apenas para citar as principais, sem falar no seu papel como referência complementar nas disciplinas de Direito Tributário.

Para isso, adota uma linguagem simples e objetiva, sem floreios, mas dando os devidos créditos aos fundamentos legais de praticamente tudo que consigna, tendo em vista que a matéria tributária se submete de modo inexorável ao princípio da legalidade.

Em termos de estilo de abordagem, ainda, o autor "tempera", quando necessário e oportuno, sua construção argumentativa com a remissão a precedentes judiciais e administrativos, assim como a posicionamentos críticos de doutrinadores da área contábil-tributária.

A obra inicia com uma bela introdução ao estudo da Contabilidade Tributária, mostrando sua conexão com as demais áreas afins e as atividades profissionais que podem ser desenvolvidas pelos experts em matéria tributária. Essa introdução é complementada com a classificação e a definição das espécies de tributos que compõem o Sistema Tributário Nacional.

O capítulo seguinte aprofunda a relação entre as normas contábeis e fiscais, em que o autor apresenta a evolução histórica de como essa relação se deu, destacando a importância da Lei n. 6.404/1976, denominada por ele "Primeira Revolução Contábil", e a alteração produzida pela Lei n. 11.638/2007, que legitimou a adoção dos padrões internacionais de contabilidade no Brasil, denominada "Segunda Revolução Contábil" pelo autor.

Os capítulos que se seguem abordam os tributos em espécie, nos quais são tratadas as questões usuais na sua apuração, iniciando pelos dispositivos constitucionais e seguindo com as regras que tratam das hipóteses de incidência, dos fatos geradores, dos sujeitos passivos, da base de cálculo, das alíquotas e da metodologia ou dos regimes de apuração. Tudo isso acompanhado de ilustrações, exemplos, estudos de casos e exercícios, em homenagem ao DNA da obra, que é servir de fonte didática de aprendizagem aos estudantes, mas sem deixar de lado o rigorismo terminológico que a matéria tributária exige.

O autor vai além, nesse aspecto, ao incluir tributos que usualmente não fazem parte do cotidiano da maioria dos profissionais ligados à tributação empresarial, mas que ele entendeu conveniente incluir na obra para que os estudiosos tivessem ao menos noções básicas de suas regras. Refiro-me, aqui, aos impostos sobre a propriedade, às contribuições de intervenção no domínio econômico e aos impostos sobre transmissão de bens e direitos.

Após tratar de toda a matriz tributária brasileira, o autor escolhe bem o momento para encaixar um capítulo dedicado aos conceitos e fundamentos básicos do planejamento tributário, sem deixar de trazer, também, uma abordagem prática para a temática, por meio de exemplos.

Para finalizar a obra, Pohlmann foi muito feliz em reservar um capítulo para tratar da reforma tributária, tema em pauta permanente no Brasil, mas que agora tudo indica que será implementada. Levando isso em conta, ele explica, de modo objetivo, o que pode mudar em termos de tributos empresariais, em especial aqueles que serão extintos para a criação de um Imposto sobre Valor Adicionado (IVA) abrangente no Brasil.

Dito isso, só me resta, primeiramente, parabenizar o autor da obra pela sua pertinência, didática e momento oportuno que escolheu para lançar a sua segunda edição, dizendo o mesmo para os leitores que dedicarem seu precioso tempo para navegar em suas páginas. Eis que eles com certeza colherão os frutos do conhecimento adquirido, especialmente a maior *expertise* em matéria tributária e a qualificação profissional daí advinda.

Sérgio de Iudícibus
Doutor em Contabilidade e professor emérito da FEA/USP.

ATUALIZAÇÕES SOBRE A REFORMA TRIBUTÁRIA

SAIBA MAIS

Visite o *site* Reforma Tributária | Tessari & Pohlmann Advogados Associados (tessaripohlmann.adv.br) ou faça a captura do QR Code e acesse o espaço reservado para manter um apanhado atualizado do andamento da reforma tributária e servir como material auxiliar de apoio ao conteúdo deste livro.

Em caso de dúvidas sobre a Reforma, escreva para o autor: livrocontabilidadetributaria@gmail.com

uqr.to/1kpkk

RECURSOS DIDÁTICOS

Para facilitar o aprendizado, este livro conta com o seguinte recurso didático:

- QR Codes com *links* diversos para conteúdos adicionais.

Para acessá-los, é necessário ter um leitor de QR Code instalado no *smartphone* ou *tablet* e posicionar a câmera sobre o código.

AGRADECIMENTO

Agradeço a todos os meus mestres, por terem compartilhado seus conhecimentos comigo; aos meus alunos, por terem me permitido contribuir para suas carreiras; às instituições UFRGS e USP, por terem me acolhido e permitido meu crescimento; e à PUCRS, por oportunizar o exercício da docência por tantos anos!

SUMÁRIO

CAPÍTULO 1 – INTRODUÇÃO À CONTABILIDADE TRIBUTÁRIA 1

   1.1   Conceito e Objeto da Contabilidade Tributária 2
   1.2   Perfil Profissional e Áreas de Atuação 3
   1.3   Planejamento Tributário 4
   1.4   Gestão Tributária 5
   1.5   Auditoria Tributária 6
   1.6   Perícia Tributária 7
   1.7   *Due Diligence* Fiscal 8
   1.8   Governança Tributária 9
   1.9   *Compliance* Fiscal 11
   1.10 Inteligência Fiscal 12
   1.11 Tributos: Definição, Espécies e Competência 12
   1.12 Legislação Tributária: Definição e Alcance 14
   1.13 A Contabilidade Tributária e os Tributos Empresariais 15
   Resumo 18
   Questões de Múltipla Escolha 18
   Gabarito 21

CAPÍTULO 2 – INTER-RELAÇÃO ENTRE NORMAS CONTÁBEIS E FISCAIS 23

   2.1   Fontes e Espécies de Normas Contábeis 23
   2.2   Interferência das Normas Tributárias na Prática Contábil 26

Contabilidade Tributária • Pohlmann

2.2.1 A Primeira "Revolução Contábil" 27

2.2.2 A Segunda "Revolução Contábil" 29

2.2.3 Mensurando o Grau de Interferência 32

2.3 Impacto das Normas Tributárias no Resultado Contábil 33

2.3.1 Receita Bruta Operacional 33

2.3.2 Receitas Financeiras 34

2.3.3 Custo dos Bens e Serviços 34

2.3.4 Bens Duráveis Lançados como Despesa 36

2.3.5 Depreciação de Bens do Imobilizado 36

2.3.6 Os Ativos Intangíveis e Sua Amortização 37

2.3.7 Créditos Incobráveis 38

2.3.8 Tributos Pagos na Aquisição de Bens 38

2.3.9 Gastos de Reparação e Conservação 39

2.3.10 Lucros e Dividendos de Participações Avaliadas pelo Custo de Aquisição 39

2.4 Síntese Final e Perspectivas Futuras 40

Resumo 42

Questões de Múltipla Escolha 43

Gabarito 45

CAPÍTULO 3 – INTRODUÇÃO AO IMPOSTO DE RENDA DAS PESSOAS JURÍDICAS 47

3.1 Evolução do Imposto de Renda no Brasil 47

3.2 Princípios Constitucionais Específicos 48

3.2.1 Generalidade 49

3.2.2 Universalidade 50

3.2.3 Progressividade 51

3.2.4 Tributação Segregada da Renda 52

3.3 Critério Material 55

3.4 Fato Gerador 58

3.5 Imunidades, Isenções e não Incidências 60

3.6 Base de Cálculo, Regimes de Tributação e Alíquotas 62

Resumo 63

Questões de Múltipla Escolha 64

Gabarito 66

CAPÍTULO 4 – IMPOSTO DE RENDA DAS PESSOAS JURÍDICAS – REGIME DO LUCRO REAL 67

4.1 Pessoas Jurídicas Obrigadas ao Lucro Real 67

4.2 Períodos de Apuração 69

Sumário **xix**

4.2.1	Recolhimento Mensal por Estimativa	70
4.2.2	Dispensa, Redução e Suspensão do Imposto	74
4.3	Apuração do Lucro Real	74
4.4	Adições	76
4.4.1	Despesas não Dedutíveis	76
4.4.2	Outras Adições	78
4.5	Exclusões	78
4.5.1	Receitas e Resultados não Tributáveis	79
4.5.2	Outras Exclusões	79
4.6	Compensação de Prejuízos Fiscais	79
4.7	Deduções do Imposto e Apuração do Saldo a Recolher	81
4.8	Obrigações Acessórias	82
Resumo		89
Questões de Múltipla Escolha		90
Gabarito		93

CAPÍTULO 5 – IMPOSTO DE RENDA DAS PESSOAS JURÍDICAS – REGIME DO LUCRO PRESUMIDO 95

5.1	Quem Pode Optar e Período de Apuração	96
5.2	Cálculo do Imposto de Renda das Pessoas Jurídicas com Base no Lucro Presumido	96
Resumo		101
Questões de Múltipla Escolha		101
Gabarito		103

CAPÍTULO 6 – IMPOSTO DE RENDA DAS PESSOAS JURÍDICAS – REGIME DO LUCRO ARBITRADO 105

6.1	Pessoa Jurídica Sujeita ao Lucro Arbitrado	106
6.2	Cálculo do Imposto de Renda das Pessoas Jurídicas com Base no Lucro Arbitrado	107
Resumo		114
Questões de Múltipla Escolha		115
Gabarito		117

CAPÍTULO 7 – CONTRIBUIÇÃO SOCIAL SOBRE O LUCRO LÍQUIDO 119

7.1	Hipóteses de Incidência e Princípios Gerais	119
7.2	Legislação de Regência	121
7.3	Base de Cálculo e Alíquotas	122
7.4	Pessoas Jurídicas Sujeitas ao Lucro Real	122
7.4.1	Períodos de Apuração	124
7.4.2	Recolhimento Mensal por Estimativa	124

xx Contabilidade Tributária • Pohlmann

7.4.3 Apuração da Contribuição Social sobre o Lucro Líquido 127

    7.4.3.1 Adições.. 129

    7.4.3.2 Exclusões.. 130

    7.4.3.3 Compensação da Base de Cálculo Negativa......................... 131

    7.4.3.4 Deduções da Contribuição Social sobre o Lucro Líquido Devida....... 132

7.5 Pessoas Jurídicas Optantes pelo Regime do Lucro Presumido 132

7.6 Pessoas Jurídicas Sujeitas ao Regime do Lucro Arbitrado............................. 136

7.7 Simples Nacional 139

7.8 Obrigações Acessórias 139

Resumo.. 145

Questões de Múltipla Escolha 146

Gabarito... 149

CAPÍTULO 8 – PROGRAMA DE INTEGRAÇÃO SOCIAL E CONTRIBUIÇÃO PARA O FINAN-CIAMENTO DA SEGURIDADE SOCIAL... 151

8.1 Princípios e Outras Definições Constitucionais 151

8.2 Legislação de Regência e Regimes de Incidência.. 153

8.3 Base de Cálculo e Alíquotas... 155

8.4 Apuração do Valor Devido no Regime Cumulativo 160

8.5 Créditos no Regime não Cumulativo 161

    8.5.1 Sujeição a Ambos os Regimes: Cálculo do Crédito 163

    8.5.2 Transporte Rodoviário de Carga.. 163

8.6 Apuração do Valor Devido no Regime não Cumulativo 164

8.7 PIS Incidente sobre a Folha de Pagamento 165

8.8 PIS e Cofins na Importação 166

8.9 Optantes pelo Simples Nacional.. 167

8.10 Obrigações Acessórias 168

Resumo.. 174

Questões de Múltipla Escolha 175

Gabarito... 177

CAPÍTULO 9 – IMPOSTO SOBRE PRODUTOS INDUSTRIALIZADOS............................. 179

9.1 Princípios e Outras Definições Constitucionais 179

9.2 Fato Gerador 181

    9.2.1 Industrialização.. 182

    9.2.2 Exclusões do Conceito de Industrialização 183

    9.2.3 Contribuinte do Imposto 185

9.3 Suspensão e Isenção do Imposto.. 187

Sumário **xxi**

9.4 Base de Cálculo 187

    9.4.1 Regras Gerais 188

    9.4.2 Regras Especiais 189

    9.4.3 Valor Tributável Mínimo 189

9.5 Alíquotas 190

9.6 Créditos 192

9.7 Apurando o IPI a Recolher 194

9.8 Obrigações Acessórias 197

Resumo 198

Questões de Múltipla Escolha 199

Gabarito 201

CAPÍTULO 10 – IMPOSTO SOBRE A CIRCULAÇÃO DE MERCADORIAS E SERVIÇOS DE TRANSPORTE INTERESTADUAL E INTERMUNICIPAL E DE COMUNICAÇÃO 203

10.1 Aspectos Constitucionais 203

    10.1.1 O Papel da Lei Complementar e dos Convênios 204

    10.1.2 Imunidades e Princípios Gerais 205

    10.1.3 Papel do Senado Federal 206

    10.1.4 Base de Cálculo, Alíquotas e Outras Definições 207

10.2 Fato Gerador 209

10.3 Contribuintes 211

10.4 Substituição Tributária 211

10.5 Base de Cálculo 213

10.6 Período de Apuração e Alíquotas 214

10.7 Créditos 214

    10.7.1 Bens do Ativo Permanente 215

    10.7.2 Material de Consumo, Energia e Comunicações 215

    10.7.3 Créditos Vedados 216

10.8 Obrigações Acessórias 217

Resumo 220

Questões de Múltipla Escolha 221

Gabarito 223

CAPÍTULO 11 – IMPOSTO SOBRE SERVIÇOS DE QUALQUER NATUREZA 225

11.1 Aspectos Constitucionais e Legislação de Regência 225

11.2 Fato Gerador e Contribuintes 227

11.3 Local da Prestação do Serviço 229

11.4 Apuração do Imposto e Obrigações Acessórias 232

xxii Contabilidade Tributária • Pohlmann

Resumo 234

Questões de Múltipla Escolha 235

Gabarito 237

CAPÍTULO 12 – CONTRIBUIÇÕES PREVIDENCIÁRIAS 239

12.1 Fundamentos Constitucionais 239

12.2 Contribuições das Empresas e Empregadores em Geral 241

    12.2.1 Parcelas não Integrantes da Base de Cálculo 242

    12.2.2 Contribuições para Terceiros 243

    12.2.3 Contribuição da Associação Desportiva 245

    12.2.4 Contribuição de Entidades Religiosas 245

    12.2.5 Contribuição do Empregador Doméstico 245

    12.2.6 Contribuição Incidente sobre a Receita Bruta 245

    12.2.7 Contribuição do Produtor Rural e do Pescador 246

12.3 Contribuições dos Segurados 247

Resumo 248

Questões de Múltipla Escolha 249

Gabarito 251

CAPÍTULO 13 – SIMPLES NACIONAL 253

13.1 Contornos Constitucionais e Legislação de Regência 253

13.2 Microempresa e Empresa de Pequeno Porte: Definição e Restrições 254

13.3 Tributos Abrangidos 256

13.4 Isenções e Outras Desonerações 258

13.5 Opção e Vedações 259

13.6 Apuração do Valor Devido 260

13.7 Créditos 263

13.8 Exclusão do Regime e Obrigações Acessórias 263

13.9 Microempreendedor Individual 264

Resumo 265

Questões de Múltipla Escolha 266

Gabarito 268

CAPÍTULO 14 – OUTROS TRIBUTOS 269

14.1 Tributos sobre Atividades Econômicas e Transmissão de Bens 270

    14.1.1 Imposto sobre Importação 270

    14.1.2 Imposto sobre Exportação 272

Sumário **xxiii**

14.1.3 Imposto sobre Operações de Crédito, Câmbio e Seguro ou relativas a Títulos ou Valores Mobiliários 274

14.1.4 Imposto sobre Transmissão de Bens Imóveis 276

14.1.5 Imposto sobre Transmissão *Causa Mortis* e Doação 277

14.1.6 Contribuição de Intervenção no Domínio Econômico 278

14.2 Impostos sobre a Propriedade 280

14.2.1 Imposto Predial e Territorial Urbano 280

14.2.2 Imposto sobre a Propriedade Territorial Rural 280

14.2.3 Imposto sobre a Propriedade de Veículos Automotores 281

Resumo 282

Questões de Múltipla Escolha 284

Gabarito 286

CAPÍTULO 15 – RESPONSABILIDADE POR RETENÇÃO DE TRIBUTOS 287

15.1 Responsabilidade Tributária 287

15.2 Imposto de Renda Retido na Fonte 288

15.3 Retenção de PIS, Cofins e CSLL 289

15.4 Retenção de Contribuições Previdenciárias 290

15.5 Outras Retenções 291

Resumo 291

Questões de Múltipla Escolha 292

Gabarito 294

CAPÍTULO 16 – PLANEJAMENTO TRIBUTÁRIO 295

16.1 Introdução ao Planejamento Tributário 295

16.2 Eficácia do Planejamento Tributário 297

16.3 Da Elisão à Evasão Tributária 299

16.4 Normas Antielisivas 302

16.5 O Processo de Planejamento Tributário 303

16.6 Escolhas Contábeis e Gerenciamento de Resultados 305

16.7 Tópicos de Planejamento Tributário Aplicado 306

16.7.1 Regimes de Tributação 306

16.7.2 Juros sobre o Capital Próprio 307

16.7.3 Reorganizações Societárias 308

16.7.4 Incentivos Fiscais 311

Resumo 312

Questões de Múltipla Escolha 313

Gabarito 315

CAPÍTULO 17 – REFORMA TRIBUTÁRIA 317

17.1 Conteúdo das Propostas de Emendas Constitucionais 318

    17.1.1 Tributos Criados e Extintos 318

    17.1.2 Competência Tributária 319

    17.1.3 Base de Incidência 319

    17.1.4 Alíquota 319

    17.1.5 Não Cumulatividade 320

    17.1.6 Concessão de Benefícios Fiscais 320

    17.1.7 Partilha da Arrecadação do IBS 320

    17.1.8 Vinculação da Arrecadação do IBS 321

    17.1.9 Transição do Sistema de Cobrança dos Tributos 321

    17.1.10 Impostos Seletivos 321

    17.1.11 Outras Matérias 322

    17.1.12 Síntese dos Principais Pontos da Reforma 322

17.2 Reformas Tributárias Veiculadas por Projetos de Lei 323

Resumo 323

Questões de Múltipla Escolha 324

Gabarito 326

REFERÊNCIAS 327

ÍNDICE ALFABÉTICO 335

CAPÍTULO 1
INTRODUÇÃO À CONTABILIDADE TRIBUTÁRIA

OBJETIVOS DO CAPÍTULO

- ▶ Delimitar o conteúdo e a abrangência da Contabilidade Tributária enquanto ramo da Contabilidade.
- ▶ Apresentar um esboço do perfil e dos atributos desejáveis do profissional que atua nessa área.
- ▶ Relacionar outras atividades e áreas relevantes ao estudo e ao exercício das funções da Contabilidade Tributária.

Neste capítulo, damos os primeiros passos no caminho do entendimento do conteúdo e da abrangência da Contabilidade Tributária, tanto no aspecto acadêmico quanto no profissional. São abordados os conceitos, as diferentes funções e as áreas de atuação – como a gestão tributária, o planejamento tributário, a auditoria tributária e a perícia tributária –, além de algumas tendências e desenvolvimentos mais recentes incorporados ao campo de atuação do tributarista, a exemplo dos casos da governança tributária, do *compliance* fiscal, da inteligência fiscal e da *due diligence* fiscal.

Adicionalmente, é apresentado um breve panorama dos tributos empresariais que fazem parte do dia a dia do tributarista, além de certos conceitos fundamentais relativos ao nosso sistema tributário, aspectos que dizem respeito ao núcleo da disciplina e da atuação desse profissional.

2 Contabilidade Tributária • Pohlmann

O objetivo maior deste capítulo é descortinar ao leitor o vasto campo de abrangência dessa importante área acadêmica e profissional que é a Contabilidade Tributária e motivá-lo para o desafio de ser bem-sucedido nessa verdadeira missão que é a gestão tributária das empresas.

1.1 CONCEITO E OBJETO DA CONTABILIDADE TRIBUTÁRIA

A matéria tributária tem sido objeto de estudo de diversas disciplinas, cada uma delas adotando um enfoque e uma metodologia próprios de suas respectivas áreas. Nesse contexto, destacam-se a Economia, o Direito, a Contabilidade e a Administração. Há que se referir, ainda, a Psicologia e a Sociologia, que têm sido inseridas na problemática, muito em função de pesquisadores das ciências econômicas, os quais buscam nessas disciplinas fundamentos e explicações adicionais para o comportamento dos contribuintes.

Sumariamente, pode-se dizer que os economistas estudam aspectos relacionados: 1 – à evasão tributária e suas causas, linha de pesquisa conhecida como *tax compliance* (obediência tributária); 2 – à tributação ótima, na qual se investiga se os países devem tributar mais a renda ou o consumo; 3 – à eficiência econômica dos tributos, analisando como o comportamento dos agentes econômicos é afetado pelo sistema tributário; e 4 – a questões macroeconômicas da tributação, como crescimento econômico, inflação, poupança e investimento.

Os juristas, por sua vez, dedicam-se mais ao estudo do sistema tributário enquanto um conjunto de normas que regem a tributação, lançando sua preocupação precipuamente em analisar aspectos relacionados à constitucionalidade e à legalidade das exigências tributárias. Os administradores abordam os tributos em especial quando tratam de aspectos da gestão pública e de administração financeira e estratégica em geral. A Psicologia e a Sociologia têm dado importantes contribuições na análise de aspectos comportamentais dos contribuintes.

Os contadores dedicam-se ao estudo de fatores relacionados às normas tributárias que impõem práticas contábeis e procedimentos de apuração dos tributos e de questões de planejamento tributário, e à análise do impacto que os tributos causam nas decisões dos contribuintes. A Contabilidade Tributária ganhou autonomia justamente para dar suporte ao desenvolvimento de conceitos e técnicas para habilitar o contador a fazer frente à complexidade e aos desafios crescentes da área tributária.

A Contabilidade é a ciência que investiga o patrimônio, por meio da classificação de seus elementos segundo suas naturezas e fins e da busca de suas relações (estática patrimonial), bem como da observação, evidenciação e análise dos fenômenos patrimoniais, explicando suas causas e seus efeitos (dinâmica patrimonial). Tem como finalidade primordial a mensuração do patrimônio da entidade, bem como a variação dessa grandeza no tempo, o que permite a aferição do resultado da entidade em determinado período.

A Contabilidade Tributária é a disciplina ou o ramo da Contabilidade que se dedica ao estudo dos princípios, conceitos, técnicas, métodos e procedimentos aplicáveis à apuração dos tributos devidos pelas empresas e entidades em geral, à busca e à análise de alternativas para a redução da carga tributária e ao cumprimento das obrigações acessórias estabelecidas pelo Fisco. A presença dessa disciplina no currículo dos cursos de Ciências Contábeis

Cap. 1 • Introdução à Contabilidade Tributária **3**

é imperiosa, sendo encontrada também com outras denominações assemelhadas, como Contabilidade e Legislação Tributária, Legislação Tributária e Fiscal, e Gestão Tributária.

1.2 PERFIL PROFISSIONAL E ÁREAS DE ATUAÇÃO

O profissional que atua ou pretende atuar nessa área deve ser dotado de um perfil notadamente interdisciplinar. Ao conhecimento e à formação contábil sólidos, deve associar um mínimo domínio dos princípios e regras aplicáveis ao direito tributário. O profissional militante na seara tributária deve ser capaz de identificar, analisar, interpretar e acompanhar as normas aplicáveis, além, é claro, de aplicar corretamente os mandamentos e apurar os tributos devidos.

Manter-se atualizado a respeito das alterações da legislação tributária é fundamental para que um profissional possa alcançar sucesso nesse mercado. Em especial no Brasil, essa tarefa é extremamente trabalhosa e custosa, uma vez que nosso sistema tributário é um dos mais complexos e intrincados do planeta.

O gestor tributário ou o tributarista tem sob sua responsabilidade a realização de diferentes atividades, embora todas vinculadas à matéria tributária. As principais funções a cargo desse profissional podem ser resumidas da seguinte maneira:

a) analisar as atividades e as operações realizadas pelas empresas e identificar os tributos a que estão sujeitas;

b) identificar a legislação aplicável aos tributos devidos pelas empresas e acompanhar as alterações das normas de modo ágil e oportuno;

c) analisar e interpretar a legislação aplicável a cada tributo devido pela empresa para determinar o alcance e a aplicabilidade dos dispositivos legais;

d) orientar e assessorar os departamentos, setores e pessoas envolvidos com a emissão de documentos fiscais, com a apuração dos tributos e com o cumprimento de quaisquer outras obrigações tributárias;

e) estabelecer rotinas de apuração e cumprimento das obrigações tributárias, além de métodos e procedimentos periódicos de revisão e auditoria fiscal;

f) identificar alternativas lícitas de redução do ônus tributário relativamente a cada tributo devido pela empresa, a partir de uma análise minuciosa da legislação;

g) representar o contribuinte junto às repartições fiscais competentes para a solução de problemas e impasses relativos aos tributos devidos, incluindo petições, requerimentos, impugnações, recursos, consultas e quaisquer outras medidas administrativas;

h) assegurar que todos os sistemas e bancos de dados relativos às operações da empresa e necessários à apuração dos tributos estejam consistentes e integrados com as obrigações fiscais digitais.

Essas funções são exercidas pelo tributarista em diferentes áreas de atuação já consagradas no âmbito do mercado profissional. O modo de atuação profissional pode estabelecer-se com vínculo exclusivo a uma empresa, em que o tributarista ocupa um cargo de direção e tem sob sua responsabilidade as decisões tributárias da empresa. Nesse caso, a gestão tributária como um todo está a cargo do contador tributarista. Ressalte-se que, dependendo do organograma da empresa, essa atribuição pode estar sob a responsabilidade de um profissional que coordena outras áreas (como é o caso do *controller*, que tem sob seu comando, além da área tributária, a contábil e a de custos) e acompanha o processo de planejamento e controle da organização. Essa configuração é mais comum quanto maior é o porte da organização.

A atuação profissional do tributarista pode, também, ser exercida de maneira independente, autônoma, na condição de profissional liberal ou em sociedade com outros profissionais. Essa configuração é a mais usual quanto menor é o porte da empresa, já que o custo para estruturar e manter um departamento tributário é elevado, sendo mais eficiente, do ponto de vista econômico, contratar a consultoria de um profissional ou de uma sociedade de profissionais especializados em tributos empresariais. Esse tipo de profissional usualmente se intitula consultor tributário.

Algumas funções e atividades exercidas pelo tributarista acabaram por adquirir identidade própria e tornaram-se especialidades, como a gestão tributária, o planejamento tributário, a auditoria tributária e a perícia tributária. Outros termos têm sido utilizados apenas para designar um conjunto de funções, conceitos ou atributos relacionados à matéria tributária, como é o caso de controle tributário, *due diligence* fiscal e governança corporativa. Podemos destacar, ainda, expressões que se consagraram mais recentemente, como o *compliance* fiscal e a inteligência fiscal. Vamos aprofundar um pouco mais o significado desses termos nos tópicos seguintes.

1.3 PLANEJAMENTO TRIBUTÁRIO

Planejamento tributário é toda e qualquer medida lícita adotada pelos contribuintes no sentido de reduzir o ônus tributário ou postergar a incidência de determinado tributo. O planejamento tributário pode ser visto, também, como o conjunto de atividades permanentemente desenvolvidas por profissionais especializados com o intuito de encontrar alternativas lícitas de reduzir ou postergar a carga tributária das empresas.

O planejamento tributário é considerado a atividade mais complexa desenvolvida pelo tributarista, uma vez que, para ser bem-sucedido nessa tarefa, é necessário que ele tenha um profundo conhecimento das regras que regem a incidência e um domínio amplo dos meandros da apuração dos tributos. Nos casos em que o planejamento tributário envolve a adoção de medidas que podem encontrar resistências do Fisco, é necessário que o contador tributarista avalie os riscos decorrentes de um eventual litígio. Nesse caso, para uma decisão mais segura, é fundamental conhecer e analisar os precedentes administrativos e judiciais, o que podemos simplesmente chamar de jurisprudência tributária.

O planejamento tributário pode ser interno, administrativo ou judicial. No primeiro caso, ele envolve medidas que não dependem de qualquer providência judicial ou administrativa. São exemplos dessa espécie de planejamento a escolha de opções de tributação, a reorganização societária por meio de fusões, cisões e incorporações, e a utilização de incentivos fiscais. O planejamento tributário administrativo envolve medidas envolvendo a administração tributária, como consultas, recursos, requerimentos de ressarcimentos e solicitações de regimes especiais de tributação.

O planejamento tributário judicial é aquele estruturado com base em ações ajuizadas contra o Fisco, usualmente buscando ver afastada a incidência de determinado tributo ou a restituição de tributo já recolhido. Neste último caso, é necessária a intervenção de um advogado, que é o profissional legitimado a atuar em juízo.

Quando o planejamento tributário envolve o estudo de medidas que terão algum impacto no posicionamento da empresa no mercado, ou seja, que poderão trazer vantagens competitivas, ele é chamado de planejamento tributário estratégico; quando não envolve questões estratégicas, é qualificado como operacional.

No caso de companhias multinacionais ou de empresas nacionais que tenham negócios com o exterior, o planejamento tributário poderá tratar de medidas que envolvam o estudo de ordenamentos jurídicos de dois ou mais países e a análise comparativa do impacto fiscal decorrente das alternativas de configuração dos negócios. Nesse caso, está-se diante de um caso que a doutrina convencionou denominar "planejamento tributário internacional".

1.4 GESTÃO TRIBUTÁRIA

A gestão tributária é um termo que se consolidou na literatura contábil para designar uma atuação mais abrangente a cargo do tributarista, que ampliou o foco da sua atenção de modo a incluir o planejamento tributário como uma de suas tarefas mais nobres. Anteriormente, ela era restrita mais ao controle e à apuração de tributos, que eram tarefas, por si só, muito importantes, mas que não têm a mesma projeção estratégica do planejamento tributário.

Assim, a expressão "gestão tributária" passou a ser frequente nos programas dos cursos de Ciências Contábeis, em títulos de obras sobre Contabilidade Tributária, bem como nas descrições de cargos nos organogramas das empresas. O tributarista, enquanto gestor tributário, ocupa-se, dessa forma, com todo o processo de planejamento e controle tributário, envolvendo aspectos organizacionais do próprio departamento tributário da empresa.

Tendo em vista que o planejamento tributário foi abordado no tópico anterior, vamos tratar mais detidamente do processo de controle tributário, que é toda aquela atividade desenvolvida pelo gestor tributário com o objetivo de assegurar a correta apuração e recolhimento dos tributos e o cumprimento de todas as obrigações acessórias estabelecidas na lei, ou seja, emissão de documentos fiscais, escrituração de livros e entrega de declarações ao Fisco.

Cabe esclarecer que o processo de gestão tributária não se confunde, necessariamente, com o processo de gestão do departamento fiscal da empresa, que é mais amplo. O processo de gestão do departamento fiscal envolve o planejamento das atividades, com o estabelecimento de objetivos, metas e orçamentos de gastos com recursos materiais e humanos; envolve, também, a organização do departamento, ou seja, a definição de funções e a atribuição de responsabilidades; a execução propriamente dita, ou seja, a realização de tarefas como a apuração dos tributos, o cumprimento das obrigações acessórias e o planejamento tributário; por fim, o processo de controle, que são medidas assecuratórias do cumprimento dos objetivos definidos no processo de planejamento e que permitem correções de eventuais desvios.

6 Contabilidade Tributária • Pohlmann

Em resumo, sob o ponto de vista da gestão do departamento fiscal de uma organização, o planejamento e o controle tributário fazem parte da fase de execução propriamente dita.

1.5 AUDITORIA TRIBUTÁRIA

A auditoria tributária, também chamada de auditoria fiscal, é uma atividade desenvolvida com o objetivo de verificar se a empresa está observando estritamente a legislação tributária. Tendo em vista essas características, a auditoria tributária é considerada uma medida de controle tributário.

A auditoria tributária assemelha-se muito e pode, até mesmo, ser considerada como uma subespécie de auditoria contábil, que é o conjunto de técnicas e procedimentos empregados para exame de registros e demonstrações contábeis, bem como da documentação que lhe dá suporte, visando apresentar e formalizar opiniões, conclusões, críticas e orientações sobre situações, transações ou eventos patrimoniais.

A auditoria contábil é realizada por profissional ou sociedade de profissionais sem qualquer vínculo com a entidade, e o objetivo primordial do trabalho é atestar, especialmente para os usuários externos, a adequação das demonstrações contábeis à realidade patrimonial da empresa. Por essa razão, é chamada também de auditoria contábil externa ou independente, e a maioria das empresas que contratam esse serviço assim procede por determinação legal ou por exigência de órgãos reguladores.

Deve-se registrar que, no caso em que a auditoria contábil é realizada por profissionais integrados aos quadros da entidade, caracterizada por maior abrangência e exames mais analíticos, especialmente quanto aos controles internos, temos a chamada auditoria interna, que não se confunde com a auditoria externa, tampouco com a auditoria tributária.

Assim, melhor definindo, a auditoria tributária é aquela que tem por objetivo verificar se a empresa está observando a legislação tributária, tanto com relação à obrigação principal quanto com relação às obrigações acessórias, a partir da análise dos fatos geradores decorrentes de suas transações e eventos, ou de determinadas situações ou relações jurídicas das quais faça parte. Pode ser parte de uma auditoria mais ampla, periódica, ou pode ser realizada especialmente para esse fim.

A auditoria tributária terá seu escopo determinado em função da espécie que se tem presente: se estamos diante de uma auditoria promovida pela própria empresa, espontaneamente, por meio de profissionais contratados para esse fim, dá-se a auditoria fiscal voluntária; se é executada pelo governo, por meio de seus agentes ou auditores, temos a auditoria fiscal compulsória. Quando a auditoria fiscal é voluntária, geralmente a empresa conhece suas próprias deficiências. Partindo de um diagnóstico preliminar, de um questionário sobre os erros mais frequentes, pode-se elaborar um bom programa.

Na opinião de Andrade Filho (2009, p. 2), a auditoria tributária é de fundamental importância em razão das incessantes modificações nas regras do jogo, que, por sua vez, impõem custos de conformidade aos contribuintes, em um processo de verdadeira privatização do lançamento tributário. Está longe o tempo no qual a fiscalização solicitava os documentos das empresas e empreendia os exames para eventual edição do ato administrativo do lançamento tributário. Hoje, o sujeito passivo é obrigado a antecipar o pagamento do tributo e a dar informações imediatas e completas acerca da ocorrência do fato gerador. Portanto, a verificação feita antes da chegada das autoridades fiscais permite prevenir autuações fiscais e indicar alternativas de redução da carga tributária, se for o caso.

É muito comum a chamada revisão tributária, que é aquele trabalho em que o contratante quer apenas um "conforto" sobre o que vem sendo feito e solicita a realização de revisões de procedimentos. As revisões de procedimentos são conduzidas, via de regra, dentro dos padrões técnicos de uma auditoria convencional. Há casos, porém, em que essa espécie de trabalho é de verdadeira assessoria ou consultoria, na qual a independência que é própria do auditor fica seriamente abalada (Andrade Filho, 2009).

De fato, no trabalho de consultoria, o profissional contratado assume a missão de auxiliar o empresário na interpretação e aplicação de normas que estipulam obrigações fiscais. Nesse caso, não se pode exigir a mesma independência que normalmente é requerida de um auditor em face da natureza do trabalho, posto que o trabalho de revisão que tem o objetivo de auxiliar a administração implica a participação na realização dos fatos que têm relevância tributária. Assim, não é possível exigir opinião isenta por parte daquele que participou da realização de um fato.

1.6 PERÍCIA TRIBUTÁRIA

A perícia contábil é o conjunto de procedimentos técnicos e científicos destinados a levar à instância decisória elementos de prova necessários para fornecer subsídios à justa solução do litígio, mediante laudo ou parecer pericial contábil, em conformidade com as normas jurídicas e profissionais e com a legislação específica no que for pertinente.

A perícia tributária, por sua vez, é aquela perícia contábil realizada tendo por fim fornecer elementos de prova para solucionar litígios envolvendo a constituição e a apuração de tributos. Ela é usualmente necessária e requerida em ações ordinárias nas quais o contribuinte postula a restituição ou a compensação de tributos recolhidos indevidamente ou a mais. Também é comum em ações de embargos à execução fiscal e nas ações anulatórias de lançamento tributário, nos casos em que o contribuinte se insurge quanto aos valores cobrados.

A perícia tributária deve ser conduzida por contador nomeado pelo juiz do feito, cabendo às partes litigantes indicarem assistente técnico. O perito e o assistente técnico devem documentar, mediante papéis de trabalho, os elementos relevantes que serviram de suporte à conclusão formalizada no laudo ou parecer pericial contábil. A realização do trabalho de perícia tributária requer que o perito seja profundo conhecedor das questões tributárias discutidas no processo, sob pena de não lograr êxito na resposta satisfatória aos quesitos e, consequentemente, de se tornar imprestável para a solução do litígio.

O perito deve planejar a perícia com o objetivo de (CFC, 2020):

a) conhecer o objeto e a finalidade da perícia, para permitir a escolha de diretrizes e procedimentos a serem adotados na elaboração do trabalho pericial;

b) desenvolver plano de trabalho no qual são especificadas as diretrizes e os procedimentos a serem adotados na perícia;

c) estabelecer condições para que o plano de trabalho seja cumprido no prazo estabelecido;

d) identificar potenciais problemas e riscos que possam vir a ocorrer no andamento da perícia;

e) identificar fatos importantes para a solução da demanda, de modo que não passem despercebidos ou não recebam a atenção necessária;

f) identificar a legislação aplicável ao objeto da perícia;

g) estabelecer como ocorrerá a divisão das tarefas entre os membros da equipe de trabalho, sempre que o perito necessitar de auxiliares.

O resultado da perícia tributária realizada é formalizado por meio de um laudo pericial contábil, que deve conter, no mínimo, a identificação do processo e das partes, a síntese do objeto da perícia, a metodologia adotada para os trabalhos periciais, a identificação das diligências realizadas, a transcrição dos quesitos, as respostas aos quesitos, a conclusão e a identificação do perito-contador. Os assistentes técnicos apresentam o parecer pericial contábil seguindo basicamente a mesma estrutura.

1.7 *DUE DILIGENCE* FISCAL

O termo "*due diligence*", que significa "devida diligência", teve seu uso consagrado a partir da edição, em 1933, da lei sobre títulos e valores mobiliários (*Securities Act*) nos Estados Unidos da América (EUA), que regulamentou a negociação e a oferta de ações e outros títulos emitidos pelas companhias. Essa lei inseriu a possibilidade de os corretores de valores mobiliários, quando demandados por prejuízos causados aos adquirentes das ações, alegarem a *due diligence* em sua defesa, ou seja, que agiram diligentemente na investigação e no reporte das informações sobre a empresa emitente das ações por eles negociadas.

De acordo com Gomes *et al.* (2009), o objetivo de uma *due diligence* é obter uma "radiografia" da sociedade, de modo a prepará-la para operações de fusão ou aquisição, transferência de ativos, reestruturação societária para sucessão familiar, elaboração de prospecto para oferta pública de ações, reestruturação de departamento jurídico, adoção de práticas de governança corporativa, entre outras operações empresariais.

Os trabalhos de *due diligence* são desenvolvidos com base nos documentos disponibilizados pela sociedade, nas informações verbais e escritas prestadas por funcionários desta e, ainda, em dados obtidos perante órgãos públicos municipais, estaduais e federais. Feita a análise descritiva dos documentos disponibilizados, as equipes de *due diligence* avaliarão os dados relatados de modo a identificar os pontos críticos eventualmente existentes em relação à sociedade ou que possam impactar a operação, gerando um relatório conclusivo para apresentação ao cliente. O referido relatório será direcionado de acordo com a finalidade buscada pela *due diligence*, podendo destacar os aspectos societários, tributários, trabalhistas, contratuais, ambientais, imobiliários, regulatórios e concernentes à propriedade intelectual e contenciosa da sociedade.

Cap. 1 • Introdução à Contabilidade Tributária **9**

Nessa linha, a *due diligence* fiscal, que significa "devida diligência fiscal", consiste na avaliação do universo das questões fiscais de uma sociedade, incluindo as contingências, efetuada normalmente a pedido de um potencial comprador, como modo de minimizar o risco da operação de compra, possibilitando ao investidor tomar conhecimento dos riscos e aspectos fiscais relevantes a ter em conta antes da formalização da aquisição.

Alguns autores preferem o termo *tax due diligence*, como é o caso de Peppitt (2009). Segundo ele, trata-se do processo pelo qual as questões tributárias de uma empresa ou determinado negócio são revistas de maneira independente, em função de uma transação para identificar riscos e benefícios fiscais inerentes ou, ainda, para estabelecer fatos e circunstâncias específicas com respeito à posição fiscal. A *tax due diligence* pode ser realizada em diversas circunstâncias nas quais o conhecimento da posição fiscal da empresa ou do negócio é exigido. Normalmente, ela é realizada quando há uma transação com uma terceira parte que assumirá, direta ou indiretamente, obrigações ou benefícios, ou que poderá ser afetada por algum aspecto do passado fiscal de uma empresa ou negócio almejado.

1.8 GOVERNANÇA TRIBUTÁRIA

Antes de falar em governança tributária, temos que explicar o que é governança corporativa – eis que aquela tem origem nesta. De acordo com o Instituto Brasileiro de Governança Corporativa (IBGC, 2021), governança corporativa é o sistema pelo qual as empresas e demais organizações são dirigidas, monitoradas e incentivadas, envolvendo os relacionamentos entre sócios, conselho de administração, diretoria, órgãos de fiscalização e controle e demais partes interessadas.

As boas práticas de governança corporativa convertem princípios básicos em recomendações objetivas, alinhando interesses com a finalidade de preservar e otimizar o valor econômico de longo prazo da organização, facilitando seu acesso a recursos e contribuindo para a qualidade da gestão da organização, sua longevidade e o bem comum.

Os princípios básicos de governança corporativa são:

a) **Transparência**: mais do que a obrigação de informar, é o desejo de disponibilizar para as partes interessadas as informações que sejam de seu interesse, e não apenas aquelas impostas por disposições de leis ou regulamentos.

b) **Equidade**: caracteriza-se pelo tratamento justo de todos os sócios e demais partes interessadas (*stakeholders*).

c) **Prestação de contas** (*accountability*): os agentes de governança devem prestar contas de sua atuação, assumindo integralmente as consequências de seus atos e omissões.

d) **Responsabilidade corporativa**: os agentes de governança devem zelar pela sustentabilidade das organizações, visando à sua longevidade, e incorporando considerações de ordem social e ambiental na definição dos negócios e das operações.

A preocupação da governança corporativa é criar um conjunto eficiente de mecanismos, tanto de incentivos quanto de monitoramento, a fim de assegurar que o comportamento dos executivos esteja sempre alinhado com o interesse dos acionistas. A boa governança proporciona aos proprietários (acionistas ou cotistas) a gestão estratégica de sua empresa e o monitoramento da direção executiva. As principais ferramentas que asseguram o controle da propriedade sobre a gestão são o conselho de administração, a auditoria independente e o conselho fiscal.

A ausência de bons sistemas de governança corporativa tem levado empresas a fracassos decorrentes de:

a) **Abusos de poder**: do acionista controlador sobre minoritários, da diretoria sobre o acionista e dos administradores sobre terceiros.

b) **Erros estratégicos**: resultado de muito poder concentrado no executivo principal.

c) **Fraudes**: uso de informação privilegiada em benefício próprio e atuação em conflito de interesses.

Nesse contexto é que se insere a governança tributária, que pode ser definida como o conjunto de princípios, normas, métodos e procedimentos que orientam as decisões e medidas concretas relativas à gestão tributária da empresa, especialmente aquelas de maior relevância e, por essa razão, capazes de afetar a estratégia de negócios, o valor e a reputação da empresa perante o mercado.

Importante medida para assegurar a governança tributária e, consequentemente, o *compliance* fiscal, é a criação do comitê tributário, que é estruturado como um grupo de profissionais atuando em conjunto, filtrando e analisando dados, fornecendo informações e recomendando ações aos gestores da empresa. Esse grupo costuma ser composto de profissionais dos departamentos jurídico, financeiro, administrativo, controladoria e consultores tributários externos (Carnaúba, 2009).

Segundo Lima (2010), a evolução do conceito de governança tributária traz consigo a necessidade de as corporações notarem a sua importância e o seu papel como agentes sociais, que visam promover o bem-estar social da comunidade em que estão inseridas. Trata-se de uma questão ética. As companhias estão dando maior atenção aos seus respectivos departamentos jurídicos por conta de escândalos contábeis que passaram companhias norte-americanas nos últimos anos. A governança tributária gera mais segurança nas empresas.

Na opinião de Hartnett (2008), seria importante que houvesse um alinhamento da gestão tributária com os negócios da empresa, levando em conta o espírito da lei ou, ao menos, as motivações políticas subjacentes às normas fiscais. A ideia não é acabar com o planejamento tributário, mas com esquemas agressivos de planejamento tributário que desafiam as autoridades fiscais.

Bons princípios de governança corporativa devem abranger a atitude da empresa em relação às obrigações fiscais. Isso não é uma questão de se a empresa deve ou não buscar minimizar a carga tributária, mas mais uma questão relacionada à responsabilidade da administração na avaliação dos riscos financeiros e de reputação associados com determinada estratégia tributária. Esquemas agressivos de planejamento tributário criam significativos riscos financeiros, como lançamentos suplementares de tributos e penalidades.

Criam, também, riscos em termos de reputação, especialmente no caso de fraudes, podendo afetar até a continuidade dos negócios, e devem ser evitados.

Na atualidade, entretanto, não basta que as empresas observem regras de governança corporativa, que cumpram e façam cumprir a lei, é necessário que também demonstrem que exercitam boas práticas ambientais e sociais, além de manterem governança, itens correspondentes à sigla inglesa ESG (*Environmental, Social and Governance*), como é conhecida no mundo (Bifano, 2022).

Denomina-se "ESG/Tributação" ou TAX/ESG a especialização ou subdivisão do tema geral ESG que trata dos impactos sociais, ambientais e de governança das empresas a partir de suas práticas, políticas e estratégias tributárias. Assim, é possível desdobrar a sigla ESG, para fins tributários, nos seguintes principais aspectos (Bifano, 2022):

a) função ambiental voltada a bens e atividades que não degradem o mundo;
b) função social voltada à concessão de benefícios a empregados e à sociedade, ao pagamento de tributos e contribuições, e à ética tributária;
c) função de governança voltada ao controle e acompanhamento de estratégias tributárias.

SAIBA MAIS

 ConJur – Reforma tributária deveria considerar princípios do ESG/Tributação?

uqr.to/1nubx

 Tributação, sustentabilidade, transparência e ESG – Diário do Comércio.

uqr.to/1kpkx

1.9 *COMPLIANCE* FISCAL

O *compliance*, em seu sentido mais amplo, é o conjunto de mecanismos e procedimentos voltados à proteção da integridade e da ética da empresa, com o incentivo institucional à denúncia de irregularidades para apuração e punição. Em linhas gerais, é o dever de cumprir, de estar em conformidade e fazer cumprir regulamentos internos e externos impostos às atividades das empresas. No Brasil, a palavra "*compliance*" ganhou força com o advento da Lei n. 12.846/2013 (Lei Anticorrupção), que, ao tratar da aplicação de sanções administrativas e judiciais em relação às pessoas jurídicas, trouxe a possibilidade de concessão de benefício às empresas que têm área específica para tratar desse assunto (Almeida, 2018).

Compliance fiscal (ou *compliance* tributário) pode ser definido como o conjunto de atividades desenvolvidas pelos contribuintes para assegurar o cumprimento das obrigações tributárias principais e acessórias estabelecidas na legislação fiscal. Governança e *compliance* não se confundem: enquanto a primeira tem sentido mais amplo, a segunda se reveste de atributos mais específicos. Na prática, o *compliance* é ferramenta da governança.

1.10 INTELIGÊNCIA FISCAL

O termo "inteligência fiscal" foi cunhado a partir do momento em que passou a haver uma maior integração da área de tecnologia da informação com a área de gestão tributária das empresas. Pode ser entendido tanto como um processo quanto como um atributo desejável na gestão tributária das empresas. Na primeira acepção, a inteligência fiscal por ser definida como o conjunto de medidas que visam assegurar o cumprimento das normas fiscais e a minimização da carga tributária, e que se amparam em rotinas contempladas nos sistemas de informações operacionais e econômico-financeiras da empresa.

Na outra acepção, ou seja, como um atributo desejável na gestão tributária das empresas, significa uma abordagem adotada pelos agentes envolvidos nessa parte que se caracteriza pelo uso de inovações e ferramentas de tecnologia da informação, pretendendo atingir objetivos de *compliance* e planejamento tributário. Por essa razão, muitas vezes é referido como Tecnologia da Informação Fiscal ("TI Fiscal" ou *iTax*).

Não é por outra razão que o termo é empregado também pelo próprio Fisco para designar o conjunto de recursos, sistemas integrados de informações e procedimentos que se valem de todas as informações coletadas e armazenadas na base de dados do governo para otimizar seus processos fiscalizatórios e, consequentemente, a arrecadação de tributos.

1.11 TRIBUTOS: DEFINIÇÃO, ESPÉCIES E COMPETÊNCIA

Tributo "é toda prestação pecuniária compulsória, em moeda ou cujo valor nela se possa exprimir, que não constitua sanção de ato ilícito, instituída em lei e cobrada mediante atividade administrativa plenamente vinculada" (CTN, art. 3º). Dessa maneira, qualquer exigência do poder público que contenha os elementos da definição legal será, para todos os fins de direito, considerada um tributo, e sujeitar-se-á a todos os princípios e limitações constitucionais para que seja instituído.

O artigo inaugural do capítulo do Sistema Tributário Nacional (STN) na Constituição Federal (CF) introduz a problemática da repartição das competências tributárias entre os entes federativos (União, Estados, Distrito Federal e Municípios) com relação aos impostos, às taxas e às contribuições de melhoria. Mais adiante, a própria CF prevê a possibilidade de instituição de outras exações, gerando muita controvérsia sobre a classificação dos tributos. Prefere-se a classificação que divide os tributos em cinco espécies, pois melhor contempla o texto constitucional vigente:

Cap. 1 • Introdução à Contabilidade Tributária **13**

1. **Impostos**: têm por fato gerador uma situação independente de qualquer atividade estatal específica, relativa ao contribuinte. Podem ser classificados, por sua vez, em: 1 – nominados (CF, art. 145, I, art. 153, art. 155 e art. 156); 2 – residuais, que são os decorrentes da possibilidade que a União tem de criar novos impostos (CF, art. 154, I); e 3 – extraordinários de guerra (CF, art. 154, II).

2. **Taxas**: têm por fato gerador o exercício regular do poder de polícia, ou a utilização, efetiva ou potencial, de serviço público específico e divisível, prestado ao contribuinte ou posto à sua disposição (CF, art. 145, II), bem como o uso de vias conservadas pelo poder público (art. 150, V).

3. **Contribuições de melhoria**: instituídas para fazerem face ao custo de obras públicas de que decorra valorização imobiliária (CF, art. 145, III).

4. **Contribuições especiais**: são tributos vinculados pela finalidade a que se destinam. São assim subdivididas: 1 – contribuições sociais gerais, de seguridade social, de previdência e assistência do funcionalismo público estadual, distrital e municipal (CF, art. 149 e art. 195); 2 – contribuições de intervenção no domínio econômico (CF, art. 149, 2ª parte); 3 – contribuições de interesse das categorias profissionais (CF, art. 149, 3ª parte); e 4 – contribuição para o custeio do serviço de iluminação pública (CF, art. 149-A).

5. **Empréstimos compulsórios**: são tributos restituíveis e vinculados à despesa que fundamentou sua instituição. São de duas espécies: 1 – extraordinários de calamidade ou guerra (CF, art. 148, I); e 2 – de investimentos (art. 148, II).

Resumindo, pode-se dizer que os impostos são tributos desvinculados de qualquer atuação do ente tributante, uma vez que são fatos, ações ou situações do contribuinte que servem de suporte para a incidência dos impostos, como ter imóvel rural (imposto sobre a propriedade territorial rural), prestar serviços de qualquer natureza (imposto sobre serviços) etc. Já as taxas e as contribuições de melhoria dependem de uma atividade pública para poderem ser cobradas. As contribuições especiais, por outro lado, são tributos qualificados pela finalidade que buscam alcançar, enquanto os empréstimos compulsórios são tributos restituíveis e vinculados à despesa que fundamentou sua instituição.

O Quadro 1.1 apresenta uma síntese das espécies tributárias no Brasil.

Quadro 1.1 Espécies tributárias no Brasil

Tributos	
Impostos	Nominados: aqueles previstos expressamente na CF
	Residuais: possibilidade que a União tem de instituir outro imposto além dos previstos, desde que seja por lei complementar e não tenha base de cálculo nem fato gerador idêntico ao de outro imposto
	Extraordinários de guerra

(continua)

(continuação)

Tributos		
Taxas	De poder de polícia	
	De serviços públicos específicos e divisíveis	
	De uso de vias conservadas pelo poder público	
Contribuições de Melhoria	Decorrentes de obras públicas	
Contribuições Especiais	Sociais gerais, para financiamento da seguridade social e de previdência e assistência do funcionalismo público estadual, distrital e municipal	
	De intervenção no domínio econômico	
	De interesse das categorias profissionais ou econômicas	
	Para o custeio do serviço de iluminação pública	
Empréstimos Compulsórios	Extraordinários de calamidade ou guerra	
	De investimentos	

1.12 LEGISLAÇÃO TRIBUTÁRIA: DEFINIÇÃO E ALCANCE

A CF, no art. 146, III, atribui à lei complementar o estabelecimento de normas gerais em matéria de legislação tributária, trazendo, em suas alíneas, rol exemplificativo das matérias que deve tratar. Esses dispositivos deixam muito claro que, à lei complementar, cabe não apenas tratar dos conflitos de competência e da regulação das limitações ao poder de tributar, mas também estabelecer normas gerais disciplinando os institutos jurídicos básicos da tributação, capazes de dar uniformidade técnica à instituição de tributos pelas diversas pessoas políticas.

O Código Tributário Nacional (CTN) surgiu por meio da Lei n. 5.172/1966 – lei ordinária – e continuou vigendo, inobstante a CF de 1967 e, mais recentemente, a de 1988, exigirem lei complementar para tratar da matéria nele versada. Diz-se que a Lei n. 5.172/1966 tomou nível de lei complementar na medida em que não pode mais ser alterada senão por essa via legislativa. Exige-se, tão somente, a compatibilidade material, e não a formal. E é ele, o CTN, que estabelece, em seus art. 96 e seguintes, as normas gerais de direito tributário, entre as quais se encontra a definição e a abrangência da legislação tributária, conceito cuja compreensão é fundamental para o bom desempenho das funções a cargo do contador tributarista.

A legislação tributária compreende as leis, os tratados e as convenções internacionais, os decretos e as normas complementares que versem, no todo ou em parte, sobre tributos e relações jurídicas a eles pertinentes (CTN, art. 96).

Exige-se lei para: 1 – instituir, majorar, reduzir ou extinguir tributos; 2 – definir o fato gerador; 3 – fixar a alíquota e a base de cálculo; 4 – a cominação de penalidades; e 5 – as hipóteses de exclusão, suspensão e extinção de créditos tributários, ou de dispensa ou redução de penalidades. Nesse aspecto, as medidas provisórias editadas pelo presidente da república em caso de relevância e urgência equiparam-se às leis, pois a CF não veda que elas versem sobre matéria tributária. Ressalte-se que a medida provisória deve ser posteriormente convertida em lei pelo Congresso Nacional, sob pena de perda de sua eficácia.

Cabe aqui ressaltar que não há superioridade hierárquica da lei complementar em relação à lei ordinária, porque a primeira só atuará naquelas matérias especificadas pelo texto constitucional como reservadas a ela, o mesmo se aplicando às últimas. Assim, quando no contexto de uma lei complementar encontramos uma disposição que não seja da natureza de lei complementar, aquele artigo ou dispositivo é lei ordinária. A lei ordinária simplesmente não pode afrontar a lei complementar nas matérias a esta reservadas, pois não constituirá, nesse caso, veículo legislativo apto a inovar na ordem jurídica, no que diz respeito à matéria versada.

Os tratados e as convenções internacionais revogam ou modificam a legislação tributária interna, e serão observados pela que lhes sobrevenha. Compete privativamente ao presidente da república celebrar tratados, convenções e atos internacionais (CF, art. 84, VIII).[1]

O conteúdo e o alcance dos decretos restringem-se ao das leis em função das quais sejam expedidos, determinados com observância das regras de interpretação estabelecidas no CTN. Compete privativamente ao presidente da república expedir decretos e regulamentos para fiel execução das leis; evidentemente que, no âmbito estadual, cabe ao governador do Estado e, no âmbito municipal, ao prefeito. O regulamento, posto em vigência por decreto, embora não possa modificar a lei, tem a missão de explicá-la e de prover sobre minúcias não abrangidas pela norma geral editada pelo legislativo. A contrariedade do decreto à lei configura ilegalidade, e não inconstitucionalidade.

São normas complementares das leis, dos tratados e dos decretos: 1 – os atos normativos expedidos pelas autoridades administrativas; 2 – as decisões dos órgãos singulares ou coletivos de jurisdição administrativa, a que a lei atribua eficácia normativa; 3 – as práticas reiteradamente observadas pelas autoridades administrativas; e 4 – os convênios que entre si celebram a União, os Estados, o DF e os Municípios. A observância dessas normas exclui a imposição de penalidades, a cobrança de juros de mora e a atualização do valor monetário da base de cálculo do tributo. Desse modo, as normas complementares integram a legislação tributária e são aptas a instituir obrigações e formalidades aos contribuintes, estando submetidas, é claro, aos limites impostos pela lei.

1.13 A CONTABILIDADE TRIBUTÁRIA E OS TRIBUTOS EMPRESARIAIS

Entre todos os tributos previstos constitucionalmente e instituídos pelos entes da federação, muitos deles não são objeto de estudo da Contabilidade Tributária, porque não são

---

1   No que se refere à condição jurídica dos tratados internacionais em face de normas de direito interno, veja o Recurso Extraordinário n. 460.320/PR, julgado em 05 de agosto de 2020. Disponível em: https://redir.stf. jus.br/paginadorpub/paginador.jsp?docTP=TP&docID=754018698. Acesso em: 07 ago. 2023.

tributos típicos e exclusivos das empresas, ou não se referem à relação entre as empresas e seus sócios ou acionistas. É o caso, por exemplo, das taxas, da contribuição de melhoria, dos empréstimos compulsórios, entre outros.

Há tributos que são devidos apenas por um segmento específico de empresas. São exemplos desses tributos o Imposto sobre Operações Financeiras (IOF), devido pelos bancos em geral e sobre determinadas operações mútuas entre empresas, e a Cide, incidente sobre a importação e a comercialização de petróleo, gás e seus derivados.

Outros tributos são eventuais nos negócios das empresas em geral, mas podem ser importantes dentro de um contexto de planejamento tributário e sucessório. Nesse grupo, podemos incluir o Imposto sobre a Transmissão *Causa Mortis* e Doação, de quaisquer bens ou direitos (ITCD) e os Impostos sobre Transmissão *Inter Vivos*, a qualquer título, por ato oneroso, de bens imóveis, por natureza ou acessão física, e de direitos reais sobre imóveis, exceto os de garantia, bem como cessão de direitos a sua aquisição (ITBI).

Desse modo, um curso de Contabilidade Tributária debruça-se, com maior atenção, sobre tributos que são recolhidos recorrentemente pelas empresas. Convencionaremos chamá-los, para os nossos fins, de tributos empresariais, que são os seguintes:

a) **Imposto de Renda das Pessoas Jurídicas (IRPJ)**: recolhido à União, incidente sobre o lucro das empresas e apurado anual ou trimestralmente.

b) **Imposto sobre Produtos Industrializados (IPI)**: recolhido à União, incide sobre a saída de produtos do estabelecimento industrial ou equiparado a industrial e, como regra, é apurado mensalmente.

c) **Imposto sobre a Circulação de Mercadorias e Serviços de Transporte Interestadual e Intermunicipal e de Comunicação (ICMS)**: recolhido para os Estados e o DF, incide sobre a saída de mercadorias do estabelecimento comercial ou sobre a prestação dos serviços referidos, sendo, como regra, apurado mensalmente.

d) **Imposto sobre Serviços de Qualquer Natureza (ISSQN)**: recolhido para os Municípios e o DF, incide sobre a prestação de serviços em geral, e usualmente tem apuração mensal.

e) **Contribuição Social sobre o Lucro Líquido (CSLL)**: recolhido para a União, incide sobre o lucro das empresas e é apurado anual ou trimestralmente, a exemplo do IRPJ.

f) **Programa de Integração Social (PIS)**: recolhido para a União, incide sobre a receita das empresas e é apurado mensalmente. É devido, também, na importação de bens e serviços do exterior. Há casos em que ele incide sobre a folha de salários.

g) **Contribuição para o Financiamento da Seguridade Social (Cofins)**: recolhido para a União, incide sobre a receita das empresas e é apurado mensalmente. É cobrado, também, na importação de bens e serviços do exterior.

h) **Contribuições previdenciárias**: recolhidas para a União, são aquelas que incidem sobre a remuneração paga a empregados e outros trabalhadores sem vínculo empregatício, podendo incidir, em casos específicos, sobre outras bases, como a receita de venda. São apuradas e recolhidas mensalmente.

i) **Simples Nacional**: é uma sistemática diferenciada e simplificada de recolhimento dos tributos empresariais, aplicáveis exclusivamente, mediante opção, às microempresas e empresas de pequeno porte; a apuração é mensal. É recolhido para a União, que repassa aos estados e municípios a parcela relativa aos tributos de competência deles.

j) **Imposto sobre Operações de Crédito, Câmbio e Seguro, ou relativo a Títulos ou Valores Mobiliários (IOF)**.

k) **Imposto sobre Importação (II)**.

l) **Imposto sobre Exportação (IE)**.

m) **Contribuição de Intervenção no Domínio Econômico (Cide)**: especialmente a incidente sobre a importação e a comercialização de petróleo, gás e seus derivados.

Ao menos dois registros merecem ser feitos. O primeiro diz respeito ao Imposto de Renda das Pessoas Físicas (IRPF), que deve ser levado em conta no planejamento tributário das empresas. Isso porque a carga tributária de duas ou mais alternativas de tributação ou de configuração dos negócios muitas vezes é impactada pela tributação reflexa na pessoa física dos sócios e dirigentes das empresas. Assim, deve ser considerado nos estudos e nas aplicações de planejamento tributário.

Há que se registrar, ainda, como as empresas têm, por força de lei, a obrigação de agirem como responsáveis tributários e reterem tributos em muitas situações – como pagamento de remuneração e outros rendimentos a pessoas físicas, pagamento de serviços a pessoas jurídicas e remessas de dinheiro para o exterior, apenas para ilustrar; os departamentos envolvidos, especialmente o de pessoal e o financeiro, precisam ser orientados quanto à legislação e às alíquotas aplicáveis. Assim, esses tributos devidos na condição de responsáveis tributários devem ser contemplados na gestão tributária das empresas.

QUESTÃO PARA DISCUSSÃO

A governança corporativa é considerada um atributo que eleva o valor e a reputação das companhias no mercado. Você considera possível que a introdução de mecanismos de governança tributária, como parte integrante da governança corporativa, possa ser benéfica também para o Fisco e, por essa razão, desejada e incentiva por este? Explique e fundamente.

Resposta ou *feedback*:

De fato, o crescimento da adoção de práticas de governança tributária pelas empresas traria enormes benefícios para o Fisco, uma vez que as empresas incorporariam princípios éticos em seus processos decisórios relativos à gestão tributária. Isso implicaria evitar, por exemplo, esquemas agressivos de planejamento tributário e acarretaria um natural crescimento da arrecadação tributária.

RESUMO

Do conteúdo que você estudou neste capítulo, é importante destacar:

- A Contabilidade Tributária é a disciplina ou o ramo da Contabilidade que se dedica ao estudo dos princípios, conceitos, técnicas, métodos e procedimentos aplicáveis à apuração dos tributos devidos pelas empresas e entidades em geral, à busca e análise de alternativas para a redução da carga tributária e ao cumprimento das obrigações acessórias estabelecidas pelo Fisco.

- O profissional que atua ou pretende atuar nessa área deve ser dotado de um perfil notadamente interdisciplinar. Ao conhecimento e formação contábil sólidos, deve associar um domínio mínimo dos princípios e regras aplicáveis ao direito tributário.

- Termos, áreas e atividades relacionadas: planejamento tributário, controle tributário, gestão tributária, auditoria tributária, *compliance* fiscal, *due diligence* fiscal, governança tributária, inteligência fiscal.

- Tributos empresariais gerais: tributos que são recolhidos recorrentemente pela maior parte das empresas: IRPJ, CSLL, PIS, Cofins, IPI, ICMS, ISSQN, Simples Nacional, IOF, II, IE, Cide, Simples Nacional.

- Outros tributos de interesse para fins da gestão tributária, do planejamento tributário e sucessório: ITBI, ITCD e IRPF.

- A legislação tributária compreende as leis, os tratados e as convenções internacionais, os decretos e as normas complementares que versem, no todo ou em parte, sobre tributos e relações jurídicas a eles pertinentes.

QUESTÕES DE MÚLTIPLA ESCOLHA

1. Leia atentamente as afirmativas a seguir e assinale a alternativa correta.

I – Disciplina que se dedica ao estudo dos princípios, conceitos, técnicas, métodos e procedimentos aplicáveis à apuração dos tributos devidos pelas empresas e entidades em geral, à busca e análise de alternativas para a redução da carga tributária e ao cumprimento das obrigações acessórias estabelecidas pelo Fisco.

II – Conjunto de atividades permanentemente desenvolvidas por profissionais especializados, com o intuito de encontrar alternativas lícitas de reduzir ou postergar a carga tributária das empresas.

III – Conjunto de técnicas e procedimentos empregados para exame de registros e demonstrações contábeis, bem como da documentação que lhe dá suporte, visando apresentar e formalizar opiniões, conclusões, críticas e orientações sobre situações, transações ou eventos patrimoniais. O objetivo final é atestar, especialmente para os usuários externos, a adequação das demonstrações contábeis à realidade patrimonial da empresa.

As afirmativas I, II e III referem-se, respectivamente, aos conceitos de:

a) Gestão tributária, planejamento tributário e controle tributário.
b) Contabilidade Tributária, gestão tributária e auditoria tributária.
c) Auditoria tributária, Contabilidade Tributária e controle tributário.
d) Contabilidade Tributária, planejamento tributário e auditoria contábil.

2. Leia atentamente as afirmativas a seguir e assinale a correta.

a) O IRPJ é um imposto federal, tem por base o lucro das empresas e é apurado mensalmente.
b) O ISSQN é um tributo estadual, incide sobre o valor dos serviços prestados e é apurado mensalmente.
c) A CSLL é uma contribuição federal, incide sobre o lucro e é apurada trimestral ou anualmente.
d) O ISSQN é um imposto municipal, incide sobre a saída de mercadorias e é apurado mensalmente.

3. Leia atentamente as afirmativas a seguir e assinale a alternativa correta.

I – Tem por finalidade fornecer elementos de prova para solucionar litígios envolvendo a constituição e a apuração de tributos e ocorre no curso de ações judiciais onde litigam Fisco e contribuinte.

II – Conjunto de princípios, normas, métodos e procedimentos que orientam as decisões e medidas concretas relativas à gestão tributária da empresa, especialmente aquelas de maior relevância e, por essa razão, capazes de afetar a estratégia de negócios, o valor e a reputação da empresa perante o mercado.

III – Consiste na avaliação do universo das questões fiscais de uma sociedade, incluindo as contingências, efetuada normalmente a pedido de um potencial comprador, como um modo de minimizar o risco da operação de compra, permitindo ao investidor tomar conhecimento dos riscos e aspectos fiscais relevantes a ter em conta antes da formalização da aquisição.

As afirmativas I, II e III referem-se, respectivamente, aos conceitos de:

a) Perícia tributária, governança tributária e *due diligence* fiscal.
b) Perícia tributária, gestão tributária e auditoria tributária.
c) Auditoria tributária, *tax compliance* e governança tributária.
d) Revisão tributária, *tax due diligence* e auditoria tributária.

4. Leia atentamente as afirmações a seguir e assinale a alternativa correta.

I – A auditoria tributária e a *due diligence* fiscal têm em comum o fato de serem realizadas com o objetivo geral de averiguar o cumprimento das obrigações tributárias pela empresa. Uma das diferenças que podem ser apontadas entre elas é que a auditoria tributária normalmente é realizada por iniciativa e no interesse da própria empresa, enquanto a *due diligence* fiscal é realizada por iniciativa e interesse de um potencial investidor.

II – A adoção de padrões de governança tributária corporativa pelas companhias pode beneficiar o Fisco, uma vez que envolve a adoção de princípios éticos nas decisões de planejamento tributário, o que conduz a uma maior obediência tributária (*tax compliance*) por parte das empresas.

III – Tendo em vista que a CF consagra o princípio da legalidade, as chamadas normas complementares – por exemplo, portarias e instruções normativas –, por serem inferiores à lei, só devem ser cumpridas quando criam benefícios para o contribuinte; quando elas criam obrigações e formalidades, não devem, em hipótese alguma, ser obedecidas, pois violam o princípio da legalidade.

As afirmativas I, II e III são, respectivamente:

a) Verdadeira, falsa e verdadeira.

b) Verdadeira, falsa e falsa.

c) Verdadeira, verdadeira e falsa.

d) Falsa, verdadeira e falsa.

5. **Qual das seguintes funções e atividades não faz parte das atribuições do contador tributarista?**

a) Analisar as atividades e operações realizadas pelas empresas e identificar os tributos a que estão sujeitas.

b) Ajuizar ações judiciais em defesa do contribuinte, bem como comparecer em audiências e interpor recursos aos tribunais superiores, quando necessário.

c) Analisar e interpretar a legislação aplicável a cada tributo devido pela empresa, para determinar o alcance e a aplicabilidade dos dispositivos legais.

d) Orientar e assessorar os departamentos, setores e pessoas envolvidos com a emissão de documentos fiscais, com a apuração dos tributos e com o cumprimento de quaisquer outras obrigações tributárias.

6. **Com relação ao planejamento tributário dito interno, é correto afirmar:**

a) Envolve medidas que não dependem de qualquer providência judicial ou administrativa.

b) Envolve medidas na administração tributária, como consultas, recursos, requerimentos de ressarcimentos e solicitações de regimes especiais de tributação.

c) É aquele estruturado com base em ações ajuizadas contra o Fisco, usualmente buscando ver afastada a incidência de determinado tributo ou a restituição de tributo já recolhido.

d) É aquele que não envolve questões estratégicas.

7. **Quanto ao planejamento tributário internacional, é correto afirmar que:**

a) É aquele que envolve apenas questões estratégicas.

b) É aquele que envolve a escolha entre duas alternativas de tributação.

Cap. 1 • Introdução à Contabilidade Tributária **21**

c) É toda e qualquer medida lícita adotada pelos contribuintes, no sentido de reduzir o ônus tributário ou postergar a incidência de determinado tributo.

d) Trata de medidas que envolvem o estudo de ordenamentos jurídicos de dois ou mais países e a análise comparativa do impacto fiscal decorrente das alternativas de configuração dos negócios.

8. **Assinale a alternativa que contém apenas princípios básicos de governança corporativa.**

a) Transparência, Equidade e Prestação de Contas (*accountability*).

b) Responsabilidade Corporativa, *compliance* e equidade.

c) Prestação de Contas (*accountability*), auditoria e transparência.

d) *Compliance*, auditoria e equidade.

9. **O conjunto de atividades desenvolvidas pelos contribuintes para assegurar o cumprimento das obrigações tributárias principais e acessórias estabelecidas na legislação fiscal corresponde à definição de:**

a) Auditoria tributária.

b) *Compliance* fiscal.

c) ESG.

d) TI Fiscal ou *iTax*.

10. **O conjunto de medidas que visam assegurar o cumprimento das normas fiscais e a minimização da carga tributária amparado em rotinas contempladas nos sistemas de informações operacionais e econômico-financeiras da empresa corresponde à definição de:**

a) Auditoria tributária.

b) *Compliance* tributário.

c) Inteligência fiscal.

d) TI Fiscal ou *iTax*.

GABARITO

1. d	2. c	3. a	4. c	5. b
6. a	7. d	8. a	9. b	10. c

CAPÍTULO 2
INTER-RELAÇÃO ENTRE NORMAS CONTÁBEIS E FISCAIS

OBJETIVOS DO CAPÍTULO

- ▶ Desenvolver a capacidade de identificar, interpretar e aplicar adequadamente as normas fiscais que estabelecem práticas contábeis obrigatórias ou facultativas.
- ▶ Desenvolver a habilidade de mensurar o efeito dessas normas fiscais na apuração do resultado tributável.
- ▶ Instigar uma reflexão sobre a normatização da contabilidade e suas implicações.

Neste capítulo, de modo geral, abordamos como as normas do Imposto de Renda das Pessoas Jurídicas (IRPJ) e as da Contribuição Social sobre o Lucro Líquido (CSLL) afetam a prática contábil das empresas. Para isso, analisamos a estrutura e as fontes das normas contábeis, a importância das normas tributárias nesse contexto e o reflexo dessas últimas no registro dos eventos que afetam o resultado do exercício.

2.1 FONTES E ESPÉCIES DE NORMAS CONTÁBEIS

A prática contábil remonta à Antiguidade, mas atingiu sua maturidade entre os séculos XIII e XVI, devido à intensificação do desenvolvimento do comércio, da matemática e da imprensa, consolidando-se com o trabalho elaborado pelo frade franciscano Luca Pacioli, que publicou na Itália, em 1494, a obra intitulada *Summa de Arithmetica, Geometria*

Proportioni et Propornalita, que significa, em tradução livre, "resumo de aritmética, geometria, proporção e proporcionalidade".

Nessa obra, Pacioli dedicou um capítulo à contabilidade intitulado *Tractatus Particularis de Computies et Scripturis*, no qual demonstrava e explicava o método das partidas dobradas. Assim nasceu a escola italiana de contabilidade, que dominou o cenário mundial até o início do século XX.

O desenvolvimento da contabilidade foi notável nos Estados Unidos da América (EUA), no século XX, principalmente após a Grande Depressão de 1929, com a criação da *Securities and Exchange Commission* (SEC), órgão regulador e fiscalizador do mercado de capitais, com a contabilidade passando a ter de responder mais diretamente ao interesse do usuário externo da informação financeira (Pohlmann; Alves, 2004).

A ascensão cultural e econômica dos EUA, o crescimento do mercado de capitais e, consequentemente, da auditoria, a preocupação em tornar a contabilidade instrumento útil para a tomada de decisões, a atuação acentuada do Instituto Americano de Contadores Públicos Certificados (AICPA), a clareza didática da exposição e o enfoque pragmático da doutrina contábil foram, entre outros, os fatores que contribuíram para a formação da escola americana.

A partir da prática contábil reiterada, referendada e legitimada pela doutrina, consagrou-se a ideia e o conceito dos *Generally Accepted Accounting Principles* (GAAP), ou Princípios de Contabilidade Geralmente Aceitos (PCGA). A emissão contínua de PCGA nos EUA acabou formando um corpo robusto de normas de orientação da prática contábil e criando um paradigma normativo internacional devido à grande disseminação de corporações multinacionais com sede nesse país.

Sob o ponto de vista jurídico, podemos definir a norma como sendo nada mais do que um comando emanado, de maneira formal, de um ente que detém o poder e a legitimidade de exigir o seu cumprimento por parte de um determinado grupo de pessoas.

Sob perspectiva diversa, os economistas estudam e explicam esse fenômeno por meio da teoria da regulação, na qual procuram justificativas para o fato de que certas facetas da atividade humana são reguladas pelo Estado ou com o aval deste, enquanto outras não o são. Uma das principais justificativas arroladas pela doutrina econômica para justificar a atuação estatal reguladora sobre determinadas relações sociais é a presença de interesse público.

Quando a contabilidade experimentou seu amadurecimento inicial, com o trabalho de Luca Pacioli, não havia normas contábeis. Uma das razões é porque a ideia de Estado democrático de direito, com representantes e legisladores legitimados, desenvolveu-se a partir da Revolução Francesa e da independência norte-americana, ocorridas no século XVIII. Por essa razão, o fenômeno da regulação ou normatização contábil pode ser considerado recente na História e ganhou força a partir da segunda metade do século XX, com o desenvolvimento e a ampliação do mercado de capitais.

As normas contábeis podem ser classificadas, para fins de estudo, em Normas Contábeis Legais (NCL) e em Normas Contábeis Profissionais (NCP). As NCLs constam da legislação emanada dos Poderes Executivo e Legislativo, ou por órgãos reguladores que detêm poderes a fim de estabelecer normas para certos tipos de entidades. As NCPs são normas aprovadas por órgãos formados por profissionais da contabilidade e obrigam apenas esses profissionais, isto é, ao menos por enquanto em nosso país, não podem ser impostas às empresas e demais entidades (Pohlmann, 1995), a não ser que sejam transformadas em NCLs.

As NCLs são compostas de leis, decretos e outros atos normativos cujo cumprimento por parte das empresas e entidades em geral é obrigatório. No Brasil, as principais NCLs são as seguintes:

- Comerciais ou civis, tais como a Lei n. 6.404/1976 (Lei das Sociedades Anônimas), o Código Civil, e o DL n. 486/1969, que trata da escrituração mercantil e foi regulamentado pelo Decreto n. 64.567/1969.

- Tributárias, especialmente as leis que regem a incidência e a apuração do IRPJ e da CSLL, assim como, em menor grau, a legislação sobre o Programa de Integração Social (PIS) e a Contribuição para o Financiamento da Seguridade Social (Cofins).

- Regulatórias, ou seja, as normas emitidas por órgãos reguladores ou para setores específicos, como: Comissão de Valores Mobiliários (CVM), Banco Central do Brasil (BCB), Superintendência de Seguros Privados (Susep), Agência Nacional de Energia Elétrica (Aneel), Agência Nacional de Telecomunicações (Anatel), Lei n. 4.320/1964 (estabelece normas gerais de contabilidade pública) e Decreto n. 6.976/2009 (regula o sistema de contabilidade federal), entre outros.

As principais NCPs utilizadas no Brasil são as emitidas pelas seguintes fontes:

- **Conselho Federal de Contabilidade (CFC)**: são inúmeras resoluções, obrigatórias a todos os profissionais da contabilidade. Desde 2005, as resoluções do CFC têm sido emitidas a partir de pronunciamentos técnicos do Comitê de Pronunciamentos Contábeis (CPC). Esses pronunciamentos, de modo geral, são adotados pela CVM.

- **Instituto dos Auditores Independentes do Brasil (Ibracon)**: são comunicados técnicos e circulares direcionados especialmente ao auditor independente.

- **Internacional Accounting Standard Board (IASB)**: embora não sejam diretamente obrigatórias no Brasil, as suas normas (*IFRS Standards*) acabam por influenciar sobremaneira a prática contábil, eis que são incorporadas de maneira paulatina nos pronunciamentos do CPC, por força da aderência do Brasil ao padrão internacional.

Em 2005, foi criado o CPC, estruturado com o apoio do CFC. É formado por representantes da Associação Brasileira das Companhias Abertas (Abrasca), da Associação dos Analistas Profissionais de Investimento do Mercado de Capitais (Apimec Nacional), do Brasil, Bolsa, Balcão (B3), do CFC, da Fundação Instituto de Pesquisas Contábeis, Atuariais e Financeiras (Fipecafi) e do Ibracon.

O CPC tem como objetivo (Resolução CFC n. 1.055/2005):

> [...] o estudo, o preparo e a emissão de Pronunciamentos Técnicos sobre procedimentos de Contabilidade e a divulgação de informações dessa natureza, para permitir a emissão de normas pela entidade reguladora brasileira, visando à centralização e uniformização do seu processo de produção, levando sempre em conta a convergência da Contabilidade Brasileira aos padrões internacionais.

Desde a sua criação, o CFC tem emitido inúmeras resoluções com base nos pronunciamentos do CPC; estes, por sua vez, têm sido adotados pela CVM e por outros órgãos reguladores e têm se tornado obrigatórios para as companhias abertas.

LINKS RELACIONADOS

 https://cfc.org.br/tecnica/normas-brasileiras-de-contabilidade/

uqr.to/1kpkz

 http://www.cpc.org.br/CPC/Documentos-Emitidos/Pronunciamentos

uqr.to/1kpl6

 http://www.ibracon.com.br/ibracon/Portugues/lisDocumentos.php

uqr.to/1kpl7

2.2 INTERFERÊNCIA DAS NORMAS TRIBUTÁRIAS NA PRÁTICA CONTÁBIL

Uma questão crucial que se põe diante da quantidade de normas contábeis emanadas de fontes diferentes é como devem se posicionar com relação a elas o contador, dentro de uma perspectiva geral, e o tributarista, dentro de uma perspectiva mais específica, isto é: quais normas devem ser obedecidas e quais, se isso for possível, podem ser ignoradas?

Esse tipo de questão passa a ter cada vez mais importância transcendental na contabilidade. O fenômeno da normatização ou juridicização da prática contábil deu ensejo ao nascimento de uma nova área interdisciplinar denominada Direito Contábil. Essa nova área tem como um de seus objetos principais de estudo o papel dos conceitos contábeis na estruturação de relações jurídicas, em que são criados direitos e obrigações para as partes, bem como – e provavelmente a parte que mais nos interessa aqui – o estudo do impacto do crescente fenômeno normativo na prática e nos números contábeis.

Para não correr o risco de extrapolar o escopo desta obra, vamos limitar a análise da questão aos aspectos tributários, ou seja, nos ocupar em perquirir qual o impacto das normas fiscais na prática contábil, como ele se dá e qual a sua intensidade.

Entre os diversos usuários da informação contábil, o Fisco é um dos mais proeminentes. Isso porque, além do grande interesse econômico decorrente da arrecadação de tributos, ele tem ao seu lado o poder e a legitimação para emitir normas, entre as quais estão algumas que interferem nas escolhas contábeis, especialmente quando isso afeta a apuração dos tributos.

Exemplo desse tipo de norma são aquelas que tratam do plano de contas referencial, assim como as chamadas "subcontas" exigidas pela Lei n. 12.973/2014 para registrar operações envolvendo ajuste a valor presente, avaliação a valor justo, ágio em fusões e aquisições, arrendamento mercantil, entre outros casos.

SAIBA MAIS

 Link sobre plano de contas referencial SPED.
http://sped.rfb.gov.br/arquivo/show/5973

uqr.to/1kpl9

2.2.1 A Primeira "Revolução Contábil"

A edição da Lei n. 6.404/1976, Lei das Sociedades Anônimas, representou uma verdadeira revolução contábil no Brasil, pois introduziu grandes avanços técnicos e conceituais inspirados em padrões e práticas norte-americanos. O modelo concebido nessa lei consistia em uma prática contábil fundada exclusivamente nos seus próprios preceitos e nos da legislação comercial, nas normas da CVM e nos princípios de contabilidade geralmente aceitos (PCGA). Isso fica expresso na redação do art. 177, *caput* e § 3º, dessa lei à época de sua edição (a redação do § 3º sofreu pequena alteração posteriormente em decorrência da Lei n. 11.941/2009)[1]:

> Art. 177. A escrituração da companhia será mantida em registros permanentes, com obediência aos preceitos da legislação comercial e desta Lei e aos **princípios de contabilidade geralmente aceitos**, devendo observar métodos ou critérios contábeis uniformes no tempo e registrar as mutações patrimoniais segundo o regime de competência.

---

[1] § 3º. As demonstrações financeiras das companhias abertas observarão, ainda, as normas expedidas pela Comissão de Valores Mobiliários e serão obrigatoriamente submetidas a auditoria por auditores independentes nela registrados. (Redação dada pela Lei n. 11.941, de 2009)

[...]

§ 3º As demonstrações financeiras das companhias abertas observarão, ainda, as normas expedidas pela **Comissão de Valores Mobiliários**, e serão obrigatoriamente auditadas por auditores independentes registrados na mesma comissão. (grifado)

Por força do disposto no § 2º do mesmo art. 177, os ajustes e procedimentos necessários para adaptar os números contábeis aos preceitos e normas tributárias seriam realizados em registros auxiliares e não impactariam as demonstrações contábeis.

Esse contexto normativo permitia vislumbrar um futuro harmônico e perfeito de coexistência entre normas contábeis orientadas e comprometidas com os PCGAs e normas tributárias, uma vez que o impacto destas últimas seria apenas considerado de forma extracontábil, em registros e livros auxiliares.

Essa expectativa restou parcialmente frustrada com a edição, no ano seguinte, do Decreto-Lei (DL) n. 1.598/1977, que visava adaptar as disposições inovadoras da Lei n. 6.404/1976 aos interesses do Fisco. Primeiramente, ele inseriu a observância das normas fiscais como um dos requisitos da escrituração contábil, o que se depreende da redação do *caput* do art. 7º do DL n. 1.598/1977:

Art. 7º O lucro real será determinado com base na escrituração que o contribuinte deve manter, com observância **das leis comerciais e fiscais**. (grifado)

Ainda que tenha ficado clara a intenção do Fisco de interferir na prática contábil, o DL n. 1.598/1977 (art. 8º, § 2º) contém previsão, consistente com a determinação da Lei n. 6.404/1977 (art. 177, § 2º), no sentido da escrituração em livros auxiliares no caso de disparidade entre normas societárias e fiscais. Para isso, seria utilizado o Livro de Apuração do Lucro Real (LALUR), que foi especialmente criado para que a pessoa jurídica demonstrasse os ajustes efetuados no lucro líquido para apuração do IRPJ. Posteriormente, foi criado também o Livro de Apuração da CSLL (LACS); após a versão digital, ambos passaram a ser referidos como e-LALUR e e-LACS e foram integrados à Escrituração Contábil Fiscal (ECF). Eis o exato teor do referido dispositivo:

Art. 8º O contribuinte deverá escriturar, além dos demais registros requeridos pelas leis comerciais e pela legislação tributária, os seguintes livros:

I – de apuração de lucro real, no qual: [...]

§ 2º Os registros contábeis que forem necessários para a observância de preceitos da lei tributária relativos à determinação do lucro real, quando não devam, por sua natureza exclusivamente fiscal, constar da escrituração comercial, ou forem diferentes dos lançamentos dessa escrituração, serão feitos no livro de que trata o item I deste artigo ou em livros auxiliares.

Entretanto, essa aparente indiferença manifestada no art. 8º, § 2º, do DL n. 1.598/1977 em relação à prática contábil foi contraditada pelo restante do texto do DL n. 1.598/1977, que está repleto de dispositivos que impõem ou facultam práticas contábeis para fins de apuração do resultado contábil, estabelecendo conceitos, formas de contabilização e de avaliação patrimonial. Somem-se a essas disposições outras normas tributárias que se sucederam

Cap. 2 • Inter-Relação entre Normas Contábeis e Fiscais **29**

estabelecendo e alterando a forma de reconhecimento contábil das transações. Essa questão das regras contábeis provindas da legislação tributária será mais bem analisada e ilustrada na Subseção 2.3 deste capítulo.

2.2.2 A Segunda "Revolução Contábil"

A redação do art. 8º, § 2º, do DL n. 1.598/1977 sofreu uma sutil alteração por meio da Lei n. 11.941/2009, com o intuito de adaptá-la às mudanças significativas da Lei n. 6.404/1976, introduzidas pela Lei n. 11.638/2007.

Basicamente, foram procedidas duas pequenas modificações: reduziu-se a expressão "por sua natureza exclusivamente fiscal" para apenas "por sua natureza fiscal"; e introduziu-se a possibilidade de criação de outros livros fiscais além do LALUR para registrar as discrepâncias entre os números contábeis de acordo com as normas societárias e comerciais e os números que seriam obtidos em decorrência da aplicação das normas tributárias. Eis a nova redação:

> § 2º Para fins da escrituração contábil, inclusive da aplicação do disposto no § 2º do art. 177 da Lei nº 6.404, de 15 de dezembro de 1976, os registros contábeis que forem necessários para a observância das disposições tributárias relativos à determinação da base de cálculo do imposto de renda e, também, dos demais tributos, quando não devam, **por sua natureza fiscal**, constar da escrituração contábil, ou forem diferentes dos lançamentos dessa escrituração, serão efetuados exclusivamente em: (Redação dada pela Lei n. 11.941, de 2009)
>
> I – livros ou registros contábeis auxiliares; ou (Incluído pela Lei n. 11.941, de 2009)
>
> II – **livros fiscais**, inclusive no livro de que trata o inciso I do *caput* deste artigo. (Incluído pela Lei n. 11.941, de 2009)
>
> § 3º O disposto no § 2º deste artigo será disciplinado pela Secretaria da Receita Federal do Brasil. (Incluído pela Lei n. 11.941, de 2009) (grifado)

Porém, a alteração da Lei n. 6.404/1977 processada pela Lei n. 11.638/2007 foi mais ampla e profunda. Foram introduzidas novas regras de escrituração a fim de alinhar a prática contábil brasileira com os padrões determinados pelo IASB. Essas alterações tinham e continuam tendo potencial impacto sobre o resultado das empresas, razão pela qual o Fisco teve que criar regras que assegurassem, ainda que opcionalmente, a neutralidade fiscal dessas alterações, ou seja, que não houvesse reflexo fiscal decorrente dos efeitos que as novas regras produziriam sobre o resultado do exercício.

Para atingir esse objetivo, o Fisco instituiu o chamado Regime Tributário de Transição (RTT) para disciplinar os efeitos da Lei n. 11.638/2007. Esse regime foi previsto no art. 15 da Lei n. 11.941/2009:

> Art. 15. Fica instituído o Regime Tributário de Transição – RTT de apuração do lucro real, que trata dos ajustes tributários decorrentes dos novos métodos e critérios contábeis introduzidos pela Lei n. 11.638, de 28 de dezembro de 2007, e pelos arts. 37 e 38 desta Lei.
>
> § 1º O RTT vigerá até a entrada em vigor de lei que discipline os efeitos tributários dos novos métodos e critérios contábeis, buscando a neutralidade tributária.
>
> § 2º Nos anos-calendário de 2008 e 2009, o RTT será optativo, observado o seguinte:
>
> [...]

§ 3º Observado o prazo estabelecido no § 1º deste artigo, o RTT será obrigatório a partir do ano-calendário de 2010, inclusive para a apuração do imposto sobre a renda com base no lucro presumido ou arbitrado, da Contribuição Social sobre o Lucro Líquido – CSLL, da Contribuição para o PIS/PASEP e da Contribuição para o Financiamento da Seguridade Social – Cofins.

[...]

No RTT, pessoa jurídica tinha assegurada a neutralidade fiscal sobre a diferença de resultado tributável decorrente da aplicação das normas contábeis introduzidas pela Lei n. 11.638/2007. Essa neutralidade estava prevista no art. 16 da Lei n. 11.941/2009:

Art. 16. As alterações introduzidas pela Lei n. 11.638, de 28 de dezembro de 2007, e pelos arts. 37 e 38 desta Lei que modifiquem o critério de reconhecimento de receitas, custos e despesas computadas na apuração do lucro líquido do exercício definido no art. 191 da Lei n. 6.404, de 15 de dezembro de 1976, **não terão efeitos para fins de apuração do lucro real da pessoa jurídica sujeita ao RTT**, devendo ser considerados, para fins tributários, os métodos e critérios contábeis vigentes em 31 de dezembro de 2007.

Parágrafo único. Aplica-se o disposto no *caput* deste artigo às normas expedidas pela Comissão de Valores Mobiliários, com base na competência conferida pelo § 3º do art. 177 da Lei n. 6.404, de 15 de dezembro de 1976, e pelos demais órgãos reguladores que visem a alinhar a legislação específica com os padrões internacionais de contabilidade. (grifado)

Na hipótese de a legislação tributária permitir a utilização de práticas contábeis diversas das previstas na Lei n. 11.638/2007 e nas normas emitidas pela CVM, a Lei n. 11.941/2009 assegurou, em seu art. 17 (revogado, depois, pela Lei n. 12.973/2014) que o contribuinte fizesse o ajuste diretamente no LALUR.

A Instrução Normativa da Receita Federal do Brasil (IN RFB) n. 949/2009, por sua vez, detalhou os procedimentos para reverter os efeitos das alterações da Lei n. 11.638/2007 que deveriam ser observados pelas pessoas jurídicas no RTT. O art. 3º dessa norma estabelece:

Art. 3º A pessoa jurídica sujeita ao RTT, para reverter o efeito da utilização de métodos e critérios contábeis diferentes daqueles previstos na legislação tributária, baseada nos critérios contábeis vigentes em 31 de dezembro de 2007, nos termos do art. 2º, deverá:

I – utilizar os métodos e critérios da legislação societária para apurar, em sua escrituração contábil, o resultado do período antes do Imposto sobre a Renda, deduzido das participações;

II – utilizar os métodos e critérios contábeis aplicáveis à legislação tributária, a que se refere o art. 2º, para apurar o resultado do período, para fins fiscais;

III – determinar a diferença entre os valores apurados nos incisos I e II; e

IV – ajustar, exclusivamente no Livro de Apuração do Lucro Real (LALUR), o resultado do período, apurado nos termos do inciso I, pela diferença apurada no inciso III.

§ 1º Para a realização do ajuste específico, de que trata o inciso IV do *caput*, deverá ser mantido o controle definido nos arts. 7º a 9º.

§ 2º O ajuste específico no LALUR, referido no inciso IV, não dispensa a realização dos demais ajustes de adição e exclusão, prescritos ou autorizados pela legislação tributária em vigor, para apuração da base de cálculo do imposto.

§ 3º Os demais ajustes a que se refere o § 2º devem ser realizados com base nos valores mantidos nos registros do controle previsto nos arts. 7º a 9º.

Por fim, a IN RFB n. 949/2009 também institui um novo controle fiscal no qual seriam procedidos os lançamentos necessários para assegurar a neutralidade fiscal em relação à diferença de resultado decorrente da Lei n. 11.638/2007 e das normas da CVM. Eis o teor dos arts. 7º e 8º:

> Art. 7º Fica instituído o **Controle Fiscal Contábil de Transição (FCONT)** para fins de registros auxiliares previstos no inciso II do § 2º do art. 8º do Decreto-Lei n. 1.598, de 1977, destinado obrigatória e exclusivamente às pessoas jurídicas sujeitas cumulativamente ao lucro real e ao RTT.
>
> Art. 8º O **FCONT** é uma escrituração, das contas patrimoniais e de resultado, em partidas dobradas, que considera os métodos e critérios contábeis aplicados pela legislação tributária, nos termos do art. 2º.
>
> § 1º A utilização do FCONT é necessária à realização dos ajustes previstos no inciso IV do art. 3º, não podendo ser substituído por qualquer outro controle ou memória de cálculo.
>
> § 2º Para fins de escrituração do FCONT, poderá ser utilizado critério de atribuição de custos fixos e variáveis aos produtos acabados e em elaboração mediante rateio diverso daquele utilizado para fins societários, desde que esteja integrado e coordenado com o restante da escrituração, nos termos do art. 294 do Decreto n. 3.000, de 26 de março de 1999.
>
> § 3º O atendimento à condição prevista no § 2º impede a aplicação do disposto no art. 296 do Decreto n. 3.000, de 1999.
>
> § 4º No caso de não existir lançamento com base em métodos e critérios diferentes daqueles prescritos pela legislação tributária, baseada nos critérios contábeis vigentes em 31 de dezembro de 2007, nos termos do art. 2º, fica dispensada a elaboração do FCONT. (grifado)

Assim, foi assegurado que as empresas pudessem pôr em prática as alterações da legislação societária. Os lançamentos contábeis decorrentes dos novos critérios introduzidos na lei tinham seus efeitos revertidos no Controle Fiscal Contábil de Transição (FCONT). O resultado então obtido servia de base, no livro LALUR, para efetuar os ajustes (adições, exclusões e compensações) necessários para apurar o IRPJ e a CSLL.

Posteriormente, rendendo-se ao novo paradigma contábil, a Receita Federal do Brasil (RFB) acabou por reestruturar parte da legislação tributária, em especial a de regência dos tributos sobre o lucro e, em menor grau, de PIS e Cofins, para contemplar a evolução das novas práticas contábeis e, em concomitância, assegurar sua neutralidade tributária. Essa adaptação das regras fiscais aos novos ditames se deu especialmente por meio da Lei n. 12.973/2014 (conversão da Medida Provisória (MP) n. 627/2013), que, entre outras coisas, fez importantes alterações em dispositivos do DL n. 1.598/1978.

Nessa lei, a RFB detalhou a maneira como seriam consideradas, para fins de apuração dos tributos, determinadas práticas contábeis. Por exemplo: ajuste a valor presente, avaliação a valor justo, apuração do ágio nas reorganizações societárias, subvenções para investimento, teste de recuperabilidade de ativos, entre outras.

Além disso, a referida lei, em seu art. 58, estabeleceu, para futuras novas práticas introduzidas por pronunciamentos contábeis, a necessidade de edição de norma fiscal neutralizando seus efeitos, *in verbis*:

> Art. 58. A modificação ou a adoção de métodos e critérios contábeis, por meio de atos administrativos emitidos com base em competência atribuída em lei comercial, que sejam posteriores à publicação desta Lei, não terá implicação na apuração dos tributos federais até que lei tributária regule a matéria.
>
> Parágrafo único. Para fins do disposto no *caput*, compete à Secretaria da Receita Federal do Brasil, no âmbito de suas atribuições, identificar os atos administrativos e dispor sobre os procedimentos para anular os efeitos desses atos sobre a apuração dos tributos federais.

Isso já foi posto em prática, por exemplo, no caso do pronunciamento "CPC 47 – Receita de Contrato com Cliente", aprovado pelo CFC (NBC TG 47) e pela CVM (primeiramente pela Resolução n. 762/2016, que foi revogada e substituída pela Resolução n. 116/2022). Os efeitos tributários desse pronunciamento foram objeto de regulação pela IN RFB n. 1.753/2017.

2.2.3 Mensurando o Grau de Interferência

Com o objetivo de auxiliar o entendimento e a análise das normas tributárias que interferem, de algum modo, nas práticas contábeis – ou seja, na maneira como o fato ou evento econômico será classificado, registrado e mensurado na escrituração contábil da pessoa jurídica –, desenvolvemos uma espécie de escala qualitativa, que contém atributos que permitem aferir o grau dessa interferência.

Os atributos escolhidos para essa classificação são apresentados no Quadro 2.1. A classificação do grau de interferência em forte, moderado, fraco e inexistente leva em conta três fatores: 1 – se o procedimento contábil estabelecido na norma fiscal é obrigatório ou não; 2 – se o efeito econômico do procedimento causa efeitos relevantes no resultado da empresa; e 3 – se o procedimento deve ser registrado contabilmente ou apenas ajustado no LALUR e no LACS ou em outro controle fiscal.

Quadro 2.1   Escala de interferência das normas tributárias na prática contábil

Grau de interferência da norma tributária na prática contábil			
	Características do procedimento determinado pela norma fiscal		
Escala	Obrigatória/Facultativa	Efeito relevante?	Ajuste apenas no LALUR/LACS?
Forte	Obrigatória	Sim	Não
Moderada	Facultativa	Sim	Não
Fraca	Facultativa	Não	Não
Inexistente	Indiferente	Indiferente	Sim

Assim, por exemplo, uma mera despesa não dedutível para fins de apuração do IRPJ e da CSLL, como é o caso da despesa com brindes, não interfere na prática contábil, ou seja, o grau de interferência é praticamente inexistente. Digamos que, nesse caso, a empresa terá apenas que ter a possiblidade de identificar, no seu plano de contas, onde estão registrados esses brindes.

Já no caso das taxas de depreciação de bens do imobilizado, em que o Fisco estipula os prazos de vida útil para cada bem, o grau de interferência é moderado, pois o efeito pode ser relevante, e é permitido à empresa adotar taxas diferentes de depreciação, desde que justifique e comprove tecnicamente a adequação dos prazos utilizados, em observância às normas contábeis.

2.3 IMPACTO DAS NORMAS TRIBUTÁRIAS NO RESULTADO CONTÁBIL

Muitas normas tributárias estabelecem procedimentos de escrituração contábil capazes de afetar o resultado do exercício e, por consequência, a apuração dos tributos que incidem sobre ele, mais especificamente o IRPJ e a CSLL.

Nos tópicos seguintes, com o intuito de ilustrar a problemática aqui discutida, comentamos alguns casos de normas tributárias que estabelecem procedimentos de registro de transações e eventos na escrituração contábil das empresas e entidades em geral. Por essa razão, não se incluem nessa abordagem os meros casos de indedutibilidade de despesas mediante mero ajuste no LALUR, pois esse tipo de procedimento não interfere na escrituração contábil.

2.3.1 Receita Bruta Operacional

Com relação à definição de receita bruta, a legislação fiscal exclui de seu conceito o Imposto sobre Produtos Industrializados (IPI) cobrado dos clientes nas vendas efetuadas pela empresa, que é um imposto não cumulativo em relação ao qual o vendedor dos bens é considerado mero depositário. Eis o teor do § 4º. do art. 12 do DL n. 1.598/1978:

> § 4º Na receita bruta não se incluem os tributos não cumulativos cobrados, destacadamente, do comprador ou contratante pelo vendedor dos bens ou pelo prestador dos serviços na condição de mero depositário.

Essa prática não se coaduna com a redação do art. 187, I, da Lei n. 6.404/1976, que considera todos os impostos incidentes sobre as vendas como integrantes da receita bruta, sendo deduzidos apenas para o cálculo da receita líquida. Na verdade, esse dispositivo da Lei n. 6.404/1976 deveria referir-se ao gênero "tributos", pois temos também contribuições sociais que incidem sobre o faturamento e são tratadas como deduções da receita bruta.

De fato, não há razão para distinguir o tratamento contábil do IPI em relação aos demais tributos incidentes sobre a receita bruta, o ICMS, o ISSQN, o PIS e a Cofins.

34 Contabilidade Tributária • Pohlmann

Trata-se de uma interferência fraca da norma tributária sobre a prática contábil, uma vez que há meios de os contadores contornarem essa imposição adaptando o plano de contas da empresa de modo a evidenciar o valor total das notas fiscais emitidas pela empresa, incluindo o IPI, e o valor da receita após a sua dedução.

2.3.2 Receitas Financeiras

O art. 17 do DL n. 1.598/1976 flexibiliza, por sua vez, a aplicação do princípio da competência dos exercícios com relação a certas hipóteses de ganhos financeiros:

> Art. 17 Os juros, o desconto, a correção monetária prefixada, o lucro na operação de reporte e o prêmio de resgate de títulos ou debêntures, ganhos pelo contribuinte, serão incluídos no lucro operacional e, quando derivados de operações ou títulos com vencimento posterior ao encerramento do exercício social, **poderão** ser rateados pelos períodos a que competirem. (grifado)

Interpretando-se a redação do dispositivo anterior, da inserção do termo "poderão" depreende-se que o legislador fiscal permite que o contribuinte contabilize a receita de juros em desacordo com o regime de competência, regra básica consagrada na contabilidade. O correto seria a utilização do termo "deverão". Trata-se, a princípio, de uma interferência fraca da norma fiscal sobre a prática contábil, uma vez que a sua adoção é facultativa e seus efeitos normalmente não são relevantes.

2.3.3 Custo dos Bens e Serviços

Com relação à apuração do Custo dos Produtos Vendidos (CPV), do Custo das Mercadorias Vendidas (CMV) e do Custo dos Serviços Prestados (CSP) há interferências de diferentes graus das normas tributárias na prática contábil. Primeiramente, o art. 13, § 2º, do DL n. 1.598/1978, permite a contabilização de determinados itens diretamente no resultado do exercício:

> Art. 13 O custo de aquisição de mercadorias destinadas à revenda compreenderá os de transporte e seguro até o estabelecimento do contribuinte e os tributos devidos na aquisição ou importação.
> § 1º – O custo de produção dos bens ou serviços vendidos compreenderá, obrigatoriamente:
> [...]
> § 2º – A aquisição de bens de consumo eventual, cujo valor não exceda de 5% do custo total dos produtos vendidos no exercício social anterior, poderá ser registrada diretamente como custo.

Trata-se de uma interferência fraca na contabilidade da empresa, uma vez que o procedimento é facultativo e o efeito econômico não é relevante. Essa prática permitida pela norma fiscal, apesar de não encontrar equivalente na Lei n. 6.404/1976, não está totalmente dissociada dos princípios contábeis, uma vez que pode ser entendida como decorrência da aplicação do princípio da materialidade.

O art. 46 da Lei n. 4.506/1964, por sua vez, determina que as perdas excepcionais ou anormais integrem o custo dos produtos, sendo levados ao resultado apenas à medida que os produtos sejam vendidos:

> Art. 46. São custos as despesas e os encargos relativos à aquisição, produção e venda dos bens e serviços objeto das transações de conta própria, tais como:
>
> [...]
>
> VI – As quebras ou perdas de estoque por deterioração, obsolescência ou pela ocorrência de riscos não cobertos por seguro, desde que comprovadas:
>
> a) por laudo ou certificado de autoridade sanitária ou de seguranças que especifique e identifique as quantidades destruídas ou inutilizadas, e as razões da providência;
>
> b) por certificado de autoridade competente nos casos de incêndios, inundações, ou outros eventos semelhantes;
>
> c) mediante laudo de autoridade fiscal chamada a certificar a destruição de bens obsoletos, inventáveis ou danificados, quando não houver valor residual apurável.

O tratamento preconizado pelo Pronunciamento Técnico CPC 16 (R2), aprovado pela NBC TG 16 (R2) do CFC (2017) para o valor anormal de desperdício de materiais e outros insumos, é o registro direto como despesa no resultado do exercício. O procedimento, estabelecido no inciso VI do art. 46 da Lei n. 4.506/1964, reproduzido no art. 303 do RIR/2018, impõe o registro das perdas no custo de produção e, consequentemente, no valor dos estoques, indo na direção contrária da prática contábil recomendada. Trata-se de interferência moderada da norma tributária, uma vez que seus efeitos podem ser relevantes.

Ainda com relação a perdas nos estoques, refira-se à norma criada especificamente para editores, distribuidores e livreiros, no sentido de permitir a constituição de uma provisão para perdas de estoque, dedutível para fins de apuração do IRPJ e da CSLL. Consideramos que é uma interferência de grau moderado da norma tributária, uma vez que, embora facultativa, o seu efeito é relevante. Essa prática está prevista no art. 8º da Lei n. 10.753/2003, com a redação dada pela Lei n. 10.833/2003:

> Art. 8º As pessoas jurídicas que exerçam as atividades descritas nos incisos II a IV do art. 5o poderão constituir provisão para perda de estoques, calculada no último dia de cada período de apuração do imposto de renda e da contribuição social sobre o lucro líquido, correspondente a 1/3 (um terço) do valor do estoque existente naquela data, na forma que dispuser o regulamento, inclusive em relação ao tratamento contábil e fiscal a ser dispensado às reversões dessa provisão. (Redação dada pela Lei n. 10.833, de 29.12.2003)

A legislação tributária ocupou-se, também, de exigir o atendimento de determinados requisitos em relação ao sistema de contabilidade de custos das empresas. Os §§ 2º e 3º do art. 306 do RIR/2018 estabelecem os requisitos que devem ser atendidos pelas empresas a fim de os valores apurados no seu sistema de contabilidade de custos serem considerados para fins de avaliação dos estoques. Para isso, criou, inclusive, a expressão "Sistema de Contabilidade de Custo Integrado e Coordenado com o Restante da Escrituração":

> Art. 306. Os produtos em fabricação e os produtos acabados serão avaliados pelo custo de produção (Lei n. 154, de 1947, art. 2º, § 4º; e Lei n. 6.404, de 1976, art. 183, *caput*, inciso II).

§ 1º O contribuinte que mantiver sistema de contabilidade de custo integrado e coordenado com o restante da escrituração poderá utilizar os custos apurados para avaliação dos estoques de produtos em fabricação e acabados (DL n. 1.598, de 1977, art. 14, § 1º).

§ 2º Considera-se sistema de contabilidade de custo integrado e coordenado com o restante da escrituração aquele:

I – apoiado em valores originados da escrituração (matéria-prima, mão de obra direta, custos gerais de fabricação);

II – que permita a determinação contábil, ao fim de cada mês, do valor dos estoques de matérias-primas e outros materiais, produtos em elaboração e produtos acabados;

III – apoiado em livros auxiliares, fichas, folhas contínuas ou mapas de apropriação ou rateio, tidos em boa guarda e de registros coincidentes com aqueles constantes da escrituração principal; e

IV – que permita avaliar os estoques existentes na data de encerramento do período de apropriação de resultados de acordo com os custos efetivamente incorridos.

Trata-se de uma interferência forte das normas fiscais na prática contábil, uma vez que a consequência do não atendimento dos requisitos do art. 306 da RIR/2018 é o arbitramento do valor dos estoques segundo as regras do art. 308 do mesmo decreto, com o potencial de causar grande distorção no resultado do período. Além disso, esse alto grau de interferência fica mais evidente pelo fato de que o § 2º desse mesmo art. 308 determina, ainda, que o valor arbitrado para os estoques "deverá ser reconhecido na escrituração comercial".

Consideramos essa interferência incompatível com o modelo atual de prevalência das normas contábeis na escrituração das empresas, de modo que o § 2º do art. 308 do RIR/2018, salvo melhor juízo, merece ser revogado, e o efeito do arbitramento somente deveria ser considerado no LALUR e no LACS.

2.3.4 Bens Duráveis Lançados como Despesa

O art. 15 do DL n. 1.598/1978 permite o registro de bens de natureza permanente, cujos valores não sejam expressivos, como despesa diretamente no resultado do exercício:

> Art. 15. O custo de aquisição de bens do ativo não circulante imobilizado e intangível não poderá ser deduzido como despesa operacional, salvo se o bem adquirido tiver valor unitário não superior a R$ 1.200,00 (mil e duzentos reais) ou prazo de vida útil não superior a 1 (um) ano.

É uma regra fiscal com fraca interferência na prática contábil, uma vez que é facultativa e não tem qualquer efeito relevante.

2.3.5 Depreciação de Bens do Imobilizado

A pessoa jurídica deve submeter-se às taxas de depreciação estabelecidas pelo Fisco, exceto quando tiver elementos que comprovem o emprego de taxas próprias de depreciação para seus bens do imobilizado. Essa regra consta do art. 57 da Lei n. 4.506/1964:

Art. 57. Poderá ser computada como custo ou encargo, em cada exercício, a importância correspondente à diminuição do valor dos bens do ativo resultante do desgaste pelo uso, ação da natureza e obsolescência normal.

[...]

§ 2º A taxa anual de depreciação será fixada em função do prazo durante o qual se possa esperar a utilização econômica do bem pelo contribuinte, na produção dos seus rendimentos.

§ 3º A administração do Imposto de Renda publicará periodicamente o prazo de vida útil admissível a partir de 1º de janeiro de 1965, em condições normais ou médias, para cada espécie de bem, ficando assegurado ao contribuinte o direito de computar a quota efetivamente adequada às condições de depreciação dos seus bens, desde que faça a prova dessa adequação, quando adotar taxa diferente.

É uma interferência moderada porque, apesar de os efeitos serem relevantes, existe a possibilidade de a empresa adotar taxas mais apropriadas à sua realidade. Deve-se levar em conta, ainda, que alterações introduzidas pela Lei n. 11.638/2007 na Lei n. 6.404/1976 determinam que sejam ajustados os critérios utilizados para a determinação da vida útil econômica estimada e para o cálculo da depreciação, exaustão e amortização (Lei n. 6.404/1976, art. 183, § 3º, II).

Além disso, o Fisco estabelece regras para a determinação das taxas de depreciação de bens adquiridos usados (RIR/2018, art. 322), bem como dos bens que são utilizados em dois ou três turnos de trabalho, quando é permitida a depreciação acelerada (RIR/2018, art. 323). Ambas as alterações podem ser consideradas moderadas, especialmente no caso da depreciação acelerada, já que, no caso de indústrias capital-intensivas, o efeito pode ser relevante.

2.3.6 Os Ativos Intangíveis e Sua Amortização

Em relação à amortização, o art. 11 da Lei n. 12.973/2014 fixa em cinco anos o prazo mínimo para que certos gastos sejam amortizados. Eis o teor:

Art. 11. Para fins de determinação do lucro real, não serão computadas, no período de apuração em que incorridas, as despesas:

I – de organização pré-operacionais ou pré-industriais, inclusive da fase inicial de operação, quando a empresa utilizou apenas parcialmente o seu equipamento ou as suas instalações; e

II – de expansão das atividades industriais.

Parágrafo único. As despesas referidas no *caput* poderão ser excluídas para fins de determinação do lucro real, em quotas fixas mensais e no prazo mínimo de 5 (cinco) anos, a partir:

I – do início das operações ou da plena utilização das instalações, no caso do inciso I do *caput*; e

II – do início das atividades das novas instalações, no caso do inciso II do *caput*.

Embora não haja mais a previsão do ativo diferido na Lei n. 6.404/1976, em que despesas que beneficiassem períodos futuros poderiam ser amortizadas durante esse tempo, restam aqueles gastos que podem ser tratados como ativo intangível em determinadas hipóteses,

38 Contabilidade Tributária • Pohlmann

como é exemplo dos efetuados com projetos de pesquisas que estejam na fase de desenvolvimento, nos termos do Pronunciamento Técnico CPC 04, do CPC.

No caso de esses gastos serem ativados, o Fisco mantém a exigência de amortização em prazo mínimo não inferior a cinco anos, enquanto a prática contábil mais recomendada é no sentido de amortizar o ativo intangível de acordo com a sua vida útil estimada. Entendemos que se trata de uma interferência fraca da norma fiscal sobre a prática contábil porque, caso necessário adotar prazo inferior, o excesso de despesa pode ser adicionado para fins de apuração do resultado tributável.

2.3.7 Créditos Incobráveis

A legislação tributária estabelece procedimentos de contabilização de perdas com créditos incobráveis. O art. 10 da Lei n. 9.430/1996 especifica situações em que o lançamento contábil da baixa terá como contrapartida a própria conta clientes ou uma conta redutora desta:

> Art. 10. Os registros contábeis das perdas admitidas nesta Lei serão efetuados a débito de conta de resultado e a crédito:
>
> I – da conta que registra o crédito de que trata a alínea a do inciso II do § 1º do art. 9º e a alínea a do inciso II do § 7º do art. 9º; (Redação dada pela Lei n. 13.097, de 2015)
>
> II – de conta redutora do crédito, nas demais hipóteses.
>
> [...]
>
> § 4º Os valores registrados na conta redutora do crédito referida no inciso II do *caput* poderão ser baixados definitivamente em contrapartida à conta que registre o crédito, a partir do período de apuração em que se completar cinco anos do vencimento do crédito sem que o mesmo tenha sido liquidado pelo devedor.

O grau de interferência dessa regra é fraco, dada a sua pouca relevância econômica e a possibilidade de utilizar procedimento contábil diverso.

2.3.8 Tributos Pagos na Aquisição de Bens

O § 4º do art. 41 da Lei n. 8.981/1995 possibilita que os impostos pagos na aquisição de bens de natureza permanente sejam registrados diretamente na despesa, contrariando a prática contábil vigente, que determina que os tributos não recuperáveis pela empresa devem integrar o custo de aquisição (Pronunciamento Técnico CPC 27 – Ativo Imobilizado). Essa interferência é fraca, pois o procedimento é opcional e seu efeito não é relevante. Eis o teor do dispositivo referido:

> Art. 41. Os tributos e contribuições são dedutíveis, na determinação do lucro real, segundo o regime de competência.
>
> [...]
>
> § 4º Os impostos pagos pela pessoa jurídica na aquisição de bens do ativo permanente poderão, a seu critério, ser registrados como custo de aquisição ou deduzidos como despesas operacionais, salvo os pagos na importação de bens que se acrescerão ao custo de aquisição.

2.3.9 Gastos de Reparação e Conservação

O art. 354 do RIR/2018 estabelece regras para a contabilização dos gastos com reparação e conservação dos bens, especialmente quando acarretam aumento da vida útil do bem.

> Art. 354. Serão admitidas como custo ou despesa operacional as despesas com reparos e conservação de bens e instalações destinadas a mantê-los em condições eficientes de operação (Lei n. 4.506, de 1964, art. 48, caput).
>
> § 1º Se dos reparos, da conservação ou da substituição de partes e peças resultar aumento da vida útil do bem, as despesas correspondentes, quando aquele aumento for superior a um ano, deverão ser capitalizadas, a fim de servirem de base a depreciações futuras (Lei n. 4.506, de 1964, art. 48, parágrafo único; e Lei n. 6.404, de 1976, art. 183, § 3º, inciso II).
>
> § 2º O valor não depreciado de partes e peças substituídas poderá ser deduzido como custo ou despesa operacional, desde que devidamente comprovado, ou, alternativamente, a pessoa jurídica poderá:
>
> I – aplicar o percentual de depreciação correspondente à parte não depreciada do bem sobre os custos de substituição das partes ou das peças;
>
> II – apurar a diferença entre o total dos custos de substituição e o valor determinado no inciso I;
>
> III – escriturar o valor apurado no inciso I a débito das contas de resultado; e
>
> IV – escriturar o valor apurado no inciso II a débito da conta do ativo imobilizado que registra o bem, o qual terá seu novo valor contábil depreciado no novo prazo de vida útil previsto.

O critério alternativo proposto pelo § 2º do art. 344 do RIR/2018 é arbitrário e não encontra guarida nas Normas Brasileiras de Contabilidade, especialmente no Pronunciamento Técnico CPC 27 – Ativo Imobilizado. Apesar disso, não passa de uma interferência fraca da norma tributária na prática contábil.

2.3.10 Lucros e Dividendos de Participações Avaliadas pelo Custo de Aquisição

Os lucros e os dividendos recebidos de participações societárias avaliadas pelo custo de aquisição constituem, usualmente, uma receita da empresa. Porém, o art. 2º do DL n. 2.072/1983 estabelece uma exceção:

> Art. 2º Os lucros ou dividendos recebidos pela pessoa jurídica, em decorrência de participação societária avaliada pelo custo de aquisição, adquirida até seis meses antes da data da respectiva percepção, serão registrados pelo contribuinte como diminuição do valor do custo e não influenciarão as contas de resultado.

Ainda que se justifique tal tratamento pelo fato de lucros e dividendos recebidos em tão curto espaço de tempo após a aquisição do investimento serem, na verdade, uma redução ou recuperação do custo de aquisição, não deixa de ser uma interferência arbitrária, embora fraca, da norma fiscal na prática contábil.

2.4 SÍNTESE FINAL E PERSPECTIVAS FUTURAS

Diferentemente dos EUA, que tinham como elemento propulsor do desenvolvimento da contabilidade um mercado de capitais proeminente, a contabilidade no Brasil desenvolveu-se atrelada às normas contábeis editadas pelo Fisco em função de seu especial interesse nos números contábeis, que é motivado pela necessidade de arrecadação de tributos.

A primeira revolução contábil, se assim podemos dizer, deu-se com a edição da Lei n. 6.404/1976, na qual foram incorporadas práticas inspiradas no modelo norte-americano e delineado um modelo de maior independência da legislação fiscal. Esse modelo acabou parcialmente frustrado com a edição do DL n. 1.598/1977, que continha normas contábeis impostas no interesse do Fisco, permanecendo uma interferência significativa das normas tributárias sobre a prática contábil.

Seguindo o movimento mundial de harmonização e padronização de práticas contábeis capitaneado pelo IASB, foi editada a Lei n. 11.638/2007, alterando significativamente a Lei n. 6.404/1976 para incorporar práticas contábeis recomendadas por essa entidade. Assim como aconteceu após a Lei n. 6.404/1976, o Fisco editou a Lei n. 11.941/2009, fruto da conversão da MP n. 449/2008, adaptando as novas disposições aos interesses tributários.

Refletindo uma maior vontade política de não interferir na evolução da contabilidade no Brasil, a Lei n. 11.941/2009 assegurou a neutralidade tributária às alterações promovidas pela Lei n. 11.638/2007, com o intuito de alinhar as práticas contábeis no país às práticas recomendadas pelo IASB.

Elaborando um balanço de todo esse quadro evolutivo, conclui-se, primeiramente, que o modelo atual traz ganhos de qualidade à informação contábil, uma vez que os números contábeis refletidos nas demonstrações financeiras no Brasil são melhor compreendidos pelos usuários estrangeiros e permitem maior comparabilidade com as demonstrações financeiras publicadas em outros países.

Por outro lado, percebe-se um incremento acentuado no grau de complexidade, tanto da prática contábil quanto da gestão tributária. Isso porque, a fim de assegurar a neutralidade tributária, mais ajustes e controles no LALUR passam a ser necessários a fim de assegurar o respeito às normas contábeis.

Temos que admitir, contudo, que, após o advento da Lei n. 12.973/2014, a problemática da interferência das normas fiscais sobre a prática tributária restou equacionada, tendo em vista que a RFB passou a reconhecer a aplicabilidade das novas práticas contábeis e a estabelecer os procedimentos de neutralização dos seus efeitos fiscais.

Além disso, os critérios estabelecidos pela legislação fiscal que impliquem uma carga tributária menor em determinado período de apuração podem, salvo melhor juízo, ser adotados para fins fiscais pelo contribuinte, mesmo que divirjam do critério adotado na contabilidade da empresa. Exemplo disso é o cálculo da depreciação no caso de a empresa adotar taxas inferiores às permitidas pela RFB, hipótese prevista no § 15 do art. 57 da Lei n. 4.506/1964, e tratada na Solução de Consulta Cosit 174/2018, nos seguintes termos:

EMENTA DEPRECIAÇÃO. TAXA CONTÁBIL INFERIOR À TAXA FISCAL. EXCLUSÃO DO LUCRO LÍQUIDO. POSSIBILIDADE.

Se o contribuinte utilizar na contabilidade taxa de depreciação inferior àquela prevista na legislação tributária, a diferença poderá ser excluída do lucro líquido na apuração do lucro real, com registro na Parte B do e-LALUR [...].

Em resumo, podemos dizer que a RFB: 1 – reconheceu, de modo geral, a plena aplicabilidade das normas brasileiras de contabilidade para fins de apuração do lucro das empresas; 2 – estabeleceu a necessidade de neutralização dos efeitos tributários das novas normas contábeis que venham a ser editadas; e 3 – tomando-se por exemplo o caso das taxas de depreciação, assegurou que o contribuinte possa, por meio de registros no LALUR e no LACS, adotar critérios para apuração de IRPJ/CSLL previstos na legislação fiscal, ainda que tenha adotado critério diverso na escrituração contábil.

Essa conclusão é reforçada pelo teor do disposto no § 2º do art. 8º do DL n. 1.598/1977, que assegura ao contribuinte o direito de adotar, para fins de apuração da base de cálculo dos tributos, tratamento fiscal diverso do tratamento contábil dado ao registro das operações, *in verbis*:

§ 2º Para fins da escrituração contábil, inclusive da aplicação do disposto no § 2º do art. 177 da Lei nº 6.404, de 15 de dezembro de 1976, os registros contábeis que forem necessários para a observância das disposições tributárias relativos à determinação da base de cálculo do imposto de renda e, também, dos demais tributos, quando não devam, por sua natureza fiscal, constar da escrituração contábil, ou forem diferentes dos lançamentos dessa escrituração, serão efetuados exclusivamente em: (Redação dada pela Lei n. 11.941, de 2009)

I – livros ou registros contábeis auxiliares; ou (Incluído pela Lei n. 11.941, de 2009)

II – livros fiscais, inclusive no livro de que trata o inciso I do *caput* deste artigo. (Incluído pela Lei n. 11.941, de 2009)

Diante disso, podemos afirmar – e, por que não, celebrar – que a interferência das normas fiscais sobre a prática contábil no Brasil restou significativamente mitigada, merecendo registro, entretanto, a necessidade de revogação do § 2º do art. 308 do RIR/2018, que determina o registro contábil do valor arbitrado dos estoques.

QUESTÃO PARA DISCUSSÃO

O que difere as NCLs das NCPs?

Resposta ou *feedback*:

As NCLs correspondem à legislação contábil emanada dos Poderes Executivo e Legislativo, ou por órgãos reguladores que detêm poderes para estabelecer normas para certos tipos de entidades. As NCPs são normas aprovadas por órgãos formados por profissionais da

42 Contabilidade Tributária • Pohlmann

contabilidade. A principal distinção é que as primeiras são de cumprimento obrigatório por parte das empresas, enquanto as segundas obrigam os contadores, não podendo ser impostas as empresas e entidades em geral.

RESUMO

Do conteúdo que você estudou neste capítulo, é importante destacar:

- As normas contábeis podem ser classificadas, para fins de estudo, em NCLs e NCPs.

- As NCLs são compostas de leis, decretos e outros atos normativos cujo cumprimento por parte das empresas e entidades em geral é obrigatório. No Brasil, as principais NCLs são: as comerciais ou civis, as tributárias e as regulatórias.

- As principais NCPs utilizadas no Brasil são as emitidas pelo CFC, especialmente aqueles pronunciamentos aprovados pelo IASB e referendados no Brasil pelo CPC.

- O fenômeno da normatização ou juridicização da prática contábil deu ensejo ao nascimento de uma nova área interdisciplinar denominada Direito Contábil.

- Entre os diversos usuários da informação contábil, o Fisco é um dos mais proeminentes. Isso porque, além do grande interesse econômico decorrente da arrecadação de tributos, ele tem ao seu lado o poder e a legitimação para emitir normas, entre as quais estão algumas que interferem nas escolhas contábeis, especialmente quando isso afeta a apuração dos tributos.

- A edição da Lei n. 6.404/1976, Lei das Sociedades Anônimas, representou uma verdadeira revolução contábil no Brasil, pois introduziu grandes avanços técnicos e conceituais inspirados em padrões e práticas norte-americanos.

- A alteração da Lei n. 6.404/1977 processada pela Lei n. 11.638/2007 foi ampla e profunda. Foram introduzidas novas regras de escrituração a fim de alinhar a prática contábil brasileira com os padrões determinados pelo IASB.

- Rendendo-se ao novo paradigma contábil, a RFB acabou por reestruturar parte da legislação tributária, especialmente a de regência dos tributos sobre o lucro e, em menor grau, de PIS e Cofins, para contemplar a evolução das novas práticas contábeis e, concomitantemente, assegurar sua neutralidade tributária.

- Nessa lei, a RFB detalhou a maneira como seriam consideradas, para fins de apuração dos tributos, determinadas práticas contábeis, como: ajuste a valor presente, avaliação a valor justo, apuração do ágio nas reorganizações societárias, subvenções para investimento, teste de recuperabilidade de ativos, entre outras.

- Restam, ainda, algumas normas tributárias que estabelecem procedimentos de escrituração contábil capazes de afetar o resultado do exercício e, por consequência, a apuração dos tributos que incidem sobre ele, mais especificamente o IRPJ e a CSLL.

- Podemos dizer que a interferência das normas fiscais sobre a prática contábil no Brasil foi mitigada de modo significativo, pois a RFB: 1 – reconheceu, de modo geral, a plena aplicabilidade das normas brasileiras de contabilidade para fins de apuração do lucro das empresas; 2 – estabeleceu a necessidade de neutralização dos efeitos tributários das novas normas contábeis que venham a ser editadas; e 3 – tomando-se por exemplo o caso das taxas de depreciação, assegurou que o contribuinte possa, por meio de registros no LALUR e no LACS, adotar critérios para apuração de IRPJ/CSLL previstos na legislação fiscal, ainda que tenha aplicado critério diverso na escrituração contábil.

QUESTÕES DE MÚLTIPLA ESCOLHA

1. Presumindo que todos os textos normativos abaixo tratam de matéria contábil, qual das alternativas contém apenas NCL?
   a) Lei n. 6.404/1976, Resolução da CVM, Resolução do CFC.
   b) Resolução do Bacen, Resolução da Aneel, Pronunciamento do Ibracon.
   c) Resolução da CVM, Resolução do Bacen, Decreto n. 9.580/2018.
   d) Pronunciamento do IASB, DL n. 1.598/1977, Lei n. 6.404/1976.

2. O grau de interferência da norma tributária na prática contábil será considerado inexistente se:
   a) O efeito da norma não for relevante economicamente.
   b) A norma determina apenas um procedimento de ajuste no LALUR.
   c) A norma é obrigatória.
   d) A norma é de aplicação facultativa.

3. O valor das perdas e dos desperdícios anormais na produção, como os decorrentes de deterioração, deve:
   a) De acordo com o RIR/2018, ser contabilizado como custo dos produtos ou como despesas no resultado do período, à escolha do contribuinte.
   b) De acordo com o Pronunciamento Técnico CPC 16 - Estoques, ser contabilizado como custo dos produtos.
   c) De acordo com o Pronunciamento Técnico CPC 16 - Estoques, ser contabilizado diretamente como despesa no resultado do período.
   d) De acordo com o RIR/2018, ser contabilizado diretamente como despesa no resultado do período.

44 Contabilidade Tributária • Pohlmann

4. A provisão para perdas nos estoques é:

   a) Dedutível para fins de IRPJ/CSLL, seja qual for a atividade da empresa.

   b) Dedutível para fins de IRPJ/CSLL, se a atividade da empresa for a fabricação de produtos como móveis, veículos, equipamentos etc.

   c) Indedutível, pois a legislação tributária veda a dedução de provisões para perdas nos estoques, em qualquer hipótese.

   d) Dedutível para fins de IRPJ/CSLL, se a empresa for uma editora.

5. Considera-se sistema de contabilidade de custo integrado e coordenado com o restante da escrituração aquele:

   a) Apoiado em valores originados da escrituração contábil (matéria-prima, mão de obra direta, custos gerais de fabricação).

   b) Que permite determinação contábil, ao fim de cada mês, do valor dos estoques de matérias-primas e outros materiais, produtos em elaboração e produtos acabados.

   c) Apoiado em livros auxiliares, fichas, folhas contínuas, ou mapas de apropriação ou rateio, tidos em boa guarda, e de registros coincidentes com aqueles constantes da escrituração principal.

   d) Todas as alternativas estão corretas.

6. De acordo com o RIR/2018, um bem corpóreo, utilizado nas operações da empresa, cuja vida estimada é de cinco anos:

   a) Pode ser contabilizado no ativo ou na despesa, a critério do contador da empresa.

   b) Deve ser contabilizado no ativo imobilizado, em qualquer hipótese.

   c) Pode ser contabilizado na despesa, dependendo do valor.

   d) Pode ser contabilizado na despesa quando não ultrapassar a 5% do valor da receita bruta do período.

7. O valor gasto com a conservação de um equipamento ou instalação:

   a) Deve ser registrado como despesa, em qualquer hipótese.

   b) Deve ser registrado no ativo imobilizado, em qualquer hipótese.

   c) Poderá ser registrado na despesa ou no ativo imobilizado, a critério do contador da empresa.

   d) Pode ser registrado na despesa, dependendo do caso.

8. De acordo com a Lei n. 12.973/2014, a modificação ou a adoção de métodos e critérios contábeis, por meio de atos administrativos emitidos com base em competência atribuída em lei comercial, e que sejam posteriores à publicação dessa lei:

   a) Não terão implicação na apuração dos tributos federais até que lei tributária regule a matéria.

   b) Terão implicação imediata na apuração dos tributos federais.

Cap. 2 • Inter-Relação entre Normas Contábeis e Fiscais **45**

c) Terão implicação imediata na apuração dos tributos federais caso resulte em um aumento da base de cálculo de IRPJ e CSLL.

d) Terão implicação imediata na apuração dos tributos federais caso resulte em uma redução da base de cálculo de IRPJ e CSLL.

9. Assinale a alternativa que contém um caso de interferência forte das normas fiscais na prática contábil.

a) Despesa com brindes.

b) Taxas de depreciação.

c) Bens de natureza permanente de valor até R$ 1.200,00 deduzidos como despesa.

d) Arbitramento dos estoques para empresas que não tenham um sistema de contabilidade de custos integrada e coordenada com o restante da escrituração fiscal.

10. As despesas de organização pré-operacionais ou pré-industriais:

a) Devem ser computadas no Lucro Real do período de apuração em que incorridas.

b) Poderão ser excluídas para fins de determinação do Lucro Real, em quotas fixas mensais e no prazo mínimo de cinco anos.

c) Não são dedutíveis.

d) Podem ser excluídas do lucro.

GABARITO

1. c	2. b	3. c	4. d	5. d
6. c	7. d	8. a	9. d	10. b

CAPÍTULO 3
INTRODUÇÃO AO IMPOSTO DE RENDA DAS PESSOAS JURÍDICAS

OBJETIVOS DO CAPÍTULO

- ▶ Apresentar uma visão global e introdutória dos principais aspectos que envolvem a apuração do Imposto de Renda das Pessoas Jurídicas (IRPJ).
- ▶ Capacitar o aluno a entender as variáveis que envolvem a decisão de escolha, em cada caso, da melhor alternativa de tributação entre as previstas na legislação.

Neste capítulo, apresentamos um panorama geral acerca do IRPJ. Abordaremos questões relativas ao fato gerador, à base de cálculo, às alíquotas, às sistemáticas de tributação, ao cálculo do imposto e às obrigações acessórias, que são as obrigações de natureza formal impostas pelo Fisco. A ênfase é dada ao entendimento das alternativas de regimes de tributação, mais especificamente as do Lucro Real, do Lucro Presumido, do Lucro Arbitrado e do Simples Nacional.

3.1 EVOLUÇÃO DO IMPOSTO DE RENDA NO BRASIL

O Imposto de Renda (IR), da forma como o conhecemos hoje, incidente sobre a renda total do contribuinte, foi estabelecido no Brasil em 31 de dezembro de 1922 (Lei n. 4.625). Tendo em vista a constatação de algumas dificuldades para arrecadá-lo, o Congresso emendou a Lei Orçamentária n. 4.783, de 31 de dezembro de 1923, a fim de facilitar a sua implantação, o que finalmente ocorreu em 1924. Pelos novos dispositivos, os rendimentos eram classificados em quatro categorias: 1 – comércio e indústria; 2 – capitais e valores mobiliários; 3 – salários públicos e particulares e qualquer espécie de remuneração; e 4 – exercício de profissões não comerciais. Optou-se pela progressividade das taxas (de 0,5 a 8%), que recaíam sobre o rendimento líquido apurado em cada categoria (Amed; Negreiros; Kanamaru; Longo, 2000, p. 250 e 255).

Na verdade, a trajetória desse imposto no Brasil começou antes. Em 1843, o Fisco imperial passou a impor tributos sobre determinadas categorias de rendas. A esses conglomerados de impostos, pagos separadamente pelo contribuinte, dava-se então o nome genérico de "impostos sobre rendimentos". Esse imposto atingia, de modo progressivo, apenas as pessoas que recebessem vencimentos dos cofres públicos (Amed; Negreiros; Kanamaru; Longo, 2000). Além desse imposto sobre vencimentos, o qual foi suprimido dois anos após e voltou a ser cobrado algumas vezes, havia o imposto sobre dividendos e o imposto sobre lucros (RFB, 2015).

Editada em 31 de dezembro de 1921, a Lei n. 4.440 passou a tributar dividendos, juros, lucro líquido das sociedades, lucros de bancos e casas de penhores, bonificações ou qualificações aos diretores-presidentes, juros garantidos por hipoteca, prêmios de seguros, vida, marítimos, lucros fortuitos (prêmios), lucro de fábricas, lucro de comércio, operações a termo, lucro de profissões liberais, entre outros. Deve-se levar em consideração que ainda se estava distante da versão atual do IR, uma vez que não se tinha em vista a situação particular do contribuinte, ou melhor, a sua capacidade (RFB, 2015).

Em se tratando de um tributo novo, muito criticado por ser complexo e exigir uma afinada máquina administrativa, tomou-se a cautela de não o implementar de imediato, conforme determinava o inciso VII do art. 31 da Lei n. 4.625, de 31 de dezembro de 1922. O governo iniciou o estudo para elaborar o regulamento e organizar o sistema arrecadador, sob o comando do engenheiro e estudioso de questões tributárias Francisco Tito de Souza Reis (RFB, 2015).

De acordo com a proposta de Souza Reis, os rendimentos deviam ser agrupados em categorias, e o rendimento líquido (rendimento bruto menos deduções) de cada uma ficaria sujeito à tabela progressiva. Esse modo de tributação foi aplicado nos exercícios de 1924 e 1925. A partir do exercício de 1926, foi adotado um sistema misto, inspirado no modelo francês: alíquotas proporcionais sobre o rendimento líquido cedular (categoria) e alíquotas complementares (progressivas) sobre a renda global (RFB, 2015).

Na Constituição Federal (CF), o IR passa a figurar na Carta de 1934 como de competência da União e incidindo sobre renda e provento de qualquer natureza, exceto sobre a renda cedular de imóveis (art. 6º, I, "c"). Na Carta de 1937, essa exceção é suprimida, e a redação passa a ser a que está comtemplada no texto atual, ou seja, "renda e proventos de qualquer natureza" (art. 20, I, "c").

3.2 PRINCÍPIOS CONSTITUCIONAIS ESPECÍFICOS

Assim como todos os demais impostos cuja instituição e cobrança são autorizadas pelo texto constitucional, o IR submete-se aos chamados princípios gerais da pessoalidade e da capacidade econômica previstos no art. 145, § 1º. No caso do IR, entretanto, o constituinte acrescentou outros atributos ou princípios específicos, visando dar maior efetividade a esses princípios gerais e a outros valores fundamentais, como o da isonomia tributária.

De acordo com o inciso I do § 2º do art. 153 da CF/88, o IR "será informado pelos critérios da generalidade, da universalidade e da progressividade, na forma da lei".

Tendo em vista que o texto constitucional silencia quanto à definição desses critérios, sua delimitação precisa tem sido objeto de controvérsias no meio jurídico desde então. As maiores polêmicas orbitam em torno do alcance da universalidade e da progressividade e se, dependendo da interpretação adotada, é possível ou não a tributação de parte da renda de modo separado da renda total (incluindo-se, aí, a tributação exclusiva na fonte), assim como se é compatível com o texto constitucional a instituição de alíquotas fixas, também denominadas de proporcionais.

Essas questões, entre outras, são tratadas a seguir.

3.2.1 Generalidade

O atributo da generalidade significa que o imposto há de alcançar todas as pessoas que realizam seu fato imponível, não se admitindo discriminações e privilégios entre contribuintes. Eventuais isenções somente são admitidas quando rendem homenagem ao princípio da igualdade e, por extensão, ao da capacidade contributiva. Somente podem ser concedidas quando levam em conta objetivos constitucionalmente consagrados, admitindo-se incentivos e benefícios fiscais destinados a promover o equilíbrio do desenvolvimento socioeconômico entre as diferentes regiões do país (Carrazza, 2005, p. 62-63).

Há poucos precedentes dos tribunais superiores tratando da generalidade. O Supremo Tribunal Federal (STF), ainda que anteriormente à CF de 1988, enfrentou indiretamente o tema da generalidade do IR, em julgamento que reconheceu a inconstitucionalidade do dispositivo legal que estabelecia a tributação dos vencimentos dos magistrados por violar norma constitucional que assegurava a sua irredutibilidade, sobre os quais poderiam recair apenas impostos gerais. Travou-se discussão em torno do que seria um imposto geral, por meio do qual aquela corte acabou por considerar que o IR não tinha, à época, tal atributo. Nesse aspecto, o Ministro Luiz Galotti assim se manifestou:[1]

> Um imposto não deixa de ser geral quando a lei, mediante certas condições objetivas, concede isenção (por exemplo, aos que não atinjam determinado rendimento), pois, assim, a generalidade das pessoas, indistintamente, poderá vir a ser beneficiada; deixa, porém de ser geral, quando os proventos de classes inteiras são excluídos da sua órbita de incidência, e consequentemente todas as pessoas que as integram ficam imunes ao tributo, ainda que não satisfaçam aquelas condições, ainda que, no exemplo citado, atinjam ou excedam dito rendimento.

---

1   GALOTTI, Luiz. RE 43.941/DF. Julgado em: 13 de janeiro de 1960. Publicado em: 20 de janeiro de 1960.

50 Contabilidade Tributária • Pohlmann

No mesmo julgamento, o Ministro Sampaio Costa acrescentou:[2]

> [...] cheguei à convicção de que o imposto de renda não é um imposto geral, tal como a este conceituou a Constituição e muito menos nos termos da atual lei que o disciplina.
>
> Imposto geral é aquele que abrange a todos indistintamente. Ora, o imposto de renda não abrange a todos. A lei que o regula (Lei n. 3.470, de 1958) exime do referido imposto um sem número de pessoas... Logo, não é um imposto geral.
>
> O que me parece mais aceitável é que o imposto de renda é um imposto de caráter pessoal, graduado segundo a capacidade econômica do contribuinte, nos termos do art. 202, da Constituição... Não um imposto geral. Sendo um imposto pessoal não poderia recair sobre o magistrado, em seu vencimento.

O raciocínio dos ilustres ministros no caso anterior partiu da premissa de que um imposto, para ser geral, não pode permitir que rendas de quem quer que seja fiquem livres da sua incidência. Constatada a existência, à época, de normas que permitiam isenções e imunidades a certos contribuintes, os ministros concluíram que não se tratava de um imposto geral, ou seja, não satisfazia o atributo da generalidade. Por essa razão, a incidência do IR, por não ser um imposto geral, não poderia ser oposta aos magistrados sem violar o princípio da irredutibilidade de vencimentos.

3.2.2 Universalidade

O princípio da universalidade exige que se tribute todo o aumento patrimonial ocorrido no período previsto em lei, por inteiro ou em conjunto, sem fracioná-lo e, novamente, sem distinguir as espécies de rendas e proventos, ajustando-se, assim, ao princípio da generalidade. Por isso mesmo, esse princípio requer a tributação única (universal) desse incremento patrimonial, não admitindo a separação de parcelas de um mesmo patrimônio (Oliveira, 2008, p. 256-257).

Assim como a generalidade, a universalidade também atua em paralelo ao princípio da isonomia, pois também contribui para evitar tratamentos desiguais a situações equivalentes, isto é, contribui para que aumentos patrimoniais iguais sejam tratados igualmente. A própria isonomia vem em decorrência da capacidade contributiva, no sentido de que iguais manifestações de capacidade contributiva devem ser tratadas de modo igual, observando-se que também a isonomia de tratamento somente pode ser estabelecida após a ocorrência do fato gerador. Portanto, o princípio da universalidade se coordena com o da capacidade contributiva, constatando-se aí como a CF é coerente como os princípios que estabeleceu (Oliveira, 2008, p. 258-259).

Há que se registrar que o princípio da universalidade tem um significado preciso no âmbito do Direito Tributário Internacional. Segundo Tôrres, pelo princípio da universalidade, o contribuinte responde, ante o país de residência, domicílio ou nacionalidade, por toda a renda produzida, sem interessar o lugar de produção, se interno ou externo, em relação ao respectivo território (Tôrres, 2001, p. 87-88).

---

2   COSTA, Sampaio. RE 43.941/DF. Julgado em: 13 de janeiro de 1960. Publicado em: 20 de janeiro de 1960.

Cap. 3 • Introdução ao Imposto de Renda das Pessoas Jurídicas **51**

O constituinte não esclareceu se a universalidade consagrada no texto constitucional se limita a este último significado ou se é mais amplo e o abrange, tarefa que, diante do silêncio da CF, ficou a cargo da doutrina e do legislador infraconstitucional. Foi o caso, por exemplo, da alteração introduzida no Código Tributário Nacional (CTN) pela Lei Complementar (LC) n. 104, de 2001, para deixar explícita a possibilidade de a União tributar a renda em bases mundiais.[3]

Diante disso, possivelmente a melhor interpretação vai no sentido da maior abrangência do princípio da universalidade, ou seja, no sentido de que a tributação deve alcançar toda a renda auferida pelo contribuinte, ainda que obtida no exterior no caso de residente ou domiciliado no Brasil.

Há que se ressaltar que existem controvérsias sobre o alcance do princípio de universalidade e sua fiel observância no Brasil, que são tratadas na Seção 3.3.4, Tributação Segregada da Renda.

Esclareça-se que a tributação das pessoas físicas em bases mundiais já era praticada no Brasil desde a década de 1960, conforme previsto no art. 5º da Lei n. 4.862, de 1965.[4]

3.2.3 Progressividade

Progressividade significa simplesmente que a alíquota do imposto deve aumentar à medida que a base tributada aumenta. É óbvio que a definição do grau de progressividade, alíquotas mínimas e máximas e limites de isenção ficam a critério do legislador infraconstitucional, mesmo porque não seria de esperar que o texto constitucional se ocupasse dessa questão.

Segundo Oliveira, entretanto, a progressividade, que a Carta de 1988 acolheu como princípio, somente se mostra eficiente se for associada aos princípios da generalidade e da universalidade (Oliveira, 2008, p. 259).

Ainda de acordo com Oliveira, pode-se distinguir a "progressividade perfeita" da "progressividade imperfeita": a primeira vem sendo posta em prática pela legislação ordinária, ou seja, aquela que se baseia em escalas de bases de cálculo progressivas com alíquotas próprias também progressivas, sendo estas aplicadas apenas dentro das respectivas porções de bases de cálculo participantes da mesma escala. Já a imperfeita é aquela em que as alíquotas são progressivas em função do crescimento da base de cálculo, mas sendo elas aplicadas so-

---

3   § 1º A incidência do imposto independe da denominação da receita ou do rendimento, da localização, condição jurídica ou nacionalidade da fonte, da origem e da forma de percepção. (Incluído pela LC n. 104, de 2001)

§ 2º Na hipótese de receita ou de rendimento oriundos do exterior, a lei estabelecerá as condições e o momento em que se dará sua disponibilidade, para fins de incidência do imposto referido neste artigo. (Incluído pela LC n. 104, de 2001)

4   Art. 5º As pessoas físicas, residentes ou domiciliadas no território nacional, que declarem rendimentos provenientes de fontes situadas no estrangeiro, poderão deduzir do impôsto progressivo, calculado de acôrdo com o art. 1º importância em cruzeiros equivalente ao impôsto de renda cobrado pela nação de origem daqueles rendimentos, desde que haja reciprocidade de tratamento em relação aos rendimentos produzidos no Brasil.

52 Contabilidade Tributária • Pohlmann

bre a totalidade da base tributável, ou seja, sendo sempre aplicada uma única alíquota, correspondente ao topo da escala de progressão que tenha sido atingida pela base de cálculo (Oliveira, 2008, p. 438).

3.2.4 Tributação Segregada da Renda

Uma relevante parcela dos doutrinadores formula severas críticas em relação ao modelo de tributação da renda delineado pelo legislador infraconstitucional no Brasil. Para Gutierrez, por exemplo, a tributação em separado de determinadas operações realizadas pelo contribuinte, sem levar em consideração as demais operações que contribuem para a formação do fato gerador do imposto em um dado período, provoca distorções na realidade, incompatíveis com a essência do IR, pois permite a incidência do imposto quando não ocorrer acréscimo patrimonial (Gutierrez, 2014, p. 263).

Gutierrez segue afirmando que o regime de imposição segregada de renda desconsidera o caráter pessoal do IR, não permitindo a progressividade da tributação, nem a sua graduação de acordo com a capacidade contributiva do contribuinte. Desse modo, a tributação definitiva ou exclusiva na fonte pelo IR demonstra-se inconstitucional, por afrontar o caráter pessoal do IR e o princípio da universalidade (Gutierrez, 2014, p. 264).

Por fim, Gutierrez acresce que o regime de tributação segregada da renda pode afrontar o princípio constitucional da igualdade, já que um contribuinte que auferir determinado acréscimo patrimonial, equivalente ao de outro contribuinte, poderá ser tributado de maneira mais favorável que outro, em função de que, sobre o tipo de rendimento que obteve, incide uma alíquota menor (Gutierrez, 2014, p. 265).

Oliveira também é enfático ao afirmar que as normas de leis ordinárias que vinham do passado prescrevendo a tributação isolada ou a tributação por alíquotas simplesmente proporcionais perderam validade a partir da vigência do Sistema Tributário Nacional da CF de 1988, assim como são inconstitucionais as leis posteriores que tenham previsto as mesmas características de incidência tributária. O autor ressalta, entretanto, que essa afirmação é feita a despeito da pouca atenção doutrinária para o referido inciso da atual carta Constitucional e apesar da tolerância jurisprudencial (Oliveira, 2008, p. 322).

Quando se busca a origem dos princípios da generalidade, universalidade e progressividade, constata-se que eles não constavam no texto do Anteprojeto Constitucional elaborado pela Comissão Provisória de Estudos Constitucionais e publicado no Diário Oficial da União em 26 de setembro de 1986. O mesmo se diga em relação ao texto do Projeto de Constituição posteriormente produzido pela Comissão de Sistematização, de 26 de junho de 1987.

Após a apresentação de emendas populares, os princípios passaram a constar do texto final. A emenda apresentada pelo constituinte José Serra ao Projeto de Constituição propunha uma redação mais rigorosa em relação à tributação das pessoas físicas, *verbis*: "Nenhuma renda ou provento de qualquer natureza auferidos por pessoa física deixará de integrar a base de cálculo do imposto progressivo de que trata o item III, na forma da lei".[5]

---

5   Emenda 1P19073-8, de 13 de agosto de 1987.

Cap. 3 • Introdução ao Imposto de Renda das Pessoas Jurídicas **53**

O parecer da relatoria foi pela aprovação parcial da emenda, nos seguintes termos:[6]

> Pensamos também que a progressividade é critério que deve presidir a aplicação do tributo, a fim de torná-lo mais justo e equitativo para todos os contribuintes.
>
> Com base nesse entendimento, introduzimos em nosso Substitutivo norma onde se estabelece que o imposto sobre a renda e proventos de qualquer natureza "será informado pelos critérios da generalidade, da universalidade e da progressividade, na forma da lei".

Note-se que a redação sugerida e aprovada pela Comissão de Sistematização como resposta à emenda em questão é mais ampla e menos categórica do que o texto proposto na emenda. A redação desta última caracterizava-se como uma regra que não admitia flexibilidade na sua aplicação, enquanto a redação aprovada pela Comissão de Sistematização acabou por se apresentar na forma de princípio, sujeito naturalmente à ponderação do legislador infraconstitucional e do magistrado na aplicação do Direito Tributário.

A preferência da Comissão de Sistematização por fixar princípios, permitindo maior margem de manobra ao legislador infraconstitucional, fica mais evidente quando se analisam outras duas emendas apresentadas posteriormente ao texto do Primeiro Substitutivo de Projeto de Constituição da Comissão de Sistematização.

Uma delas foi apresentada pelo constituinte Nelton Friedrich, postulando que todos os rendimentos deveriam ser levados obrigatoriamente à tabela progressiva anual do imposto, na forma da lei.[7]

O parecer do relator da Comissão de Sistematização com relação a essa emenda foi emblemático: "A proposta de Emenda não se coaduna com o sistema tributário nacional atualmente adotado pelos Constituintes. Pela rejeição".[8]

A outra emenda referida é a que propunha suprimir da redação do parágrafo a expressão "na forma da lei", de modo a retirar do legislador infraconstitucional qualquer discricionariedade. Essa emenda também foi rejeitada pelo relator da Comissão de Sistematização.[9]

Assim, após uma primeira análise resultante da busca do alcance dos princípios da universalidade e da progressividade à luz de uma interpretação histórica e teleológica, conclui-se no sentido de ter havido uma clara resistência do constituinte a uma redação que retirasse do legislador, de modo absoluto, o poder discricionário no delineamento de políticas relacionadas ao IR.

Essa primeira impressão é reforçada pelos parcos precedentes encontrados nos tribunais superiores enfrentando a questão, ainda que de forma indireta.

A Primeira Seção do Superior Tribunal de Justiça (STJ), por exemplo, ao julgar o recurso repetitivo relativo ao Tema 162, decidiu que a tributação isolada e autônoma do IR sobre os rendimentos auferidos pelas pessoas jurídicas em aplicações financeiras de renda fixa, bem

---

6   *Idem*. Relator Bernardo Cabral.

7   Emenda ES34023-9, de 05 de setembro de 1987.

8   *Idem*. Relator Bernardo Cabral.

9   Emenda ES34461-7, de 05 de setembro de 1987. Relator Bernardo Cabral.

54   Contabilidade Tributária • Pohlmann

como sobre os ganhos líquidos em operações realizadas nas bolsas de valores, de mercadorias, de futuros e assemelhadas, à luz dos artigos 29 e 36, da Lei n. 8.541/1992, é legítima e complementar ao conceito de renda delineado no artigo 43, do CTN, uma vez que as aludidas entradas financeiras não fazem parte da atividade-fim das empresas.[10]

Ainda segundo o mesmo sodalício, a referida sistemática de tributação do IRPJ afigura-se legítima, porquanto "as pessoas jurídicas que auferiram ganhos em aplicações financeiras a partir de 1º de janeiro de 1993 estão sujeitas ao pagamento do IR mesmo que, no geral, tenham sofrido prejuízos (art. 29), sendo proibida a compensação".[11]

Há que se registrar, com relação a ações fundamentadas na violação aos princípios constitucionais informadores do IR, que a competência é do STF, conforme já teve a oportunidade de decidir o próprio STJ.[12]

Outra barreira à obtenção de um provimento jurisdicional que acolha a pretensão de um contribuinte supostamente prejudicado pela não observância estrita da universalidade e da progressividade em um caso concreto são aqueles argumentos relacionados ao princípio da separação dos poderes e o papel do Poder Judiciário nesse contexto.

Com relação a esse aspecto, destacam-se, primeiramente, excertos da decisão que negou seguimento ao recurso extraordinário de contribuinte que buscava afastar a tributação do ganho de capital de forma segregada em relação aos demais rendimentos anuais, sob a alegação de que essa forma de tributação estabelecida pela União violaria o princípio da progressividade:

> [...] O Tribunal de origem, atento ao princípio da legalidade estrito em matéria tributária, reconheceu a impossibilidade do Poder Judiciário conceder benefício fiscal não previsto em lei [...]
>
> É ver que a reiterada jurisprudência dessa Suprema Corte veda ao Poder Judiciário estender benesse tributária com base no princípio basilar do Estado Democrático de Direito, consubstanciado na separação de poderes [...]
>
> Em outras palavras, a Suprema Corte pode atuar como legislador negativo para extirpar do ordenamento jurídico a norma tributária que conceda benefício a hipótese fática não contemplada pela lei [...]
>
> Nesse passo, o regime próprio do imposto de renda incidente sobre os salários não pode ser estendido àquele dos ganhos de capital a pretexto de isonomia, aplicando-se, mutatis mutandis, o teor do Enunciado n. 339 da Súmula do Supremo Tribunal Federal [...][13]

---

10   REsp 939527/MG, Primeira Seção, Relator Ministro Luiz Fux. Julgado em: 24 de junho de 2009.

11   *Ibidem.*

12   REsp 1051304/ES. "É incabível, em recurso especial, a análise de violação dos princípios constitucionais da capacidade contributiva (art. 145, § 1º), da igualdade tributária (art. 150, II) e da progressividade (art. 153, § 2º, I)". Segunda Turma do STJ. Relatora Ministra Eliana Calmon. Julgado em: 18 de julho de 2009. Publicado em: 1º de julho de 2009.

13   RE 615905/RJ. Ministro Ricardo Lewandowski. Julgado em: 29 de agosto de 2014. Publicado em: 03 de setembro de 2014.

Na mesma direção vai a decisão do Ministro Dias Toffoli, ao negar seguimento ao recurso extraordinário de empresa tributada pelo regime do Lucro Real que objetivava ver afastada a tributação exclusiva na fonte de rendimentos de aplicações financeiras, *verbis*:

> [...] A Lei n. 8.541/92, em seu Art. 36, ao determinar a tributação incidente sobre aplicações financeiras de Renda Fixa, em separado da apuração com base no lucro real, não desrespeitou os princípios constitucionais da capacidade contributiva e da isonomia, bem como os critérios da generalidade, universalidade e da progressividade [...]
>
> [...] Não merece prosperar a irresignação, haja vista que para acolher a pretensão da recorrente e ultrapassar o entendimento do Tribunal de origem acerca da análise da controvérsia referente à incidência do Imposto de Renda sobre rendimentos de aplicações financeiras em face do artigo 36 da Lei n. 8.541/92 seria necessária a análise de legislação infraconstitucional. Desse modo, a alegada violação dos dispositivos constitucionais invocados seria, se ocorresse, indireta ou reflexa, o que não enseja reexame em recurso extraordinário.[14]

Diante do contexto apresentado, apesar de veementes posições doutrinárias no sentido da inconstitucionalidade do modelo de tributação segregada de rendimentos componentes da renda adotado no Brasil, e do fato de esse modelo não ter sido desafiado com sucesso desde a promulgação da CF de 1988, permite-se supor que a norma constitucional portadora dos princípios orientadores da tributação do IR não tenha o alcance e a eficácia preconizada por esses doutrinadores.

Tendo como norte a busca por uma teoria ou uma explicação científica mais plausível para o fenômeno, possivelmente se estará diante de uma norma constitucional de eficácia contida, segundo a classificação de José Afonso da Silva, ou de uma norma constitucional de integração restringível, na classificação de Carlos Ayres Britto e Celso Ribeiro Bastos, ou, ainda, de uma norma programática, na classificação de Luís Roberto Barroso, conforme apanhado taxonômico das normas constitucionais apresentado por Fernandes (2016, p. 103-112).

Essa percepção é reforçada pelos próprios termos em que é redigido o § 2º, I, do art. 153, III, da CF, no qual as expressões "será informado pelos critérios" e "na forma da lei" autorizam interpretar esses princípios no sentido de que o constituinte pretendeu permitir ao legislador infraconstitucional certa margem de discricionariedade no dimensionamento da tributação da renda.

3.3 CRITÉRIO MATERIAL

O inciso III do art. 153 da CF atribui competência à União para instituir imposto sobre "renda e proventos de qualquer natureza", cabendo à LC, forte no art. 146, III, "a", da CF, a tarefa de definir o fato gerador, a base de cálculo e os contribuintes. Dessa maneira, antes de

---

14   RE 542921/SP. Julgado em: 27 de abril de 2011. Publicado em: 05 de maio de 2011.

qualquer consideração a respeito do que a LC dispõe nesse aspecto, há que se definir o significado de renda e proventos a partir da interpretação do texto constitucional.

Uma primeira dúvida que surge é quanto à possibilidade de extrair um significado do texto constitucional, não importando o que está estabelecido na LC. Particularmente, entende-se que sim, uma vez que a CF delega ao legislador complementar a definição do fato gerador, que é o critério temporal, ou seja, a definição do momento do nascimento da obrigação tributária. Assim, o estabelecimento do momento da ocorrência do fato gerador não pode ampliar ou tampouco restringir o conceito constitucional de renda.

Nesse sentido é a opinião de Carrazza. Segundo ele, laboram em equívoco os que sustentam que configura renda e proventos de qualquer natureza tudo quanto a lei assim o considera. Para esses estudiosos – que perfilam a chamada teoria da conceituação legalista de renda e dos proventos de qualquer natureza –, não há uma noção constitucional nem de renda, nem de proventos de qualquer natureza. A matéria gravitaria, assim, em torno da discricionariedade do legislador, a quem caberia definir, sem maiores peias, a hipótese de incidência do imposto (Carrazza, 2005, p. 52).

Carrazza conclui que, ao admitir que o legislador federal seja livre para colocar um fato econômico qualquer na hipótese de incidência do IR, por via oblíqua estaria sendo aceito o fato de que o Congresso Nacional possa alargar, por meio de lei ordinária, a competência tributária da União, definida na Carta Suprema (Carrazza, 2005, p. 54).

Como consequência dessa premissa, é admissível que um determinado contribuinte obtenha algo que se considere renda à luz do texto constitucional, mas que nunca venha a ocorrer o fato gerador do imposto, por não se concretizarem os elementos estabelecidos pela LC para tanto. Seria o caso de um contribuinte proprietário de um imóvel que teve um incremento real em seu valor de mercado em determinado período. Nessa situação, mesmo tendo havido crescimento no patrimônio do contribuinte, não se concretizaram os requisitos fáticos para a incidência do imposto, definidos pela LC.

O caso da correção monetária é diferente, conforme assentado pelo STJ no precedente a seguir:

> A correção monetária não é um plus que se acrescenta, mas um minus que se evita. Ela não traduz acréscimo patrimonial. Sua aplicação não gera qualquer incremento no capital, mas tão-somente o restaura dos efeitos corrosivos da inflação. Por este prisma, não há como fazer incidir, sobre a mera atualização monetária, Imposto de Renda, sob pena de tributar-se o próprio capital. Precedentes.[15]

Por outro lado, jamais se poderá admitir que haja fato gerador em decorrência de algo que não seja renda. Por exemplo: um contribuinte recebe o ressarcimento de gastos que teve para consertar o veículo que foi abalroado em um acidente de trânsito. Nessa hipótese, o valor recebido nada mais fez do que restabelecer o patrimônio do contribuinte ao valor anterior ao acidente de trânsito. O precedente cujos excertos são destacados a seguir, em caso

---

15 REsp 511812/MA, Relator Ministro Luiz Fux. Julgado em: 09 de setembro de 2003. Publicado em: 13 de outubro de 2003.

Cap. 3 • Introdução ao Imposto de Renda das Pessoas Jurídicas **57**

de indenização por adesão ao programa de demissão voluntária, apreciado pelo STJ, reforça esse entendimento:

> [...] Deveras, parece-nos que dentre os diversos conceitos de renda e proventos de qualquer natureza, fornecido pelas Ciência Econômica, pode o legislador ordinário apenas optar por um deles, e, ainda assim, desde que sua escolha permita compatibilizar a incidência com os princípios constitucionais que norteiam tal tributação, máxime o da capacidade contributiva. É que, de acordo com a Constituição, renda e proventos de qualquer natureza devem representar ganhos ou riquezas novas. Do contrário, não será atendido o princípio da capacidade contributiva.
>
> [...] A indenização pactuada no PDV diverge do conceito de renda e proventos, por representar reconstituição do patrimônio do empregado, para que este possa se manter sem emprego, até que consiga recolocação no mercado de trabalho.[16]

Como pressuposto ou antecedente lógico para o estabelecimento do critério temporal, o inciso I do art. 43 do CTN complementa a descrição do critério material previsto abstratamente na CF e define renda como sendo o produto do capital, do trabalho ou da combinação de ambos. O inciso II, por sua vez, define proventos de qualquer natureza como sendo os acréscimos patrimoniais não compreendidos no inciso anterior.

As definições fixadas pelo art. 43 do CTN são coerentes com a amplitude do conceito constitucional de renda, de modo a abarcar tanto a ideia da renda-produto quanto a ideia da renda-acréscimo. Nesse sentido, Carrazza observa, de bom grado, que o CTN, desde que interpretado de modo adequado, não ultrapassou os limites constitucionais (Carrazza, 2005, p. 55).

Bulhões Pedreira considera que, de um modo muito geral, podem classificar-se em dois grandes grupos as principais concepções doutrinárias de renda propostas para o direito fiscal ou as finanças públicas: 1 – as que conceituam a renda como um fluxo de satisfações, serviços ou riquezas; e 2 – as que conceituam a renda como acréscimo (ou acumulação) de riqueza ou poder econômico (Bulhões Pedreira, 1971, p. 2-5).

Analisando a questão à luz do texto constitucional de 1967, Bulhões Pedreira sustenta que a expressão "proventos" é empregada como sinônimo de pensão, crédito, proveito ou lucro. Para ele, no seu sentido vulgar, tanto a expressão "renda" quanto a expressão "proventos" implicam a ideia de fluxo, de alguma coisa que entre, que é recebida. Conclui o autor no sentido de que essa conotação justificaria, por si só, a afirmação de que as concepções doutrinárias de renda pessoal que melhor se ajustam ao nosso sistema constitucional são aquelas de renda como fluxo, e não de acréscimo (ou acumulação) de poder econômico ou de patrimônio líquido (Bulhões Pedreira, 1971, p. 2-17).

A consequência dessa posição de Bulhões Pedreira é que não há qualquer restrição constitucional à tributação dos ganhos de capital realizados, pois traduz transferência de renda em benefício da pessoa que aliena o objeto por valor superior ao de aquisição.

---

16 REsp 1057912/SP, relator Ministro Luiz Fux. Julgado em: 23 de fevereiro de 2011. Publicado em: 26 de abril de 2011.

58 Contabilidade Tributária • Pohlmann

O ganho de capital tributável pressupõe, todavia, a realização da mais-valia por meio da alienação, e não se confunde com o aumento de valor do bem que integra o patrimônio do contribuinte. Segundo ele, esse aumento de valor não é renda. Ainda que possa representar aumento de poder econômico do contribuinte, não existe a transferência de renda (Bulhões Pedreira, 1971, p. 2-18).

Nesse aspecto, o entendimento de Bulhões Pedreira diverge da visão que se considera mais condizente com o modelo brasileiro, pois trata como elemento material da incidência aquilo que se considera elemento temporal, relativo ao momento em que a LC dá por adquirida a disponibilidade sobre a renda. Assim, no caso da realização do ganho de capital envolvendo imóvel cujo preço de mercado havia valorizado, a alienação constitui-se critério temporal e não critério material da incidência.

3.4 FATO GERADOR

O art. 43 do CTN estabelece que o imposto tem como fato gerador a "aquisição da disponibilidade econômica ou jurídica" de renda e de proventos de qualquer natureza. Considerando que há um conceito constitucional de renda e de proventos de qualquer natureza, e que a definição desses termos, dada pelos incisos I e II do referido art. 43, está em harmonia com o seu significado constitucional, a questão passa a ser quando se considera ocorrido o fato gerador, ou seja, o critério temporal.

A função do art. 43 é complementar ao que a CF dispõe no inciso III do seu art. 153, que outorga à União a competência para instituir e cobrar imposto sobre a renda e sobre proventos de qualquer natureza. Em outras palavras, o art. 43 da LC explicita o que está meramente implícito na discriminação constitucional dessa competência tributária (Oliveira, 2008, p. 282).

Uma maneira de descrever a relação entre o critério material e o critério temporal da incidência do IR seria afirmar a existência de duas grandezas: a renda e a renda disponível. A primeira seria o potencial de grandeza econômica capaz de ser alcançada pelo imposto, enquanto a segunda seria o fato e seu respectivo valor econômico, que o ente tributante elegeu para fazer nascer a obrigação tributária.

Disponibilidade representa a possiblidade que o proprietário do patrimônio tem de possuir as rendas ou os proventos para fazer com eles o que bem entender, nos limites da lei reguladora do uso da propriedade de qualquer bem (Oliveira, 2008, p. 290).

Ao apreciar a questão da incidência do IR sobre o crédito contábil da atualização monetária do empréstimo compulsório à Eletrobras, o STJ deixou claro que, nesse caso, não se concretiza a ocorrência do fato gerador, uma vez que o crédito está indisponível, *verbis*:

> [...] O fato gerador do Imposto de Renda compõe-se do acréscimo patrimonial aliado à disponibilidade econômica ou jurídica, que não deve ser confundida com o direito ao crédito ou com a exigibilidade deste.
>
> [...] Deveras, se o crédito auferido encontra-se em regime de indisponibilidade, sobre ele não pode haver a incidência do Imposto de Renda, por faltar um dos pilares em que se assenta sua hipótese de incidência: não há disponibilidade econômica ou jurídica.

Cap. 3 • Introdução ao Imposto de Renda das Pessoas Jurídicas **59**

[...] Os créditos resultantes de empréstimo compulsório a Eletrobrás não constituem disponibilidade, para fins de imposto de renda, enquanto não forem liberados pela devedora, nos termos do DL 1.512/1976, art. 3º.[17]

Na opinião de Oliveira, quando é o direito que assegura a aquisição da renda ou do provento – o que ocorre na quase totalidade das situações –, a disponibilidade jurídica é inseparável do fato gerador, pois, sem ela, não ocorre a aquisição do direito à renda ou ao provento, e a disponibilidade econômica fica neutra e sem relevância alguma (Oliveira, 2008, p. 301).

Ainda de acordo com Oliveira, a disponibilidade econômica, no sentido do art. 43 do CTN, ou seja, no sentido de aquisição de aumento patrimonial, requer uma situação definitiva de incorporação ao patrimônio de alguém, e não pode ser confundida com o simples ingresso de dinheiro. O autor conclui que a disponibilidade econômica a todo rigor somente existe, portanto, nos aumentos patrimoniais derivados de causas não jurídicas (Oliveira, 2008, p. 301).

Com efeito, há que se distinguir o efeito econômico do efeito financeiro. Isso é posto de forma cristalina no seguinte julgado do STJ:

[...] Como já mencionado em outra ocasião por esta Corte, "não se deve confundir disponibilidade econômica com disponibilidade financeira. Enquanto esta última (disponibilidade financeira) se refere à imediata 'utilidade' da renda, a segunda (disponibilidade econômica) está atrelada ao simples acréscimo patrimonial, independentemente da existência de recursos financeiros" (REsp. Nº 983.134 – RS, Segunda Turma, Rel. Min. Castro Meira, julgado em 3.4.2008).

[...] O precatório é a carta (precatória) expedida pelo juiz da execução ao Presidente do Tribunal respectivo a fim de que, por seu intermédio, seja enviado o ofício de requisição de pagamento para a pessoa jurídica de direito público obrigada. Sendo assim, é um documento que veicula um direito de crédito líquido, certo e exigível proveniente de uma decisão judicial transitada em julgado. Em outras palavras: o precatório veicula um direito cuja aquisição da disponibilidade econômica e jurídica já se operou com o trânsito em julgado da sentença a favor de um determinado beneficiário. Não por outro motivo que esse beneficiário pode realizar a cessão do crédito.[18]

Bulhões Pedreira, por sua vez, considera que o CTN não foi feliz ao definir o fato gerador do IR, pois a preocupação de abranger os ganhos de capital no conceito de renda levou-o a atribuir à expressão "proventos", sentido incompatível com a sua significação vulgar. Ainda segundo ele, o art. 43, interpretado literalmente, admitiria incidência do imposto sobre aumentos de patrimônio resultantes de valorização de bens, ou de pagamentos ou transferências de capital, sobre doações e heranças, o que, na sua opinião, conflitaria com a discriminação constitucional de competências tributárias (Bulhões Pedreira, 1971, p. 2-19).

---

17   REsp 477477/MG. Primeira Turma do STJ, Relator Ministro Luiz Fux. Julgado em: 21 de agosto de 2003. Publicado em: 15 de setembro de 2003.

18   REsp 1505010/DF. Segunda Turma do STJ, Relator Ministro Mauro Campbell Marques. Julgado em: 27 de outubro de 2015. Publicado em: 09 de novembro de 2015.

60 Contabilidade Tributária • Pohlmann

A ideia de um período de tempo integra a noção de renda. Essa noção de renda distingue-se do que a nossa legislação fiscal chama de rendimento, ou seja, determinado ganho (ou quantidade de renda). A noção de rendimento em geral independe do tempo, funda-se na natureza da transação ou do fluxo de bens, serviços ou moeda entre indivíduos, empresas, governos ou sistemas econômicos (Bulhões Pedreira, 1971, p. 2-3).

Assim, pode-se sustentar que o período, abstratamente considerado, faz parte do critério material da incidência, pois constitui elemento essencial do conceito de renda. Da mesma maneira, faz parte, também, do critério temporal da incidência, pois é necessário que o legislador defina, agora de modo concreto, qual o período que será considerado para fins de ocorrência do fato gerador. Por fim, o período também é inerente ao critério quantitativo, uma vez que sua definição é necessária para a apuração do *quantum debeatur* do imposto.

Como não há nem na CF nem tampouco no CTN um comando expresso estabelecendo que período de apuração deve ser considerado, conclui-se que essa definição fica submetida ao juízo discricionário do legislador ordinário.

Noutro sentido é a posição de Carrazza, segundo o qual a periodicidade do IR só pode ser anual, porque a CF, sistematicamente interpretada, assim o determina. Periodicidade menor (semestral, trimestral, mensal, diária, horária...) acutilaria de modo irremediável os princípios da capacidade contributiva, da igualdade, da progressividade, da universalidade, do não confisco, da pessoalidade etc (Carrazza, 2005, p. 122).

A inclinação majoritária com relação a essa questão, entretanto, parece pender mais para validar a autonomia do legislador para estabelecer a periodicidade da apuração da renda. O STJ, no precedente a seguir, considerou legítima a opção do legislador ordinário por tributar o recebimento de prêmios de apostas em bingos a cada evento, em vez de levar em conta qualquer cômputo de renda por período, *verbis*:

> [...] A pretensão recursal da FEDERAÇÃO GAÚCHA DE HIPISMO consubstancia-se no afastamento da incidência do imposto de renda sobre o valor da premiação em cada partida de jogo de bingo, em vista de que só a cada sessão de partidas é que se pode apurar efetivamente o acréscimo patrimonial do jogador [...]
>
> [...] Aplicando-se a dicção do artigo 43 do CTN à hipótese dos autos, ocorre o fato gerador do imposto de renda no momento do recebimento do prêmio de bingo, porquanto o jogador, ao ser premiado, detém de imediato a disponibilidade da quantia ganha. A opção pela aquisição ou não de novas cartelas, a fim de participar de novas partidas cuida-se de uma faculdade do jogador, a qual não tem a virtude de ilidir a aquisição da disponibilidade econômica já ocorrida.[19]

3.5 IMUNIDADES, ISENÇÕES E NÃO INCIDÊNCIAS

É vedado instituir imposto sobre o patrimônio, renda ou serviços dos partidos políticos, inclusive suas fundações, das entidades sindicais dos trabalhadores, das instituições de

---

19 REsp 768171/RS, Segunda Turma do STJ, Relator Ministro Humberto Martins. Julgado em: 06 de março de 2008. Publicado em: 18 de março de 2008.

Cap. 3 • Introdução ao Imposto de Renda das Pessoas Jurídicas **61**

educação e de assistência social, sem fins lucrativos, atendidos os requisitos da lei (CF, art. 150, VI, "c"). Os requisitos para o gozo da imunidade constam do art. 12 da Lei n. 9.532/1997. Desse modo, eventual resultado ou superávit dessas entidades são imunes ao IR.

São isentas do IRPJ as instituições de caráter filantrópico, recreativo, cultural e científico e as associações civis que prestem serviços para os quais houverem sido instituídas e os coloquem à disposição do grupo de pessoas a que se destinam, sem fins lucrativos (Lei n. 9.532/1997, art. 15). Para isso, essas instituições estão obrigadas a atender, além do previsto nos arts. 13 e 14,[20] aos requisitos do art. 12, § 2º, alíneas "a" a "e", e § 3º, todos do art. 12 da Lei n. 9.532/1997:

> a) não remunerar, por qualquer forma, seus dirigentes pelos serviços prestados, exceto no caso de associações, fundações ou organizações da sociedade civil, sem fins lucrativos, cujos dirigentes poderão ser remunerados, desde que atuem efetivamente na gestão executiva e desde que cumpridos os requisitos previstos nos arts. 3º e 16 da Lei n. 9.790, de 23 de março de 1999, respeitados como limites máximos os valores praticados pelo mercado na região correspondente à sua área de atuação, devendo seu valor ser fixado pelo órgão de deliberação superior da entidade, registrado em ata, com comunicação ao Ministério Público, no caso das fundações;
>
> b) aplicar integralmente seus recursos na manutenção e desenvolvimento dos seus objetivos sociais;
>
> c) manter escrituração completa de suas receitas e despesas em livros revestidos das formalidades que assegurem a respectiva exatidão;
>
> d) conservar em boa ordem, pelo prazo de cinco anos, contado da data da emissão, os documentos que comprovem a origem de suas receitas e a efetivação de suas despesas, bem assim a realização de quaisquer outros atos ou operações que venham a modificar sua situação patrimonial;
>
> e) apresentar, anualmente, Declaração de Rendimentos, em conformidade com o disposto em ato da Secretaria da Receita Federal;
>
> [...]
>
> § 3º Considera-se entidade sem fins lucrativos a que não apresente superávit em suas contas ou, caso o apresente em determinado exercício, destine referido resultado, integralmente, à manutenção e ao desenvolvimento dos seus objetivos sociais.
>
> [...]

---

20 Art. 13. Sem prejuízo das demais penalidades previstas na lei, a Secretaria da Receita Federal suspenderá o gozo da imunidade a que se refere o artigo anterior, relativamente aos anos-calendários em que a pessoa jurídica houver praticado ou, por qualquer forma, houver contribuído para a prática de ato que constitua infração a dispositivo da legislação tributária, especialmente no caso de informar ou declarar falsamente, omitir ou simular o recebimento de doações em bens ou em dinheiro, ou de qualquer forma cooperar para que terceiro sonegue tributos ou pratique ilícitos fiscais.

Parágrafo único. Considera-se, também, infração a dispositivo da legislação tributária o pagamento, pela instituição imune, em favor de seus associados ou dirigentes, ou, ainda, em favor de sócios, acionistas ou dirigentes de pessoa jurídica a ela associada por qualquer forma, de despesas consideradas indedutíveis na determinação da base de cálculo do imposto sobre a renda ou da contribuição social sobre o lucro líquido.

Art. 14. À suspensão do gozo da imunidade aplica-se o disposto no art. 32 da Lei n. 9.430, de 1996.

As sociedades cooperativas que obedecerem ao disposto na legislação específica não estão sujeitas à incidência do imposto sobre suas atividades econômicas, de proveito comum, sem objetivo de lucro (RIR/2018, art. 193). Essa regra não se aplica às cooperativas de consumo, que tenham por objeto a compra e o fornecimento de bens aos consumidores, que ficam sujeitas às mesmas normas de incidência aplicáveis às demais pessoas jurídicas (RIR/2018, art. 195).

As sociedades cooperativas que obedecerem ao disposto na legislação específica pagarão o imposto calculado sobre os resultados positivos das operações e atividades estranhas à sua finalidade, tais como (RIR/2018, art. 194):

> I – de comercialização ou de industrialização, pelas cooperativas agropecuárias ou de pesca, de produtos adquiridos de não associados, agricultores, pecuaristas ou pescadores, para completar lotes destinados ao cumprimento de contratos ou para suprir capacidade ociosa de suas instalações industriais;
>
> II – de fornecimento de bens ou serviços a não associados, para atender aos objetivos sociais; ou
>
> III – de participação em sociedades não cooperativas, para atendimento aos próprios objetivos e de outros, de caráter acessório ou complementar.

3.6 BASE DE CÁLCULO, REGIMES DE TRIBUTAÇÃO E ALÍQUOTAS

O cálculo do IR devido segue a lógica da maioria dos impostos, o que se dá mediante a aplicação de alíquotas *ad valorem*, isto é, um percentual aplicado sobre a base de cálculo definida em lei.

De acordo com o art. 44 do CTN, a base de cálculo do imposto é o montante, Real, Arbitrado ou Presumido, da renda ou dos proventos tributáveis. Assim, mesmo diante da impossibilidade de apurar com precisão a renda real do contribuinte, a União pode recorrer ao arbitramento do seu valor.

Amparado por esse dispositivo legal, foram instituídos três regimes de tributação para o IRPJ, aplicáveis também à Contribuição Social sobre o Lucro Líquido (CSLL): do Lucro Real, do Lucro Presumido e do Lucro Arbitrado. Paralelamente, há que considerar a sistemática do Simples Nacional, que permite um regime simplificado e unificado de apuração dos tributos empresariais, entre eles o IRPJ e a CSLL.

O Regime do Lucro Real é a regra geral para todas as pessoas jurídicas. Aquelas empresas que estiverem obrigadas ao Lucro Real e não cumprirem os requisitos legais exigidos ficam sujeitas ao Lucro Arbitrado. As empresas que auferem receita anual de até R$ 78 milhões podem optar pelo Regime do Lucro Presumido, mas há certas atividades – como as exercidas pelas instituições financeiras – que não podem optar pelo Lucro Presumido, estando obrigadas ao Lucro Real. Já o Simples Nacional é uma opção para as microempresas e empresas de pequeno porte.

A alíquota do IRPJ, independentemente do regime de tributação, é de 15% sobre o lucro do período, mais um adicional de 10% sobre o lucro que exceder a R$ 20 mil multiplicados

Cap. 3 • Introdução ao Imposto de Renda das Pessoas Jurídicas **63**

pelo número de meses do período de apuração. Assim, se o período de apuração for anual, o limite para o adicional é de R$ 240 mil; se o período de apuração for trimestral, o limite é de R$ 60 mil. Para ilustrar, veja o seguinte exemplo:

EXEMPLO

Lucro tributável anual =	R$ 500.000,00
Aplicação da alíquota de 15%: R$ 500.000,00 × 15% =	R$ 75.000,00
Adicional: R$ 500.000,00 – R$ 240.000,00 = R$ 260.000,00 × 10% = R$	26.000,00
IRPJ devido: R$ 75.000,00 + R$ 26.000,00 =	R$ 101.000,00

A partir do exposto, percebe-se que o cálculo do IRPJ, quando já se apurou a base de cálculo, é tarefa simples. A complexidade reside justamente na apuração da base de cálculo, em especial quando se trata do Lucro Real.

RESUMO

Do conteúdo que você estudou neste capítulo, é importante destacar:

- O IR, da forma como o conhecemos hoje, incidente sobre a renda total do contribuinte, foi estabelecido no Brasil em 1922. Na CF, o IR passa a figurar na Carta de 1934 como de competência da União e incidindo sobre renda e provento de qualquer natureza, exceto sobre a renda de imóveis.

- Segundo a CF, o IR será informado pelos critérios da generalidade, da universalidade e da progressividade, na forma da lei.

- O atributo da generalidade significa que o imposto há de alcançar todas as pessoas que realizam seu fato imponível, não se admitindo discriminações e privilégios entre contribuintes.

- O princípio da universalidade exige que se tribute todo o aumento patrimonial ocorrido no período previsto em lei, por inteiro ou em conjunto, sem fracioná-lo e, de novo, sem distinguir as espécies de rendas e proventos, ajustando-se, assim, ao princípio da generalidade.

- Progressividade significa simplesmente que a alíquota do imposto deve aumentar à medida que a base tributada aumenta.

- Uma relevante parcela dos doutrinadores formula severas críticas em relação ao modelo de tributação da renda delineado pelo legislador infraconstitucional no Brasil, que permite a incidência de imposto sobre a renda de maneira segregada.

- O inciso III do art. 153 da CF atribui competência à União para instituir imposto sobre "renda e proventos de qualquer natureza", cabendo à LC, forte no art. 146, III, "a", da CF, a tarefa de definir fato gerador, base de cálculo e contribuintes.

64 Contabilidade Tributária • Pohlmann

- O art. 43 do CTN estabelece que o imposto tem como fato gerador a "aquisição da disponibilidade econômica ou jurídica" de renda e de proventos de qualquer natureza.

- Disponibilidade representa a possiblidade que o proprietário do patrimônio tem de possuir as rendas ou os proventos para fazer com eles o que bem entender, nos limites da lei reguladora do uso da propriedade qualquer bem.

- De acordo com o art. 44 do CTN, a base de cálculo do imposto é o montante, Real, Arbitrado ou Presumido, da renda ou dos proventos tributáveis.

- A partir desse permissivo legal, foram instituídos três regimes de tributação para o IRPJ, aplicáveis também à CSLL: do Lucro Real, do Lucro Presumido e do Lucro Arbitrado. Paralelamente, há que considerar a sistemática do Simples Nacional, que permite um regime simplificado e unificado de apuração dos tributos empresariais, entre eles o IRPJ e a CSLL.

- A alíquota do IRPJ, independentemente do regime de tributação, é de 15% sobre o lucro do período, mais um adicional de 10% sobre o lucro que exceder a R$ 20 mil multiplicados pelo número de meses do período de apuração.

QUESTÕES DE MÚLTIPLA ESCOLHA

1. Na CF, o IR passa a figurar na Carta de:
   a) 1946.
   b) 1934.
   c) 1937.
   d) 1967.

2. Assinale a alternativa com o atributo que significa que o imposto há de alcançar todas as pessoas que realizam seu fato imponível, não se admitindo discriminações e privilégios entre contribuintes.
   a) Generalidade.
   b) Universalidade.
   c) Progressividade.
   d) Seletividade.

3. Segundo qual princípio se exige que se tribute todo o aumento patrimonial ocorrido no período previsto em lei, por inteiro ou em conjunto, sem fracioná-lo e novamente sem distinguir as espécies de rendas e proventos?
   a) Progressividade.
   b) Integralidade.

Cap. 3 • Introdução ao Imposto de Renda das Pessoas Jurídicas **65**

  c) Isonomia.

  d) Universalidade.

4. **A tributação segregada da renda:**

  a) Não existe no Brasil.

  b) É aplicada no Brasil.

  c) Está prevista na legislação brasileira, mas foi declarada inconstitucional.

  d) Está prevista na CF, mas carece de regulamentação.

5. **O fato gerador do IR é:**

  a) A aquisição da disponibilidade econômica ou jurídica de renda e de proventos de qualquer natureza.

  b) Somente a aquisição da disponibilidade jurídica de renda e de proventos de qualquer natureza.

  c) Somente a aquisição da disponibilidade econômica de renda e de proventos de qualquer natureza.

  d) A aquisição da disponibilidade contábil ou jurídica de renda e de proventos de qualquer natureza.

6. **É vedado pela CF (imunidade) instituir imposto sobre a renda:**

  a) Das associações culturais.

  b) Dos clubes de futebol.

  c) Dos partidos políticos.

  d) Das escolas primárias, ainda que privadas.

7. **As sociedades cooperativas:**

  a) Que obedecerem ao disposto na legislação específica não estão sujeitas à incidência do imposto sobre suas atividades econômicas, de proveito comum, sem objetivo de lucro.

  b) Que obedecerem ao disposto na legislação específica não pagarão o imposto calculado sobre os resultados positivos das operações e atividades estranhas à sua finalidade.

  c) São isentas do IR.

  d) São imunes ao IR.

8. **A expressão "proventos de qualquer natureza" significa, para fins do IR:**

  a) O valor recebido dos aposentados e pensionistas.

  b) Os soldos recebidos pelos militares.

  c) Valores recebidos por uma pessoa e que devem ser excluídos da incidência do imposto.

  d) Qualquer acréscimo patrimonial que não seja fruto do capital, do trabalho ou da combinação de ambos.

9. Um contribuinte recebe o ressarcimento de gastos que realizou para consertar o veículo que foi abalroado em um acidente de trânsito. Para fins do IR, esse valor:

a) Deve ser tributado, pois houve um acréscimo patrimonial.

b) Não deve ser tributado, pois não houve um acréscimo patrimonial.

c) Deve ser tributado, pois é um fruto do capital.

d) Deve ser tributado, pois é um fruto da combinação do capital e do trabalho.

10. Para fins do IR, na hipótese de receita ou de rendimento oriundos do exterior:

a) Cabe à lei estabelecer as condições e o momento em que se dará sua disponibilidade.

b) Não é possível tributar, pois se trata de renda gerada em outro país.

c) Cabe ao contribuinte escolher o país em que pretende tributar.

d) A tributação ocorre apenas no país de origem da renda.

GABARITO

1. b	2. a	3. d	4. b	5. a
6. c	7. a	8. d	9. b	10. a

CAPÍTULO 4
IMPOSTO DE RENDA DAS PESSOAS JURÍDICAS – REGIME DO LUCRO REAL

OBJETIVOS DO CAPÍTULO

- ▶ Desenvolver a capacidade de identificar, interpretar e aplicar corretamente as regras que regem o Regime do Lucro Real.
- ▶ Demonstrar como calcular de maneira certa o Imposto de Renda das Pessoas Jurídicas (IRPJ) a recolher, e cumprir as demais obrigações pertinentes a esse regime de apuração.

Neste capítulo, analisamos as regras que regem a apuração do IRPJ pelo Regime do Lucro Real. São abordadas e discutidas questões relativas às pessoas jurídicas que estão obrigadas à apuração do Lucro Real, aos períodos de apuração previstos, às despesas e a outros itens não dedutíveis do imposto, às receitas e aos resultados não tributáveis, à compensação de prejuízos fiscais acumulados, às obrigações acessórias que são impostas pelo Fisco, entre outros aspectos.

4.1 PESSOAS JURÍDICAS OBRIGADAS AO LUCRO REAL

O regime do Lucro Real é aquele em que o IRPJ é calculado a partir do resultado contábil do contribuinte, ajustado por adições, exclusões e compensações determinadas pelo Fisco, e a sua metodologia de cálculo é aprofundada nos tópicos seguintes.

Ficam sujeitas obrigatoriamente a essa sistemática as pessoas jurídicas (RIR/2018, art. 257):

> Art. 257. Ficam obrigadas à apuração do lucro real as pessoas jurídicas (Lei n. 9.718, de 1998, art. 14, *caput*):
>
> I – cuja receita total no ano-calendário anterior seja superior ao limite de R$ 78.000.000,00 (setenta e oito milhões de reais) ou proporcional ao número de meses do período, quando inferior a doze meses (Lei n. 9.718, de 1998, art. 14, *caput*, inciso I);
>
> II – cujas atividades sejam de bancos comerciais, bancos de investimentos, bancos de desenvolvimento, agências de fomento, caixas econômicas, sociedades de crédito, financiamento e investimento, sociedades de crédito imobiliário, sociedades corretoras de títulos, valores mobiliários e câmbio, sociedades de crédito ao microempreendedor e à empresa de pequeno porte, distribuidoras de títulos e valores mobiliários, empresas de arrendamento mercantil, cooperativas de crédito, empresas de seguros privados e de capitalização e entidades abertas de previdência complementar (Lei n. 9.718, de 1998, art. 14, *caput*, inciso II; Lei n. 10.194, de 2001, art. 1º, *caput*, inciso I; Lei Complementar (LC) n. 109, de 2001, art. 4º; e Lei n. 12.715, de 2012, art. 70);
>
> III – que tiverem lucros, rendimentos ou ganhos de capital oriundos do exterior (Lei n. 9.718, de 1998, art. 14, *caput*, inciso III);
>
> IV – que, autorizadas pela legislação tributária, usufruam de benefícios fiscais relativos à isenção ou à redução do imposto sobre a renda (Lei n. 9.718, de 1998, art. 14, *caput*, inciso IV);
>
> V – que, no decorrer do ano-calendário, tenham efetuado pagamento mensal pelo regime de estimativa, na forma estabelecida no art. 219 (Lei n. 9.718, de 1998, art. 14, *caput*, inciso V);
>
> VI – que explorem as atividades de prestação cumulativa e contínua de serviços de assessoria creditícia, mercadológica, gestão de crédito, seleção e riscos, administração de contas a pagar e a receber, compras de direitos creditórios resultante de vendas mercantis a prazo ou de prestação de serviços (*factoring*) (Lei n. 9.718, de 1998, art. 14, *caput*, inciso VI);
>
> VII – que explorem as atividades de securitização de créditos imobiliários, financeiros e do agronegócio (Lei n. 9.718, de 1998, art. 14, *caput*, inciso VII);
>
> VIII – que tenham sido constituídas como sociedades de propósito específico, formadas por microempresas e empresas de pequeno porte, observado o disposto no art. 56 da Lei Complementar n. 123, de 2006 (LC n. 123, de 2006, art. 56, § 2º, inciso IV); e
>
> IX – que emitam ações nos termos estabelecidos no art. 16 da n. Lei 13.043, de 2014 (Lei n. 13.043, de 2014, art. 16, § 2º).

As pessoas jurídicas não enquadradas no rol anterior também poderão apurar os seus resultados tributáveis com base no Regime de Lucro Real (RIR/2018, art. 257, § 1º), desde que, é claro, mantenham contabilidade regular.

Para fins de aferição do limite de R$ 78 milhões, a receita total compreende a receita bruta e as demais receitas, como as receitas financeiras e os ganhos de capital. A receita bruta, por sua vez, compreende o produto da venda de bens nas operações de conta própria, o preço dos serviços prestados e o resultado auferido nas operações de conta alheia (o caso mais comum são as comissões nas operações de intermediações de negócios), bem como quaisquer outras receitas da atividade ou do objeto principal da pessoa jurídica (RIR/2018, art. 208).

Na receita bruta, não se incluem as vendas canceladas, os descontos incondicionais concedidos e os impostos não cumulativos cobrados destacadamente do comprador ou contratante dos quais o vendedor dos bens ou o prestador dos serviços sejam meros depositários. São exemplos desses impostos que não se incluem na receita bruta o Imposto sobre Produtos Industrializados (IPI) e o Imposto sobre a Circulação de Mercadorias e Serviços de Transporte Interestadual e Intermunicipal e de Comunicação (ICMS), este apenas quando cobrado a título de substituição tributária.

4.2 PERÍODOS DE APURAÇÃO

No Regime do Lucro Real, há duas alternativas de período de apuração possibilitadas pelo Fisco: a trimestral e a anual. Na alternativa trimestral, os períodos de apuração devem ser encerrados nos dias 31 de março, 30 de junho, 30 de setembro e 31 de dezembro de cada ano-calendário.

A pessoa jurídica que optar pelo período anual deverá apurar o Lucro Real em 31 de dezembro de cada ano (RIR/2018, art. 218). Nesse caso, ficará sujeita ao recolhimento mensal do imposto por estimativa, podendo reduzir, suspender ou, mesmo, ficar dispensada do recolhimento mensal caso comprove que o Lucro Real acumulado no ano é inferior ao estimado.

Nos casos de incorporação, fusão ou cisão, a apuração da base de cálculo e do imposto devido será efetuada na data do evento. Do mesmo modo, na extinção da pessoa jurídica, pelo encerramento da liquidação, a apuração da base de cálculo e do imposto devido será efetuada na data desse evento (RIR/2018, art. 217, §§ 1º e 2º).

Quatro vantagens, ao menos, podem ser apontadas em favor da escolha do período anual: 1 – menor custo administrativo, uma vez que os procedimentos de apuração do Lucro Real são realizados uma vez ao ano, enquanto, no período trimestral, são quatro apurações a cada ano; 2 – por essa mesma razão, há menor chance de cometer infrações; 3 – possibilidade de compensação de prejuízos sem restrições dentro do próprio ano, pois no período trimestral há a limitação de 30% de um trimestre para o outro; e 4 – possibilidade de pagar mais IRPJ no período trimestral devido ao adicional incidir sobre o lucro excedente a R$ 60 mil, enquanto no anual incide sobre R$ 240 mil, o que pode redundar em maior imposto devido.

QUESTÃO PARA DISCUSSÃO

Como visto, os períodos de apuração previstos no Regime do Lucro Real são o período anual e o período trimestral. Segundo o autor, o período anual é mais vantajoso porque acarreta menor custo administrativo, há menor chance de cometer infrações, permite maior possibilidade de compensação de prejuízos dentro do próprio ano e não há o risco de pagar mais IRPJ que ocorre no período trimestral devido ao cálculo do adicional.

Você concorda com o autor nesse aspecto? Você vê alguma vantagem no período trimestral que o tornaria mais atrativo do que o período anual?

70 Contabilidade Tributária • Pohlmann

4.2.1 Recolhimento Mensal por Estimativa

A pessoa jurídica sujeita à tributação com base no Lucro Real pode optar pelo pagamento do imposto e do adicional, em cada mês, determinados sobre base de cálculo estimada. Nesse caso, a pessoa jurídica, ao recolher por estimativa mensal, estará optando automaticamente pelo período anual para fins de apuração do Lucro Real. A opção é manifestada com o pagamento do imposto estimado correspondente ao mês de janeiro ou de início de atividade e será irretratável para todo o ano-calendário (RIR/2018, art. 219, parágrafo único).

Como regra, a base de cálculo do imposto, em cada mês, é determinada mediante a aplicação do percentual de 8% sobre a receita bruta auferida mensalmente. Nessa regra, incluem-se as atividades de:

- Venda de produtos e revenda de mercadorias.
- Prestação de serviços hospitalares e de auxílio diagnóstico e terapia, patologia clínica, imagenologia, anatomia patológica e citopatologia, medicina nuclear e análises e patologias clínicas, desde que a prestadora desses serviços seja organizada sob a forma de sociedade empresária e atenda às normas da Agência Nacional de Vigilância Sanitária (Anvisa).
- Desmembramento ou loteamento de terrenos, incorporação imobiliária, construção de prédios destinados à venda, e venda de imóveis construídos ou adquiridos para revenda.
- Transporte de carga.
- Construção por empreitada com emprego de todos os materiais.

No caso de atividades diversificadas, será aplicado o percentual correspondente a cada atividade. O Quadro 4.1 detalha as atividades e os respectivos percentuais de lucro estimado aplicáveis.

A receita bruta das vendas e serviços compreende o produto da venda de bens nas operações de conta própria, o preço dos serviços prestados e o resultado auferido nas operações de conta alheia. Na receita bruta, não se incluem as vendas canceladas, os descontos incondicionais concedidos e os impostos não cumulativos cobrados destacadamente do comprador ou contratante dos quais o vendedor dos bens ou o prestador dos serviços seja mero depositário (RIR/2018, art. 208, §§ 2º e 3º).

Os ganhos de capital, demais receitas e os resultados positivos decorrentes de receitas não incluídas na receita bruta de vendas e serviços serão acrescidos à base de cálculo para fins de apuração do lucro estimado do mês (RIR/2018, art. 222).

Essa regra não se aplica aos rendimentos tributados relativos a aplicações financeiras de renda fixa e renda variável, bem como aos lucros, dividendos ou resultado positivo decorrente da avaliação de investimento pela equivalência patrimonial (RIR/2018, art. 222, § 7º).

O ganho de capital nas alienações de bens ou direitos classificados como investimento, imobilizado ou intangível e de aplicações em ouro, não tributadas como renda variável, corresponderá à diferença positiva verificada entre o valor da alienação e o respectivo valor contábil (RIR/2018, art. 222, § 2º).

Cap. 4 • Imposto de Renda das Pessoas Jurídicas – Regime do Lucro Real **71**

Quadro 4.1 Atividades e respectivos percentuais de lucro estimado

Percentual de estimativa de lucro (IRPJ)	Atividades
1,6%	Revenda, para consumo, de combustível derivado de petróleo, álcool etílico carburante e gás natural
8%	Venda de produtos de fabricação própria
	Revenda de mercadorias
	Prestação de serviços hospitalares e de auxílio diagnóstico e terapia, fisioterapia e terapia ocupacional, fonoaudiologia, patologia clínica, imagenologia, radiologia, anatomia patológica e citopatologia, medicina nuclear e análises e patologias clínicas, exames por métodos gráficos, procedimentos endoscópicos, radioterapia, quimioterapia, diálise e oxigenoterapia hiperbárica, desde que a prestadora desses serviços seja organizada sob a forma de sociedade empresária e atenda às normas da Agência Nacional de Vigilância Sanitária (Anvisa)
	Prestação de serviços de transporte de carga
	Atividades imobiliárias relativas a desmembramento ou loteamento de terrenos, incorporação imobiliária, construção de prédios destinados à venda e venda de imóveis construídos ou adquiridos para revenda
	Atividade de construção por empreitada com emprego de todos os materiais indispensáveis à sua execução, sendo tais materiais incorporados à obra
16%	Prestação de serviços de transporte, exceto de carga
	Pessoas jurídicas cujas atividades sejam de bancos comerciais, bancos de investimentos, bancos de desenvolvimento, caixas econômicas, sociedades de crédito, financiamento e investimento, sociedades de crédito imobiliário, sociedades corretoras de títulos, valores mobiliários e câmbio, sociedades de crédito ao microempreendedor e à empresa de pequeno porte, distribuidoras de títulos e valores mobiliários, empresas de arrendamento mercantil, cooperativas de crédito, empresas de seguros privados e de capitalização e entidades abertas de previdência complementar, observado o disposto no art. 223 do RIR/2018
	As pessoas jurídicas exclusivamente prestadoras de serviços em geral, mencionadas nas alíneas "b", "c", "d", "f", "g" e "j" do inciso IV do § 1º do art. 33, da Instrução Normativa da Receita Federal do Brasil (IN RFB) n. 1.700/2017, cuja receita bruta anual seja de até R$ 120.000,00 (cento e vinte mil reais)

(continua)

(continuação)

Percentual de estimativa de lucro (IRPJ)	Atividades
32%	Prestação de serviços relativos ao exercício de profissão legalmente regulamentada
	Intermediação de negócios
	Administração, locação ou cessão de bens imóveis, móveis e direitos de qualquer natureza
	Construção por administração ou por empreitada unicamente de mão de obra ou com emprego parcial de materiais
	Construção, recuperação, reforma, ampliação ou melhoramento de infraestrutura, no caso de contratos de concessão de serviços públicos, independentemente do emprego parcial ou total de materiais
	Prestação cumulativa e contínua de serviços de assessoria creditícia, mercadológica, gestão de crédito, seleção de riscos, administração de contas a pagar e a receber, compra de direitos creditórios resultantes de vendas mercantis a prazo ou de prestação de serviços (*factoring*)
	Coleta e transporte de resíduos até aterros sanitários ou local de descarte
	Exploração de rodovia mediante cobrança de preço dos usuários, inclusive execução de serviços de conservação, manutenção, melhoramentos para adequação de capacidade e segurança de trânsito, operação, monitoração, assistência aos usuários e outros definidos em contratos, em atos de concessão ou de permissão ou em normas oficiais, pelas concessionárias ou subconcessionárias de serviços públicos
	Prestação de serviços de suprimento de água tratada e os serviços de coleta e tratamento de esgotos deles decorrentes, cobrados diretamente dos usuários dos serviços pelas concessionárias ou subconcessionárias de serviços públicos
	Prestação de qualquer outra espécie de serviço não mencionada acima
38,4%	Atividades de operação de empréstimo, de financiamento e de desconto de títulos de crédito realizadas por Empresa Simples de Crédito (ESC)

Cap. 4 • Imposto de Renda das Pessoas Jurídicas – Regime do Lucro Real **73**

No caso das instituições financeiras, das sociedades corretoras de títulos, valores mobiliários e câmbio, e das sociedades distribuidoras de títulos e valores mobiliários, podem ser deduzidas da receita bruta (RIR/2018, art. 223, I):

a) as despesas incorridas na captação de recursos de terceiros;

b) as despesas com obrigações por refinanciamentos, empréstimos e repasses de recursos de órgãos e instituições oficiais e do exterior;

c) as despesas de cessão de créditos;

d) as despesas de câmbio;

e) as perdas com títulos e aplicações financeiras de renda fixa; e

f) as perdas nas operações de renda variável realizadas em bolsa, no mercado de balcão organizado, autorizado pelo órgão competente, ou por meio de fundos de investimento, para a carteira própria das entidades de que trata o inciso da lei.

As empresas de seguros privados, por sua vez, podem deduzir da receita bruta o cosseguro e resseguro cedidos, os valores referentes a cancelamentos e restituições de prêmios e a parcela dos prêmios destinada à constituição de provisões ou reservas técnicas (RIR/2018, art. 223, II).

Na hipótese de entidades abertas de previdência complementar e de empresas de capitalização, a parcela das contribuições e dos prêmios, respectivamente, destinada à constituição de provisões ou reservas técnicas (RIR/2018, art. 223, III).

No caso de operadoras de planos de assistência à saúde, podem ser deduzidas as corresponsabilidades cedidas e a parcela das contraprestações pecuniárias destinada à constituição de provisões técnicas (RIR/2018, art. 223, IV).

O imposto a ser pago mensalmente é determinado mediante a aplicação, sobre a base de cálculo, da alíquota de 15%. A parcela da base de cálculo, apurada mensalmente, que exceder a R$ 20 mil fica sujeita à incidência de adicional do imposto à alíquota de 10% (RIR/2018, art. 225).

Para efeito de pagamento, a pessoa jurídica pode deduzir do imposto apurado no mês o imposto pago ou retido na fonte sobre as receitas que integraram a base de cálculo, bem como os incentivos de dedução do imposto relativos (RIR/2018, art. 226):

I – às despesas de custeio do PAT;

II – às doações realizadas a título de apoio aos Fundos da Criança e do Adolescente e do Idoso;

III – às doações e aos patrocínios realizados a título de apoio às atividades culturais ou artísticas;

IV – ao vale-cultura distribuído no âmbito do Programa de Cultura do Trabalhador;

V – aos investimentos, aos patrocínios e à aquisição de quotas de Funcines, realizados a título de apoio às atividades audiovisuais;

74 Contabilidade Tributária • Pohlmann

VI – às doações e aos patrocínios realizados a título de apoio direto a projetos desportivos e paradesportivos; e

VII – à remuneração da empregada e do empregado paga no período de prorrogação da licença-maternidade ou da licença-paternidade, observados os limites e os prazos previstos para estes incentivos.

4.2.2 Dispensa, Redução e Suspensão do Imposto

As figuras da suspensão, redução e dispensa do pagamento do IRPJ somente ocorrem quando o contribuinte opta pelo regime de apuração anual do Lucro Real e, por essa razão, fica sujeito ao recolhimento mensal do imposto sobre o lucro estimado.

A pessoa jurídica poderá suspender ou reduzir o pagamento do imposto devido em cada mês desde que demonstre, por meio de balanços ou balancetes mensais, que o valor acumulado já pago excede o valor do imposto, inclusive adicional, calculado com base no Lucro Real do período em curso (RIR/2018, art. 227).

A dispensa, por sua vez, ocorre quando a pessoa jurídica demonstra, por meio de balanços ou balancetes mensais, a existência de prejuízos fiscais apurados já a partir do mês de janeiro do ano-calendário.

Conclui-se que, com relação ao mês de janeiro, apenas poderemos ter redução ou a dispensa do pagamento do imposto, uma vez que a suspensão pressupõe a existência de recolhimentos no mês ou nos meses anteriores, o que não é possível nesse caso, já que janeiro é o primeiro mês do ano-calendário. A redução ocorrerá na hipótese em que a pessoa jurídica demonstrar, por meio de balanço ou balancete, que o imposto apurado sobre o Lucro Real no mês de janeiro é inferior ao calculado sobre o lucro estimado.

Os balanços ou balancetes deverão ser levantados com observância das leis comerciais e fiscais e transcritos no livro diário. Além disso, somente produzirão efeitos para determinação da parcela do imposto devido no decorrer do ano-calendário em curso.

4.3 APURAÇÃO DO LUCRO REAL

Lucro Real é o lucro líquido do período de apuração ajustado pelas adições, exclusões ou compensações prescritas ou autorizadas por lei. A determinação do Lucro Real é precedida da apuração do lucro líquido de cada período de apuração com observância das disposições das leis comerciais.

Entenda-se por leis comerciais as disposições da Lei n. 6.404/1976 e do Código Civil, além das normas expedidas por órgãos reguladores como a Comissão de Valores Mobiliários (CVM) e o Banco Central do Brasil (Bacen), no âmbito de suas competências. O Quadro 4.2 apresenta a estrutura básica da demonstração do resultado do exercício estabelecida pela Lei n. 6.404/1976 e adaptada para fins de apuração da Contribuição Social sobre o Lucro Líquido (CSLL) e do IRPJ seguindo a legislação de regência desses tributos.

Quadro 4.2 Demonstração do resultado do exercício segundo a Lei n. 6.404/1976

Receita Bruta

(–) Deduções da Receita Bruta

= Receita Líquida

(–) Custo dos Bens e Serviços Vendidos

= Lucro Bruto

(–) Despesas Operacionais

(+/–) Receitas e Despesas Financeiras

(+/–) Outras Receitas e Despesas Operacionais

= Lucro Líquido Operacional

(+/–) Outras Receitas e Despesas

(–) Participações nos Lucros

= Lucro Líquido antes da CSLL e do IRPJ e após as Participações nos Lucros

(–) CSLL

= Lucro Líquido antes do IRPJ e após as Participações no Lucros

(–) IRPJ

= Lucro Líquido do Período

Para fins de apuração do Lucro Real, o lucro líquido do período de apuração é a soma algébrica do lucro operacional, das outras receitas e despesas e das participações nos lucros. Uma das alterações procedidas na Lei n. 6.404/1976 pela Lei n. 11.941/2009 foi na denominação das "receitas e despesas não operacionais", que passaram a ser qualificadas como "outras receitas e despesas". Apesar disso, para fins de compensação de prejuízos, a RFB continua mantendo a distinção entre prejuízo operacional e não operacional, aspecto que é tratado na Seção 4.6.

Apenas para exemplificar, o caso mais corriqueiro de outras receitas e despesas são os ganhos e perdas de capital, ou seja, o resultado na alienação ou baixa de bens do ativo imobilizado, do ativo intangível ou de investimentos permanentes.

Retomando a questão da fórmula de cálculo do Lucro Real, percebe-se claramente que a sua apuração tem como ponto de partida o lucro contábil, sobre o qual são realizados ajustes. Esses ajustes são procedidos única e exclusivamente em função de determinações da legislação do IRPJ. A equação básica de cálculo do Lucro Real segue o esquema apresentado no Quadro 4.3.

Quadro 4.3   Esquema básico de apuração do Lucro Real

Lucro líquido do exercício (antes do IRPJ e após as Participações nos Lucros)
(+) Ajustes do lucro líquido
Adições
(−) Exclusões
(−) Compensações
= Lucro Real

Os valores que, por competirem a outro período de apuração, forem, para efeito de determinação do Lucro Real, adicionados ao lucro líquido do período de apuração, ou dele excluídos, serão, na determinação do Lucro Real do período de apuração competente, excluídos do lucro líquido ou a ele adicionados, respectivamente. Essas espécies de adições ou exclusões são com frequência denominadas de ajustes temporários.

A seguir, vamos analisar com mais detalhes os ajustes do lucro líquido para fins de apuração do Lucro Real.

4.4   ADIÇÕES

As adições ao lucro líquido são de duas espécies básicas (Decreto-Lei (DL) n. 1.598/1977, art. 6º, § 2º): 1 – custos, despesas, encargos, perdas, provisões e participações não dedutíveis na apuração do imposto; e 2 – resultados, rendimentos, receitas e quaisquer outros valores não incluídos no lucro líquido, mas que devem ser computados na determinação do Lucro Real.

Na primeira espécie, temos valores escriturados como despesa em contas do resultado do período e que, por essa razão, já foram computados, ou seja, deduzidos desse lucro. E por que eles devem ser adicionados? Porque a legislação fiscal não permite que essas despesas sejam deduzidas para fins de apuração do Lucro Real. A essa categoria de adição podemos chamar genericamente de "despesas não dedutíveis". Exemplo desse tipo de despesa são os gastos com brindes, que não têm a sua dedutibilidade permitida pelo Fisco para fins do IRPJ.

A segunda espécie de adição, que chamaremos de "outras adições", é composta de valores que não foram computados no resultado do período corrente, mas que devem ser oferecidos à tributação nesse período. Esse tipo de ajuste é controlado de forma extracontábil no Livro de Apuração do Lucro Real (LALUR). Exemplo desse tipo de adição é o ajuste decorrente das regras do preço de transferência nas exportações.

4.4.1   Despesas não Dedutíveis

As despesas não dedutíveis podem ser decorrência da aplicação de uma regra específica ou de regras que estabelecem requisitos gerais para a dedutibilidade de despesas. Com relação às despesas operacionais, o art. 311 do RIR/2018 estabelece algumas regras e princípios gerais que regem a sua dedutibilidade. Segundo o referido dispositivo, são operacionais as despesas necessárias à atividade da empresa e à manutenção da respectiva fonte produtora. Diante dessa definição, o primeiro requisito para que a despesa seja dedutível do IRPJ é que ela seja necessária às atividades da empresa.

O § 1º desse mesmo art. 311, por sua vez, esclarece que são necessárias aquelas despesas pagas ou incorridas para a realização das transações ou operações exigidas pela atividade da empresa. Para completar o quadro conceitual, o § 2º do art. 311 do RIR/2018 estabelece, ainda, que as despesas operacionais admitidas são aquelas usuais ou normais no tipo de transações, operações ou atividades da empresa.

Assim, podemos resumir o conjunto de princípios ou regras gerais estabelecidas pelo Fisco para fins de aceitação da dedutibilidade das despesas operacionais dizendo que, para tanto, elas devem ser necessárias às atividades da empresa, ou seja, que sejam exigidas a fim de que possa cumprir suas finalidades, e que sejam usuais ou normais nessas atividades.

A implicação prática dessa regra geral é que qualquer despesa realizada pelo contribuinte que não atenda a esses requisitos de necessariedade e usualidade será considerada indedutível para fins de apuração do Lucro Real, não sendo necessário que o Fisco enumere todos os casos para que se tenha esse efeito. As multas de trânsito, por exemplo, não são consideradas necessárias às atividades da empresa, uma vez que decorrem de infrações à legislação, razão pela qual não são dedutíveis para fins de apuração do Lucro Real.

Ocorre que, ao lado dessas regras e princípios gerais que regem a dedutibilidade, a legislação estabelece expressamente casos específicos de indedutibilidade de despesas. A principal razão que leva o Fisco a especificar casos de indedutibilidade é eliminar qualquer dúvida jurídica plausível sobre o tratamento fiscal de determinadas despesas.

Muitas despesas poderiam ser livremente deduzidas sob o argumento de que, na visão do contribuinte, seriam necessárias e usuais em suas atividades, enquanto no entendimento do Fisco as despesas não seriam necessárias ou usuais – sem esquecer, também, casos em que, por razões de política tributária, pode não haver interesse do Fisco em permitir a sua dedução. Essa situação geraria muita insegurança jurídica e muitos litígios entre Fisco e contribuinte, razão pela qual o legislador optou por especificar exemplos de despesas indedutíveis.

São inúmeros os casos específicos de despesas não dedutíveis estabelecidos pelo Fisco, entre as quais podemos destacar, a título meramente exemplificativo:

- resultado negativo da equivalência patrimonial, decorrente da avaliação de participação permanente em controladas e coligadas avaliadas pelo valor do patrimônio líquido (IN RFB n. 1.700/2017, art. 181);

- as provisões, exceto as para férias, 13º salários e as provisões técnicas compulsórias (RIR/2018, arts. 339 a 344);

- as doações, exceto as efetuadas a instituições de ensino e pesquisa cuja criação tenha sido autorizada por lei federal e que satisfaçam os requisitos do art. 213 da CF/88, até o limite de 1,5% do lucro operacional, antes da sua dedução; ou as efetuadas a entidades beneficentes, reconhecida como de utilidade pública, até o limite de 2% do lucro operacional, antes da sua dedução (IN RFB n. 1.700/2017, arts. 139 a 141);

- as despesas com brindes, exceto se tiverem diminuto valor e estiverem diretamente relacionados com a atividade da empresa (RIR/2018, art. 260, VII; Lei n. 9.249/1995, art. 13, VII; Parecer Normativo CST n. 15/1976);
- as multas por infrações fiscais, salvo as de natureza compensatória e as impostas por infrações de que não resultem falta ou insuficiência de pagamento de tributo (IN RFB n. 1.700/2017, art. 133);
- as perdas no recebimento de créditos registradas na despesa que não atendam aos requisitos e aos limites estabelecidos (IN RFB n. 1.700/2017, art. 71);
- as despesas com juros sobre o capital próprio pago ou creditado aos sócios ou acionistas em desacordo com as regras e limites estabelecidos (IN RFB n. 1.700/2017, art. 75);
- os *royalties* pagos a sócios, pessoas físicas ou jurídicas, ou dirigentes de empresas, e a seus parentes ou dependentes (IN RFB n. 1.700/2017, art. 86, I);
- os tributos que estejam com sua exigibilidade suspensa por força de depósito do seu montante integral, de reclamações ou recursos administrativos, ou de concessão de medida liminar ou de tutela antecipada em ações judiciais (RIR/2018, art. 352, § 1º);
- a CSLL não é dedutível para fins de apuração do IRPJ (RIR/2018, art. 35, § 6º).

4.4.2 Outras Adições

Além das despesas não registradas contabilmente no resultado do período, temos outras adições relativas a valores que não transitaram pelo resultado contábil do período corrente, mas que devem ser consideradas como ajuste para apuração do Lucro Real por expressa disposição legal. Eis alguns exemplos desse tipo de adição:

- os lucros auferidos por controladas no exterior (Lei n. 9.249/1995, art. 25);
- os ajustes decorrentes de métodos de preço de transferência nas hipóteses de receitas auferidas nas operações de exportação para pessoa vinculada (Lei n. 9.430/1996, art. 19).

4.5 EXCLUSÕES

O art. 261 do RIR/2018 trata das exclusões do lucro líquido, que são de duas espécies, referidas a seguir na ordem inversa da constante do referido dispositivo legal para fins didáticos, uma vez que nos permite iniciar pela espécie de mais fácil compreensão: 1 – resultados, rendimentos, receitas e quaisquer outros valores incluídos no lucro líquido, mas não tributáveis; 2 – valores cuja dedução seja autorizada pela legislação do IRPJ, mas que não foram computados no lucro líquido.

Na primeira espécie, temos simplesmente os valores que foram registrados na escrituração contábil da empresa no resultado do exercício corrente como receitas, rendimentos e resultados positivos, mas que, por disposição expressa da legislação fiscal, não são tributáveis, ou seja, não sofrem a incidência do IRPJ.

Na segunda categoria estão o que podemos denominar "outras exclusões", consistentes de valores que podem ser deduzidos do lucro líquido para fins de apuração do Lucro Real, mas que não foram registrados contabilmente a débito do resultado do exercício corrente como despesa ou sob qualquer outra denominação.

4.5.1 Receitas e Resultados não Tributáveis

Exemplos de receitas e resultados não tributáveis são:

- o resultado positivo da equivalência patrimonial (RIR/2018, art. 426);
- os lucros e dividendos recebidos de participações societárias avaliadas pelo custo de aquisição (RIR/2018, art. 415, § 1º);
- o valor das reversões de provisões não dedutíveis que haviam sido adicionadas ao lucro líquido de períodos anteriores (IN RFB n. 1.700/2017, art. 40, III);
- o valor dos créditos recuperados que haviam sido baixados e adicionados ao lucro líquido de períodos de apuração anteriores (IN RFB n. 1.700/2017, art. 74).

4.5.2 Outras Exclusões

Relativamente à segunda espécie de exclusão, podemos exemplificar com os seguintes casos:

- o valor da depreciação e da amortização acelerada incentivada decorrentes de leis específicas, como a Lei n. 11.196/2005;
- o valor da depreciação acelerada incentivada relativamente aos bens do ativo imobilizado adquiridos por pessoa jurídica que explore a atividade rural (máquinas e implementos agrícolas, veículos de cargas e utilitários rurais, reprodutores e matrizes etc.), exceto a terra nua, quando destinados à produção. Esses bens podem ser depreciados integralmente no próprio ano-calendário de aquisição (RIR/2018, art. 325);
- os dispêndios com pesquisa científica e tecnológica e de inovação tecnológica de que trata a Lei n. 11.196/2005.

4.6 COMPENSAÇÃO DE PREJUÍZOS FISCAIS

Para fins de apuração do Lucro Real, a pessoa jurídica pode compensar o prejuízo fiscal apurado em períodos anteriores, limitada a compensação a 30% do lucro líquido ajustado pelas adições e exclusões previstas na legislação, desde que a pessoa jurídica mantenha os livros e os documentos, exigidos pela legislação fiscal, comprobatórios do prejuízo fiscal utilizado para compensação.

O prejuízo compensável é o apurado na demonstração do Lucro Real e registrado no LALUR. A compensação poderá ser total ou parcial, em um ou mais períodos de apuração, à opção do contribuinte, observado o limite estabelecido.

A absorção, mediante débito à conta de lucros acumulados, reserva de lucros, capital social, ou à conta de sócios, matriz ou titular de empresa individual, de prejuízos apurados na escrituração comercial do contribuinte não prejudica seu direito à compensação.

O prejuízo apurado pela pessoa jurídica que explorar atividade rural poderá ser compensado com o resultado positivo obtido em períodos de apuração posteriores, não se lhe aplicando o limite de 30% sobre o lucro ajustado pelas adições e exclusões (RIR/2018, art. 583).

A pessoa jurídica não poderá compensar seus próprios prejuízos fiscais se entre a data da apuração e da compensação houver ocorrido, cumulativamente, modificação de seu controle societário e do ramo de atividade (RIR/2018, art. 584).

A pessoa jurídica sucessora por incorporação, fusão ou cisão não poderá compensar prejuízos fiscais da sucedida. No caso de cisão parcial, a pessoa jurídica cindida poderá compensar os seus próprios prejuízos, proporcionalmente à parcela remanescente do patrimônio líquido (RIR/2018, art. 585).

O prejuízo fiscal apurado por Sociedade em Conta de Participação (SCP) somente poderá ser compensado com o Lucro Real decorrente da mesma SCP. É vedada a compensação de prejuízos fiscais e lucros entre duas ou mais SCP ou entre estas e o sócio ostensivo (RIR/2018, art. 586).

Caso a pessoa jurídica optante pela tributação com base no lucro presumido retorne à tributação com base no Lucro Real, os saldos de prejuízos fiscais, remanescentes da tributação com base no Lucro Real não utilizados, poderão vir a ser compensados, observadas as normas pertinentes à compensação (IN RFB n. 1.700/017, art. 212).

Para fins de apuração do IRPJ, os prejuízos fiscais não operacionais somente podem ser compensados, nos períodos subsequentes ao de sua apuração, com lucros de mesma natureza (IN RFB n. 1.700/2017, art. 205), observado, em síntese, o seguinte:

- Consideram-se não operacionais os resultados decorrentes da alienação de bens e direitos do ativo não circulante classificados como imobilizado, investimento e intangível, ainda que reclassificados para o ativo circulante com a intenção de venda.

- O resultado não operacional é igual à diferença, positiva ou negativa, entre o valor pelo qual o bem ou direito houver sido alienado e o seu valor contábil, assim entendido o que estiver registrado na escrituração do contribuinte, diminuído, se for o caso, da depreciação, amortização ou exaustão acumulada e das perdas estimadas no valor de ativos.

- Os resultados não operacionais de todas as alienações ocorridas durante o período de apuração devem ser apurados englobadamente entre si.

- No período de apuração de ocorrência, os resultados não operacionais, positivos ou negativos, integrarão o Lucro Real.

Cap. 4 • Imposto de Renda das Pessoas Jurídicas – Regime do Lucro Real **81**

- A separação em prejuízos não operacionais e prejuízos das demais atividades somente será exigida se, no período, forem verificados, cumulativamente, resultados não operacionais negativos e Lucro Real negativo (prejuízo fiscal).

- A restrição na compensação de prejuízos não operacionais não se aplica em relação às perdas provenientes de baixa de bens ou direitos em decorrência de terem se tornado imprestáveis ou obsoletos ou terem caído em desuso, ainda que posteriormente venham a ser alienados como sucata (Lei n. 12.973/2014, art. 43, parágrafo único).

4.7 DEDUÇÕES DO IMPOSTO E APURAÇÃO DO SALDO A RECOLHER

Diferentemente das exclusões e das compensações, as deduções do imposto são parcelas subtraídas de modo direto do valor do imposto, para o fim de calcular o valor líquido a pagar. Essas deduções do imposto podem ser decorrentes de parcelas já recolhidas ou retidas ao longo do período de apuração, como são os casos do IRPJ recolhido mensalmente por estimativa e do Imposto Retido na Fonte (IRRF) sobre receitas e rendimentos que integram o resultado do período.

Elas podem, também, serem originadas de incentivos fiscais estabelecidos pelo governo, com o objetivo de estimular determinados gastos e investimentos das empresas. Nesse caso, convencionou-se chamar essa última espécie de "deduções incentivadas". Várias atividades recebem a benesse do governo por meio de incentivos fiscais, destacando-se as relacionadas às áreas sociais, culturais e tecnológicas.

Como regra, esses incentivos são instituídos e regulados por legislação própria e estão intrinsecamente ligados às políticas públicas que visam dar cumprimento. Assim, novos incentivos são instituídos na medida do interesse público, bem como outros já existentes podem ser reduzidos ou, até mesmo, extintos ou substituídos.

Observados os limites e os prazos previstos na legislação de regência, a empresa pode deduzir os valores dos benefícios fiscais de dedução do IRPJ, excluído o adicional, relativos (IN RFB n. 1.700/2017, arts. 43, 31 e 66):

- às despesas de custeio do Programa de Alimentação do Trabalhador (PAT);

- às doações aos fundos dos direitos da criança e do adolescente;

- às doações aos fundos nacional, estaduais ou municipais do idoso;

- às doações e aos patrocínios a título de apoio a ações de prevenção e de combate ao câncer no âmbito do Programa Nacional de Apoio à Atenção Oncológica (Pronon);

- às doações e aos patrocínios a título de apoio a ações e serviços de reabilitação da pessoa com deficiência promovidas no âmbito do Programa Nacional de Apoio à Atenção da Saúde da Pessoa com Deficiência (Pronas/PCD);

- às doações e aos patrocínios realizados a título de apoio a atividades culturais ou artísticas;

- aos investimentos, aos patrocínios e à aquisição de quotas de Fundos de Financiamento da Indústria Cinematográfica Nacional (Funcines), realizados a título de apoio a atividades audiovisuais;

- às doações e aos patrocínios realizados a título de apoio a atividades desportivas e paradesportivas;
- à remuneração da empregada ou do empregado paga no período de prorrogação da licença-maternidade ou da licença-paternidade.

Para fins de ilustração dos limites de dedução do imposto, podem ser citados, exemplificativamente, os casos do PAT, cujo limite de dedução é de 4% do IRPJ devido no período (RIR/2018, art. 642), e o das doações aos fundos dos direitos da criança e do adolescente, cujo limite é de 1% do IRPJ devido no período (RIR/2018, art. 649, § 1º).

Registre-se, por oportuno, que o limite deve ser calculado tomando por base o imposto devido pela alíquota de 15%. Isso porque o valor do adicional de 10% deve ser recolhido integralmente, não sendo permitidas quaisquer deduções (Lei n. 9.249/1995, art. 3º, § 4º; RIR/2018, art. 625).

SAIBA MAIS

Para mais detalhes sobre as regras do PAT, veja o Capítulo XVIII do Decreto n. 10.854/2021, que regulamenta disposições relativas à legislação trabalhista e institui o Programa Permanente de Consolidação, Simplificação e Desburocratização de Normas Trabalhistas Infralegais e o Prêmio Nacional Trabalhista, e altera o Decreto n. 9.580, de 22 de novembro de 2018.

uqr.to/1kpla

Não custa recordar, inicialmente, que a alíquota do IRPJ é de 15% sobre o Lucro Real do período, mais um adicional de 10% sobre o Lucro Real que exceder a R$ 20 mil multiplicados pelo número de meses do período de apuração. Assim, se o período de apuração for anual, o limite para o adicional é de R$ 240 mil; se o período de apuração for trimestral, o limite é de R$ 60 mil.

Aplicadas as referidas alíquotas sobre a base de cálculo, encontramos o valor do imposto devido no período, do qual pode ser descontado o valor das deduções autorizadas (como o imposto pago mensalmente por estimativa, no caso da opção pelo período de apuração anual, e as deduções incentivadas tratadas neste tópico), resultando no saldo do imposto a pagar ou a compensar no futuro.

4.8 OBRIGAÇÕES ACESSÓRIAS

As obrigações acessórias são formalidades exigidas dos contribuintes pelo Fisco em decorrência da sujeição passiva a determinado tributo. No caso do IRPJ, elas estão, em sua maioria, previstas no art. 262 e seguintes do RIR/2018. Mais especificamente, essas obrigações consistem em manutenção de documentos comprobatórios das transações, escrituração de livros contábeis e fiscais, elaboração de demonstrações contábeis, entrega de declarações, entre outras.

A pessoa jurídica sujeita à tributação com base no Lucro Real:

- É obrigada a conservar em ordem, enquanto não prescritas eventuais ações que lhes sejam pertinentes, os livros, documentos e papéis relativos à sua atividade, ou que se refiram a atos ou operações que modifiquem ou possam vir a modificar sua situação patrimonial.

- Deve manter escrituração contábil com observância das leis comerciais e fiscais, sendo obrigatório o uso do livro diário e do livro-razão, sob pena de arbitramento do lucro para fins de tributação.

- É obrigada a adotar a Escrituração Contábil Digital (ECD) e transmiti-la ao Sistema Público de Escrituração Digital (Sped). A ECD compreende a versão digital dos livros Diário e Razão.

- Deverá escriturar, ainda, o LALUR; para todos os efeitos, a Escrituração Contábil Fiscal (ECF) de que trata a IN RFB n. 2.004/2021 é o LALUR, a qual será transmitida anualmente ao Sped. Esse livro passou a ser referido, do ponto de vista técnico, como e-LALUR após a adoção da sua versão eletrônica e, posteriormente, foi incorporado à ECF, fazendo parte dela.

A pessoa jurídica deverá, ainda, ter os seguintes livros fiscais:

- Livro de registro de inventário.
- Livro de registro de entradas (compras).
- Livro de Apuração do Lucro Real (LALUR).
- Livro de registro permanente de estoque, para as pessoas jurídicas que exercerem atividades de compra, venda, incorporação e construção de imóveis, loteamento ou desmembramento de terrenos para venda.
- Livro de Movimentação de Combustíveis, a ser escriturado diariamente pelo posto revendedor.

A adoção da Escrituração Fiscal Digital (EFD) e sua transmissão ao Sped suprem a elaboração, o registro e a autenticação de livros para registro de inventário e o registro de entradas em relação ao mesmo período.

No LALUR, a pessoa jurídica deve:

- lançar os ajustes do lucro líquido, de adição, exclusão e compensação;
- transcrever a demonstração do Lucro Real e a apuração do imposto sobre a renda;
- manter os registros de controle de prejuízos fiscais a compensar em períodos de apuração subsequentes, da depreciação acelerada incentivada e dos demais valores que devam influenciar a determinação do Lucro Real de períodos de apuração futuros e não constem da escrituração comercial;
- manter os registros de controle dos valores excedentes a serem utilizados no cálculo das deduções nos períodos de apuração subsequentes, dos dispêndios com programa de alimentação ao trabalhador e outros previstos no RIR/2018.

A pessoa jurídica deverá informar, na ECF, todas as operações que influenciem a composição da base de cálculo e o valor devido do IRPJ e da CSLL, especialmente quanto (IN RFB n. 2.004/2021, art. 2º):

> I – à recuperação do plano de contas contábil e saldos das contas, para pessoas jurídicas obrigadas à entrega da Escrituração Contábil Digital (ECD) relativa ao mesmo período da ECF;
>
> II – à recuperação de saldos finais da ECF do período imediatamente anterior, quando aplicável;
>
> III – à associação das contas do plano de contas contábil recuperado da ECD com o plano de contas referencial, definido pela Coordenação-Geral de Fiscalização (Cofis) por meio de Ato Declaratório Executivo;
>
> IV – ao detalhamento dos ajustes do lucro líquido na apuração do lucro real, no Livro Eletrônico de Apuração do Lucro Real (e-LALUR), mediante tabela de adições e exclusões definida pela Cofis por meio de Ato Declaratório Executivo;
>
> V – ao detalhamento dos ajustes da base de cálculo da CSLL, no Livro Eletrônico de Apuração da Base de Cálculo da CSLL (e-LACS), mediante tabela de adições e exclusões definida pela Cofis por meio de Ato Declaratório Executivo;
>
> VI – aos registros de controle de todos os valores a excluir, adicionar ou compensar em exercícios subsequentes, inclusive prejuízo fiscal e base de cálculo negativa da CSLL;
>
> VII – aos registros, lançamentos e ajustes que forem necessários para a observância de preceitos da lei tributária relativos à determinação do lucro real e da base de cálculo da CSLL, quando não devam, por sua natureza exclusivamente fiscal, constar da escrituração comercial, ou sejam diferentes dos lançamentos dessa escrituração; e
>
> [...]

Há que se destacar, por derradeiro, as demonstrações contábeis exigidas pelo Fisco. De acordo com o art. 284 do RIR/2018, ao fim de cada período de incidência do imposto, o contribuinte deve apurar o lucro líquido mediante a elaboração, com observância das disposições da lei comercial, das seguintes demonstrações contábeis: 1 – balanço patrimonial; 2 – demonstração do resultado do período de apuração; e 3 – demonstração de lucros ou prejuízos acumulados.

ESTUDO DE CASO

O caso da Metalúrgica Modelo S/A

Trata-se do caso de uma indústria metalúrgica tributada pela sistemática do Lucro Real. O objetivo do estudo é demonstrar o cálculo do IRPJ devido, tomando por base o período de apuração anual.

O departamento de contabilidade elaborou e disponibilizou um balancete contendo o saldo das contas de resultado do período, faltando apenas o valor do IRPJ. Tendo em vista que o plano de contas da empresa é extenso, na Tabela 4.1 são informados apenas os saldos das principais contas que compõem do resultado do exercício antes, é claro, de apurado e lançado o valor devido a título de IRPJ.

Tabela 4.1 Saldos das contas do resultado do exercício

Metalúrgica Modelo S/A. Saldo das contas de resultado em 31/12/20XX	Valor (R$)
RECEITA BRUTA	224.846.000,00
(-) DEDUÇÕES DE VENDAS	-50.877.000,00
= RECEITA LÍQUIDA	173.969.000,00
(-) CUSTO DOS PRODUTOS VENDIDOS (CPV)	-125.838.000,00
= LUCRO BRUTO	48.131.000,00
(-) DESPESAS COMERCIAIS	-8.989.000,00
(-) DESPESAS GERAIS E ADMINISTRATIVAS	-11.060.000,00
(+/-) RECEITAS/DESPESAS FINANCEIRAS LÍQUIDAS	-2.483.000,00
(+/-) OUTRAS RECEITAS/DESPESAS OPERACIONAIS	3.133.000,00
= LUCRO LÍQUIDO OPERACIONAL	28.732.000,00
(+/-) OUTRAS RECEITAS E DESPESAS	2.000.000,00
(-) PARTICIPAÇÕES NOS LUCROS	-2.437.000,00
= LUCRO LÍQUIDO DO PERÍODO ANTES DA CSLL E DO IRPJ E APÓS AS PARTICIPAÇÕES	28.295.000,00
(-) CSLL	-2.527.189,20
= LUCRO LÍQUIDO DO PERÍODO ANTES DO IRPJ E APÓS AS PARTICIPAÇÕES	25.767.810,80

Revisando as contas do balancete, os lançamentos efetuados no livro razão e no LALUR, o tributarista identificou e destacou diversos outros fatos e informações que, no seu entender, são relevantes para o cálculo do IRPJ a recolher. Esses dados complementares constam da Tabela 4.2.

Para a apuração do Lucro Real, é necessário terem sido realizados todos os lançamentos contábeis relativos às operações do período para, a partir daí, obter-se o lucro líquido antes do IRPJ e da CSLL e após as participações nos lucros. O cálculo da CSLL é apresentado no Capítulo 7. De acordo com a Tabela 4.1, o lucro líquido do período antes do IRPJ e após as participações no lucro importou em R$ 25.767.810,80. O próximo passo é identificar e quantificar os ajustes que devem ser procedidos nesse lucro líquido para fins de cálculo do IRPJ a recolher.

Tabela 4.2 Dados complementares

N.	Itens	Valor (R$)
1	Doação a instituição de pesquisa, cuja criação foi autorizada por lei	500.000,00
2	*Royalties* pagos a sócio da empresa	350.000,00
3	Despesa com brindes distribuídos aos clientes	57.000,00
4	Dividendos recebidos em decorrência de participações societárias avaliadas pelo custo de aquisição	35.000,00
5	Resultado positivo da equivalência patrimonial em decorrência de participações societárias relevantes, avaliadas pelo patrimônio líquido	230.000,00
6	Participações dos empregados	1.200.000,00
7	Participações dos administradores	800.000,00
8	Valor excedente à TJLP pago a título de Juros s/ Capital Próprio	1.500.000,00
9	Doação à instituição de assistência social, reconhecida como de utilidade pública	750.000,00
10	Provisão para manutenção corretiva de equipamentos, programada para ser realizada no mês de janeiro de período seguinte	360.000,00
11	Valor de títulos considerados incobráveis pela administração da empresa e baixados para o resultado exercício em desacordo com as regras do art. 347 do RIR/2018	27.000,00
12	Despesa com multas de trânsito aplicadas a veículos da empresa	5.000,00
13	Participações atribuídas a debêntures emitidas pela empresa	437.000,00
14	Parcela da Contribuição Social denominada Cofins, incidente sobre as receitas da empresa, depositada judicialmente ao longo do período em ação na qual a empresa contesta a sua incidência	7.500.000,00
15	Valor da depreciação acelerada do período, usufruída com base na Lei n. 11.196/2005	74.000,00
16	Valor decorrente da aplicação das regras do preço de transferência em relação às exportações do período	153.000,00
17	Saldo dos prejuízos fiscais acumulados de períodos anteriores	15.000.000,00
18	Valor do IRPJ pago mensalmente por estimativa ao longo do ano	5.377.000,00
19	Valor do dispêndio com o PAT, efetuado em observância às normas legais e regulamentares aplicáveis	380.000,00
20	CSLL devida no período	2.527.189,20

Cap. 4 • Imposto de Renda das Pessoas Jurídicas – Regime do Lucro Real **87**

O tributarista passou à análise dos valores constantes da Tabela 4.2, iniciando pelas doações. As doações a as instituições de pesquisa e de assistência social de que trata o art. 13 da Lei n. 9.249/1995 são dedutíveis, mas sujeitas ao limite de 1,5 e 2%, respectivamente, sobre o lucro líquido operacional antes da dedução da própria doação. Dessa forma, com base na Tabela 4.1 e na Tabela 4.2, temos:

1 – R$ 28.732.000,00 + R$ 500.000,00 = R$ 29.232.000,00 × 1,5% = R$ 438.480,00; R$ 500.000,00 – R$ 438.480,00 = R$ 61.520,00; ou seja, houve um excesso de R$ 61.520,00 a título de doação à instituição de ensino e pesquisa, que deve ser adicionado ao lucro líquido; e

2 – R$ 28.732.000,00 + R$ 700.000,00 = R$ 29.482.000,00 × 2% = R$ 589.640,00; R$ 750.000,00 – R$ 589.640,00 = R$ 160.360,00; ou seja, houve um excesso de R$ 160.360,00 a título de doação à instituição de assistência social, que deve ser adicionado ao lucro líquido.

Continuando a análise, o contador tributarista concluiu, a partir do conteúdo apresentado neste capítulo, que as participações dos empregados e as atribuídas a debêntures emitidas pela empresa são dedutíveis do imposto. Por outro lado, as seguintes despesas, arroladas na Tabela 4.2, não são dedutíveis para fins de apuração do Lucro Real e devem ser adicionadas ao lucro líquido:

- *Royalties* pagos a sócio da empresa.
- Despesa com brindes distribuídos aos clientes.
- Participações dos administradores.
- Valor excedente à TJLP pago a título de Juros sobre o Capital Próprio.
- Provisão para manutenção corretiva de equipamentos.
- Valor de títulos considerados incobráveis pela administração da empresa e baixados para o resultado exercício em desacordo com as regras do art. 347 do RIR/2018.
- Despesa com multas de trânsito aplicadas a veículos da empresa.
- Parcela da Contribuição Social denominada Cofins, incidente sobre as receitas da empresa, depositada judicialmente ao longo do período em ação na qual a empresa contesta a sua incidência.
- Valor decorrente da aplicação das regras do preço de transferência em relação às exportações do período.
- Valor CSLL devida no período.

Analisando as receitas e os demais valores constantes da Tabela 4.2, o tributarista concluiu, a partir do discutido neste capítulo, que devem ser excluídos do lucro líquido os seguintes itens:

- Dividendos recebidos em decorrência de participações societárias avaliadas pelo custo de aquisição.
- Resultado positivo da equivalência patrimonial em decorrência de participações societárias relevantes, avaliadas pelo patrimônio líquido.
- Valor da depreciação acelerada do período, usufruída com base na Lei n. 11.196/2005.

88 Contabilidade Tributária • Pohlmann

Concluída a análise das adições e exclusões, o tributarista apurou o lucro líquido ajustado e passou à compensação do saldo de prejuízos fiscais acumulados, chegando ao Lucro Real, que é a base de cálculo do IRPJ. Aplicou a alíquota de 15% e o adicional de 10% para calcular o imposto devido, deduzindo o imposto pago mensalmente por estimativa e o valor dos gastos com o PAT, obedecido o limite de 4% do imposto devido à alíquota de 15%, conforme tratado neste capítulo.

Finalmente, após todos os cálculos referidos, foi apurado um saldo de IRPJ a recolher no valor de R$ 1.248.223,50. Esses procedimentos são demonstrados na Tabela 4.3.

Tabela 4.3 Apuração do Lucro Real e do Imposto de Renda das Pessoas Jurídicas a recolher

Itens	Valor (R$)	Valor (R$)
Lucro líquido do período antes do IRPJ e após as participações		25.767.810,80
(+) Adições		13.501.069,20
CSLL	2.527.189,20	
Doação a instituição de pesquisa, cuja criação foi autorizada por lei	61.520,00	
Royalties pagos a sócio da empresa	350.000,00	
Despesa com brindes distribuídos aos clientes	57.000,00	
Participações dos administradores	800.000,00	
Valor excedente à TJLP pago a título de Juros s/ Capital Próprio	1.500.000,00	
Doação à instituição de assistência social, reconhecida como de utilidade pública	160.360,00	
Provisão para manutenção corretiva de equipamentos, programada para ser realizada no mês de janeiro de período seguinte	360.000,00	
Valor de títulos considerados incobráveis pela administração da empresa e baixados para o resultado exercício em desacordo com as regras do art. 347 do RIR/2018	27.000,00	
Despesa com multas de trânsito aplicadas a veículos da empresa	5.000,00	
Parcela da Contribuição Social denominada Cofins, incidente sobre as receitas da empresa, depositada judicialmente ao longo do período em ação na qual a empresa contesta a sua incidência	7.500.000,00	

(continua)

Cap. 4 • Imposto de Renda das Pessoas Jurídicas – Regime do Lucro Real **89**

(continuação)

Itens	Valor (R$)	Valor (R$)
Valor decorrente da aplicação das regras do preço de transferência em relação às exportações do período	153.000,00	
(–) Exclusões		–339.000,00
Dividendos recebidos em decorrência de participações societárias avaliadas pelo custo de aquisição	35.000,00	
Resultado positivo da equivalência patrimonial em decorrência de participações societárias relevantes, avaliadas pelo patrimônio líquido	230.000,00	
Valor da depreciação acelerada do período, usufruída com base na Lei n. 11.196/2005	74.000,00	
= Lucro líquido ajustado		38.929.880,00
(–) Compensação de prejuízos fiscais		–11.678.964,00
= Lucro Real		27.250.916,00
Alíquota de 15%		4.087.637,40
Adicional de 10% sobre o Lucro Real excedente a R$ 240 mil		2.701.091,60
= IRPJ devido		6.788.729,00
(–) Valor pago mensalmente por estimativa ao longo de 2009		–5.377.000,00
(–) Dedução incentivada relativo ao PAT (limitada a 4% do IRPJ devido, sem o adicional)		–163.505,50
= IRPJ a recolher		1.248.223,50

RESUMO

Do conteúdo que você estudou neste capítulo, é importante destacar:

- O regime do Lucro Real é aquele em que o IRPJ é calculado a partir do resultado contábil do contribuinte, ajustado por adições, exclusões e compensações determinadas pelo Fisco.

- No Regime do Lucro Real, há duas alternativas de período de apuração possibilitadas pelo Fisco: a trimestral e a anual. Na alternativa trimestral, os períodos de apuração devem ser encerrados nos dias 31 de março, 30 de junho, 30 de setembro e 31 de dezembro de cada ano-calendário.

- A pessoa jurídica que optar pelo período anual deverá apurar o Lucro Real em 31 de dezembro de cada ano (RIR/2018, art. 218). Nesse caso, ficará sujeita ao recolhimento mensal do imposto por estimativa, podendo reduzir, suspender ou, mesmo, ficar dispensada do recolhimento mensal caso comprove que o Lucro Real acumulado no ano é inferior ao estimado.

- Como regra, a base de cálculo do imposto, em cada mês, é determinada mediante a aplicação de percentuais de estimativa sobre a receita bruta auferida mensalmente. Os ganhos de capital, demais receitas e os resultados positivos decorrentes de receitas não incluídas na receita bruta de vendas e serviços serão acrescidos à base de cálculo para fins de apuração do lucro estimado do mês.

- Lucro Real é o lucro líquido do período de apuração ajustado pelas adições, exclusões ou compensações prescritas ou autorizadas por lei. A determinação do Lucro Real é precedida da apuração do lucro líquido de cada período de apuração com observância das disposições das leis comerciais.

- As adições ao lucro líquido são de duas espécies básicas (DL n. 1.598/1977, art. 6º, § 2º): 1 – custos, despesas, encargos, perdas, provisões e participações não dedutíveis na apuração do imposto; e 2 – resultados, rendimentos, receitas e quaisquer outros valores não incluídos no lucro líquido, mas que devem ser computados na determinação do Lucro Real.

- As exclusões do lucro líquido são de duas espécies: 1 – resultados, rendimentos, receitas e quaisquer outros valores incluídos no lucro líquido, mas que não são tributados; 2 – valores cuja dedução seja autorizada pela legislação do IRPJ, mas que não foram computados no lucro líquido.

- Para fins de apuração do Lucro Real, a pessoa jurídica pode compensar o prejuízo fiscal apurado em períodos anteriores, limitada a compensação a 30% do lucro líquido ajustado pelas adições e exclusões previstas na legislação, desde que a pessoa jurídica mantenha os livros e documentos exigidos pela legislação fiscal, comprobatórios do prejuízo fiscal utilizado para compensação.

As deduções do imposto são parcelas diretamente subtraídas do valor do imposto para o fim de calcular o valor líquido a pagar.

QUESTÕES DE MÚLTIPLA ESCOLHA

1. Do LALUR de uma empresa tributada pelo Regime do Lucro Real, foram extraídas as seguintes informações:
   - Gasto total com o Programa de Alimentação do Trabalhador (PAT)... R$ 45.000;
   - IRPJ devido: alíquota de 15%... R$ 450.000;
   - IRPJ devido: alíquota adicional de 10%... R$ 276.000.

   Com base nessas informações, escolha a alternativa que corresponde ao valor máximo que poderá ser deduzido do IRPJ devido a título de PAT.

Cap. 4 • Imposto de Renda das Pessoas Jurídicas – Regime do Lucro Real **91**

a) R$ 45.000.

b) R$ 17.910.

c) R$ 18.000.

d) R$ 29.040.

2. Assinale a alternativa que contém apenas despesas não dedutíveis do lucro líquido do período para fins de apuração do Lucro Real.

a) Despesas com brindes, participações de empregados nos lucros e *royalties* pagos a sócios da empresa.

b) Participações dos administradores nos lucros, despesas com salário de advogado trabalhista da empresa e tributos com exigibilidade suspensa.

c) Provisão para a manutenção de equipamentos, participação de partes beneficiárias de emissão da própria empresa nos lucros e despesas com brindes.

d) *Royalties* pagos a sócios da empresa, participações dos administradores nos lucros e provisão para férias dos empregados.

3. Leia atentamente as afirmações a seguir e assinale a alternativa correta.

I. O regime do Lucro Real é obrigatório para as empresas com receita total anual superior a R$ 78 milhões. As pessoas jurídicas com receita total inferior a esse limite ficam obrigadas ao regime do lucro presumido.

II. A receita financeira compõe a receita total para fins de aferição do limite (R$ 78 milhões) acima do qual a pessoa jurídica fica sujeita obrigatoriamente ao regime do Lucro Real.

III. Determinada indústria auferiu uma receita total anual de R$ 30 milhões, e parte dessa receita (R$ 500 mil) decorre de lucros oriundos do exterior. Essa empresa está obrigada ao regime do Lucro Real.

As afirmativas I, II e III são, respectivamente:

a) Verdadeira, falsa e verdadeira.

b) Verdadeira, falsa e falsa.

c) Falsa, verdadeira e verdadeira.

d) Falsa, verdadeira e falsa.

4. Leia atentamente as afirmações a seguir e assinale a alternativa correta.

I. Na receita bruta, não se incluem os descontos condicionais concedidos aos clientes.

II. Na receita bruta, não se incluem o IPI e o ICMS.

III. A sujeição ao regime do Lucro Real é válida para o ano todo. Assim, não é permitido à pessoa jurídica optante do Lucro Real trimestral, e que apurou por essa sistemática no primeiro trimestre do ano, mudar para o regime do Lucro Presumido no segundo trimestre desse mesmo ano, ainda que sua receita total anual seja inferior a R$ 78 milhões.

As afirmativas I, II e III são, respectivamente:

a) Falsa, falsa e verdadeira.
b) Verdadeira, falsa e falsa.
c) Verdadeira, verdadeira e falsa.
d) Falsa, verdadeira e falsa.

5. Com relação às instituições financeiras, é correto afirmar:

a) Elas podem optar pelo regime do Lucro Real e pelo regime do Lucro Presumido, a seu critério.
b) Elas podem optar pelo regime do Lucro Presumido, desde que tenham receita total anual igual ou inferior a R$ 78 milhões.
c) Se não tiverem escrituração contábil, não há como apurar o Lucro Real, mas apenas o Lucro Arbitrado, pois o regime do Lucro Presumido não é permitido às instituições financeiras.
d) Elas podem optar tanto pelo regime do Lucro Presumido como pelo regime do Lucro Arbitrado.

6. Com relação ao recolhimento de IRPJ por estimativa mensal, é correto afirmar:

a) Ao recolher a parcela relativa ao mês de janeiro, estará optando definitivamente pelo regime do Lucro Real anual, de forma irretratável.
b) Ao recolher a parcela relativa ao mês de janeiro, estará optando definitivamente pelo regime do Lucro Real trimestral, de forma irretratável.
c) Ao recolher a parcela relativamente ao mês de janeiro, estará optando pelo regime do Lucro Real anual, mas poderá alterar para a opção trimestral durante o ano, se assim o quiser.
d) Ao recolher a parcela relativamente ao mês de janeiro, estará optando pelo regime do Lucro Real trimestral, mas poderá alterar para a opção anual durante o ano, se assim quiser.

7. Leia atentamente as afirmações a seguir e assinale a alternativa correta.

I. As figuras da suspensão, redução e dispensa do pagamento do IRPJ somente ocorrem quando o contribuinte opta pelo regime de apuração anual do Lucro Real e, por essa razão, fica sujeito ao recolhimento mensal do imposto sobre o lucro estimado.

II. A redução ocorre quando a pessoa jurídica demonstra, por meio de balanços ou balancetes mensais, a existência de prejuízos fiscais apurados já a partir do mês de janeiro do ano-calendário.

III. Com relação ao mês de janeiro, apenas poderemos ter redução ou a dispensa do pagamento do imposto, uma vez que a suspensão pressupõe a existência de recolhimentos no mês ou nos meses anteriores, o que não é possível nesse caso, já que janeiro é o primeiro mês do ano-calendário.

As afirmativas I, II e III são, respectivamente:

a) Verdadeira, falsa e verdadeira.
b) Verdadeira, falsa e falsa.

Cap. 4 • Imposto de Renda das Pessoas Jurídicas – Regime do Lucro Real **93**

c) Verdadeira, verdadeira e falsa.

d) Falsa, verdadeira e falsa.

8. Assinale a alternativa que contém exemplo ou sinônimo de "ganho de capital", conforme definido pela legislação do IRPJ.

a) Rendimentos auferidos em decorrência de aplicações de capital de longo prazo em instituições financeiras.

b) O mesmo que juros auferidos.

c) Ganhos com aplicações de capital na bolsa de valores, inclusive os dividendos.

d) Resultado positivo na alienação de bens do ativo imobilizado.

9. Leia atentamente as afirmações a seguir e assinale a alternativa correta.

I. Uma determinada despesa lançada no resultado do período da pessoa jurídica pode ser considerada indedutível pelo Fisco, ainda que aquela despesa específica não esteja expressamente prevista como tal na legislação do IRPJ.

II. Para constituir uma adição ao lucro líquido do período, determinado valor precisa estar contabilizado à conta do resultado do exercício como uma despesa.

III. Pode ocorrer de determinado valor, relativo a um mesmo fato, constituir, para fins de apuração do Lucro Real, adição em um período e exclusão no período seguinte.

As afirmativas I, II e III são, respectivamente:

a) Verdadeira, falsa e verdadeira.

b) Verdadeira, falsa e falsa.

c) Verdadeira, verdadeira e falsa.

d) Falsa, verdadeira e falsa.

10. Podem ser deduzidos diretamente do IRPJ devido pela empresa:

a) O total dos valores gastos com o PAT.

b) O imposto pago mensalmente por estimativa ao longo do ano.

c) O imposto pago relativamente à SCP da qual a empresa é sócia ostensiva.

d) O valor do imposto de renda na fonte retido dos salários pagos aos empregados.

GABARITO

1. c	2. c	3. c	4. a	5. c
6. a	7. a	8. d	9. a	10. b

CAPÍTULO 5
IMPOSTO DE RENDA DAS PESSOAS JURÍDICAS – REGIME DO LUCRO PRESUMIDO

OBJETIVOS DO CAPÍTULO

- ▶ Explicar as características do Regime do Lucro Presumido.
- ▶ Analisar as regras de incidência e apuração do Regime do Lucro Presumido.
- ▶ Demonstrar, de forma prática, como o IRPJ é apurado nesse regime.

O Lucro Presumido é um regime simplificado de tributação do Imposto de Renda das Pessoas Jurídicas (IRPJ) e da Contribuição Social sobre o Lucro Líquido (CSLL), que consistente na aplicação de percentuais preestabelecidos pelo Fisco sobre as receitas auferidas pela empresa. A intenção do Fisco, ao criar essa sistemática, foi simplificar a apuração de tributos para as empresas de médio e pequeno porte, bem como, e por decorrência, reduzir o custo de fiscalização. Isso se justifica porque, com relação às empresas optantes pelo Lucro Presumido, o Fisco não necessita, a princípio, auditar suas despesas, pois o lucro é presumido a partir unicamente das receitas.

Outra vantagem para o Fisco é que as pessoas jurídicas optantes por essa sistemática de tributação jamais apresentam prejuízo perante o Fisco, mas apenas lucro, garantindo um regular e constante fluxo de imposto aos cofres públicos. Tendo isso como parâmetro, é possível inferir que, ainda que o Lucro Real das empresas viesse a ser maior, a redução no custo de fiscalização e a constância nos recolhimentos acabam compensando para o governo.

Da mesma maneira, para o contribuinte optante pelo regime do Lucro Presumido, a vantagem é a maior simplicidade na apuração do tributo, aliada à dispensa de algumas obrigações formais a que estaria sujeito caso optasse pelo Lucro Real.

Outra vantagem pode ocorrer para aqueles contribuintes com altas margens de lucro, que superam os percentuais presumidos pelo Fisco: nesse caso, o recolhimento pelo Lucro Real seria maior. Exemplo disso seria uma empresa comercial com uma margem de lucro antes do IRPJ de 15%, frente a uma base de cálculo estipulada no regime do Lucro Presumido de 8%.

De qualquer modo, a opção pela sistemática do Lucro Presumido deve ser precedida de estudos por parte do tributarista, caracterizando-se como uma decisão típica de planejamento tributário.

A pessoa jurídica habilitada à opção pelo regime de tributação com base no Lucro Presumido deverá manter escrituração contábil nos termos da legislação comercial, salvo se mantiver o livro-caixa, no qual deverá estar escriturada toda a movimentação financeira, inclusive bancária. Outro livro obrigatório é o Livro Registro de Inventário, no qual deverão constar registrados os estoques existentes no término do ano-calendário (RIR/2018, art. 600, II).

Com relação, ainda, às obrigações acessórias, os optantes pelo regime do Lucro Presumido devem manter em boa guarda e ordem, enquanto não decorrido o prazo decadencial e não prescritas eventuais ações que lhes sejam pertinentes, todos os livros de escrituração obrigatórios por legislação fiscal específica, bem como os documentos e demais papéis que serviram de base para a escrituração comercial e fiscal (RIR/2018, art. 600, III).

5.1 QUEM PODE OPTAR E PERÍODO DE APURAÇÃO

Como regra, pode optar pelo regime de tributação com base no Lucro Presumido a pessoa jurídica cuja receita bruta total, no ano-calendário anterior, tenha sido igual ou inferior a R$ 78 milhões, ou a R$ 6,5 milhões multiplicados pelo número de meses de atividade no ano-calendário anterior, quando inferior a 12 meses.

Além disso, devem-se considerar aquelas situações que sujeitam a empresa ao regime do Lucro Real. Em síntese, isso implica dizer que a pessoa jurídica que não estiver obrigada à tributação pelo Lucro Real poderá optar pela tributação com base no Lucro Presumido. A opção que trata do regime de tributação será manifestada com o pagamento da primeira ou única quota do imposto devido correspondente ao primeiro período de apuração de cada ano-calendário. Essa opção será definitiva em relação a todo o ano-calendário.

O imposto com base no Lucro Presumido é determinado por períodos de apuração trimestrais, encerrados nos dias 31 de março, 30 de junho, 30 de setembro e 31 de dezembro de cada ano-calendário.

5.2 CÁLCULO DO IMPOSTO DE RENDA DAS PESSOAS JURÍDICAS COM BASE NO LUCRO PRESUMIDO

O Lucro Presumido é determinado mediante aplicação dos percentuais discriminados no Quadro 5.1 sobre a receita bruta relativa a cada atividade, auferida em cada período de apuração trimestral, deduzida das devoluções e vendas canceladas e dos descontos incondicionais concedidos (RIR/2018, arts. 591 e 592).

A receita bruta compreende o produto da venda de bens nas operações de conta própria, o preço da prestação de serviços em geral, o resultado auferido nas operações de conta alheia e as demais receitas da atividade ou objeto principal da pessoa jurídica (RIR/2018, art. 208).

Quadro 5.1 Atividades e respectivos percentuais de Lucro Presumido

Percentual de presunção de lucro (IRPJ)	Atividades
1,6%	Revenda, para consumo, de combustível derivado de petróleo, álcool etílico carburante e gás natural
8%	Venda de produtos de fabricação própria
	Revenda de mercadorias
	Prestação de serviços hospitalares e de auxílio diagnóstico e terapia, fisioterapia e terapia ocupacional, fonoaudiologia, patologia clínica, imagenologia, radiologia, anatomia patológica e citopatologia, medicina nuclear e análises e patologias clínicas, exames por métodos gráficos, procedimentos endoscópicos, radioterapia, quimioterapia, diálise e oxigenoterapia hiperbárica, desde que a prestadora desses serviços seja organizada sob a forma de sociedade empresária e atenda às normas da Agência Nacional de Vigilância Sanitária (Anvisa)
	Prestação de serviços de transporte de carga
	Atividades imobiliárias relativas a desmembramento ou loteamento de terrenos, incorporação imobiliária, construção de prédios destinados à venda e venda de imóveis construídos ou adquiridos para revenda
	Atividade de construção por empreitada com emprego de todos os materiais indispensáveis à sua execução, sendo tais materiais incorporados à obra
16%	Prestação de serviços de transporte, exceto de carga
	As pessoas jurídicas exclusivamente prestadoras de serviços em geral, mencionadas nas alíneas "b", "c", "d", "f", "g" e "j" do inciso IV do § 1º do art. 33, da Instrução Normativa da Receita Federal do Brasil (IN RFB) n. 1.700/2017, cuja receita bruta anual seja de até R$ 120.000,00 (cento e vinte mil reais)

(continua)

(continuação)

Percentual de presunção de lucro (IRPJ)	Atividades
32%	Prestação de serviços relativos ao exercício de profissão legalmente regulamentada
	Intermediação de negócios
	Administração, locação ou cessão de bens imóveis, móveis e direitos de qualquer natureza
	Construção por administração ou por empreitada unicamente de mão de obra ou com emprego parcial de materiais
	Construção, recuperação, reforma, ampliação ou melhoramento de infraestrutura, no caso de contratos de concessão de serviços públicos, independentemente do emprego parcial ou total de materiais
	Prestação cumulativa e contínua de serviços de assessoria creditícia, mercadológica, gestão de crédito, seleção de riscos, administração de contas a pagar e a receber, compra de direitos creditórios resultantes de vendas mercantis a prazo ou de prestação de serviços (*factoring*)
	Coleta e transporte de resíduos até aterros sanitários ou local de descarte
	Exploração de rodovia mediante cobrança de preço dos usuários, inclusive execução de serviços de conservação, manutenção, melhoramentos para adequação de capacidade e segurança de trânsito, operação, monitoração, assistência aos usuários e outros definidos em contratos, em atos de concessão ou de permissão ou em normas oficiais, pelas concessionárias ou subconcessionárias de serviços públicos
	Prestação de serviços de suprimento de água tratada e os serviços de coleta e tratamento de esgotos deles decorrentes, cobrados diretamente dos usuários dos serviços pelas concessionárias ou subconcessionárias de serviços públicos
	Prestação de qualquer outra espécie de serviço não mencionada acima
38,4%	Atividades de operação de empréstimo, de financiamento e de desconto de títulos de crédito realizadas por Empresa Simples de Crédito (ESC)

Na receita bruta, não se incluem as vendas canceladas, os descontos incondicionais concedidos e os impostos não cumulativos cobrados destacadamente do comprador ou contratante dos quais o vendedor dos bens ou o prestador dos serviços seja mero depositário. São exemplos desses impostos que não se incluem na receita bruta o Imposto sobre Produtos Industrializados (IPI) e o Imposto sobre a Circulação de Mercadorias e Serviços de Transporte Interestadual e Intermunicipal e de Comunicação (ICMS) cobrado a título de substituição tributária.

No caso de atividades diversificadas, será aplicado o percentual correspondente a cada atividade (IN RFB n. 1.700/2017, art. 215, § 2º). Assim, por exemplo, se uma empresa industrializa e vende móveis e, ainda, presta serviços de instalação e manutenção, deverá aplicar o percentual de 8% sobre a receita de venda de móveis e de 32% sobre a receita de prestação de serviços de instalação e manutenção.

Como regra, devem ser acrescidos às bases de cálculo as demais receitas e resultados que não se enquadram no conceito de receita bruta, tais como (IN RFB n. 1.700/2017, art. 215, § 3º):

- os ganhos de capital, decorrentes da venda de bens e direitos integrantes do ativo não circulante;
- receitas financeiras em geral;
- receita de locação de imóvel, quando não for este o objeto social da pessoa jurídica, deduzida dos encargos necessários à sua percepção;
- os rendimentos e ganhos líquidos auferidos em aplicações financeiras de renda fixa e renda variável;
- os juros sobre o capital próprio auferidos.

O Lucro Presumido poderá ser determinado pelo regime de competência ou de caixa (IN RFB n. 1.700/2017, art. 215, § 9º).

A base de cálculo trimestral das pessoas jurídicas prestadoras de serviços em geral cuja receita bruta anual seja de até R$ 120 mil será determinada mediante a aplicação do percentual de 16% sobre a receita bruta auferida no período de apuração. Essa regra não se aplica às pessoas jurídicas que prestam serviços hospitalares e de transporte, que estão sujeitas ao percentual de 8%, bem como às sociedades prestadoras de serviços de profissões regulamentadas do ponto de vista legal, que obrigatoriamente devem aplicar o percentual de 32% sobre suas receitas.

Os valores recuperados, correspondentes a custos e despesas, inclusive com perdas no recebimento de créditos, deverão ser adicionados ao Lucro Presumido para determinação do imposto, salvo se o contribuinte comprovar não os ter deduzido em período anterior no qual tenha se submetido ao regime de tributação com base no Lucro Real ou que se refiram a período no qual tenha se submetido ao regime de tributação com base no Lucro Presumido ou Arbitrado.

100 Contabilidade Tributária • Pohlmann

Para efeito de pagamento, a pessoa jurídica poderá deduzir do imposto devido no período de apuração o imposto pago ou retido na fonte sobre as receitas que integraram a base de cálculo, vedada qualquer dedução a título de incentivo fiscal.

EXEMPLO

O exemplo a seguir é apresentado com o intuito de ilustrar a apuração do IRPJ no regime do Lucro Presumido. Suponha uma empresa industrial que apresenta os seguintes dados relativos às suas operações:

Receita bruta do trimestre:

Venda de produtos =	R$ 500.000,00
Serviços de instalação =	R$ 150.000,00

Outras receitas e resultados:

Receitas financeiras =	R$ 25.000,00
Ganhos de capital =	R$ 57.000,00

Outras informações:

Vendas canceladas =	R$ 50.000,00
IRRF s/ receitas financeiras =	R$ 5.000,00

A apuração do Lucro Presumido e o cálculo do imposto se dariam do seguinte modo:

Apuração do Lucro Presumido:

Vendas = (500.000 – 50.000) × 8% =	R$ 36.000,00
Serviços = 150.000 × 32% =	R$ 48.000,00
Demais receitas e resultados =	R$ 82.000,00
Lucro Presumido =	R$ 166.000,00

Cálculo do imposto devido:

Alíquota 15% =	R$ 24.900,00
Adicional (166.000 – 60.000) × 10% =	R$ 10.600,00
IRPJ devido no trimestre =	R$ 35.500,00
(–) IRRF s/ receitas financeiras =	R$ 5.000,00
IRPJ a recolher =	R$ 30.500,00

RESUMO

Do conteúdo que você estudou neste capítulo, é importante destacar:

- O Lucro Presumido é um regime simplificado de tributação do IRPJ e da CSLL, consistente na aplicação de percentuais preestabelecidos pelo Fisco sobre as receitas auferidas pela empresa.

- Para o contribuinte optante pelo regime do Lucro Presumido, a vantagem é a maior simplicidade na apuração do tributo, aliada à dispensa de algumas obrigações formais a que estaria sujeito caso optasse pelo Lucro Real.

- Outra vantagem pode ocorrer para aqueles contribuintes com altas margens de lucro, que superam os percentuais presumidos pelo Fisco: nesse caso, o recolhimento pelo Lucro Real seria maior.

- A pessoa jurídica habilitada à opção pelo regime de tributação com base no Lucro Presumido deverá manter escrituração contábil nos termos da legislação comercial, salvo se mantiver livro-caixa, no qual deverá estar escriturada toda a movimentação financeira, inclusive bancária.

- Como regra, pode optar pelo regime de tributação com base no Lucro Presumido a pessoa jurídica cuja receita bruta total, no ano-calendário anterior, tenha sido igual ou inferior a R$ 78 milhões, ou a R$ 6,5 milhões multiplicados pelo número de meses de atividade no ano-calendário anterior, quando inferior a 12 meses.

- O imposto com base no Lucro Presumido é determinado por períodos de apuração trimestrais, encerrados nos dias 31 de março, 30 de junho, 30 de setembro e 31 de dezembro de cada ano-calendário.

- O Lucro Presumido é determinado mediante aplicação dos percentuais sobre a receita bruta relativa a cada atividade. No caso de atividades diversificadas, será aplicado o percentual correspondente a cada atividade.

- Como regra, devem ser acrescidos às bases de cálculo as demais receitas e resultados que não se enquadram no conceito de receita bruta.

- O Lucro Presumido poderá ser determinado pelo regime de competência ou de caixa.

QUESTÕES DE MÚLTIPLA ESCOLHA

1. Qual das alternativas a seguir contém apenas atividades sujeitas ao percentual de 12% para fins de apuração da base de cálculo da CSLL das pessoas jurídicas optantes pelo Regime do Lucro Presumido?

   a) Revenda de mercadorias, serviços de transporte de carga e clínica de oftalmologia.

   b) Venda de produtos de fabricação própria, intermediação de negócios e serviços hospitalares.

   c) Serviços de transporte de carga, revenda de mercadorias e serviços hospitalares.

   d) Serviços contábeis, venda de produtos de fabricação própria e transporte coletivo de passageiros.

102 Contabilidade Tributária • Pohlmann

2. Com base nas seguintes informações relativas a uma empresa optante pelo Regime do Lucro Presumido, assinale a alternativa que contém o valor devido a título de IRPJ.

- Receita bruta de vendas de produtos ... R$ 10.000.000,00;
- Receitas financeiras .... R$ 100.000,00;
- Ganhos de capital .... R$ 10.000,00.

a) R$ 227.500,00.

b) R$ 194.000,00.

c) R$ 221.500,00.

d) R$ 219.000,00.

3. No Regime do Lucro Presumido, os ganhos de capital decorrentes da venda de bens e direitos integrantes do ativo não circulante:

a) Devem ser tributados exclusivamente na fonte.

b) São isentos do imposto.

c) Devem ser acrescidos às bases de cálculo.

d) Devem ser excluídos da base de cálculo.

4. No Regime do Lucro Presumido, as receitas financeiras em geral:

a) São incluídas na base de cálculo pelo percentual de 32%.

b) São incluídas na base de cálculo pelo percentual de 8%.

c) São incluídas integralmente na base de cálculo.

d) São tributadas exclusivamente na fonte.

5. No Regime do Lucro Presumido, a receita de locação de imóvel, quando não for este o objeto social da pessoa jurídica:

a) Não é tributada, pois não integra o objeto social da empresa.

b) É tributada, mas podem ser deduzidos os encargos necessários à sua percepção.

c) É tributada integralmente, não podendo ser deduzidos os encargos necessários à sua percepção.

d) É tributada exclusivamente na fonte pela alíquota de 15%.

6. No caso de atividades diversificadas, o Lucro Presumido será apurado:

a) Utilizando o percentual de presunção da atividade preponderante.

b) Utilizando a média dos percentuais das atividades exercidas pela empresa.

c) Aplicando o maior percentual entre as atividades que constituem o objeto social da empresa.

d) Utilizando os percentuais de presunção aplicáveis a cada tipo de atividade.

Cap. 5 • Imposto de Renda das Pessoas Jurídicas – Regime do Lucro Presumido **103**

7. Uma empresa de transportes de cargas sujeita-se à apuração do Lucro Presumido aplicando qual percentual sobre sua receita?

a) 8%.

b) 16%.

c) 32%.

d) 25%.

8. Assinale a alternativa que contém apenas receitas de atividades cujo percentual de presunção do lucro é de 32%.

a) Venda de produtos industrializados.

b) Serviços hospitalares.

c) Incorporação imobiliária.

d) Locação de bens imóveis.

9. Assinale a alternativa que contém apenas receitas de atividades cujo percentual de presunção do lucro é de 16%.

a) Intermediação de negócios.

b) Serviço de transportes, exceto de carga.

c) Serviços advocatícios.

d) Revenda de mercadorias.

10. O período de apuração no Regime do Lucro Presumido:

a) É mensal.

b) É anual.

c) A empresa pode escolher entre o trimestral e o anual.

d) É trimestral.

GABARITO

1. c	2. c	3. c	4. c	5. b
6. d	7. a	8. d	9. b	10. d

CAPÍTULO 6
IMPOSTO DE RENDA DAS PESSOAS JURÍDICAS – REGIME DO LUCRO ARBITRADO

OBJETIVOS DO CAPÍTULO

- ▶ Explicar as características do Regime do Lucro Arbitrado.
- ▶ Analisar as regras de incidência e apuração do Regime do Lucro Arbitrado.
- ▶ Demonstrar, de forma prática, como o IRPJ é apurado nesse regime.

A sistemática do Lucro Arbitrado existe para aquelas situações em que o contribuinte está obrigado ao Lucro Real e não atende aos requisitos exigidos pela legislação, especialmente a manutenção de uma escrituração contábil regular e adequada. Do mesmo modo, existe para a hipótese de indevida opção pelo Lucro Presumido em decorrência, por exemplo, do não cumprimento do requisito formal de escrituração do livro-caixa.

Trata-se de uma sistemática de apuração do Imposto de Renda das Pessoas Jurídicas (IRPJ) em que são aplicados percentuais de arbitramento do lucro agravados em relação àqueles cabíveis no Lucro Presumido. O arbitramento pode ser realizado pelo Fisco, em um procedimento de ofício, cujo trabalho normalmente resultará em um auto de infração. Da mesma maneira, o arbitramento pode ser procedido pelo próprio contribuinte, situação em que calculará o imposto e apresentará declaração de renda por essa sistemática.

6.1 PESSOA JURÍDICA SUJEITA AO LUCRO ARBITRADO

O imposto, devido trimestralmente, no decorrer do ano-calendário, será determinado com base nos critérios do Lucro Arbitrado, quando (RIR/2018, art. 603):

I – o contribuinte, obrigado à tributação com base no lucro real, não mantiver escrituração na forma das leis comerciais e fiscais ou deixar de elaborar as demonstrações financeiras exigidas pela legislação fiscal;

II – o contribuinte não escriturar ou deixar de apresentar à autoridade tributária os livros ou os registros auxiliares de que trata o § 2º do art. 8º do Decreto-Lei n. 1.598, de 1977;

III – a escrituração a que o contribuinte estiver obrigado revelar evidentes indícios de fraudes ou contiver vícios, erros ou deficiências que a tornem imprestável para:

a) identificar a efetiva movimentação financeira, inclusive bancária; ou

b) determinar o lucro real;

IV – o contribuinte deixar de apresentar à autoridade tributária os livros e os documentos da escrituração comercial e fiscal, ou o livro-caixa, na hipótese prevista no parágrafo único do art. 600;

V – o contribuinte optar indevidamente pela tributação com base no lucro presumido;

VI – o comissário ou o representante da pessoa jurídica estrangeira deixar de escriturar e apurar o lucro da sua atividade separadamente do lucro do comitente residente ou domiciliado no exterior, observado o disposto no art. 468; e

VII – o contribuinte não mantiver, em boa ordem e de acordo com as normas contábeis recomendadas, livro-razão ou fichas utilizados para resumir e totalizar, por conta ou subconta, os lançamentos efetuados no livro diário.

Quando conhecida a receita bruta e desde que ocorridas as hipóteses elencadas anteriormente, o contribuinte poderá efetuar o pagamento do imposto correspondente com base no Lucro Arbitrado (RIR/2018, art. 604).

Não se trata o regime do Lucro Arbitrado de uma opção do contribuinte como ocorre com o Lucro Presumido. Para o autoarbitramento, é necessário restar configurada uma das hipóteses previstas no art. 603 do RIR/2018. Logo, a pessoa jurídica que tem escrituração regular e opta pelo regime do Lucro Arbitrado para reduzir o imposto a pagar se expõe a riscos de autuação fiscal.

Por outro lado, o arbitramento não pode ser adotado indiscriminadamente pela fiscalização. Andrade Filho (2009) assinala que é imprescindível que o agente fiscalizador leve em consideração as circunstâncias fáticas e jurídicas do caso concreto e motive o auto de infração que deu origem ao arbitramento, indicando de forma clara e direta as razões que o levaram a aplicá-lo. O arbitramento é medida extrema cuja adoção requer motivação fundamentada da impossibilidade de se aferir a verdadeira base de cálculo dos tributos por outros meios.

6.2 CÁLCULO DO IMPOSTO DE RENDA DAS PESSOAS JURÍDICAS COM BASE NO LUCRO ARBITRADO

O Lucro Arbitrado das pessoas jurídicas, quando conhecida a receita bruta, será determinado mediante a aplicação dos percentuais aplicáveis ao Lucro Presumido acrescidos de 20% (RIR/2018, art. 605). Com o intuito de permitir melhor visualização, o Quadro 6.1 apresenta uma síntese dos percentuais de Lucro Arbitrado quando conhecida a receita bruta.

Quadro 6.1 Percentuais de Lucro Arbitrado sobre a receita bruta

Percentual de arbitramento do lucro (IRPJ)	Atividades
1,92%	Revenda, para consumo, de combustível derivado de petróleo, álcool etílico carburante e gás natural
9,6%	Venda de produtos de fabricação própria
	Revenda de mercadorias
	Prestação de serviços hospitalares e de auxílio diagnóstico e terapia, fisioterapia e terapia ocupacional, fonoaudiologia, patologia clínica, imagenologia, radiologia, anatomia patológica e citopatologia, medicina nuclear e análises e patologias clínicas, exames por métodos gráficos, procedimentos endoscópicos, radioterapia, quimioterapia, diálise e oxigenoterapia hiperbárica, desde que a prestadora desses serviços seja organizada sob a forma de sociedade empresária e atenda às normas da Agência Nacional de Vigilância Sanitária (Anvisa)
	Prestação de serviços de transporte de carga
	Atividades imobiliárias relativas a desmembramento ou loteamento de terrenos, incorporação imobiliária, construção de prédios destinados à venda e venda de imóveis construídos ou adquiridos para revenda
	Atividade de construção por empreitada com emprego de todos os materiais indispensáveis à sua execução, sendo tais materiais incorporados à obra
19,2%	Prestação de serviços de transporte, exceto de carga
	As pessoas jurídicas exclusivamente prestadoras de serviços em geral, mencionadas nas alíneas "b", "c", "d", "f", "g" e "j" do inciso IV do § 1º do art. 33, da Instrução Normativa da Receita Federal do Brasil (IN RFB) 1.700/2017, cuja receita bruta anual seja de até R$ 120.000,00 (cento e vinte mil reais)

(continua)

108 Contabilidade Tributária • Pohlmann

(continuação)

Percentual de arbitramento do lucro (IRPJ)	Atividades
38,4%	Prestação de serviços relativos ao exercício de profissão legalmente regulamentada
	Intermediação de negócios
	Administração, locação ou cessão de bens imóveis, móveis e direitos de qualquer natureza
	Construção por administração ou por empreitada unicamente de mão de obra ou com emprego parcial de materiais
	Construção, recuperação, reforma, ampliação ou melhoramento de infraestrutura, no caso de contratos de concessão de serviços públicos, independentemente do emprego parcial ou total de materiais
	Prestação cumulativa e contínua de serviços de assessoria creditícia, mercadológica, gestão de crédito, seleção de riscos, administração de contas a pagar e a receber, compra de direitos creditórios resultantes de vendas mercantis a prazo ou de prestação de serviços (*factoring*)
	Coleta e transporte de resíduos até aterros sanitários ou local de descarte
	Exploração de rodovia mediante cobrança de preço dos usuários, inclusive execução de serviços de conservação, manutenção, melhoramentos para adequação de capacidade e segurança de trânsito, operação, monitoração, assistência aos usuários e outros definidos em contratos, em atos de concessão ou de permissão ou em normas oficiais, pelas concessionárias ou subconcessionárias de serviços públicos
	Prestação de serviços de suprimento de água tratada e os serviços de coleta e tratamento de esgotos deles decorrentes, cobrados diretamente dos usuários dos serviços pelas concessionárias ou subconcessionárias de serviços públicos
	Prestação de qualquer outra espécie de serviço não mencionada acima
46,08%	Atividades de operação de empréstimo, de financiamento e de desconto de títulos de crédito realizadas por Empresa Simples de Crédito (ESC)

Nas atividades desenvolvidas por bancos comerciais, bancos de investimentos, bancos de desenvolvimento, caixas econômicas, sociedades de crédito, financiamento e investimento, sociedades de crédito imobiliário, sociedades corretoras de títulos, valores mobiliários

Cap. 6 • Imposto de Renda das Pessoas Jurídicas – Regime do Lucro Arbitrado **109**

e câmbio, distribuidoras de títulos e valores mobiliários, empresas de arrendamento mercantil, cooperativas de crédito, empresas de seguros privados e de capitalização e entidades de previdência privada aberta, o percentual para determinação do Lucro Arbitrado será de 45% (RIR/2018, art. 606).

O Lucro Arbitrado, quando não conhecida a receita bruta, será determinado por meio de procedimento de ofício, mediante a utilização de uma das seguintes alternativas de cálculo (RIR/2018, art. 608):

I – 150% do lucro real referente ao último período em que a pessoa jurídica manteve escrituração de acordo com as leis comerciais e fiscais;

II – 4% da soma dos valores do ativo circulante, realizável a longo prazo e permanente, existentes no último balanço patrimonial conhecido, multiplicados pelo número de meses do período de apuração;

III – 7% do valor do capital, inclusive a sua correção monetária contabilizada como reserva de capital, constante do último balanço patrimonial conhecido ou registrado nos atos de constituição ou alteração da sociedade, multiplicados pelo número de meses do período de apuração;

IV – 5% do valor do patrimônio líquido constante do último balanço patrimonial conhecido, multiplicados pelo número de meses do período de apuração;

V – 40% do valor das compras de mercadorias efetuadas no mês;

VI – 40%, em cada mês, dos valores da folha de pagamento dos empregados e das compras de matérias-primas, produtos intermediários e materiais de embalagem;

VII – 80% da soma dos valores devidos no mês a empregados;

VIII – 90% do valor mensal do aluguel devido.

Com relação à aplicação dos critérios anteriores, deve-se considerar que:

- As alternativas previstas do inciso V ao VII, a critério da autoridade lançadora, poderão ter a sua aplicação limitada, respectivamente, às atividades comerciais, industriais e de prestação de serviços e, na hipótese de empresas com atividade mista, ser adotadas isoladamente em cada atividade.

- Para fins da aplicação do disposto no inciso I, quando o Lucro Real for decorrente de período de apuração anual, o valor que servirá de base ao arbitramento será proporcional ao número de meses do período de apuração considerado.

- Na hipótese prevista neste artigo, os coeficientes de que tratam os incisos II ao IV deverão ser multiplicados pelo número de meses do período de apuração.

- Na hipótese de utilização das alternativas de cálculo previstas nos incisos V ao VIII, o Lucro Arbitrado será o valor resultante da soma dos valores apurados para cada mês do período de apuração.

- Nas alternativas previstas nos incisos V e VI, as compras serão consideradas pelos valores totais das operações e os valores decorrentes do ajuste deverão ser incluídos ao valor presente de que trata o inciso III do *caput* do art. 184 da Lei n. 6.404/1976.

110 Contabilidade Tributária • Pohlmann

Serão acrescidos à base de cálculo os ganhos de capital, os rendimentos e ganhos líquidos auferidos em aplicações financeiras, as demais receitas e os resultados positivos decorrentes de receitas não abrangidas na receita líquida, auferidos no período de apuração (RIR/2018, art. 609).

Poderá ser deduzido do valor devido o imposto pago ou retido na fonte sobre as receitas que integraram a base de cálculo, vedada qualquer dedução a título de incentivo fiscal. O arbitramento do lucro não exclui a aplicação das penalidades cabíveis.

EXEMPLO

Valendo-se dos mesmos dados do exemplo desenvolvido no capítulo que tratou do Lucro Presumido, vamos verificar como ficaria o imposto devido na hipótese de aplicação do regime do Lucro Arbitrado:

Receita bruta do trimestre:

Venda de produtos =	R$ 500.000,00
Serviços de instalação =	R$ 150.000,00

Outras receitas e resultados:

Receitas financeiras =	R$ 25.000,00
Ganhos de capital =	R$ 57.000,00

Outras informações:

Vendas canceladas =	R$ 50.000,00
IRRF s/ receitas financeiras =	R$ 5.000,00

Apuração do Lucro Arbitrado:

Vendas = (500.000 – 50.000) × 9,6% =	R$ 43.200,00
Serviços = 150.000 × 38,4% =	R$ 57.600,00
Demais receitas e resultados =	R$ 82.000,00
Lucro Presumido =	R$ 182.800,00

Cálculo do imposto devido:

Alíquota 15% =	R$ 27.390,00
Adicional (182.800 – 60.000) × 10% =	R$ 12.280,00
IRPJ devido no trimestre =	R$ 39.670,00
(–) IRRF s/ receitas financeiras =	R$ 5.000,00
IRPJ a recolher =	R$ 34.670,00

QUESTÃO PARA DISCUSSÃO

Para fins de apuração do IRPJ, considerando todos os regimes de apuração previstos na legislação, é possível afirmar, *a priori*, que uma delas é a mais vantajosa para o contribuinte, ou seja, qual delas resulta no menor imposto devido?

ESTUDO DE CASO

O arbitramento do lucro em juízo

Trata-se de acórdão proferido pela Primeira Turma do Egrégio Tribunal Regional Federal da Quarta Região (TRF4) na Apelação Cível 2003.04.01.012840-3/PR, relatado pela Juíza Vivian Josete Pantaleão Caminha, em que foi abordada a questão da validade do procedimento adotado pela Receita Federal de arbitramento do lucro.

No caso em análise, temos um contribuinte que não cumpriu as formalidades exigidas para a opção pelo Lucro Real, mais especificamente a escrituração contábil regular, e foi autuado pelo Fisco. Quando executado para pagar a dívida tributária, opôs embargos à execução, mas não conseguiu convencer o juízo de primeiro grau e restou derrotado. Não se conformando com a sentença que lhe foi contrária, recorreu ao TRF4, no qual, mais uma vez, não obteve êxito.

Embora não seja recente, o acórdão aborda com maestria as questões elementares que envolvem o arbitramento do lucro para fins de apuração do IRPJ e ajusta-se perfeitamente como estudo de caso sobre o tema presente, permitindo-nos refletir e aprofundar o conteúdo apresentado nesta aula.

Diante disso, propomos ao leitor que analise o caso e veja se concorda com a decisão e seus fundamentos à luz da legislação abordada neste capítulo sobre o Lucro Arbitrado.

A seguir, são destacadas as passagens mais relevantes do voto:

> A inconformidade da apelante está fundada na alegação de que a sentença contraria a prova pericial produzida, a qual ampararia sua tese de defesa. Sustenta que o arbitramento do lucro da empresa só pode prevalecer como forma de tributação se no lançamento fiscal forem observados integralmente os critérios legais, e não apenas parcialmente como ocorreu. Contesta, ainda, a posição adotada pelo magistrado frente ao litígio, eis que construída sua convicção a partir de afirmações parciais do perito judicial, quando "a análise do laudo, pela sua complexidade, comporta exame do todo" e induz a conclusão diversa daquela adotada na sentença (fl. 516).
>
> Ordinariamente, a pessoa jurídica submete-se ao imposto de renda calculado com base no lucro real ou no lucro presumido, podendo ainda ser tributada com base no lucro arbitrado. "Nos institutos do lucro presumido e do lucro arbitrado, em matéria de imposto de renda, o que, na verdade, sucede é a adoção, por lei, de uma base de cálculo substitutiva da base de cálculo primária, que é o lucro real. A base de cálculo substitutiva já não é, em rigor, o lucro, mas uma

112 Contabilidade Tributária • Pohlmann

realidade diferente – um certo percentual do faturamento [...] No lucro presumido, a própria lei prevê duas bases de cálculo alternativas, em que a substituição de uma por outra depende apenas da vontade do contribuinte; no lucro arbitrado a lei prevê uma base de cálculo principal ou de primeiro grau e outra subsidiária, ou de segundo grau, que se substitui à primeira, não por opção do contribuinte ou do Fisco, mas por impossibilidade objetiva de aplicação da primeira" (XAVIER, Alberto. *Do lançamento, Teoria Geral do Sato, do Procedimento e do Processo Tributário.* Rio de janeiro: Forense, 1998, p. 128, apud PAULSEN, Leandro. *Direito Tributário.* 7. ed. rev. atual. Porto Alegre: Livraria do Advogado, 2005, p. 808-809).

A opção pelo lucro presumido é realizada pelo próprio contribuinte, que, em razão dela, fica dispensado da apuração do lucro real e das formalidades que lhe são inerentes. Consequentemente, a migração para o regime do lucro real – no qual, aí sim, é relevante o resultado efetivamente obtido pela empresa no exercício fiscal – encontra óbice fático e jurídico na circunstância de que essa forma de tributação pressupõe maiores rigores formais para a aferição do lucro (ou prejuízo) da pessoa jurídica, mediante o confronto de receitas e deduções cabíveis. Apura-se o lucro efetivamente ocorrido para então calcular o tributo devido, ou afastá-lo na hipótese de resultado negativo. Mas para isso é necessário, senão imprescindível, que o contribuinte atenda, rigorosamente, às disposições da legislação comercial e tributária, mantendo uma escrita contábil complexa e completa. Por esta razão, tem-se afirmado que a opção pelo lucro presumido é irretratável para o período fiscal em questão, porque, via de regra, a parte deixa de realizar os controles contábil e fiscal necessários para regime diverso.

Já o lucro arbitrado constitui modalidade excepcional de tributação, que se caracteriza pela adoção, por lei, de uma base de cálculo substitutiva, quando a pessoa jurídica tributada pelo lucro real não cumpre corretamente as respectivas obrigações acessórias (tais como manter escrituração na forma das leis comerciais e fiscais, elaborar e apresentar as demonstrações exigidas etc.), houver fraude ou vícios que comprometem a idoneidade da apuração realizada, ou, ainda, a opção indevida pelo lucro presumido. Inviabilizado o cálculo do imposto devido pelo contribuinte com base no lucro real ou presumido, a legislação estabelece parâmetros para fazê-lo de outro modo, inclusive na hipótese de ausência ou irregularidade de sua contabilidade. Em sendo realizado o arbitramento pelo Fisco no âmbito do lançamento de ofício, o contribuinte sofrerá as sanções cabíveis, agravando a exigência tributária.

No caso, a própria apelante admite não dispor de todos os livros e documentos contábeis e fiscais obrigatórios (que estariam na posse de terceiro), não tendo sido demonstrado que eles existiam e encontravam-se em poder da mesma à época da ação fiscal.

Analisando a prova pericial, o juízo de primeiro grau entendeu comprovado:

"1) que a empresa embargante optou pelo regime de tributação pelo lucro real quando apresentou as declarações de fls. 97/102 e 103/107 (quesito 6.2 de fl. 478);

2) que ao optar pelo lucro real a empresa embargante deveria manter a escrituração com observância das leis comerciais e fiscais (artigo 157, Decreto nº 85.450/80) e esta empresa descumpriu esta sua obrigação, conforme quesito '2', item 'd' de fl. 474;

3) que o regulamento do imposto de renda, ao constatar as irregularidades dos registros fiscais da empresa permite a apuração do lucro por arbitramento, conforme o quesito 1 de fl. 474 (artigo 399 – Decreto nº 85.450/80).

Cap. 6 • Imposto de Renda das Pessoas Jurídicas – Regime do Lucro Arbitrado **113**

Portanto, verifica-se que ocorreu o fato jurídico tributável já que, em face das irregularidades apresentadas nos registros fiscais da empresa embargante, houve o lançamento do tributo através da apuração do lucro por arbitramento" (fl. 507).

Tais fundamentos a apelante não logrou refutar consistentemente. Reconheceu a opção pela tributação com base no lucro real e defendeu a inexistência de "vícios ou erros contábeis praticados em tal magnitude que impossibilitem a apuração correta dos resultados" (fl. 516), o que não encontra respaldo nas provas documental e pericial existentes nos autos.

O laudo técnico inicia com a seguinte observação:

"Analisando o 'Termo de Verificação Fiscal' transcrito acima, conclui-se que as irregularidades constatadas segundo fiscalização realizada pelos Auditores Fiscais do tesouro Nacional... na empresa Embargada, são as seguintes:

– A empresa Embargante não mantinha escrituração das contas correntes movimentadas pela mesma;

– A escrituração do Livro Diário era efetuada por lançamentos mensais e de forma resumida, sem a adoção de livros auxiliares para registros individualizados." (fls. 460-461)

A seguir, descreve a dívida e os documentos analisados, ressalvando que "Não foi disponibilizada a via original do Livro Diário para constatar as formalidades contábeis intrínsecas e extrínsecas, tais como: rasuras, emendas, termo de encerramento, numeração das folhas etc." "Os Livros Auxiliares e Fiscais, segundo denominação do RIR/80, artigos nº 160, não foram todos disponibilizados" (fl. 461).

Assim, ainda que tenha sido verificada a correspondência entre os valores constantes das declarações apresentadas pelo contribuinte e os registros nos livros contábeis examinados (fl. 469), a ausência de livro obrigatório (livros auxiliares para registros individualizados), a não escrituração das contas correntes movimentadas e o lançamento incorreto de registros contábeis (lançamentos mensais e de forma resumida no livro diário) tornam inidônea a escrituração contábil e fiscal da empresa, legitimando a adoção do regime de lucro arbitrado, posto que configurado o descumprimento de obrigação acessória exigível. Nesse sentido, é equivocado argumentar que, em se tratando de "irregularidades de menor gravidade", deveria ser mantida a tributação pelo lucro real, por contrariar expressa disposição legal.

Ademais, se o acervo documental disponibilizado ao perito é deficitário, insuficiente (o que é admitido pela apelante), tal fato depõe contra a procedência da ação, porque, como vimos, os documentos faltantes estavam ou deveriam estar na posse da empresa, por pertencerem a ela.

A par disso, não foram afastadas as irregularidades apontadas pelo Fisco, nem há substrato documental para a apuração do lucro real auferido pela empresa.

Com relação ao lançamento fiscal em si, nada há de irregular, porquanto realizado com base em elementos da realidade da empresa. Segundo consta no laudo pericial, o arbitramento do lucro referente ao exercício de 1991 valeu-se dos valores constantes na declaração de imposto de renda – lucro real, sendo adotado idêntico procedimento em relação ao arbitramento do lucro referente ao exercício de 1992 (fl. 462).

114 Contabilidade Tributária • Pohlmann

Consta, ainda, no laudo pericial, que "Na base de cálculo para apuração do lucro arbitrado não foram adicionados valores referentes a depósitos bancários. Conforme docs. de fls. 291/292 foram utilizados somente os valores declarados a título de 'Receita de Revenda de Mercadoria' e 'Receita de Prestação de Serviços' constantes nas Declarações de Rendimentos de fls. 97/verso e 102/verso" (fl. 475).

E, como já dissemos anteriormente, no regime de lucro arbitrado, a tributação envolve a utilização de base substitutiva, não relacionada ao lucro real, este sim como resultado do cotejo de receitas, deduções e prejuízos.

Ante o exposto, nego provimento à apelação.

É o voto.

RESUMO

Do conteúdo que você estudou neste capítulo, é importante destacar:

- A sistemática do Lucro Arbitrado existe para aquelas situações em que o contribuinte está obrigado ao Lucro Real e não atende aos requisitos exigidos pela legislação, especialmente a manutenção de uma escrituração contábil regular e adequada.

- Trata-se de uma sistemática de apuração do IRPJ em que são aplicados percentuais de arbitramento do lucro agravados em relação àqueles cabíveis no Lucro Presumido.

- O arbitramento pode ser realizado pelo Fisco, em um procedimento de ofício, cujo trabalho normalmente resultará em um auto de infração, ou pelo próprio contribuinte, situação em que calculará o imposto e apresentará declaração de renda por esse regime.

- Não se trata o Regime do Lucro Arbitrado de uma opção do contribuinte como ocorre com o Lucro Presumido. Para o autoarbitramento é necessário restar configurada uma das hipóteses previstas.

- Quando conhecida a receita bruta e desde que ocorridas as hipóteses que ensejam o arbitramento, o contribuinte poderá efetuar o pagamento do imposto correspondente com base no Lucro Arbitrado.

- A hipótese mais comum para o arbitramento é aquela em que o contribuinte, obrigado à tributação com base no Lucro Real, não mantém escrituração na forma das leis comerciais e fiscais ou deixa de elaborar as demonstrações financeiras exigidas pela legislação fiscal.

- Serão acrescidos à base de cálculo os ganhos de capital, os rendimentos e ganhos líquidos auferidos em aplicações financeiras, as demais receitas e os resultados positivos decorrentes de receitas não abrangidas na receita líquida, auferidos no período de apuração.

Cap. 6 • Imposto de Renda das Pessoas Jurídicas – Regime do Lucro Arbitrado **115**

QUESTÕES DE MÚLTIPLA ESCOLHA

1. Uma empresa comercial efetuou vendas durante o ano anterior no valor de R$ 60 milhões. No primeiro trimestre do ano corrente, as suas vendas foram no valor R$ 20 milhões. Por desídia e má administração, não foi realizada a escrituração contábil no período. Com base nesses dados, assinale a alternativa correta.

    a) Ela está sujeita ao arbitramento do lucro e o IRPJ devido no trimestre é de R$ 474.000,00.

    b) Ela está sujeita ao Lucro Presumido e o IRPJ devido no trimestre é de R$ 474.000,00.

    c) Ela está sujeita ao arbitramento do lucro e o IRPJ devido no trimestre é de R$ 394.000,00.

    d) Ela está sujeita ao Lucro Presumido e o IRPJ devido no trimestre é de R$ 394.000,00.

2. A Indústria da Móveis Exemplo S/A fabrica móveis de escritório e os vende por meio de sua rede de representantes espalhados pelo país. Com base nas informações a seguir, relativamente ao primeiro trimestre de determinado ano, assinale a alternativa que contém o IRPJ devido segundo os regimes do Lucro Presumido e do Lucro Arbitrado.

    Receitas e outras informações referentes ao trimestre:

    Venda de produtos =   R$ 2.000.000,00

    Receitas financeiras =   R$ 150.000,00

    Ganhos de capital =   R$ 20.000,00

    Devoluções de vendas = R$ 100.000,00

    a) O IRPJ devido pelo regime do Lucro Presumido é de R$ 74.500,00 e o IRPJ devido pelo regime do Lucro Arbitrado é de R$ 82.500,00.

    b) O IRPJ devido pelo regime do Lucro Presumido é de R$ 322.000,00 e o IRPJ devido pelo regime do Lucro Arbitrado é de R$ 352.400,00.

    c) O IRPJ devido pelo regime do Lucro Presumido é de R$ 48.300,00 e o IRPJ devido pelo regime do Lucro Arbitrado é de R$ 52.860,00.

    d) O IRPJ devido pelo regime do Lucro Presumido é de R$ 56.500,00 e o IRPJ devido pelo regime do Lucro Arbitrado é de R$ 64.100,00.

3. Uma empresa auferiu receitas de comissões no valor de R$ 1.000.000,00 no trimestre. Caso fosse tributada pelo Regime do Lucro Arbitrado, o IRPJ a recolher seria:

    a) R$ 384.000,00.

    b) R$ 90.000,00.

    c) R$ 96.000,00.

    d) R$ 74.000,00.

116 Contabilidade Tributária • Pohlmann

4. Assinale a alternativa que contém uma atividade cujo percentual de arbitramento seria de 19,2%.

   a) Serviço de transportes, exceto de carga.

   b) Serviços de transportes, exceto de passageiros.

   c) Serviços contábeis.

   d) Serviços de engenharia.

5. Assinale a alternativa que contém uma atividade cujo percentual de arbitramento seria de 38,4%.

   a) Revenda de mercadorias.

   b) Venda de produtos de fabricação própria.

   c) Serviços contábeis.

   d) Transporte de carga.

6. O Lucro Arbitrado, quando não conhecida a receita bruta, será determinado por meio de procedimento de ofício, mediante a utilização de critérios alternativos de cálculo. Assinale a alternativa que contém um critério não previsto na lei.

   a) 150% do Lucro Real referente ao último período em que a pessoa jurídica manteve escrituração de acordo com as leis comerciais e fiscais.

   b) 40% do valor das compras de mercadorias efetuadas no mês.

   c) 80% da soma dos valores devidos no mês a empregados.

   d) 200% do valor do ativo imobilizado.

7. Autoarbitramento do lucro significa:

   a) O cálculo automático do IRPJ a recolher no caso de a empresa não apresentar as declarações exigidas pela RFB.

   b) O mesmo que lançamento de ofício.

   c) O cálculo do Lucro Arbitrado pelo próprio contribuinte.

   d) O procedimento de arbitramento do valor dos estoques para fins de apuração da Comissão de Valores Mobiliários (CMV).

8. A receita de locação de imóveis em uma empresa cujo objeto social é revenda de peças:

   a) Tem seu Lucro Arbitrado com base no percentual de 9,6%.

   b) Tem seu Lucro Arbitrado com base no percentual de 38,4%.

   c) Tem seu Lucro Arbitrado com base no percentual de 32%.

   d) Deve ser acrescida integralmente ao Lucro Arbitrado do período.

Cap. 6 • Imposto de Renda das Pessoas Jurídicas – Regime do Lucro Arbitrado **117**

9. Uma indústria sujeita ao Regime do Lucro Arbitrado auferiu rendimentos de aplicação financeira e teve IR retido na fonte sobre esses valores. Para fins de apuração do Lucro Arbitrado:

a) Esses rendimentos devem ser acrescidos à base de cálculo e o IR retido pode ser compensado pela empresa.

b) Esses rendimentos devem ser acrescidos à base de cálculo e o IR retido não pode ser compensado pela empresa.

c) Esses rendimentos devem ser excluídos do Lucro Arbitrado e o IR retido pode ser compensado ou restituído.

d) A tributação dos rendimentos de aplicação financeira é exclusiva na fonte.

10. Nas atividades desenvolvidas por bancos comerciais, o Lucro Arbitrado é apurado aplicando-se o percentual de:

a) 32%.

b) 38,4%.

c) 45%.

d) 46,08%.

GABARITO

1. a	2. a	3. b	4. a	5. c
6. d	7. c	8. d	9. a	10. c

CAPÍTULO 7
CONTRIBUIÇÃO SOCIAL SOBRE O LUCRO LÍQUIDO

OBJETIVOS DO CAPÍTULO

- ▶ Detalhar as regras de incidência e apuração da Contribuição Social sobre o Lucro Líquido (CSLL).
- ▶ Explicar os regimes de apuração da CSLL.
- ▶ Demonstrar, de modo prático, os regimes de apuração e suas diferenças.

Este capítulo aborda os principais aspectos que envolvem a apuração da CSLL, devida pelas pessoas jurídicas com fins lucrativos de uma forma geral. São tratadas questões como fato gerador, base de cálculo, regimes de tributação, alíquotas e obrigações acessórias vinculadas a esse tributo.

Espera-se capacitar o leitor a identificar as situações em que a CSLL é devida e aplicar adequadamente as regras que regem a sua apuração, permitindo que ele calcule correta e oportunamente o valor a recolher, e faça cumprir as demais obrigações e formalidades exigidas pelo Fisco.

7.1 HIPÓTESES DE INCIDÊNCIA E PRINCÍPIOS GERAIS

A CSLL é uma importante fonte de financiamento da seguridade social. Nos termos do art. 194 da Constituição Federal (CF), a "seguridade social compreende um conjunto integrado de ações de iniciativa dos Poderes Públicos e da sociedade, destinadas a assegurar os direitos relativos à saúde, à previdência e à assistência social". A previsão expressa da

120 Contabilidade Tributária • Pohlmann

possibilidade de instituição e cobrança de uma contribuição social incidente sobre o lucro do empregador, da empresa e da entidade a ela equiparada está contida no art. 195, I, "c", da CF.

Com exceção das contribuições sociais cobradas dos servidores públicos para custeio do sistema de previdência, a competência para a instituição de contribuições sociais é exclusiva da União. Amparado por esse permissivo constitucional, a União instituiu a CSLL com a edição da Lei n. 7.689/1988. Segundo o art. 6º dessa lei, a administração e a fiscalização da CSLL competem à Receita Federal do Brasil (RFB), sendo aplicáveis, no que couberem, as disposições da legislação do Imposto de Renda (IR) referente à administração, ao lançamento, à consulta, à cobrança, às penalidades, às garantias e ao processo administrativo.

A CSLL e as demais contribuições sociais estão sujeitas ao princípio da anterioridade especial ou nonagesimal, isto é, só podem ser exigidas depois de decorridos 90 dias da data da publicação da lei que as houver instituído ou modificado. Não se lhes aplica, no entanto, o princípio da anterioridade geral de que trata o art. 150, III, "b", da CF, que veda a cobrança de tributos no mesmo exercício financeiro em que haja sido publicada a lei que os instituiu ou aumentou (CF, art. 195, § 6º).

As entidades beneficentes de assistência social que atendam às exigências estabelecidas em lei são imunes (inobstante o texto constitucional referir "isentas") à incidência da CSLL (CF, art. 195, § 7º). São isentas, por sua vez, as instituições de caráter filantrópico, recreativo, cultural e científico e as associações civis que prestem os serviços para os quais houverem sido instituídas e os coloquem à disposição do grupo de pessoas a que se destinam, sem fins lucrativos (Lei n. 9.532/1997, art. 15). Para isso, essas instituições estão obrigadas a atender aos requisitos do art. 12, § 2º, da Lei n. 9.532/1997, *in verbis*:

> § 2º Para o gozo da imunidade, as instituições a que se refere este artigo, estão obrigadas a atender aos seguintes requisitos:
>
> a) não remunerar, por qualquer forma, seus dirigentes pelos serviços prestados, exceto no caso de associações, fundações ou organizações da sociedade civil, sem fins lucrativos, cujos dirigentes poderão ser remunerados, desde que atuem efetivamente na gestão executiva e desde que cumpridos os requisitos previstos nos arts. 3o e 16 da Lei n. 9.790, de 23 de março de 1999, respeitados como limites máximos os valores praticados pelo mercado na região correspondente à sua área de atuação, devendo seu valor ser fixado pelo órgão de deliberação superior da entidade, registrado em ata, com comunicação ao Ministério Público, no caso das fundações; (Redação dada pela Lei n. 13.204, de 2015)
>
> b) aplicar integralmente seus recursos na manutenção e desenvolvimento dos seus objetivos sociais;
>
> c) manter escrituração completa de suas receitas e despesas em livros revestidos das formalidades que assegurem a respectiva exatidão;
>
> d) conservar em boa ordem, pelo prazo de cinco anos, contado da data da emissão, os documentos que comprovem a origem de suas receitas e a efetivação de suas despesas, bem assim a realização de quaisquer outros atos ou operações que venham a modificar sua situação patrimonial;
>
> e) apresentar, anualmente, Declaração de Rendimentos, em conformidade com o disposto em ato da Secretaria da Receita Federal;

f) recolher os tributos retidos sobre os rendimentos por elas pagos ou creditados e a contribuição para a seguridade social relativa aos empregados, bem assim cumprir as obrigações acessórias daí decorrentes; (*Vide* ADIN n. 1802)

g) assegurar a destinação de seu patrimônio a outra instituição que atenda às condições para gozo da imunidade, no caso de incorporação, fusão, cisão ou de encerramento de suas atividades, ou a órgão público;

h) outros requisitos, estabelecidos em lei específica, relacionados com o funcionamento das entidades a que se refere este artigo.

As sociedades cooperativas, exceto as de consumo, que obedecerem ao disposto na legislação específica, relativamente aos atos cooperativos, também ficam isentas da CSLL (Lei n. 10.865/2004, art. 39).

7.2 LEGISLAÇÃO DE REGÊNCIA

Assim como o IR, a CSLL é regida por diferentes leis editadas desde a sua instituição. Diferentemente do primeiro imposto, no entanto, não há um decreto regulamentador que reúna e sistematize essa legislação a fim de facilitar o trabalho dos operadores do direito tributário e contadores tributaristas.

Com o intuito de suprir essa carência, a RFB editou uma Instrução Normativa (IN) da Secretaria da Receita Federal (SRF) n. 390/2004) reunindo e sistematizando as normas que regem a incidência e a apuração da CSLL. Essa IN foi revogada e substituída pela IN RFB n. 1.700/2017, atualmente em vigor. Contrariamente ao decreto regulamentador do IR (RIR/2018), porém, a IN RFB n. 1.700/2017 não apresenta, ao final de cada dispositivo, a identificação da lei que dá suporte à sua redação, o que dificulta a verificação da base legal de cada regra contida nessa IN.

Em seu preâmbulo, essa IN apenas faz referência a todas as leis e medidas provisórias publicadas até a data de sua edição, e que foram considerados no seu texto.

LINKS RELACIONADOS

 Legislação citada no preâmbulo da IN RFB n. 1.700/2017.

uqr.to/1kplb

Assim, para a correta apuração da CSLL devida pelas empresas, o tributarista deve levar em conta essa vasta gama de normas, editadas ao longo dos anos, sabendo que muitas delas estão parcialmente revogadas ou com sua redação alterada. Por essa razão, a primeira

122 Contabilidade Tributária • Pohlmann

e mais importante tarefa a que se deve dedicar o tributarista, ao lidar com a CSLL, é reunir e analisar a legislação que, de fato, encontra-se em vigor relativamente ao período de apuração analisado.

7.3 BASE DE CÁLCULO E ALÍQUOTAS

A base de cálculo da CSLL segue a mesma lógica do RPJ, ou seja, dependerá do regime de tributação a que estiver sujeita a empresa em relação a esse imposto, ou a que tiver sido escolhida por ela quando houver a possibilidade de opção. Como tratado nos capítulos anteriores, existem três regimes de tributação em relação ao Imposto de Renda das Pessoas Jurídicas (IRPJ): do Lucro Real, do Lucro Presumido e do Lucro Arbitrado.

Assim, a base de cálculo da CSLL estará atrelada ao regime aplicado ao IRPJ. Se for a do Lucro Real, a base de cálculo da CSLL será o lucro contábil ajustado, denominado, pela IN RFB n. 1.700/2017, Resultado Ajustado; se for o do Lucro Presumido, a base de cálculo será apurada a partir de percentuais de presunção aplicados sobre as receitas da empresa; e se for o do Lucro Arbitrado, a base de cálculo será apurada a partir de percentuais de arbitramento sobre as receitas da empresa.

Existe, ainda, mais uma sistemática que abrange, além do IRPJ e da CSLL, a apuração de outros tributos: o Simples Nacional, que é uma alternativa para as microempresas (ME) e as empresas de pequeno porte (EPP). Nesse caso, a base de cálculo é a própria receita bruta da empresa, e a alíquota da CSLL varia de acordo com o montante da receita e o tipo de atividade, conforme é abordado, de forma introdutória, ainda neste capítulo e, com mais profundidade, no Capítulo 13.

De acordo com o art. 3º da Lei n. 7.689/1988, a alíquota geral da CSLL é de 9%, exceto nos seguintes casos, previstos nos incisos I e II-A do referido artigo:

- 15%, no caso das pessoas jurídicas de seguros privados, das de capitalização e das referidas nos incisos II, III, IV, V, VI, VII, IX e X do § 1º do art. 1º da Lei Complementar n. 105, de 10 de janeiro de 2001; (Redação dada pela Lei n. 14.183, de 2021).

- 20%, no caso de instituições financeiras em geral, referidas no inciso I do § 1º do art. 1º da Lei Complementar n. 105, de 10 de janeiro de 2001; (Incluído pela Lei n. 14.183, de 2021).

7.4 PESSOAS JURÍDICAS SUJEITAS AO LUCRO REAL

As pessoas jurídicas tributadas pelo Regime do Lucro Real deverão apurar a CSLL seguindo, de uma forma geral, a mesma metodologia do IRPJ, tendo como ponto de partida o lucro contábil do período. Estão sujeitas obrigatoriamente a esse regime as pessoas jurídicas (RIR/2018, art. 257):

Art. 257. Ficam obrigadas à apuração do lucro real as pessoas jurídicas (Lei n. 9.718, de 1998, art. 14, *caput*):

I – cuja receita total no ano-calendário anterior seja superior ao limite de R$ 78.000.000,00 (setenta e oito milhões de reais) ou proporcional ao número de meses do período, quando inferior a doze meses (Lei n. 9.718, de 1998, art. 14, *caput*, inciso I);

II – cujas atividades sejam de bancos comerciais, bancos de investimentos, bancos de desenvolvimento, agências de fomento, caixas econômicas, sociedades de crédito, financiamento e investimento, sociedades de crédito imobiliário, sociedades corretoras de títulos, valores mobiliários e câmbio, sociedades de crédito ao microempreendedor e à empresa de pequeno porte, distribuidoras de títulos e valores mobiliários, empresas de arrendamento mercantil, cooperativas de crédito, empresas de seguros privados e de capitalização e entidades abertas de previdência complementar (Lei n. 9.718, de 1998, art. 14, *caput*, inciso II; Lei n. 10.194, de 2001, art. 1º, *caput*, inciso I; Lei Complementar n. 109, de 2001, art. 4º; e Lei n. 12.715, de 2012, art. 70);

III – que tiverem lucros, rendimentos ou ganhos de capital oriundos do exterior (Lei n. 9.718, de 1998, art. 14, *caput*, inciso III);

IV – que, autorizadas pela legislação tributária, usufruam de benefícios fiscais relativos à isenção ou à redução do imposto sobre a renda (Lei n. 9.718, de 1998, art. 14, *caput*, inciso IV);

V – que, no decorrer do ano-calendário, tenham efetuado pagamento mensal pelo regime de estimativa, na forma estabelecida no art. 219 (Lei n. 9.718, de 1998, art. 14, *caput*, inciso V);

VI – que explorem as atividades de prestação cumulativa e contínua de serviços de assessoria creditícia, mercadológica, gestão de crédito, seleção e riscos, administração de contas a pagar e a receber, compras de direitos creditórios resultante de vendas mercantis a prazo ou de prestação de serviços (*factoring*) (Lei n. 9.718, de 1998, art. 14, *caput*, inciso VI);

VII – que explorem as atividades de securitização de créditos imobiliários, financeiros e do agronegócio (Lei n. 9.718, de 1998, art. 14, *caput*, inciso VII);

VIII – que tenham sido constituídas como sociedades de propósito específico, formadas por microempresas e empresas de pequeno porte, observado o disposto no art. 56 da Lei Complementar n. 123, de 2006 (Lei Complementar n. 123, de 2006, art. 56, § 2º, inciso IV); e

IX – que emitam ações nos termos estabelecidos no art. 16 da Lei n. 13.043, de 2014 (Lei n. 13.043, de 2014, art. 16, § 2º).

Nunca custa repetir que, para fins de aferição do limite de R$ 78 milhões, a receita total compreende a receita bruta e as demais receitas, tais como as receitas financeiras e os ganhos de capital. A receita bruta, por sua vez, compreende o produto da venda de bens nas operações de conta própria, o preço dos serviços prestados e o resultado auferido nas operações de conta alheia (o caso mais comum são as comissões nas operações de intermediações de negócios), bem como quaisquer outras receitas da atividade ou do objeto principal da pessoa jurídica (RIR/2018, art. 208).

Na receita bruta, não se incluem as vendas canceladas, os descontos incondicionais concedidos e os impostos não cumulativos cobrados destacadamente do comprador ou contratante dos quais o vendedor dos bens ou o prestador dos serviços seja mero depositário. São exemplos desses impostos que não se incluem na receita bruta o Imposto sobre Produtos Industrializados (IPI) e o Imposto sobre a Circulação de Mercadorias e Serviços de

124 Contabilidade Tributária • Pohlmann

Transporte Interestadual e Intermunicipal e de Comunicação (ICMS), este apenas quando cobrado a título de substituição tributária.

Independentemente das atividades que exerçam ou do montante da receita bruta anual, as demais pessoas jurídicas não enquadradas nos incisos do art. 257 do RIR/2018 poderão apurar seus resultados tributáveis com base na sistemática do Lucro Real.

7.4.1 Períodos de Apuração

No Regime do Lucro Real, há duas alternativas de período de apuração possibilitadas pelo Fisco: a trimestral e a anual. Na alternativa trimestral, os períodos de apuração devem ser encerrados nos dias 31 de março, 30 de junho, 30 de setembro e 31 de dezembro de cada ano-calendário.

A pessoa jurídica que optar pelo período anual deverá apurar o Lucro Real em 31 de dezembro de cada ano. Nesse caso, ficará sujeita ao recolhimento mensal do imposto por estimativa, podendo reduzir, suspender ou, mesmo, ficar dispensada do recolhimento mensal caso comprove que o Lucro Real acumulado no ano é inferior ao estimado.

Nos casos de incorporação, fusão ou cisão, a apuração da base de cálculo e do imposto devido será efetuada na data do evento. Da mesma maneira, na extinção da pessoa jurídica, pelo encerramento da liquidação, a apuração da base de cálculo e do imposto devido será efetuada na data desse evento.

7.4.2 Recolhimento Mensal por Estimativa

A pessoa jurídica sujeita à tributação com base no Lucro Real pode optar pelo pagamento da CSLL, em cada mês, determinada sobre base de cálculo estimada. Na verdade, o que a lei quer dizer, nesse caso, é que a pessoa jurídica, ao recolher por estimativa mensal, está optando automaticamente pelo período anual para fins de apuração da base de cálculo da CSLL. A opção é manifestada com o pagamento da CSLL estimada correspondente ao mês de janeiro ou de início de atividade e será irretratável para todo o ano-calendário.

Como regra , a base de cálculo da CSLL, em cada mês, é determinada mediante a aplicação do percentual de 12% sobre a receita bruta auferida mensalmente. Nessa regra, incluem-se as atividades de venda de produtos, de revenda de mercadorias, de prestação de serviços hospitalares e de transporte de carga.

No caso de atividades diversificadas, será aplicado o percentual correspondente a cada atividade. O Quadro 7.1 detalha as atividades e os respectivos percentuais de lucro estimado aplicáveis.

Cap. 7 • Contribuição Social sobre o Lucro Líquido **125**

Quadro 7.1 Atividades e respectivos percentuais de lucro estimado

Percentual de estimativa da base de cálculo da CSLL	Atividades
12%	Revenda, para consumo, de combustível derivado de petróleo, álcool etílico carburante e gás natural
	Venda de produtos de fabricação própria
	Revenda de mercadorias
	Prestação de serviços hospitalares e de auxílio diagnóstico e terapia, fisioterapia e terapia ocupacional, fonoaudiologia, patologia clínica, imagenologia, radiologia, anatomia patológica e citopatologia, medicina nuclear e análises e patologias clínicas, exames por métodos gráficos, procedimentos endoscópicos, radioterapia, quimioterapia, diálise e oxigenoterapia hiperbárica, desde que a prestadora desses serviços seja organizada sob o modelo de sociedade empresária e atenda às normas da Agência Nacional de Vigilância Sanitária (Anvisa)
	Prestação de serviços de transporte de carga
	Atividades imobiliárias relativas a desmembramento ou loteamento de terrenos, incorporação imobiliária, construção de prédios destinados à venda e venda de imóveis construídos ou adquiridos para revenda
	Atividade de construção por empreitada com emprego de todos os materiais indispensáveis à sua execução, sendo tais materiais incorporados à obra
16%	Prestação de serviços de transporte, exceto de carga
	Pessoas jurídicas cujas atividades sejam de bancos comerciais, bancos de investimentos, bancos de desenvolvimento, caixas econômicas, sociedades de crédito, financiamento e investimento, sociedades de crédito imobiliário, sociedades corretoras de títulos, valores mobiliários e câmbio, sociedades de crédito ao microempreendedor e à empresa de pequeno porte, distribuidoras de títulos e valores mobiliários, empresas de arrendamento mercantil, cooperativas de crédito, empresas de seguros privados e de capitalização e entidades abertas de previdência complementar, observado o disposto no art. 223 do RIR/2018

(continua)

126 Contabilidade Tributária • Pohlmann

(continuação)

Percentual de estimativa da base de cálculo da CSLL	Atividades
32%	Prestação de serviços relativos ao exercício de profissão legalmente regulamentada
	Intermediação de negócios
	Administração, locação ou cessão de bens imóveis, móveis e direitos de qualquer natureza
	Construção por administração ou por empreitada unicamente de mão de obra ou com emprego parcial de materiais
	Construção, recuperação, reforma, ampliação ou melhoramento de infraestrutura, no caso de contratos de concessão de serviços públicos, independentemente do emprego parcial ou total de materiais
	Prestação cumulativa e contínua de serviços de assessoria creditícia, mercadológica, gestão de crédito, seleção de riscos, administração de contas a pagar e a receber, compra de direitos creditórios resultantes de vendas mercantis a prazo ou de prestação de serviços (*factoring*)
	Coleta e transporte de resíduos até aterros sanitários ou local de descarte
	Exploração de rodovia mediante cobrança de preço dos usuários, inclusive execução de serviços de conservação, manutenção, melhoramentos para adequação de capacidade e segurança de trânsito, operação, monitoração, assistência aos usuários e outros definidos em contratos, em atos de concessão ou de permissão ou em normas oficiais, pelas concessionárias ou subconcessionárias de serviços públicos
	Prestação de serviços de suprimento de água tratada e os serviços de coleta e tratamento de esgotos deles decorrentes, cobrados diretamente dos usuários dos serviços pelas concessionárias ou subconcessionárias de serviços públicos
	Prestação de qualquer outra espécie de serviço não mencionada acima
38,4%	Atividades de operação de empréstimo, de financiamento e de desconto de títulos de crédito realizadas por Empresa Simples de Crédito (ESC)

Os ganhos de capital, as demais receitas e os resultados positivos decorrentes de receitas não incluídas na receita bruta de vendas e serviços serão acrescidos à base de cálculo para fins de apuração da base estimada do mês. Nas alienações de bens do ativo permanente e de aplicações em ouro não tributadas como renda variável, o ganho de capital corresponde à diferença positiva verificada entre o valor da alienação e o respectivo valor contábil.

Nas atividades a seguir discriminadas, os percentuais de estimativa mensal deverão ser aplicados sobre a receita bruta ajustada pelas seguintes deduções (IN RFB n. 1.700/2017, art. 36):

I – no caso de instituições financeiras, sociedades corretoras de títulos, valores mobiliários e câmbio, e sociedades distribuidoras de títulos e valores mobiliários:

a) despesas incorridas na captação de recursos de terceiros;

b) despesas com obrigações por refinanciamentos, empréstimos e repasses de recursos de órgãos e instituições oficiais e do exterior;

c) despesas de cessão de créditos;

d) despesas de câmbio;

e) perdas com títulos e aplicações financeiras de renda fixa; e

f) perdas nas operações de renda variável;

II – no caso de empresas de seguros privados, o cosseguro e resseguros cedidos, os valores referentes a cancelamentos e restituições de prêmios que houverem sido computados em conta de receita, assim como a parcela dos prêmios destinada à constituição de provisões ou reservas técnicas;

III – no caso de entidades de previdência privada abertas e de empresas de capitalização, a parcela das contribuições e prêmios, respectivamente, destinada à constituição de provisões ou reservas técnicas; e

IV – no caso de operadoras de planos de assistência à saúde, as corresponsabilidades cedidas e a parcela das contraprestações pecuniárias destinada à constituição de provisões técnicas.

A pessoa jurídica poderá suspender ou reduzir o pagamento da CSLL devido em cada mês, desde que demonstre, por meio de balanços ou balancetes mensais, que o valor acumulado já pago excede o valor da CSLL calculada com base no resultado do período em curso.

Fica dispensada do recolhimento mensal a pessoa jurídica que demonstrar, por meio de balanços ou balancetes mensais, a existência de base de cálculo negativa já a partir do mês de janeiro do ano-calendário. Os balanços ou balancetes deverão ser levantados com observância das leis comerciais e fiscais e transcritos no livro diário.

7.4.3 Apuração da Contribuição Social sobre o Lucro Líquido

A base de cálculo da CSLL da pessoa jurídica tributada com base no Regime do Lucro Real é o lucro líquido do período de apuração ajustado pelas adições, exclusões ou compensações prescritas ou autorizadas por lei. A determinação da base de cálculo da CSLL é precedida da apuração do lucro líquido de cada período de apuração, com observância das disposições das leis comerciais.

Devem-se entender por leis comerciais as disposições da Lei n. 6.404/1976 e do Código Civil, além das normas expedidas por órgãos reguladores como a Comissão de Valores Mobiliários (CVM) e o Banco Central do Brasil (Bacen), no âmbito de suas competências. O Quadro 7.2 contém a estrutura básica da demonstração do resultado do exercício, estabelecida pela Lei n. 6.404/1976, já apresentada no Capítulo 4 e reproduzida aqui para comodidade do leitor.

128 Contabilidade Tributária • Pohlmann

Quadro 7.2 Demonstração do resultado do exercício segundo a Lei n. 6.404/1976

Receita Bruta
(–) Deduções da Receita Bruta
= Receita Líquida
(–) Custo dos Bens e Serviços Vendidos
= Lucro Bruto
(–) Despesas Operacionais
(+/–) Receitas e Despesas Financeiras
(+/–) Outras Receitas e Despesas Operacionais
= Lucro Líquido Operacional
(+/–) Outras Receitas e Despesas
(–) Participações nos Lucros
= Lucro Líquido antes da CSLL e do IRPJ e após as Participações nos Lucros
(–) CSLL
= Lucro Líquido antes do IRPJ e após as Participações nos Lucros
(–) IRPJ
= Lucro Líquido do Período

Para fins de apuração da base de cálculo da CSLL, o lucro líquido do período de apuração é a soma algébrica do lucro operacional, dos resultados não operacionais e das participações nos lucros. Uma das alterações procedidas na Lei n. 6.404/1976 pela Lei n. 11.941/2009 foi na denominação das "receitas e despesas não operacionais", que passaram a ser qualificadas como "outras receitas e despesas". A legislação do IRPJ e da CSLL, entretanto, continua qualificando tais receitas, despesas e resultados como "não operacionais", ao menos por enquanto.

Como já afirmado, a apuração da base de cálculo da CSLL tem como ponto de partida o lucro contábil, sobre o qual são realizados ajustes. Esses ajustes são procedidos única e exclusivamente em função de determinações da legislação da CSLL. A equação básica de apuração da base de cálculo da CSLL segue o esquema apresentado no Quadro 7.3.

Quadro 7.3 Esquema básico de apuração da base de cálculo da CSLL

Lucro líquido do exercício (antes da CSLL e do IRPJ e após as participações nos lucros)
(+) Ajustes do lucro líquido
    Adições
    (–) Exclusões
    (–) Compensações
= Base de cálculo da CSLL

Cap. 7 • Contribuição Social sobre o Lucro Líquido **129**

Os valores que, por competirem a outro período de apuração, forem, para efeito de determinação da base de cálculo da CSLL, adicionados ao lucro líquido do período de apuração, ou dele excluídos, serão, na determinação do Lucro Real do período de apuração competente, excluídos do lucro líquido ou a ele adicionados, respectivamente. Conforme já ressaltado no Capítulo 4, essas espécies de adições ou exclusões costumam ser chamadas ajustes temporários.

A seguir, vamos analisar com mais detalhes os ajustes do lucro líquido para fins de apuração do Resultado Ajustado, base de cálculo da CSLL.

7.4.3.1 Adições

A exemplo do IRPJ, podemos dividir as adições ao lucro líquido em duas espécies básicas: 1 – custos, despesas, encargos, perdas, provisões e participações não dedutíveis na apuração da contribuição; e 2 – resultados, rendimentos, receitas e quaisquer outros valores não incluídos no lucro líquido, mas que devem ser computados na determinação da base de cálculo da contribuição.

Na primeira espécie, temos valores escriturados como despesa em contas do resultado do período e que, por essa razão, já foram computados, ou seja, deduzidos desse lucro. Eles devem ser adicionados porque a legislação fiscal não permite que essas despesas sejam deduzidas para fins de apuração da CSLL. A essa categoria de adição podemos chamar genericamente de "despesas não dedutíveis". Exemplo desse tipo de despesa são os gastos com brindes e os *royalties* pagos a sócios, que não têm a sua dedutibilidade permitida pelo Fisco para fins de CSLL.

A segunda espécie de adição, que chamaremos "outras adições", é composta de valores que não foram computados no resultado do período corrente, mas que devem ser oferecidos à tributação nesse período. Esse ajuste é controlado no Livro de Apuração da CSLL (LACS) e não afeta a contabilidade da empresa. Exemplo desse tipo de adição é o ajuste decorrente das regras do preço de transferência nas exportações.

A legislação de regência da CSLL prevê inúmeros casos de despesas não dedutíveis, entre os quais podemos destacar, a título exemplificativo, os seguintes:[1]

- resultado negativo da equivalência patrimonial, decorrente da avaliação de participação permanente em controladas e coligadas avaliadas pelo valor do patrimônio líquido (IN RFB n. 1.700/2017, art. 181);

- as provisões, exceto as para férias, 13º salários e as provisões técnicas compulsórias (IN RFB n. 1.700/2017, art. 70);

- as doações, exceto as efetuadas a instituições de ensino e pesquisa cuja criação tenha sido autorizada por lei federal e que satisfaçam os requisitos do art. 213 da CF/88,

---

1   O Anexo I da IN RFB n. 1.700/2017 apresenta uma lista não exaustiva das adições ao lucro líquido do período de apuração, para fins de determinação do Lucro Real e do resultado ajustado. Disponível em: http://normas.receita.fazenda.gov.br/sijut2consulta/link.action?idAto=99916#1978525. Acesso em: 30 nov. 2023.

130 Contabilidade Tributária • Pohlmann

até o limite de 1,5% do lucro operacional, antes da sua dedução; ou as efetuadas a entidades beneficentes, reconhecida como de utilidade pública, até o limite de 2% do lucro operacional, antes da sua dedução (IN RFB n. 1.700/2017, arts. 139 a 141);

- as despesas com brindes, exceto se tiverem diminuto valor e estiverem diretamente relacionados com a atividade da empresa (Lei n. 9.249/1995, art. 13, VII; Parecer Normativo CST n. 15/1976);

- as multas por infrações fiscais, salvo as de natureza compensatória e as impostas por infrações de que não resultem falta ou insuficiência de pagamento de tributo (IN RFB n. 1.700/2017, art. 133);

- as perdas no recebimento de créditos registradas na despesa que não atendam aos requisitos e aos limites estabelecidos (IN RFB n. 1.700/2017, art. 71);

- as despesas com juros sobre o capital próprio pago ou creditado aos sócios ou acionistas em desacordo com as regras e limites estabelecidos (IN RFB n. 1.700/2017, art. 75);

- os *royalties* pagos a sócios, pessoas físicas ou jurídicas, ou dirigentes de empresas, e a seus parentes ou dependentes (IN RFB n. 1.700/2017, art. 86, I); e

- os tributos que estejam com sua exigibilidade suspensa por força de depósito do seu montante integral, de reclamações ou recursos administrativos, ou de concessão de medida liminar ou de tutela antecipada em ações judiciais (IN RFB n. 1.700/2017, art. 131, § 1º).

7.4.3.2 Exclusões

Podemos dividir as exclusões do lucro líquido em duas espécies: 1 – resultados, rendimentos, receitas e quaisquer outros valores incluídos no lucro líquido, mas que não são tributados; e 2 – valores cuja dedução seja autorizada pela legislação da CSLL, mas que não foram computados no lucro líquido.

Na primeira espécie, temos simplesmente os valores que foram registrados na escrituração contábil da empresa, no resultado do exercício corrente, como receitas, rendimentos e resultados positivos, mas que, por disposição expressa da legislação fiscal, não são tributáveis, ou seja, não sofrem a incidência da CSLL.

Na segunda categoria estão o que podemos denominar "outras exclusões", consistentes de valores que podem ser deduzidos do lucro líquido para fins de apuração da base de cálculo da CSLL, mas que não foram registrados contabilmente a débito do resultado do exercício corrente como despesa ou sob qualquer outra denominação.

Assim como ocorre com as adições, o Fisco estabelece, embora em menor número, diversas hipóteses de exclusão do lucro, entre as quais podemos destacar:[2]

---

2   O Anexo II da IN RFB n. 1.700/2017 apresenta uma lista não exaustiva das exclusões do lucro líquido do período de apuração, para fins de determinação do Lucro Real e do resultado ajustado. Disponível em: http://normas.receita.fazenda.gov.br/sijut2consulta/link.action?idAto=99916#1978525. Acesso em: 30 nov. 2023.

Cap. 7 • Contribuição Social sobre o Lucro Líquido **131**

- o resultado positivo da equivalência patrimonial (IN RFB n. 1.700/2017, art. 181);

- os lucros e dividendos recebidos de participações societárias avaliadas pelo custo de aquisição, ou seja, não avaliadas pelo Método da Equivalência Patrimonial (IN RFB n. 1.700/2017, art. 40, IV);

- o valor das reversões de provisões não dedutíveis que haviam sido adicionadas ao lucro líquido de períodos anteriores (IN RFB n. 1.700/2017, art. 40, III);

- o valor dos créditos recuperados que haviam sido baixados e adicionados ao lucro líquido de períodos de apuração anteriores (IN RFB n. 1.700/2017, art. 74);

- o valor da depreciação e da amortização acelerada incentivada decorrentes de leis específicas, por exemplo, a Lei n. 11.196/2005;

- o valor da depreciação acelerada incentivada relativamente aos bens do ativo imobilizado (máquinas e implementos agrícolas, veículos de cargas e utilitários rurais, reprodutores e matrizes etc.), adquiridos por pessoa jurídica rural, exceto a terra nua, quando destinados à produção. Esses bens podem ser depreciados integralmente no próprio ano-calendário de aquisição (IN RFB n. 1.700/2017, art. 260);

- os dispêndios com pesquisa científica e tecnológica e de inovação tecnológica de que trata a Lei n. 11.196/2005.

7.4.3.3 Compensação da Base de Cálculo Negativa

Para fins de apuração da base de cálculo da CSLL, a pessoa jurídica pode compensar a base de cálculo negativa apurada em períodos anteriores, limitada essa compensação a 30% do lucro líquido ajustado pelas adições e exclusões previstas na legislação.

A base de cálculo negativa decorrente de prejuízos não operacionais, apurados pelas pessoas jurídicas, somente pode ser compensada com a base de cálculo positiva decorrente de lucros da mesma natureza, observado o mesmo limite de 30%.

A restrição na compensação de base de cálculo negativa decorrente de prejuízos não operacionais não se aplica em relação às perdas provenientes de baixa de bens ou direitos em decorrência de terem se tornado imprestáveis ou obsoletos ou terem caído em desuso, ainda que posteriormente venham a ser alienados como sucata (Lei n. 12.973/2014, art. 43, parágrafo único).

A base de cálculo negativa apurada pela pessoa jurídica que explorar atividade rural poderá ser compensada com o resultado positivo obtido em períodos de apuração posteriores, não se lhe aplicando o limite de 30% sobre o lucro ajustado pelas adições e exclusões (MP n. 2.158-35/2001, art. 41).

Aplicam-se as disposições previstas para as demais pessoas jurídicas à compensação dos prejuízos fiscais e das bases de cálculo negativas da CSLL decorrentes das demais atividades, e os da atividade rural com Lucro Real e resultado ajustado positivo de outra atividade, determinados em período subsequente (IN RFB n. 1.700/2017, art. 263, § 4º).

A pessoa jurídica não poderá compensar seus próprios prejuízos fiscais se entre a data da apuração e da compensação houver ocorrido, cumulativamente, modificação de seu controle societário e do ramo de atividade. Além disso, a pessoa jurídica sucessora por incorporação, fusão ou cisão não poderá compensar prejuízos fiscais da sucedida. No caso de cisão parcial, a pessoa jurídica cindida poderá compensar os seus próprios prejuízos, proporcionalmente à parcela remanescente do patrimônio líquido (MP n. 2.158-35/2001, art. 22).

A base de cálculo negativa da CSLL apurada por Sociedade em Conta de Participação (SCP) somente poderá ser compensada com o Lucro Real decorrente da mesma SCP. É vedada a compensação de base negativa e lucros entre duas ou mais SCP ou entre estas e o sócio (IN RFB n. 1.700/2017, art. 211).

Caso a pessoa jurídica optante pela tributação com base no Lucro Presumido retorne à tributação com base no Lucro Real, os saldos de prejuízos fiscais e bases de cálculo negativas da CSLL, remanescentes da tributação com base no Lucro Real não utilizados, poderão vir a ser compensados, observadas as normas pertinentes à compensação (IN RFB n. 1.700/2017, art. 212).

7.4.3.4 Deduções da Contribuição Social sobre o Lucro Líquido Devida

Diferentemente das exclusões e das compensações, as deduções da CSLL são parcelas subtraídas de modo direto do valor da contribuição para o fim de calcular o valor líquido a pagar. Essas deduções podem ser decorrentes de parcelas já recolhidas ou retidas ao longo do período de apuração, como são os casos da CSLL recolhida mensalmente por estimativa e da CSLL retida na fonte sobre receitas que integram o resultado do período.

Para efeitos de determinação do saldo da CSLL a pagar ou a ser restituída ou compensada, a pessoa jurídica poderá deduzir da CSLL devida os valores referentes (IN RFB n. 1.700/2017, art. 67):

> I – aos incentivos fiscais de isenção da CSLL, calculados com base no lucro da exploração;
>
> II – à CSLL paga ou retida na fonte, incidente sobre receitas computadas na determinação do resultado ajustado;
>
> III – à CSLL efetivamente paga mensalmente por estimativa; e
>
> IV – ao bônus de adimplência fiscal (IN RFB n. 1.700/2017, arts. 271 a 276).

7.5 PESSOAS JURÍDICAS OPTANTES PELO REGIME DO LUCRO PRESUMIDO

As pessoas jurídicas optantes pelo Regime do Lucro Presumido para fins de IRPJ sujeitam-se à tributação da CSLL seguindo a mesma metodologia de apuração.

Podem optar pelo regime de tributação com base no Lucro Presumido as pessoas jurídicas cuja receita total, no ano-calendário anterior, tenha sido igual ou inferior a R$ 78 milhões, ou a R$ 6,5 milhões multiplicados pelo número de meses de atividade no ano-calendário anterior, quando inferior a 12 meses, e que não estejam, em função das atividades que exercem ou por qualquer outro motivo, sujeitas obrigatoriamente à sistemática do Lucro Real, conforme visto na Seção 7.4 deste capítulo.

Cap. 7 • Contribuição Social sobre o Lucro Líquido **133**

A opção pelo Regime do Lucro Presumido é manifestada com o pagamento da primeira ou única quota do imposto devido correspondente ao primeiro período de apuração de cada ano-calendário. Essa opção será definitiva em relação a todo o ano-calendário.

A CSLL das pessoas jurídicas tributadas com base no Lucro Presumido é determinada por períodos de apuração trimestrais, encerrados nos dias 31 de março, 30 de junho, 30 de setembro e 31 de dezembro de cada ano-calendário.

O resultado presumido, base de cálculo da CSLL, é determinado por períodos de apuração trimestrais mediante aplicação dos percentuais discriminados no Quadro 7.4 sobre a receita bruta relativa a cada atividade, deduzida das devoluções e vendas canceladas, e dos descontos incondicionais concedidos (IN RFB n. 1.700/2017, art. 215; Lei n. 9.249/1995, art. 20).

Quadro 7.4 Atividades e respectivos percentuais de resultado presumido

Percentual de presunção de lucro (CSLL)	Atividades
12%	Revenda, para consumo, de combustível derivado de petróleo, álcool etílico carburante e gás natural
	Venda de produtos de fabricação própria
	Revenda de mercadorias
	Prestação de serviços hospitalares e de auxílio diagnóstico e terapia, fisioterapia e terapia ocupacional, fonoaudiologia, patologia clínica, imagenologia, radiologia, anatomia patológica e citopatologia, medicina nuclear e análises e patologias clínicas, exames por métodos gráficos, procedimentos endoscópicos, radioterapia, quimioterapia, diálise e oxigenoterapia hiperbárica, desde que a prestadora desses serviços seja organizada sob o modelo de sociedade empresária e atenda às normas da Agência Nacional de Vigilância Sanitária (Anvisa)
	Prestação de serviços de transporte de carga
	Atividades imobiliárias relativas a desmembramento ou loteamento de terrenos, incorporação imobiliária, construção de prédios destinados à venda e venda de imóveis construídos ou adquiridos para revenda
	Atividade de construção por empreitada com emprego de todos os materiais indispensáveis à sua execução, sendo tais materiais incorporados à obra
	Prestação de serviços de transporte, exceto de carga

(continua)

(continuação)

Percentual de presunção de lucro (CSLL)	Atividades
32%	As pessoas jurídicas exclusivamente prestadoras de serviços em geral, mencionadas nas alíneas "b", "c", "d", "f", "g" e "j" do inciso IV do § 1º do art. 33, da IN RFB n. 1.700/2017, cuja receita bruta anual seja de até R$ 120.000,00 (cento e vinte mil reais)
	Prestação de serviços relativos ao exercício de profissão legalmente regulamentada
	Intermediação de negócios
	Administração, locação ou cessão de bens imóveis, móveis e direitos de qualquer natureza
	Construção por administração ou por empreitada unicamente de mão de obra ou com emprego parcial de materiais
	Construção, recuperação, reforma, ampliação ou melhoramento de infraestrutura, no caso de contratos de concessão de serviços públicos, independentemente do emprego parcial ou total de materiais
	Prestação cumulativa e contínua de serviços de assessoria creditícia, mercadológica, gestão de crédito, seleção de riscos, administração de contas a pagar e a receber, compra de direitos creditórios resultantes de vendas mercantis a prazo ou de prestação de serviços (*factoring*)
	Coleta e transporte de resíduos até aterros sanitários ou local de descarte
	Exploração de rodovia mediante cobrança de preço dos usuários, inclusive execução de serviços de conservação, manutenção, melhoramentos para adequação de capacidade e segurança de trânsito, operação, monitoração, assistência aos usuários e outros definidos em contratos, em atos de concessão ou de permissão ou em normas oficiais, pelas concessionárias ou subconcessionárias de serviços públicos
	Prestação de serviços de suprimento de água tratada e os serviços de coleta e tratamento de esgotos deles decorrentes, cobrados diretamente dos usuários dos serviços pelas concessionárias ou subconcessionárias de serviços públicos
	Prestação de qualquer outra espécie de serviço não mencionada acima
38,4%	Atividades de operação de empréstimo, de financiamento e de desconto de títulos de crédito realizadas por Empresa Simples de Crédito (ESC)

No caso de atividades diversificadas, deve ser aplicado o percentual correspondente a cada atividade. Assim, por exemplo, se uma empresa comercializa máquinas e equipamentos e, ainda, presta serviços de instalação e manutenção, deverá aplicar o percentual de 12% sobre a receita de venda de móveis e de 32% sobre a receita de prestação de serviços de instalação e manutenção.

Os ganhos de capital, os rendimentos e ganhos líquidos auferidos em aplicações financeiras, as demais receitas e os resultados positivos não incluídos na receita bruta serão acrescidos à base de cálculo para efeito de incidência da contribuição (IN RFB n. 1.700, 2017, art. 215).

O resultado presumido será determinado pelo regime de competência ou de caixa (IN RFB n. 1.700,2017, art. 215, § 9º).

EXEMPLO

Para ilustrar a apuração da CSLL das pessoas jurídicas optantes pelo Regime do Lucro Presumido, desenvolvemos o exemplo em que uma empresa comercial de máquinas e equipamentos apresenta os seguintes valores relativamente a suas operações:

Receita bruta do trimestre:

Venda de mercadorias =	R$ 6.000.000,00
Serviços de instalação =	R$ 1.000.000,00

Outras receitas e resultados:

Receitas financeiras =	R$ 200.000,00
Ganhos de capital =	R$ 100.000,00

Outras informações:

Vendas canceladas =	R$ 300.000,00

A apuração da base de cálculo e do valor devido a título de CSLL dar-se-ia da seguinte maneira:

Apuração da base de cálculo:

Vendas = (R$ 6.000.000 – R$ 300.000) × 12% =	R$ 684.000,00
Serviços = R$ 1.000.000 × 32% =	R$ 320.000,00
Demais receitas e resultados =	R$ 300.000,00
Lucro Presumido =	R$ 1.304.000,00

Cálculo do tributo devido:

CSLL devida (9%) =	R$ 117.360,00

136 Contabilidade Tributária • Pohlmann

7.6 PESSOAS JURÍDICAS SUJEITAS AO REGIME DO LUCRO ARBITRADO

O Regime do Lucro Arbitrado tem lugar quando a pessoa jurídica está obrigada ao Regime do Lucro Real e não cumpre os requisitos exigidos para a apuração desse lucro, mais especificamente manter a escrituração contábil regular de acordo como as normas legais aplicáveis, elaborar as demonstrações contábeis obrigatórias, apresentar livros e documentos fiscais. O arbitramento da CSLL também é cabível quando o contribuinte opta indevidamente pela sistemática do Lucro Presumido.

Nessa hipótese, a apuração da CSLL seguirá a mesma regra aplicável ao Regime do Lucro Presumido, ou seja, a base de cálculo será obtida pela aplicação de percentuais entre 12 e 38,4% sobre a receita bruta da empresa. Do mesmo modo, as demais receitas e resultados são acrescidos integralmente para fins de apuração da base de cálculo.

O Quadro 7.5 detalha as atividades e os respectivos percentuais de arbitramento da base de cálculo nesse regime.

Quadro 7.5 Atividades e respectivos percentuais de resultado arbitrado

Percentual de arbitramento do lucro (CSLL)	Atividades
12%	Revenda, para consumo, de combustível derivado de petróleo, álcool etílico carburante e gás natural
	Venda de produtos de fabricação própria
	Revenda de mercadorias
	Prestação de serviços hospitalares e de auxílio diagnóstico e terapia, fisioterapia e terapia ocupacional, fonoaudiologia, patologia clínica, imagenologia, radiologia, anatomia patológica e citopatologia, medicina nuclear e análises e patologias clínicas, exames por métodos gráficos, procedimentos endoscópicos, radioterapia, quimioterapia, diálise e oxigenoterapia hiperbárica, desde que a prestadora desses serviços seja organizada sob o modelo de sociedade empresária e atenda às normas da Agência Nacional de Vigilância Sanitária (Anvisa)
	Prestação de serviços de transporte de carga
	Atividades imobiliárias relativas a desmembramento ou loteamento de terrenos, incorporação imobiliária, construção de prédios destinados à venda e venda de imóveis construídos ou adquiridos para revenda
	Atividade de construção por empreitada com emprego de todos os materiais indispensáveis à sua execução, sendo tais materiais incorporados à obra
	Prestação de serviços de transporte, exceto de carga

(continua)

(continuação)

Percentual de arbitramento do lucro (CSLL)	Atividades
32%	As pessoas jurídicas exclusivamente prestadoras de serviços em geral, mencionadas nas alíneas "b", "c", "d", "f", "g" e "j" do inciso IV do § 1º do art. 33, da IN RFB n. 1.700/2017, cuja receita bruta anual seja de até R$ 120.000,00 (cento e vinte mil reais)
	Prestação de serviços relativos ao exercício de profissão legalmente regulamentada
	Intermediação de negócios
	Administração, locação ou cessão de bens imóveis, móveis e direitos de qualquer natureza
	Construção por administração ou por empreitada unicamente de mão de obra ou com emprego parcial de materiais
	Construção, recuperação, reforma, ampliação ou melhoramento de infraestrutura, no caso de contratos de concessão de serviços públicos, independentemente do emprego parcial ou total de materiais
	Prestação cumulativa e contínua de serviços de assessoria creditícia, mercadológica, gestão de crédito, seleção de riscos, administração de contas a pagar e a receber, compra de direitos creditórios resultantes de vendas mercantis a prazo ou de prestação de serviços (*factoring*)
	Coleta e transporte de resíduos até aterros sanitários ou local de descarte
	Exploração de rodovia mediante cobrança de preço dos usuários, inclusive execução de serviços de conservação, manutenção, melhoramentos para adequação de capacidade e segurança de trânsito, operação, monitoração, assistência aos usuários e outros definidos em contratos, em atos de concessão ou de permissão ou em normas oficiais, pelas concessionárias ou subconcessionárias de serviços públicos
	Prestação de serviços de suprimento de água tratada e os serviços de coleta e tratamento de esgotos deles decorrentes, cobrados diretamente dos usuários dos serviços pelas concessionárias ou subconcessionárias de serviços públicos
	Prestação de qualquer outra espécie de serviço não mencionada acima
38,4%	Atividades de operação de empréstimo, de financiamento e de desconto de títulos de crédito realizadas por Empresa Simples de Crédito (ESC)

138 Contabilidade Tributária • Pohlmann

Quando a receita bruta da pessoa jurídica não for conhecida, a base de cálculo da CSLL será arbitrada de ofício pelo Fisco mediante a utilização de uma das alternativas de cálculo previstas no art. 51 da Lei n. 8.981/1995.

EXEMPLO

Vejamos o seguinte exemplo ilustrativo do arbitramento da CSLL. Suponha uma pessoa jurídica obrigada ao Regime do Lucro Real em função de seu elevado faturamento, mas que deixou de escriturar o livro diário. A sua receita é conhecida e importou nos seguintes valores no trimestre sujeito ao arbitramento:

Receita bruta do trimestre:

Venda de produtos =	R$ 30.000.000,00
Serviços de manutenção =	R$ 10.000.000,00

Outras receitas e resultados:

Receitas financeiras =	R$ 2.000.000,00
Ganhos de capital =	R$ 500.000,00

Outras informações:

Vendas canceladas =	R$ 1.000.000,00

A apuração da base de cálculo e do valor devido a título de CSLL dar-se-ia da seguinte maneira:

Apuração da base de cálculo:

Vendas = (R$ 30.000.000 – R$ 1.000.000) × 12% =	R$ 3.480.000,00
Serviços = R$10.000.000 × 32% =	R$ 3.200.000,00
Demais receitas e resultados =	R$ 2.500.000,00
Base de cálculo da CSLL =	R$ 9.180.000,00

Cálculo do tributo devido:

CSLL devida (9%) =	R$ 826.200,00

Cap. 7 • Contribuição Social sobre o Lucro Líquido **139**

7.7 SIMPLES NACIONAL

O Simples Nacional é uma sistemática de apuração e recolhimento simplificado e unificado de tributos instituída pela Lei Complementar (LC) n. 123, de 14 de dezembro de 2006 (LC n. 123/2006). Esse regime de recolhimento de tributos foi delineado para simplificar e facilitar o cumprimento das obrigações fiscais das MEs e das EPPs, além de reduzir a carga tributária desses segmentos empresariais.

Consideram-se MEs e EPPs a sociedade empresária, a sociedade simples, a empresa individual de responsabilidade limitada e o empresário, devidamente registrados no Registro de Empresas Mercantis ou no Registro Civil de Pessoas Jurídicas, conforme o caso, desde que (LC n. 123/2006, art. 3º):

> I – no caso da microempresa, aufira, em cada ano-calendário, receita bruta igual ou inferior a R$ 360.000,00 (trezentos e sessenta mil reais); e
>
> II – no caso de empresa de pequeno porte, aufira, em cada ano-calendário, receita bruta superior a R$ 360.000,00 (trezentos e sessenta mil reais) e igual ou inferior a R$ 4.800.000,00 (quatro milhões e oitocentos mil reais).

O valor devido mensalmente pela ME ou EPP optante pelo Simples Nacional é determinado mediante aplicação das alíquotas constantes das tabelas anexas à LC 123/2006 sobre a receita bruta, segundo a atividade desenvolvida pela empresa (LC n. 123/2006, art. 18). Para efeito de determinação da alíquota, deve-se utilizar a receita bruta acumulada nos 12 meses anteriores ao do período de apuração.

A CSLL está incluída entre os tributos recolhidos mensalmente pela pessoa jurídica optante pelo Simples Nacional, e a alíquota varia de acordo com a atividade e o porte da empresa, incidindo, nesse caso, sobre o valor da receita bruta.

Para maiores detalhes sobre o Simples Nacional, recomendamos a leitura do Capítulo 13, dedicado exclusivamente a esse regime.

7.8 OBRIGAÇÕES ACESSÓRIAS

As obrigações acessórias são formalidades exigidas dos contribuintes pelo Fisco em decorrência da sujeição passiva a determinado tributo. Mais especificamente, essas obrigações consistem em manutenção de documentos comprobatórios das transações, escrituração de livros contábeis e fiscais, elaboração de demonstrações contábeis, entrega de declarações, entre outras.

A pessoa jurídica é obrigada a conservar em ordem, enquanto não prescritas eventuais ações que lhes sejam pertinentes, os livros, documentos e papéis relativos à sua atividade, ou que se refiram a atos ou operações que modifiquem ou possam vir a modificar sua situação patrimonial.

A pessoa jurídica sujeita à tributação com base no Lucro Real deve manter escrituração contábil com observância das leis comerciais e fiscais, sendo obrigatório o uso do livro diário e do livro-razão, sob pena de arbitramento do resultado para fins de tributação.

De modo geral, as obrigações acessórias em relação à CSLL são as mesmas estabelecidas em relação ao IRPJ, razão pela qual, a fim de evitar redundância desnecessária, pedimos vênia para recomendar a leitura da Seção 4.8 do Capítulo 4 desta obra.

A pessoa jurídica habilitada à opção pelo regime de tributação com base no Lucro Presumido deverá manter (IN RFB n. 1.700/2017, art. 225):

- escrituração contábil nos termos da legislação comercial;
- livro Registro de Inventário, no qual deverão constar registrados os estoques existentes no término do ano-calendário;
- em boa guarda e ordem, enquanto não decorrido o prazo decadencial e não prescritas eventuais ações que lhes sejam pertinentes, todos os livros de escrituração obrigatórios por legislação fiscal específica, e os documentos e demais papéis que serviram de base para escrituração comercial e fiscal;
- A escrituração contábil é dispensada para a pessoa jurídica que no decorrer do ano-calendário mantiver livro-caixa, no qual deverá estar escriturada toda a movimentação financeira, inclusive bancária.

Com relação aos relatórios contábeis, de acordo com o art. 284 do RIR/2018, ao fim de cada período de incidência do imposto, o contribuinte deve apurar o lucro líquido mediante a elaboração, com observância das disposições da lei comercial, das seguintes demonstrações contábeis: 1 – balanço patrimonial; 2 – demonstração do resultado do período de apuração; e 3 – demonstração de lucros ou prejuízos acumulados.

ESTUDO DE CASO

O caso da Metalúrgica Modelo S/A

Trata-se do caso de uma indústria metalúrgica tributada pelo Regime do Lucro Real. O objetivo do estudo é demonstrar o cálculo da CSLL devida relativamente ao ano hipotético de 20XX, uma vez que a empresa optou pelo período de apuração anual.

O departamento de contabilidade elaborou e disponibilizou um balancete contendo o saldo das contas de resultado do período, faltando apenas o valor do IRPJ (cujo cálculo já foi demonstrado no Capítulo 4) e da CSLL. Tendo em vista que o plano de contas da empresa é extenso, na Tabela 7.1 são informados apenas os saldos das principais contas que compõem o resultado do exercício, antes, é claro, de apurados e lançados os valores devidos a título de IRPJ e CSLL.

Tabela 7.1   Saldos das contas do resultado do exercício

Metalúrgica Modelo S/A Saldo das contas de resultado em 31/12/20XX	Valor (R$)
RECEITA BRUTA	224.846.000,00
(−) DEDUÇÕES DE VENDAS	−50.877.000,00
= RECEITA LÍQUIDA	173.969.000,00
(−) CUSTO DOS PRODUTOS VENDIDOS (CPV)	−125.838.000,00
= LUCRO BRUTO	48.131.000,00
(−) DESPESAS COMERCIAIS	−8.989.000,00
(−) DESPESAS GERAIS E ADMINISTRATIVAS	−11.060.000,00
(+/−) RECEITAS/DESPESAS FINANCEIRAS LÍQUIDAS	−2.483.000,00
(+/−) OUTRAS RECEITAS/DESPESAS OPERACIONAIS	3.133.000,00
= LUCRO LÍQUIDO OPERACIONAL	28.732.000,00
(+/−) OUTRAS RECEITAS E DESPESAS	2.000.000,00
(−) PARTICIPAÇÕES NOS LUCROS	−2.437.000,00
= LUCRO LÍQUIDO DO PERÍODO ANTES DA CSLL E DO IRPJ E APÓS AS PARTICIPAÇÕES	28.295.000,00

Revisando as contas do balancete, os lançamentos efetuados no livro-razão e no LACS, o contador tributarista identificou e destacou diversos outros fatos e informações que, no seu entender, são necessários para o cálculo da CSLL a recolher. Esses dados complementares constam da Tabela 7.2.

Para a apuração da base de cálculo da CSLL, é necessário terem sido realizados todos os lançamentos contábeis relativos às operações do período para, a partir daí, obter-se o lucro líquido antes do IRPJ e da CSLL e após as participações nos lucros. No presente caso, esse requisito já está atendido; esse lucro importa em R$ 28.295.000,00 (Tabela 7.1). O próximo passo é identificar e quantificar os ajustes que devem ser procedidos nesse lucro líquido para fins de cálculo da CSLL a recolher.

142 Contabilidade Tributária • Pohlmann

Tabela 7.2 Dados complementares

N.	Itens	Valor (R$)
1	Doação a instituição de pesquisa, cuja criação foi autorizada por lei	500.000,00
2	*Royalties* pagos a sócio da empresa	350.000,00
3	Despesa com brindes distribuídos aos clientes	57.000,00
4	Dividendos recebidos em decorrência de participações societárias avaliadas pelo custo de aquisição	35.000,00
5	Resultado positivo da equivalência patrimonial em decorrência de participações societárias relevantes, avaliadas pelo patrimônio líquido	230.000,00
6	Participações dos empregados	1.200.000,00
7	Participações dos administradores	800.000,00
8	Valor excedente à TJLP pago a título de Juros s/ Capital Próprio	1.500.000,00
9	Doação à instituição de assistência social, reconhecida como de utilidade pública	750.000,00
10	Provisão para manutenção corretiva de equipamentos, programada para ser realizada no mês de janeiro de período seguinte	360.000,00
11	Valor de títulos considerados incobráveis pela administração da empresa e baixados para o resultado exercício em desacordo com as regras do art. 347 do RIR/2018	27.000,00
12	Despesa com multas de trânsito aplicadas a veículos da empresa	5.000,00
13	Participações atribuídas a debêntures emitidas pela empresa	437.000,00
14	Parcela da Contribuição Social denominada Cofins, incidente sobre as receitas da empresa, depositada judicialmente ao longo do período em ação na qual a empresa contesta a sua incidência	7.500.000,00
15	Valor da depreciação acelerada do período, usufruída com base na Lei n. 11.196/2005	74.000,00
16	Valor decorrente da aplicação das regras do preço de transferência em relação às exportações do período	153.000,00
17	Base de cálculo negativa (Resultado Ajustado) de CSLL de períodos anteriores	9.700.000,00
18	Valor da CSLL recolhida mensalmente por estimativa ao longo de ano	2.200.000,00
19	Valor do dispêndio com o Programa de Alimentação do Trabalhador (PAT), efetuado em observância às normas legais e regulamentares aplicáveis	380.000,00

Cap. 7 • Contribuição Social sobre o Lucro Líquido **143**

O tributarista passou à análise dos valores constantes da Tabela 7.2, iniciando pelas doações. As doações a instituições de pesquisa e de assistência social de que trata o art. 13, VI, da Lei n. 9.249/1995 são dedutíveis, mas sujeitam-se aos limites de 1,5 e 2%, respectivamente, sobre o lucro líquido operacional antes da dedução da própria doação. Desse modo, com base na Tabela 7.1 e na Tabela 7.2, temos:

(1) 28.732.000 + 500.000,00 = 29.232.000,00 × 1,5% = R\$ 438.480,00; R\$ 500.000 – R\$ 438.480 = 61.520,00; ou seja, houve um excesso de R\$ 61.520,00 a título de doação à instituição de ensino e pesquisa, que deve ser adicionado ao lucro líquido; e

(2) R\$ 28.732.000,00 + R\$ 750.000,00 = 29.482.000,00 × 2% = R\$ 589.640,00; R\$ 750.000,00 – R\$ 589.640,00 = R\$ 160.360,00; ou seja, houve um excesso de R\$ 160.360,00 a título de doação à instituição de assistência social, que deve ser adicionado ao lucro líquido.

Continuando a análise, o tributarista concluiu, a partir do conteúdo apresentado neste capítulo, que são dedutíveis para fins da CSLL os seguintes itens:

- Participações nos lucros atribuídas a empregados, aos administradores e a debêntures emitidas pela empresa.
- *Royalties* pagos a sócio da empresa.

Por outro lado, as seguintes despesas, arroladas na Tabela 7.2, não são dedutíveis para fins de apuração da CSLL e devem ser adicionadas ao lucro líquido:

- Despesa com brindes distribuídos aos clientes.
- Valor excedente à TJLP pago a título de Juros sobre o Capital Próprio.
- Provisão para manutenção corretiva de equipamentos.
- Valor de títulos considerados incobráveis pela administração da empresa e baixados para o resultado exercício em desacordo com as regras do art. 347 do RIR/2018.
- Despesa com multas de trânsito aplicadas a veículos da empresa.
- Parcela da Contribuição Social denominada Cofins, incidente sobre as receitas da empresa, depositada judicialmente ao longo do período em ação na qual a empresa contesta a sua incidência.
- Valor decorrente da aplicação das regras do preço de transferência em relação às exportações do período.

Analisando as receitas e os demais valores constantes da Tabela 7.2, o tributarista concluiu, a partir do conteúdo discutido neste capítulo, que devem ser excluídos do lucro líquido os seguintes itens:

- Dividendos recebidos em decorrência de participações societárias avaliadas pelo custo de aquisição.
- Resultado positivo da equivalência patrimonial em decorrência de participações societárias relevantes, avaliadas pelo patrimônio líquido.
- Valor da depreciação acelerada do período, usufruída com base na Lei n. 11.196/2005.

Concluída a análise das adições e exclusões, o tributarista apurou o lucro líquido ajustado e passou à compensação da base de cálculo negativa da CSLL, chegando à base de cálculo da CSLL no período (Resultado Ajustado). Aplicou a alíquota de 9% para calcular a CSLL devida, deduzindo a CSLL recolhida mensalmente por estimativa. Os dispêndios com o PAT não podem ser deduzidos da CSLL por ausência de previsão legal. Após todos os cálculos referidos, foi apurado um saldo de CSLL a recolher no valor de R$ 327.189,20. Esses procedimentos são demonstrados na Tabela 7.3.

Tabela 7.3 Apuração da base de cálculo e da Contribuição Social sobre o Lucro Líquido a recolher

Itens	Valor (R$)	Valor (R$)
Lucro líquido do período antes do IRPJ e da CSLL e após as participações		28.295.000,00
(+) Adições		9.823.880,00
Doação à instituição de pesquisa, cuja criação foi autorizada por lei	61.520,00	
Despesa com brindes distribuídos aos clientes	57.000,00	
Valor excedente à TJLP pago a título de Juros s/ Capital Próprio	1.500.000,00	
Doação à instituição de assistência social, reconhecida como de utilidade pública	160.360,00	
Provisão para manutenção corretiva de equipamentos, programada para ser realizada no mês de janeiro de período seguinte	360.000,00	
Valor de títulos considerados incobráveis pela administração da empresa e baixados para o resultado exercício em desacordo com as regras do art. 347 do RIR/2018	27.000,00	
Despesa com multas de trânsito aplicadas a veículos da empresa	5.000,00	
Parcela da Contribuição Social denominada Cofins, incidente sobre as receitas da empresa, depositada judicialmente ao longo do período em ação na qual a empresa contesta a sua incidência	7.500.000,00	
Valor decorrente da aplicação das regras do preço de transferência em relação às exportações do período	153.000,00	
(–) Exclusões		–339.000,00

(continua)

(continuação)

Itens	Valor (R$)	Valor (R$)
Dividendos recebidos em decorrência de participações societárias avaliadas pelo custo de aquisição	35.000,00	
Resultado positivo da equivalência patrimonial em decorrência de participações societárias relevantes, avaliadas pelo patrimônio líquido	230.000,00	
Valor da depreciação acelerada do período, usufruída com base na Lei n. 11.196/2005	74.000,00	
= Lucro líquido ajustado		37.779.880,00
(–) Compensação da base de cálculo (Resultado Ajustado) negativa de CSLL de períodos anteriores		-9.700.000,00
= Base de cálculo (Resultado Ajustado) da CSLL		28.079.880,00
= CSLL devida (9%)		2.527.189,20
(–) Valor da CSLL recolhida mensalmente por estimativa ao longo do ano		-2.200.000,00
= CSLL a recolher		327.189,20

RESUMO

Do conteúdo que você estudou neste capítulo, é importante destacar:

- A CSLL é uma importante fonte de financiamento da seguridade social.

- A CSLL e as demais contribuições sociais estão sujeitas ao princípio da anterioridade especial ou nonagesimal, isto é, só podem ser exigidas depois de decorridos 90 dias da data da publicação da lei que as houver instituído ou modificado.

- As entidades beneficentes de assistência social que atendam às exigências estabelecidas em lei são imunes.

- A base de cálculo da CSLL segue a mesma lógica IRPJ, ou seja, dependerá do regime de tributação a que estiver sujeita a empresa em relação a esse imposto, ou a que tiver sido escolhida por ela quando houver a possibilidade de opção: Lucro Real, Lucro Presumido e Lucro Arbitrado.

- Existe, ainda, mais uma sistemática que abrange, além do IRPJ e da CSLL, a apuração de outros tributos: o Simples Nacional, que é uma alternativa para as MEs e EPPs. Nesse caso, a base de cálculo é a própria receita bruta da empresa, e a alíquota da CSLL varia de acordo com o montante da receita e o tipo de atividade.

- No Regime do Lucro Real, há duas alternativas de período de apuração possibilitadas pelo Fisco: a trimestral e a anual. Na alternativa trimestral, os períodos de apuração devem ser encerrados nos dias 31 de março, 30 de junho, 30 de setembro e 31 de dezembro de cada ano-calendário.

- A pessoa jurídica sujeita à tributação com base no Lucro Real que optar pelo período anual deve realizar o pagamento da CSLL, em cada mês, determinada sobre base de cálculo estimada.

- A base de cálculo da CSLL da pessoa jurídica tributada com base no Regime do Lucro Real é o lucro líquido do período de apuração ajustado pelas adições, exclusões ou compensações prescritas ou autorizadas por lei. A determinação da base de cálculo da CSLL é precedida da apuração do lucro líquido de cada período de apuração, com observância das disposições das leis comerciais.

- As pessoas jurídicas optantes pelo Regime do Lucro Presumido para fins de IRPJ sujeitam-se à tributação da CSLL seguindo a mesma metodologia de apuração.

- O Regime do Lucro Arbitrado tem lugar quando a pessoa jurídica está obrigada ao Regime do Lucro Real e não cumpre os requisitos exigidos para a apuração desse lucro, mais especificamente manter a escrituração contábil regular de acordo como as normas legais aplicáveis, elaborar as demonstrações contábeis obrigatórias, apresentar livros e documentos fiscais.

QUESTÕES DE MÚLTIPLA ESCOLHA

1. Leia atentamente as afirmações a seguir e assinale a alternativa correta.

I – A base de cálculo da CSLL, em cada mês, é determinada mediante a aplicação do percentual de 12% sobre a receita bruta auferida mensalmente, no caso de empresas que explorem as atividades de venda de produtos, de revenda de mercadorias, de prestação de serviços hospitalares e de transporte de carga.

II – No cálculo da base de cálculo estimada mensal da CSLL, as instituições financeiras podem deduzir determinadas despesas da receita, tais como aquelas incorridas na captação de recursos de terceiros.

III – A redução da CSLL estimada mensal ocorre quando a pessoa jurídica optante da sistemática do Lucro Real anual demonstra, por meio de balanços ou balancetes mensais, a existência de base de cálculo negativa já a partir do mês de janeiro do ano-calendário.

As afirmativas I, II e III são, respectivamente:

a) Verdadeira, falsa e verdadeira.
b) Verdadeira, falsa e falsa.
c) Verdadeira, verdadeira e falsa.
d) Falsa, verdadeira e falsa.

Cap. 7 • Contribuição Social sobre o Lucro Líquido **147**

2. Assinale a alternativa que contém uma hipótese de imunidade à incidência da CSLL.

   a) As entidades beneficentes de assistência social que atendam às exigências estabelecidas em lei.

   b) O resultado dos atos cooperativos das sociedades cooperativas, exceto as de consumo, que obedecerem ao disposto na legislação específica.

   c) As associações civis sem fins lucrativos que prestem os serviços para os quais houverem sido instituídas e os coloquem à disposição do grupo de pessoas a que se destinam.

   d) As instituições de caráter cultural, sem fins lucrativos, que mantenham escrituração contábil regular e não remunerem seus dirigentes.

3. Leia atentamente as afirmações a seguir e assinale a alternativa correta.

   I – A pessoa jurídica não pode suspender ou reduzir o pagamento da CSLL por estimativa mensal, mesmo que demonstre, por meio de balanços ou balancetes mensais, que o valor acumulado já pago excede o valor da CSLL calculada com base no resultado do período em curso.

   II – Fica dispensada do recolhimento estimado mensal de CSLL a pessoa jurídica que demonstrar, por meio de balanços ou balancetes mensais, a existência de base de cálculo negativa já a partir do mês de janeiro do ano-calendário.

   III – A pessoa jurídica, ao recolher por estimativa mensal, está optando automaticamente pelo período anual para fins de apuração da base de cálculo da CSLL.

   As afirmativas I, II e III são, respectivamente:

   a) Verdadeira, falsa e verdadeira.

   b) Verdadeira, falsa e falsa.

   c) Falsa, verdadeira e verdadeira.

   d) Falsa, verdadeira e falsa.

4. De acordo com o art. 6º, parágrafo único, da Lei n. 7.689/1988, aplicam-se à CSLL, no que couber, as disposições da legislação do IRPJ relativamente:

   a) À base de cálculo, ao lançamento, à consulta, às alíquotas, às penalidades, às garantias e ao processo administrativo.

   b) À administração, ao lançamento, às alíquotas, à cobrança, às penalidades, às garantias e ao processo administrativo.

   c) À administração, ao lançamento, à consulta, à cobrança, às alíquotas, às garantias e ao processo administrativo.

   d) À administração, ao lançamento, à consulta, à cobrança, às penalidades, às garantias e ao processo administrativo.

148 Contabilidade Tributária • Pohlmann

5. Suponha que a alíquota da CSLL fosse majorada por meio de uma lei publicada no dia 31 de agosto de determinado ano. Essa nova alíquota poderia ser exigida:

   a) Com relação aos fatos geradores ocorridos a partir de 1º de janeiro do ano seguinte.

   b) Com relação aos fatos geradores ocorridos a partir da data da publicação da lei.

   c) Com relação aos fatos geradores ocorridos a partir de 1º de dezembro desse ano.

   d) Com relação aos fatos geradores ocorridos a partir do primeiro dia do mês seguinte ao da publicação da lei.

6. Para fins de apuração da CSLL, não se incluem na receita bruta:

   a) As vendas canceladas, os descontos incondicionais concedidos e os impostos não cumulativos cobrados destacadamente do comprador ou contratante dos quais o vendedor dos bens ou o prestador dos serviços seja mero depositário. São exemplos desses impostos que não se incluem na receita bruta o IPI e o ICMS, este quando cobrado a título de substituição tributária.

   b) As vendas canceladas, os descontos condicionais concedidos e os impostos não cumulativos cobrados destacadamente do comprador ou contratante dos quais o vendedor dos bens ou o prestador dos serviços seja mero depositário. São exemplos desses impostos que não se incluem na receita bruta o IPI e o ICMS, este quando cobrado a título de substituição tributária.

   c) As vendas canceladas, os descontos incondicionais concedidos e os impostos não cumulativos cobrados destacadamente do comprador ou contratante dos quais o vendedor dos bens ou o prestador dos serviços seja mero depositário. São exemplos desses impostos que não se incluem na receita bruta o ICMS e o IPI, este apenas quando cobrado a título de substituição tributária.

   d) As vendas canceladas, os descontos incondicionais concedidos e os impostos cumulativos cobrados destacadamente do comprador ou contratante dos quais o vendedor dos bens ou o prestador dos serviços seja mero depositário. São exemplos desses impostos que não se incluem na receita bruta o ISSQN e o ICMS, este quando cobrado a título de substituição tributária.

7. Qual das alternativas a seguir contém apenas atividades sujeitas ao percentual de 12% para fins de apuração da base de cálculo da CSLL das pessoas jurídicas optantes pelo Regime do Lucro Presumido?

   a) Revenda de mercadorias, serviços de transporte de carga e clínica de oftalmologia.

   b) Venda de produtos de fabricação própria, intermediação de negócios e serviços hospitalares.

   c) Serviços de transporte de carga, revenda de mercadorias e serviços hospitalares.

   d) Serviços contábeis, venda de produtos de fabricação própria e transporte coletivo de passageiros.

8. Assinale a alternativa que contém apenas despesas não dedutíveis para fins de apuração da CSLL das pessoas jurídicas sujeitas ao Lucro Real.

   a) Despesas com brindes e participações dos administradores nos lucros.

   b) Provisão para manutenção de equipamentos e participações nos lucros atribuídas a partes beneficiárias de emissão da própria pessoa jurídica.

Cap. 7 • Contribuição Social sobre o Lucro Líquido **149**

c) Participações dos empregados nos lucros e *royalties* pagos a sócios da empresa.

d) Multas de trânsito e despesas com brindes.

9. Com relação à compensação da base negativa da CSLL de períodos anteriores para pessoas jurídicas sujeitas ao Lucro Real, assinale a afirmativa correta.

a) É limitada essa compensação a 30% do lucro líquido operacional do período.

b) No caso de empresa que explore a atividade rural, não se aplica o limite de 30% em relação à base de cálculo negativa decorrente dessa atividade.

c) Pode ser compensada sem limites no caso de empresas em recuperação judicial.

d) É limitada essa compensação a 30% do lucro líquido ajustado do período, sem exceção.

10. Assinale a alternativa que contém apenas exclusões do lucro líquido para fins de apuração da CSLL da pessoa jurídica tributada pelo Lucro Real.

a) Os dividendos recebidos de investimentos no Brasil avaliados pelo custo de aquisição e as receitas de exportação de produtos para o exterior.

b) O resultado positivo da avaliação de investimentos pelo valor do patrimônio líquido e os dispêndios com pesquisa científica e tecnológica e de inovação tecnológica de que tratam os arts. 19 e 19-A da Lei n. 11.196/2005.

c) As receitas de vendas para a Zona Franca de Manaus e o valor das reversões de provisões não dedutíveis que haviam sido adicionadas ao lucro líquido de períodos anteriores.

d) As receitas de exportação de produtos para o exterior e o resultado positivo da avaliação de investimentos pelo valor do patrimônio líquido.

GABARITO

| 1. c | 2. a | 3. b | 4. d | 5. c |
| 6. a | 7. c | 8. d | 9. b | 10. b |

CAPÍTULO 8
PROGRAMA DE INTEGRAÇÃO SOCIAL E CONTRIBUIÇÃO PARA O FINANCIAMENTO DA SEGURIDADE SOCIAL

OBJETIVOS DO CAPÍTULO

- ▶ Desenvolver a capacidade de identificar, analisar e aplicar as regras que regem a incidência de Programa de Integração Social (PIS) e Contribuição para o Financiamento da Seguridade Social (Cofins).
- ▶ Demonstrar como essas contribuições sociais são apuradas.
- ▶ Aperfeiçoar a habilidade de realizar uma gestão tributária eficaz dessas contribuições.

Este capítulo aborda as contribuições sociais denominadas PIS e Cofins, incidentes sobre as receitas das pessoas jurídicas, na importação de bens e mercadorias e, no caso específico do PIS de entidades sem fins lucrativos, sobre a folha de salários.

8.1 PRINCÍPIOS E OUTRAS DEFINIÇÕES CONSTITUCIONAIS

O PIS e a Cofins são contribuições de competência exclusiva da União e são destinadas ao financiamento da seguridade social, cuja definição e abrangência são dadas pelo art. 194 da Constituição Federal (CF):

> Art. 194. A seguridade social compreende um conjunto integrado de ações de iniciativa dos Poderes Públicos e da sociedade, destinadas a assegurar os direitos relativos à saúde, à previdência e à assistência social.

152 Contabilidade Tributária • Pohlmann

Entre as fontes de financiamento da seguridade social, estão as contribuições abordadas aqui. Em relação à Cofins, que sucedeu a contribuição de mesma natureza denominada Finsocial, a sua incidência sobre as receitas das pessoas jurídicas e sobre a importação de bens e serviços está prevista, respectivamente, nos incisos I, "b", e IV do art. 195 da CF:

> Art. 195. A seguridade social será financiada por toda a sociedade, de forma direta e indireta, nos termos da lei, mediante recursos provenientes dos orçamentos da União, dos Estados, do Distrito Federal e dos Municípios, e das seguintes contribuições sociais:
>
> I – do empregador, da empresa e da entidade a ela equiparada na forma da lei, incidentes sobre: (Redação dada pela Emenda Constitucional n. 20, de 1998)
>
> b) a receita ou o faturamento; (Incluído pela Emenda Constitucional n. 20, de 1998)
>
> IV – do importador de bens ou serviços do exterior, ou de quem a lei a ele equiparar. (Incluído pela Emenda Constitucional n. 42, de 19.12.2003)

Em relação ao PIS, que já era cobrado desde 1970, tem a sua continuidade e destinação prevista no art. 239, enquanto a possibilidade de incidência na importação foi introduzida posteriormente no art. 149, § 2º, II:

> Art. 149. Compete exclusivamente à União instituir contribuições sociais, de intervenção no domínio econômico e de interesse das categorias profissionais ou econômicas, como instrumento de sua atuação nas respectivas áreas, observado o disposto nos arts. 146, III, e 150, I e III, e sem prejuízo do previsto no art. 195, § 6º, relativamente às contribuições a que alude o dispositivo.
>
> [...]
>
> § 2º As contribuições sociais e de intervenção no domínio econômico de que trata o *caput* deste artigo: (Incluído pela Emenda Constitucional n. 33, de 2001)
>
> [...]
>
> II – incidirão também sobre a importação de produtos estrangeiros ou serviços; (Redação dada pela Emenda Constitucional n. 42, de 19.12.2003)
>
> [...]
>
> Art. 239. A arrecadação decorrente das contribuições para o Programa de Integração Social, criado pela Lei Complementar n. 7, de 7 de setembro de 1970, e para o Programa de Formação do Patrimônio do Servidor Público, criado pela Lei Complementar n. 8, de 3 de dezembro de 1970, passa, a partir da promulgação desta Constituição, a financiar, nos termos que a lei dispuser, o programa do seguro-desemprego, outras ações da previdência social e o abono de que trata o § 3º deste artigo. (Redação dada pela Emenda Constitucional n. 103, de 2019)
>
> [...]
>
> § 3º – Aos empregados que percebam de empregadores que contribuem para o Programa de Integração Social ou para o Programa de Formação do Patrimônio do Servidor Público, até dois salários mínimos de remuneração mensal, é assegurado o pagamento de um salário mínimo anual, computado neste valor o rendimento das contas individuais, no caso daqueles que já participavam dos referidos programas, até a data da promulgação desta Constituição.

Cap. 8 • Programa de Integração Social e Contribuição para o Financiamento da Seguridade Social **153**

Merecem ser destacadas, ainda, as seguintes definições constitucionais em relação ao PIS e à Cofins:

- Poderão ter alíquotas: 1 – *ad valorem*, tendo por base o faturamento, a receita bruta ou o valor da operação e, no caso de importação, o valor aduaneiro; ou 2 – específica, tendo por base a unidade de medida adotada (CF, art. 149, § 2º, III).

- A pessoa natural destinatária das operações de importação poderá ser equiparada à pessoa jurídica, na forma da lei (CF, art. 149, § 3º).

- Poderá haver a chamada incidência monofásica, ou seja, hipóteses definidas pela lei em que as contribuições incidirão uma única vez (CF, art. 149, § 4º).

- Só poderão ser exigidas após decorridos 90 dias da data da publicação da lei que as houver instituído ou modificado, não se lhes aplicando o princípio da anterioridade do exercício financeiro previsto no art. 150, III, "b" (art. 195, § 6º).

- Terão os setores de atividade econômica para os quais as contribuições serão não cumulativas definidos em lei (art. 195, § 12).

- Não incidem sobre as receitas de exportação e as receitas das entidades beneficentes de assistência social, desde que estas atendam às exigências estabelecidas em lei (art. 149, § 2º, I, e art. 195, § 7º). Quando a não incidência é estabelecida pelo texto constitucional, estamos diante de uma imunidade.

8.2 LEGISLAÇÃO DE REGÊNCIA E REGIMES DE INCIDÊNCIA

A legislação do PIS e da Cofins é extensa e casuística, razão pela qual a abordagem adotada neste capítulo tem por foco os casos mais abrangentes e de maior interesse geral. Entre as leis e outras normas que regem a incidência dessas contribuições, podemos destacar as seguintes:

- **PIS**: Lei Complementar (LC) n. 7/1970, Medida Provisória (MP) n. 2.158/2001, Lei n. 9.715/1998, Lei n. 9.718/1998, Lei n. 10.637/2002, Lei n. 10.833/2003, Lei n. 10.865/2004, Lei n. 10.925/2004, Lei n. 12.973/2014 e Instrução Normativa da Receita Federal do Brasil (IN RFB) n. 2.121/2022;

- **Cofins**: LC n. 70/1991; MP n. 2.158/2001; Lei n. 9.718/1998, Lei n. 10.833/2003, Lei n. 10.865/2004, Lei n. 10.925/2004, Lei n. 12.973/2014 e IN RFB n. 2.121/2022.

Tendo em vista que este livro tem como foco a contabilidade e a gestão tributária das empresas e entidades privadas, não serão abordados aspectos relativos ao Programa de Formação do Patrimônio do Servidor Público (PASEP), instituído pela LC n. 8/1970, pois essa contribuição é devida pelas pessoas jurídicas de direito público.

Para fins de apuração do PIS e da Cofins, existem dois regimes básicos: o cumulativo e o não cumulativo. Como regra, a hipótese ou situação sujeita ao regime cumulativo do PIS também o será para a Cofins.

No regime cumulativo, a apuração dá-se pura e simplesmente mediante a aplicação de uma alíquota sobre a base de cálculo, sem direito à dedução de créditos de contribuições incidentes nas etapas anteriores.

O regime não cumulativo, por sua vez, difere-se ao permitir a dedução de créditos de contribuições calculadas sobre o valor das aquisições de mercadorias, insumos e outros bens e serviços especificados na lei. Este último regime vai ao encontro da ideia de tributação sobre o valor adicionado, semelhantemente ao que ocorre em outros tributos, como o Imposto sobre Produtos Industrializados (IPI) e o Imposto sobre a Circulação de Mercadorias e Serviços de Transporte Interestadual e Intermunicipal e de Comunicação (ICMS).

A sujeição a um ou outro regime depende de critérios estabelecidos na legislação de regência dessas contribuições, podendo haver situações de uma mesma empresa ter de apurar as contribuições de acordo com os dois regimes, cada um deles aplicado a parte de suas receitas.

A regra é a incidência não cumulativa; as exceções, sujeitas ao regime cumulativo, são elencadas expressamente na Lei n. 10.637/2002 e na Lei n. 10.833/2003. Dessa maneira, o raciocínio jurídico para identificar o regime de apuração aplicável ao caso concreto é verificar se ele está previsto expressamente em uma das hipóteses legais submetidas ao regime cumulativo; caso não estejam entre essas hipóteses, a receita ou a pessoa jurídica, dependendo do caso, submetem-se ao regime não cumulativo.

Entre as hipóteses que se sujeitam ao regime cumulativo do PIS e da Cofins, previstos, respectivamente, no art. 8º da Lei n. 10.637/2002 e no art. 10 da Lei n. 10.833/2003, podemos, sem a pretensão de esgotar, destacar as seguintes:

- Instituições financeiras.
- Empresas de securitização de créditos.
- Operadoras de planos de assistência à saúde.
- Prestadores de serviços de vigilância e transporte de valores.
- Pessoas jurídicas tributadas pelo Imposto de Renda das Pessoas Jurídicas (IRPJ) com base no Lucro Presumido ou Arbitrado.
- Pessoas jurídicas optantes pelo SIMPLES.
- Pessoas jurídicas imune a impostos.
- Cooperativas (exceto, em relação à Cofins, as de produção agropecuária e as de consumo).
- Produtos farmacêuticos.
- Escovas de dente e sabonetes.
- Veículos.
- Transporte aéreo.
- Operações sujeitas à substituição tributária de PIS/Cofins.
- Compra e venda de veículos usados.
- Prestação de serviços de telecomunicações.

Cap. 8 • Programa de Integração Social e Contribuição para o Financiamento da Seguridade Social **155**

- Venda de jornais e periódicos e serviços das empresas jornalísticas e de radiodifusão (rádio e TV).
- A pessoa jurídica integrante do Mercado Atacadista de Energia Elétrica (MAE) optante pelo regime especial de tributação da Lei n. 10.637/2002.
- Transporte coletivo rodoviário, metroviário, ferroviário e aquaviário de passageiros.
- Serviços prestados por hospitais, clínicas, laboratórios etc.
- Serviços de educação infantil, ensino médio fundamental, ensino médio e educação superior.
- Lojas francas.
- Transporte coletivo aéreo de passageiros, em linhas regulares domésticas, e transporte de pessoas por táxi aéreo.
- Serviços com aeronaves de uso agrícola.
- Serviços de *call center*, telemarketing, telecobrança e teleatendimento.
- Parques temáticos, serviços de hotelaria e organização de feiras e eventos.
- As receitas decorrentes da execução por administração, empreitada ou subempreitada de obras de construção civil.
- As receitas decorrentes de operações de comercialização de pedra britada, de areia para construção civil e de areia de brita.
- As receitas decorrentes da alienação de participações societárias.

8.3 BASE DE CÁLCULO E ALÍQUOTAS

Para as pessoas jurídicas sujeitas ao regime não cumulativo, a base de cálculo da contribuição para o PIS e da Cofins é a totalidade das receitas, independentemente de sua denominação ou classificação contábil. Compreende a receita bruta e todas as demais receitas auferidas pela pessoa jurídica com os respectivos valores decorrentes do ajuste a valor presente.

Já para as pessoas jurídicas sujeitas ao regime cumulativo, a base de cálculo restringe-se ao faturamento, ou seja, à receita bruta das atividades abrangidas pelo objeto social da empresa.

A receita bruta compreende (Decreto-Lei (DL) n. 1.598, de 1977, art. 12; e Lei n. 9.718, de 1998, art. 3º; IN RFB n. 2.121/2022, art. 25):

I – o produto da venda de bens nas operações de conta própria;

II – o preço da prestação de serviços em geral;

III – o resultado auferido nas operações de conta alheia; e

IV – as receitas da atividade ou objeto principal da pessoa jurídica não compreendidas nos incisos I a III.

Não integram a base de cálculo das contribuições os valores referentes (Lei n. 10.637, de 2002, art. 1º, § 3º, inciso I; Lei n. 10.833, de 2003, art. 1º, § 3º, inciso I; e DL n. 1.598, de 1977, art. 12; IN RFB n. 2.121/2022, art. 25):

I – ao IPI destacado em nota fiscal, nas hipóteses em que as receitas de que tratam o § 1º e o § 2º sejam auferidas por pessoa jurídica industrial ou equiparada a industrial;

II – ao Imposto sobre Operações relativas à Circulação de Mercadorias e sobre Prestações de Serviços de Transporte Interestadual e Intermunicipal e de Comunicação (ICMS), quando cobrado pelo vendedor dos bens ou prestador dos serviços na condição de substituto tributário;

III – a receitas imunes, isentas e não alcançadas pela incidência das contribuições; e

IV – ao valor da contrapartida do benefício fiscal de que trata o art. 11 da Lei n. 13.755, de 10 de dezembro de 2018, reconhecido no resultado operacional (Lei n. 13.755, de 10 de dezembro de 2018, art. 11, § 8º).

São, por sua vez, excluídos da base de cálculo os valores referentes a (IN RFB n. 2.121/2022):[1]

I – vendas canceladas;

II – devoluções de vendas, na hipótese do regime de apuração cumulativa de que trata o Livro II da Parte I;

III – descontos incondicionais concedidos;

IV – reversões de provisões, que não representem ingresso de novas receitas;

V – recuperações de créditos baixados como perda, que não representem ingresso de novas receitas;

VI – receita de que trata o inciso IV do *caput* do art. 187 da Lei n. 6.404, de 1976, decorrente da venda de bens do ativo não circulante, classificado como investimento, imobilizado ou intangível;

VII – receita auferida pela pessoa jurídica revendedora, na revenda de mercadorias em relação às quais a contribuição seja exigida da empresa vendedora, na condição de substituta tributária;

VIII – receita decorrente da transferência onerosa a outros contribuintes do ICMS de créditos de ICMS originados de operações de exportação, conforme o disposto no inciso II do § 1º do art. 25 da Lei Complementar n. 87, de 13 de setembro de 1996;

IX – receita reconhecida pela construção, recuperação, ampliação ou melhoramento da infraestrutura, cuja contrapartida seja ativo intangível representativo de direito de exploração, no caso de contratos de concessão de serviços públicos;

X – resultado positivo da avaliação de investimentos pelo valor do patrimônio líquido e os lucros e dividendos derivados de participações societárias, que tenham sido computados como receita;

XI – receita financeira decorrente do ajuste a valor presente de que trata o inciso VIII do *caput* do art. 183 da Lei n. 6.404, de 1976, referente a receitas excluídas da base de cálculo da Contribuição para o PIS/Pasep e da Cofins;

---

1   Base legal: DL n. 1.598, de 1977, art. 12, com redação dada pela Lei n. 12.973, de 2014, art. 2º; Lei n. 9.718, de 1998, art. 3º, *caput*, com redação dada pela Lei n. 12.973, de 2014, art. 42, e § 2º, com redação dada pela Lei n. 13.043, de 13 de novembro de 2014, art. 15; Lei n. 10.637, de 2002, art. 1º, § 3º, com redação dada pela Lei n. 12.973, de 2014, art. 16; Lei n. 10.833, de 2003, art. 1º, § 3º, com redação dada pela Lei n. 12.973, de 2014, art. 17; e art. 15, inciso I, com redação dada pela Lei n. 10.865, de 2004, art. 21; e Acórdão em Embargos de Declaração no Recurso Extraordinário n. 574.706.

Cap. 8 • Programa de Integração Social e Contribuição para o Financiamento da Seguridade Social **157**

XII – relativas ao valor do ICMS que tenha incidido sobre a operação. (Redação dada pela Lei n. 14.592, de 2023)

XIII – receita obtida pelo devedor, derivada de reconhecimento, nas demonstrações financeiras das sociedades, dos efeitos da renegociação de dívidas no âmbito de processo de recuperação judicial, estejam as dívidas a ela sujeitas ou não. (Incluído(a) pelo(a) Instrução Normativa RFB n. 2152, de 14 de julho de 2023)

Parágrafo único. Em relação à exclusão referida no inciso XII, não poderão ser excluídos os montantes de ICMS destacados em documentos fiscais referentes a receitas de vendas efetuadas com suspensão, isenção, alíquota zero ou não sujeitas à incidência das contribuições.

A Lei n. 14.592/2023, além de confirmar a exclusão do ICMS que tenha incidido na operação, veio acrescentar duas hipóteses de exclusões:

- relativas ao valor do imposto que deixar de ser pago em virtude das isenções e reduções de que tratam as alíneas "a", "b", "c" e "e" do § 1º do art. 19 do DL n. 1.598, de 26 de dezembro de 1977;
- relativas ao prêmio na emissão de debêntures.

Há outras exclusões aplicáveis ao regime de apuração não cumulativo (Lei n. 10.637, de 2002, art. 1º, § 3º, incisos IX, X, XII e XIII; e Lei n. 10.833, de 2003, art. 1º, § 3º, incisos VIII, IX, XI e XII):

I – ganhos decorrentes de avaliação de ativo e passivo com base no valor justo;

II – subvenções para investimento, inclusive mediante isenção ou redução de impostos, concedidas como estímulo à implantação ou expansão de empreendimentos econômicos e de doações feitas pelo poder público, incluindo as subvenções governamentais previstas no art. 19 da Lei n. 10.973/2004, e no art. 21 da Lei n. 11.196/2005;[2]

III – valor do imposto que deixar de ser pago em razão das isenções e reduções de que tratam as alíneas "a", "b", "c" e "e" do § 1º do art. 19 do Decreto-Lei n. 1.598, de 1977; e

IV – prêmio na emissão de debêntures.

Ressalvadas as disposições específicas quanto a determinados produtos, serviços ou situações, as alíquotas gerais da Cofins e da contribuição ao PIS são as seguintes:

- **Regime cumulativo**:
  - PIS = 0,65%
  - Cofins = 3,0%

---

2   Tanto o inciso X do § 3º do art. 1º da Lei n. 10.637/2002, quanto o inciso IX do § 3º do art. 1º da Lei n. 10.833/2003, que previam a exclusão das subvenções de investimento da base de cálculo de PIS e Cofins, foram revogados pelo art. 15 da Medida Provisória n. 1.185, de 30 de agosto de 2023. Essa MP entrou em vigor na data de sua publicação e produzirá efeitos a partir de 1º de janeiro de 2024. Ressalte-se que, na data de fechamento desta obra, ainda não havia sido convertida em lei pelo Congresso Nacional. Desse modo, pede-se ao leitor que verifique o andamento do processo legislativo. Caso ela não venha a ser convertida em lei, perderá sua eficácia.

158 Contabilidade Tributária • Pohlmann

- **Regime não cumulativo:**
  - PIS = 1,65%
  - Cofins = 7,6%

As contribuições para o PIS e a Cofins incidentes sobre as receitas financeiras das empresas submetidas ao regime não cumulativo, inclusive decorrentes de operações realizadas para fins de *hedge*, devem ser apuradas mediante a aplicação das alíquotas 0,65% (sessenta e cinco centésimos por cento) e 4% (quatro por cento), respectivamente (Lei n. 10.637, de 2002, art. 1º, § 1º, com redação dada pela Lei n. 12.973, de 2014, art. 54; Lei n. 10.833, de 2003, art. 1º, § 1º, com redação dada pela Lei n. 12.973, de 2014, art. 55; Lei n. 10.865, de 2004, art. 27, § 2º; e Decreto n. 8.426, de 2015, art. 1º, *caput*).

Estão sujeitas às alíquotas básicas do regime de apuração não cumulativa de PIS e Cofins as receitas financeiras decorrentes de (Lei n. 10.865, de 2004, art. 27, § 2º; e Decreto n. 8.426, de 2015, art. 1º, § 2º):

> I – ajuste a valor presente, nos termos do inciso VIII do *caput* do art. 183 da Lei n. 6.404, de 1976; e
>
> II – juros sobre capital próprio.

Estão sujeitas à alíquota de 0% (zero por cento) as receitas financeiras decorrentes de (Lei n. 10.865, de 2004, art. 27, § 2º; e Decreto n. 8.426, de 2015, art. 1º, §§ 3º e 4º, incluídos pelo Decreto n. 8.451, de 19 de maio de 2015, art. 2º):

> I – variações monetárias em função da taxa de câmbio de:
>
> a) operações de exportação de bens e serviços para o exterior; e
>
> b) obrigações contraídas pela pessoa jurídica, inclusive empréstimos e financiamentos; e
>
> II – operações de cobertura (*hedge*) realizadas em bolsa de valores, de mercadorias e de futuros ou no mercado de balcão organizado, destinadas exclusivamente à proteção contra riscos inerentes às oscilações de preço ou de taxas quando, cumulativamente, o objeto do contrato negociado (Lei n. 10.865, de 2004, art. 27, § 2º):
>
> a) estiver relacionado com as atividades operacionais da pessoa jurídica; e
>
> b) destinar-se à proteção de direitos ou obrigações da pessoa jurídica.

Determinados produtos estão sujeitos à chamada incidência monofásica, na qual PIS e Cofins são cobrados dos produtores e importadores mediante a incidência de "alíquotas concentradas" (que são significativamente maiores), como gasolina, óleo diesel, gás liquefeito de petróleo (GLP), querosene de aviação, veículos, produtos farmacêuticos, entre outros. Em decorrência disso, para as operações seguintes realizadas pelos atacadistas e varejistas, a alíquota sobre esses produtos é reduzida a zero.

Há previsão de exclusão de outros valores da receita bruta para atividades específicas. Entre esses casos estão, por exemplo, as instituições financeiras em geral, as entidades de previdência privada, as seguradoras e as empresas de capitalização (Lei n. 9.718/1998, art. 3º, § 6º):

Cap. 8 • Programa de Integração Social e Contribuição para o Financiamento da Seguridade Social **159**

§ 6º Na determinação da base de cálculo das contribuições para o PIS/PASEP e COFINS, as pessoas jurídicas referidas no § 1º do art. 22 da Lei nº 8.212, de 1991, além das exclusões e deduções mencionadas no § 5º, poderão excluir ou deduzir: (Incluído pela Medida Provisória n. 2158-35, de 2001)

I – no caso de bancos comerciais, bancos de investimentos, bancos de desenvolvimento, caixas econômicas, sociedades de crédito, financiamento e investimento, sociedades de crédito imobiliário, sociedades corretoras, distribuidoras de títulos e valores mobiliários, empresas de arrendamento mercantil e cooperativas de crédito: (Incluído pela Medida Provisória n. 2158-35, de 2001)

a) despesas incorridas nas operações de intermediação financeira; (Incluído pela Medida Provisória n. 2158-35, de 2001)

b) despesas de obrigações por empréstimos, para repasse, de recursos de instituições de direito privado; (Incluído pela Medida Provisória n. 2158-35, de 2001)

c) deságio na colocação de títulos; (Incluído pela Medida Provisória n. 2158-35, de 2001)

d) perdas com títulos de renda fixa e variável, exceto com ações; (Incluído pela Medida Provisória n. 2158-35, de 2001)

e) perdas com ativos financeiros e mercadorias, em operações de *hedge*; (Incluído pela Medida Provisória n. 2158-35, de 2001)

II – no caso de empresas de seguros privados, o valor referente às indenizações correspondentes aos sinistros ocorridos, efetivamente pago, deduzido das importâncias recebidas a título de cosseguro e resseguro, salvados e outros ressarcimentos. (Incluído pela Medida Provisória n. 2158-35, de 2001)

III – no caso de entidades de previdência privada, abertas e fechadas, os rendimentos auferidos nas aplicações financeiras destinadas ao pagamento de benefícios de aposentadoria, pensão, pecúlio e de resgates; (Incluído pela Medida Provisória n. 2158-35, de 2001)

IV – no caso de empresas de capitalização, os rendimentos auferidos nas aplicações financeiras destinadas ao pagamento de resgate de títulos. (Incluído pela Medida Provisória n. 2158-35, de 2001)

Em relação às cooperativas, além das exclusões aplicáveis às demais empresas, podem ser excluídas da base de cálculo de PIS e Cofins (MP 2.158-35/2001, art. 15):

Art. 15. As sociedades cooperativas poderão, observado o disposto nos arts. 2º e 3º da Lei n. 9.718, de 1998, excluir da base de cálculo da COFINS e do PIS/PASEP:

I – os valores repassados aos associados, decorrentes da comercialização de produto por eles entregue à cooperativa;

II – as receitas de venda de bens e mercadorias a associados;

III – as receitas decorrentes da prestação, aos associados, de serviços especializados, aplicáveis na atividade rural, relativos à assistência técnica, extensão rural, formação profissional e assemelhadas;

IV – as receitas decorrentes do beneficiamento, armazenamento e industrialização de produção do associado;

V – as receitas financeiras decorrentes de repasse de empréstimos rurais contraídos junto a instituições financeiras, até o limite dos encargos a estas devidos.

160 Contabilidade Tributária • Pohlmann

§ 1º Para os fins do disposto no inciso II, a exclusão alcançará somente as receitas decorrentes da venda de bens e mercadorias vinculados diretamente à atividade econômica desenvolvida pelo associado e que seja objeto da cooperativa.

8.4 APURAÇÃO DO VALOR DEVIDO NO REGIME CUMULATIVO

No regime cumulativo, a apuração do valor de PIS e Cofins a recolher se dá pela aplicação das respectivas alíquotas sobre a base de cálculo no mês.

As pessoas jurídicas optantes pelo regime de tributação do IRPJ com base no Lucro Presumido, e, consequentemente, submetidas ao regime de apuração cumulativa da Contribuição para o PIS e da Cofins, poderão adotar o regime de caixa para fins da incidência das referidas contribuições, desde que adotem o mesmo critério em relação ao IRPJ e à Contribuição Social sobre o Lucro Líquido (CSLL) (MP n. 2.158-35/2001, art. 20).

EXEMPLO

A título de ilustração, suponha uma indústria de bens de máquinas e equipamentos que apresenta os seguintes dados, relativamente a suas operações:

Receitas do mês:

Receita de venda de produtos no mês (inclui IPI)	R$ 2.500.000,00
Receita de serviços de manutenção e instalação	R$ 500.000,00
Receitas financeiras	R$ 80.000,00
Ganhos de capital na venda de bens do imobilizado	R$ 20.000,00

Outras informações:

IPI incidente sobre as vendas	R$ 120.000,00
ICMS incidente sobre as vendas	R$ 400.000,00
Vendas canceladas	R$ 100.000,00

Apuração da base de cálculo de PIS e Cofins:

Receita de venda de produtos no mês (sem IPI)	R$ 2.380.000,00
Receita de serviços de manutenção e instalação	R$ 500.000,00
(–) ICMS incidente sobre as vendas	(R$ 400.000,00
(–) Vendas canceladas	(R$ 100.000,00)
= Base de cálculo	R$ 2.380.000,00

Cálculo de PIS e Cofins devidos:

PIS: 0,65%	R$ 15.470,00
Cofins: 3%	R$ 71.400,00

8.5 CRÉDITOS NO REGIME NÃO CUMULATIVO

Do valor apurado no modo do art. 2º, a pessoa jurídica poderá descontar créditos calculados em relação a (Lei n. 10.833/2003, art. 3º):

I – bens adquiridos para revenda, exceto em relação às mercadorias e aos produtos referidos:

a) no inciso III do § 3º do art. 1º desta Lei; e

b) nos §§ 1º e 1º-A do art. 2º desta Lei;

II – bens e serviços, utilizados como insumo[3] na prestação de serviços e na produção ou fabricação de bens ou produtos destinados à venda, inclusive combustíveis e lubrificantes, exceto em relação ao pagamento de que trata o art. 2º da Lei n. 10.485, de 3 de julho de 2002, devido pelo fabricante ou importador, ao concessionário, pela intermediação ou entrega dos veículos classificados nas posições 87.03 e 87.04 da Tipi;

III – energia elétrica e energia térmica, inclusive sob a forma de vapor, consumidas nos estabelecimentos da pessoa jurídica;

IV – aluguéis de prédios, máquinas e equipamentos, pagos a pessoa jurídica, utilizados nas atividades da empresa;

V – valor das contraprestações de operações de arrendamento mercantil de pessoa jurídica, exceto de optante pelo Sistema Integrado de Pagamento de Impostos e Contribuições das Microempresas e das Empresas de Pequeno Porte – SIMPLES;

VI – máquinas, equipamentos e outros bens incorporados ao ativo imobilizado, adquiridos ou fabricados para locação a terceiros, ou para utilização na produção de bens destinados à venda ou na prestação de serviços;

VII – edificações e benfeitorias em imóveis próprios ou de terceiros, utilizados nas atividades da empresa;

VIII – bens recebidos em devolução cuja receita de venda tenha integrado faturamento do mês ou de mês anterior, e tributada conforme o disposto nesta Lei;

IX – armazenagem de mercadoria e frete na operação de venda, nos casos dos incisos I e II, quando o ônus for suportado pelo vendedor.

X – vale-transporte, vale-refeição ou vale-alimentação, fardamento ou uniforme fornecidos aos empregados por pessoa jurídica que explore as atividades de prestação de serviços de limpeza, conservação e manutenção.

XI – bens incorporados ao ativo intangível, adquiridos para utilização na produção de bens destinados a venda ou na prestação de serviços.

---

3   O conceito de insumo foi definido de forma mais ampla pelo Superior Tribunal de Justiça no julgamento do Recurso Especial 1.221.170, em 22 de fevereiro de 2018, tema cadastrado sob o número 779 no sistema dos repetitivos, em que restaram fixadas as seguintes teses:

"É ilegal a disciplina de creditamento prevista nas Instruções Normativas da SRF 247/2002 e 404/2004, porquanto compromete a eficácia do sistema de não cumulatividade da contribuição ao PIS e à COFINS, tal como definido nas Leis 10.637/2002 e 10.833/2003."

"O conceito de insumo deve ser aferido à luz dos critérios da essencialidade ou relevância, vale dizer, considerando-se a imprescindibilidade ou a importância de determinado item – bem ou serviço – para o desenvolvimento da atividade econômica desempenhada pelo contribuinte."

Os arts. 176 e 177 da IN RFB n. 2.121/2022 definem o que se considera incluído no conceito de "insumos", *in verbis*:[4]

> Art. 176. Para efeito do disposto nesta Subseção, consideram-se insumos, os bens ou serviços considerados essenciais ou relevantes para o processo de produção ou fabricação de bens destinados à venda ou de prestação de serviços (Lei n. 10.637, de 2002, art. 3º, *caput*, inciso II, com redação dada pela Lei n. 10.865, de 2004, art. 37; e Lei n. 10.833, de 2003, art. 3º, *caput*, inciso II, com redação dada pela Lei n. 10.865, de 2004, art. 21).
>
> [...]
>
> Art. 177. Também se consideram insumos, os bens ou os serviços especificamente exigidos por norma legal ou infralegal para viabilizar as atividades de produção de bens ou de prestação de serviços por parte da mão de obra empregada nessas atividades.
>
> Parágrafo único. O disposto no *caput* não se aplica nas hipóteses em que a exigência dos bens ou dos serviços decorrem de celebração de acordos ou convenções coletivas de trabalho.

Como regra, o crédito será determinado mediante a aplicação das alíquotas gerais de PIS e Cofins sobre o valor (Lei n. 10.833/2003, art. 3º, § 1º):

> I – dos itens mencionados nos incisos I e II do *caput*, adquiridos no mês;
>
> II – dos itens mencionados nos incisos III a V e IX do *caput*, incorridos no mês;
>
> III – dos encargos de depreciação e amortização dos bens mencionados nos incisos VI, VII e XI do *caput*, incorridos no mês;
>
> IV – dos bens mencionados no inciso VIII do *caput*, devolvidos no mês.

Não dará direito a crédito o valor (Lei n. 10.833/2003, art. 3º, § 2º):

> I – de mão de obra paga a pessoa física;
>
> II – da aquisição de bens ou serviços não sujeitos ao pagamento da contribuição, inclusive no caso de isenção, esse último quando revendidos ou utilizados como insumo em produtos ou serviços sujeitos à alíquota 0 (zero), isentos ou não alcançados pela contribuição; e
>
> III – do ICMS que tenha incidido sobre a operação de aquisição (Lei n. 14.592/2023)

O direito ao crédito aplica-se, exclusivamente, em relação (Lei n. 10.833/2003, art. 3º, § 3º):

- aos bens e serviços adquiridos de pessoa jurídica domiciliada no País;
- aos custos e despesas incorridos, pagos ou creditados a pessoa jurídica domiciliada no País.

O crédito não aproveitado em determinado mês poderá sê-lo nos meses subsequentes (Lei n. 10.833/2003, art. 3º, § 4º).

---

4   O art. 176 da IN RFB n. 2.121/2022 apresenta uma extensa lista de itens que se incluem no conceito de insumo, bem como itens que não se incluem. Para uma gestão tributária eficaz dessas contribuições sociais, recomendamos uma leitura atenta desse dispositivo.

Cap. 8 • Programa de Integração Social e Contribuição para o Financiamento da Seguridade Social **163**

Opcionalmente, o contribuinte poderá calcular o crédito relativo à aquisição de máquinas e equipamentos destinados ao ativo imobilizado, no prazo de 4 anos, mediante a aplicação, a cada mês, das alíquotas referidas no *caput* do art. 2º dessa lei sobre o valor correspondente a 1/48 (um quarenta e oito avos) do valor de aquisição do bem, de acordo com regulamentação da RFB (Lei n. 10.833/2003, art. 3º, § 14).

No cálculo do crédito, poderão ser considerados os valores decorrentes do ajuste a valor presente de que trata o inciso III do *caput* do art. 184 da Lei n. 6.404, de 15 de dezembro de 1976 (Lei n. 10.833/2003, art. 3º, § 25).

O disposto nos incisos VI e VII do art. 3º da Lei n. 10.833/2003 (supratranscritos) não se aplica no caso de bem objeto de arrendamento mercantil, na pessoa jurídica arrendatária (Lei n. 10.833/2003, art. 3º, § 26).

No cálculo dos créditos a que se referem os mesmos incisos VI e VII referidos no parágrafo anterior, não serão computados os ganhos e as perdas decorrentes de avaliação de ativo com base no valor justo (Lei n. 10.833/2003, art. 3º, § 28).

8.5.1 Sujeição a Ambos os Regimes: Cálculo do Crédito

Na hipótese de a pessoa jurídica sujeitar-se à incidência não cumulativa de PIS e Cofins em relação apenas à parte de suas receitas, o crédito será apurado, exclusivamente, em relação aos custos, despesas e encargos vinculados a essas receitas (Lei n. 10.833/2003, art. 3º, § 7º).

Observadas as normas editadas pela RFB, no caso de custos, despesas e encargos vinculados às receitas submetidas ao regime não cumulativo e àquelas submetidas ao regime de incidência cumulativa das contribuições, o crédito será determinado, a critério da pessoa jurídica, pelo método de (Lei n. 10.833/2003, art. 3º, § 8º):

I – apropriação direta, inclusive em relação aos custos, por meio de sistema de contabilidade de custos integrada e coordenada com a escrituração; ou

II – rateio proporcional, aplicando-se aos custos, despesas e encargos comuns a relação percentual existente entre a receita bruta sujeita à incidência não cumulativa e a receita bruta total, auferidas em cada mês.

O método eleito pela pessoa jurídica para determinação do crédito será aplicado consistentemente por todo o ano-calendário, observadas as normas editadas pela RFB (Lei n. 10.833/2003, art. 3º, § 9º).

8.5.2 Transporte Rodoviário de Carga

Às empresas de transporte rodoviário de carga é permitida a dedução de créditos relativos a pagamentos para pessoas físicas e pessoas jurídicas optantes pelo Simples Nacional, nos seguintes termos (Lei n. 10.833/2003, art. 3º, §§ 19 e 20; IN RFB n. 2.121/2022, art. 210):

§ 19. As pessoas jurídicas que contratem serviço de transporte de carga prestado por: (Redação dada pela Lei n. 14.440, de 2022)

I – pessoa física, transportador autônomo, poderá descontar, da Cofins devida em cada período de apuração, crédito presumido calculado sobre o valor dos pagamentos efetuados por esses serviços; (Incluído pela Lei n. 11.051, de 2004)

II – pessoa jurídica transportadora, optante pelo SIMPLES, poderá descontar, da Cofins devida em cada período de apuração, crédito calculado sobre o valor dos pagamentos efetuados por esses serviços. (Incluído pela Lei n. 11.051, de 2004) (Vigência)

§ 20. Relativamente aos créditos referidos no § 19 deste artigo, seu montante será determinado mediante aplicação, sobre o valor dos mencionados pagamentos, de alíquota correspondente a 75% (setenta e cinco por cento) daquela constante do art. 2º desta Lei. (Incluído pela Lei n. 11.051, de 2004) (Vigência)

8.6 APURAÇÃO DO VALOR DEVIDO NO REGIME NÃO CUMULATIVO

A apuração de PIS e Cofins no regime não cumulativo implica o cálculo do débito das contribuições mediante a aplicação das alíquotas cabíveis nesse regime sobre as receitas tributáveis e seu confronto com os créditos do mesmo período de apuração, que é mensal. Os créditos, por sua vez, são calculados mediante a aplicação das mesmas alíquotas sobre o valor das aquisições de bens e serviços previstos na legislação.

EXEMPLO

Vamos tomar por base o mesmo exemplo apresentado na Seção 8.4, que envolve uma suposta indústria de bens de máquinas e equipamentos. Ela apresentou os seguintes dados, relativamente a suas operações em determinado mês:

Receitas do mês:

Receita de venda de produtos no mês (inclui IPI)	R$ 2.500.000,00
Receita de serviços de manutenção e instalação	R$ 500.000,00
Receitas financeiras	R$ 80.000,00
Ganhos de capital na venda de bens do imobilizado	R$ 20.000,00

Aquisições de bens e serviços no mês:

Aquisições que dão direito a crédito de PIS/Cofins, já excluído o ICMS (Lei n. 14.592/2023)	R$ 1.200.000,00

Outras informações:

IPI incidente sobre as vendas	R$ 120.000,00
ICMS incidente sobre as vendas	R$ 400.000,00
Vendas canceladas	R$ 100.000,00

Apuração dos débitos de PIS/Cofins:

Receita de venda de produtos no mês (sem IPI)	R$ 2.380.000,00
Receita de serviços de manutenção e instalação	R$ 500.000,00
(–) ICMS incidente sobre as vendas	(R$ 400.000,00)
(–) Vendas canceladas	(R$ 100.000,00)
= Base de cálculo sujeita às alíquotas gerais	R$ 2.380.000,00
PIS: 1,65%	R$ 39.270,00
Cofins: 7,6%	R$ 180.880,00

Receitas financeiras	R$ 80.000,00
PIS: 0,65%	R$ 520,00
Cofins: 4%	R$ 3.200,00

Total dos débitos do período:	
PIS	R$ 39.790,00
Cofins	R$ 184.080,00

Créditos de PIS/Cofins no período:	
PIS: 1.200.000 × 1,65% =	R$ 19.800,00
Cofins: 1.200.000 × 7,6% =	R$ 91.200,00
Total de créditos de PIS/Cofins =	R$ 111.000,00

Valor devido de PIS/Cofins:	
Valor devido de PIS	R$ 19.990,00
Valor devido de Cofins	R$ 92.880,00

8.7 PIS INCIDENTE SOBRE A FOLHA DE PAGAMENTO

As entidades a seguir arroladas ficam sujeitas ao recolhimento do PIS mediante a aplicação da alíquota de 1% sobre a folha de salários (MP n. 2.158-35/2001, art. 13):

I – templos de qualquer culto;

II – partidos políticos;

III – instituições de educação e de assistência social a que se refere o art. 12 da Lei n. 9.532, de 10 de dezembro de 1997;

IV – instituições de caráter filantrópico, recreativo, cultural, científico e as associações, a que se refere o art. 15 da Lei n. 9.532, de 1997;

166 Contabilidade Tributária • Pohlmann

V – sindicatos, federações e confederações;

VI – serviços sociais autônomos, criados ou autorizados por lei;

VII – conselhos de fiscalização de profissões regulamentadas;

VIII – fundações de direito privado e fundações públicas instituídas ou mantidas pelo Poder Público;

IX – condomínios de proprietários de imóveis residenciais ou comerciais; e

X – a Organização das Cooperativas Brasileiras – OCB e as Organizações Estaduais de Cooperativas previstas no art. 105 e seu § 1º da Lei n. 5.764, de 16 de dezembro de 1971.

De acordo com o § 2º do art. 15 da MP n. 2.158-35/2001, as cooperativas também ficam sujeitas ao recolhimento sobre a folha de salários em relação às operações previstas nos incisos I a V do art. 15 dessa mesma MP.

8.8 PIS E COFINS NA IMPORTAÇÃO

A Lei n. 10.865/2004 instituiu a Contribuição para os Programas de Integração Social e de Formação do Patrimônio do Servidor Público incidente na Importação de Produtos Estrangeiros ou Serviços (PIS/PASEP-Importação) e a Contribuição Social para o Financiamento da Seguridade Social devida pelo Importador de Bens Estrangeiros ou Serviços do Exterior (Cofins-Importação). Essas contribuições têm como fato gerador (Lei n. 10.865/2004, art. 3º)

I – a entrada de bens estrangeiros no território nacional; ou

II – o pagamento, o crédito, a entrega, o emprego ou a remessa de valores a residentes ou domiciliados no exterior como contraprestação por serviço prestado.

São contribuintes do PIS/PASEP-Importação e da Cofins-Importação (Lei n. 10.865/2004, art. 5º):

I – o importador, assim considerada a pessoa física ou jurídica que promova a entrada de bens estrangeiros no território nacional;

II – a pessoa física ou jurídica contratante de serviços de residente ou domiciliado no exterior; e

III – o beneficiário do serviço, na hipótese em que o contratante também seja residente ou domiciliado no exterior.

Parágrafo único. Equiparam-se ao importador o destinatário de remessa postal internacional indicado pelo respectivo remetente e o adquirente de mercadoria entrepostada.

Como regra, a base de cálculo é (Lei n. 10.865/2004, art. 7º):

I – o valor aduaneiro, na hipótese do inciso I do *caput* do art. 3º desta Lei; ou

II – o valor pago, creditado, entregue, empregado ou remetido para o exterior, antes da retenção do imposto de renda, acrescido do Imposto sobre Serviços de qualquer Natureza – ISS e do valor das próprias contribuições, na hipótese do inciso II do *caput* do art. 3º desta Lei.

Cap. 8 • Programa de Integração Social e Contribuição para o Financiamento da Seguridade Social **167**

A apuração do PIS/PASEP-Importação e da Cofins-Importação devidos dá-se mediante a aplicação das alíquotas sobre a base de cálculo. Do mesmo modo como acontece na apuração do PIS e da Cofins sobre a receita bruta, há, aqui, alíquotas diferenciadas para determinados produtos e serviços. As alíquotas gerais são as seguintes (Lei n. 10.865/2004, art. 8º):

> Art. 8º As contribuições serão calculadas mediante aplicação, sobre a base de cálculo de que trata o art. 7º desta Lei, das alíquotas:
>
> I – na hipótese do inciso I do *caput* do art. 3º, de:
>
> a) 2,1% (dois inteiros e um décimo por cento), para a Contribuição para o PIS/Pasep-Importação; e
>
> b) 9,65% (nove inteiros e sessenta e cinco centésimos por cento), para a Cofins-Importação; e
>
> II – na hipótese do inciso II do *caput* do art. 3º, de:
>
> a) 1,65% (um inteiro e sessenta e cinco centésimos por cento), para a Contribuição para o PIS/Pasep-Importação; e
>
> b) 7,6% (sete inteiros e seis décimos por cento), para a Cofins-Importação.

As contribuições em questão devem ser pagas na data do registro da declaração de importação ou, no caso da aquisição de serviços, na data de pagamento, crédito, emprego ou remessa (Lei n. 10.865/2004, art. 13).

As pessoas jurídicas sujeitas ao regime não cumulativo em relação ao PIS e à Cofins podem descontar crédito, para fins de determinação dessas contribuições, em relação às importações sujeitas ao pagamento das contribuições PIS/PASEP-Importação e Cofins-Importação nas seguintes hipóteses (Lei n. 10.865/2004, art. 15):

> I – bens adquiridos para revenda;
>
> II – bens e serviços utilizados como insumo na prestação de serviços e na produção ou fabricação de bens ou produtos destinados à venda, inclusive combustível e lubrificantes;
>
> III – energia elétrica consumida nos estabelecimentos da pessoa jurídica;
>
> IV – aluguéis e contraprestações de arrendamento mercantil de prédios, máquinas e equipamentos, embarcações e aeronaves, utilizados na atividade da empresa;
>
> V – máquinas, equipamentos e outros bens incorporados ao ativo imobilizado, adquiridos para locação a terceiros ou para utilização na produção de bens destinados à venda ou na prestação de serviços. (Redação dada pela Lei n. 11.196, de 2005)

8.9 OPTANTES PELO SIMPLES NACIONAL

Como já referido anteriormente, o Simples Nacional é um regime de apuração e recolhimento unificado de tributos instituída pela LC n. 123/2006, como uma alternativa para microempresas (ME) e empresas de pequeno porte (EPP).

Estão incluídos no regime do Simples Nacional os principais tributos devidos pelas empresas em função de suas operações. O valor devido mensalmente pela ME ou EPP optante pelo Simples Nacional é determinado mediante aplicação das alíquotas constantes das tabelas anexas à LC n. 123/2006 sobre a receita bruta, segundo a atividade desenvolvida pela empresa (LC n. 123/2006, art. 18). Para efeito de determinação da alíquota, deve-se utilizar a receita bruta acumulada nos 12 meses anteriores ao do período de apuração.

O PIS e a Cofins estão, portanto, incluídas no recolhimento mensal efetuado pela pessoa jurídica optante pelo Simples Nacional.

Para maiores detalhes sobre o Simples Nacional, recomendamos a leitura do Capítulo 13, dedicado exclusivamente a esse regime.

8.10 OBRIGAÇÕES ACESSÓRIAS

As pessoas jurídicas de direito privado deverão apresentar a EFD-Contribuições em forma, prazo e condições estabelecidos pelas normas da RFB (IN RFB n. 2.121/2022, art. 790).

A pessoa jurídica deverá manter em boa guarda, à disposição da RFB, os comprovantes de sua escrituração relativos a fatos que repercutam na apuração da Contribuição para o PIS e da Cofins, até que se opere a decadência do direito de a Fazenda Pública constituir os respectivos créditos tributários (IN RFB n. 2.121/2022, art. 791).

De modo geral, as demais obrigações acessórias estabelecidas para contribuinte de PIS e Cofins são as mesmas exigidas para fins do IRPJ, razão pela qual pedimos para remeter o leitor à Seção 4.8 do Capítulo 4.

ESTUDO DE CASO

Apuração de Pis/Cofins no regime não cumulativo

A Brinquedos Exemplar produz e revende brinquedos e está sujeita ao regime não cumulativo de apuração de PIS e Cofins em razão de ser optante pela sistemática do Lucro Real para fins de IRPJ/CSLL.

A pedido do tributarista, o assistente fiscal encaminhou um relatório contendo as receitas, despesas e demais informações necessárias para apurar os valores devidos dessas contribuições em determinado mês. Os valores relativos aos gastos com aquisições de bens e serviços já tiveram excluído o valor do ICMS que incidiu na operação de aquisição. Essas informações constam da Tabela 8.1.

Tabela 8.1 Receitas, gastos e outros valores relativos a determinado mês

Itens	R$
Receita de venda de produtos (mais IPI destacado)	2.650.000
Vendas canceladas	20.000
IPI incidente sobre as vendas	200.000

(continua)

Cap. 8 • Programa de Integração Social e Contribuição para o Financiamento da Seguridade Social **169**

(continuação)

Itens	R$
Receita de revenda de mercadorias	400.000
ICMS incidente sobre a venda de produtos	400.000
ICMS incidente sobre a revenda de mercadorias	50.000
Receitas financeiras	50.000
Ganhos de capital	15.000
Reversão de provisão para manutenção de equipamentos	5.000
Recuperação de créditos baixados como incobráveis em períodos anteriores	1.000
Resultado positivo da equivalência patrimonial	25.000
Dividendos recebidos de investimentos avaliados pelo custo de aquisição	10.000
Matérias-primas adquiridas no mês	800.000
Mercadorias para revenda adquiridas no mês	200.000
Gasto com energia elétrica	150.000
Gasto com aluguel do prédio da empresa locado de pessoa física	80.000
Gastos com *leasing* de veículos utilizados pela firma	36.000
Depreciação de bens utilizados na produção	21.000
Depreciação de veículos utilizados na administração	12.000
Gastos com salários do pessoal de produção	230.000
Gastos com salários do pessoal administrativo e de vendas	180.000
Material de embalagem adquirido no mês	120.000
Gastos com fretes de insumos e mercadorias adquiridas	37.000
Gastos com fretes de mercadorias e produtos vendidos	63.000
Gastos com material de escritório da administração	6.000
Despesas financeiras decorrentes de empréstimos	9.000
Gastos com serviços de beneficiamento de materiais para a produção pagos a pessoa jurídica	24.000

170 Contabilidade Tributária • Pohlmann

Com base nos dados constantes da Tabela 8.1, o tributarista passou à análise e apuração dos valores devidos no mês, a título de PIS e Cofins. Iniciando pelas receitas, ele chegou às conclusões constantes da Tabela 8.2, na qual a coluna "Observações" contém a justificativa para os casos em que a receita não integrou a base de cálculo das contribuições.

Tabela 8.2 Análise das receitas

Itens	Valor (R$)	Base de cálculo (R$)	Observações
Receita de venda de produtos (mais IPI destacado)	2.650.000	2.030.000	
Vendas de produtos canceladas	20.000		Exclusão
IPI incidente sobre as vendas	200.000		Não se inclui na base
Receita de revenda de mercadorias	400.000	350.000	
ICMS incidente sobre a venda de produtos	400.000		Exclusão
ICMS incidente sobre a revenda de mercadorias	50.000		Exclusão
Receitas financeiras	50.000	50.000	
Ganhos de capital	15.000		Exclusão
Reversão de provisão para manutenção de equipamentos	5.000		Exclusão
Recuperação de créditos baixados	1.000		Exclusão
Resultado positivo da equivalência patrimonial	25.000		Exclusão
Dividendos recebidos	10.000		Exclusão
Total	3.826.000	2.430.000	

A Tabela 8.3 contém a análise dos gastos e a conclusão a que chegou o tributarista, com respeito à possibilidade de dedução do crédito para fins de apuração das contribuições. Na coluna "Observações" é apresentada a justificativa para os casos em que não foi calculado crédito.

Tabela 8.3 Análise dos gastos

Itens	Valor (R$)	Base de cálculo (R$)	Observações
Matérias-primas adquiridas no mês	800.000	800.000	
Mercadorias para revenda adquiridas no mês	200.000	200.000	
Gasto com energia elétrica	150.000	150.000	
Aluguel do prédio da empresa locado de pessoa física	80.000		Sem direito a crédito
Gastos com *leasing* de veículos utilizados pela firma	36.000	36.000	
Depreciação de bens utilizados na produção	21.000	21.000	
Depreciação de veículos utilizados na administração	12.000		Sem direito a crédito
Gastos com salários do pessoal de produção	230.000		Sem direito a crédito
Gastos com salários do pessoal administrativo e de vendas	180.000		Sem direito a crédito
Material de embalagem de apresentação dos produtos	120.000	120.000	
Gastos com fretes de insumos e mercadorias adquiridas	37.000	37.000	
Gastos com fretes de mercadorias e produtos vendidos	63.000	63.000	
Gastos com material de escritório da administração	6.000		Sem direito a crédito
Despesas financeiras decorrentes de empréstimos	9.000		Sem direito a crédito
Beneficiamento de materiais para a produção pagos a pessoa jurídica	24.000	24.000	
Total	1.968.000	1.451.000	

Concluída a análise das receitas e dos gastos do mês e apuradas as bases de cálculo dos débitos e créditos de PIS e Cofins, o tributarista finalizou com o cálculo do PIS e da Cofins devidos. Esse cálculo é demonstrado na Tabela 8.4.

Tabela 8.4 Apuração do PIS e da Cofins devidos

Itens	(R$)
PIS sobre as receitas tributadas pela alíquota geral (1,65%)	39.270
PIS sobre receitas financeiras (0,65%)	325
Crédito de PIS sobre as aquisições de bens e serviços (1,65%)	(23.942)
PIS devido no mês	15.004
Cofins sobre as receitas tributadas pela alíquota geral (7,6%)	180.880
Cofins sobre receitas financeiras (4,0%)	2.000
Crédito de Cofins sobre as aquisições de bens e serviços (7,6%)	(110.276)
Cofins devida no mês	70.604

Para fins de comparação, o tributarista decidiu calcular o PIS e a Cofins que seriam devidos caso a Brinquedos Exemplar fosse sujeita ao regime cumulativo. Nesse regime, as alíquotas de PIS e Cofins são, respectivamente, 0,65 e 3%; em contrapartida, não é admitida a dedução de créditos para fins de apuração do valor devido. Esse cálculo é resumido na Tabela 8.5.

Tabela 8.5 PIS e Cofins devidos no regime cumulativo

Itens	Valor R$	Base de cálculo (R$)	Observações
Receita de venda de produtos (mais IPI destacado)	2.650.000	2.030.000	
Vendas de produtos canceladas	20.000		Exclusão
IPI incidente sobre as vendas	200.000		Não se inclui na base
Receita de revenda de mercadorias	400.000	350.000	
ICMS incidente sobre a venda de produtos	400.000		Exclusão
ICMS incidente sobre a revenda de mercadorias	50.000		Exclusão

(continua)

(continuação)

Itens	Valor R$	Base de cálculo (R$)	Observações
Receitas financeiras	50.000		Exclusão
Ganhos de capital	15.000		Exclusão
Reversão de provisão para manutenção de equipamentos	5.000		Exclusão
Recuperação de créditos baixados	1.000		Exclusão
Resultado positivo da equivalência patrimonial	25.000		Exclusão
Dividendos recebidos	10.000		Exclusão
Total	3.826.000	2.380.000	
PIS devido (0,65%)		15.470	
Cofins devida (3%)		71.400	

Concluindo a análise, o tributarista ficou satisfeito com o exercício comparativo e constatou, curiosamente, que a carga tributária no regime não cumulativo, adotado pela Brinquedos Exemplar, não seria muito diferente daquela a que estaria sujeita caso a empresa fosse tributada segundo o regime cumulativo de PIS e Cofins.

QUESTÃO PARA DISCUSSÃO

Explique, de modo sintético, o que determina a sujeição de uma pessoa jurídica que explore atividade industrial ou comercial a um dos dois regimes de apuração de PIS e Cofins: o cumulativo e o não cumulativo.

Resposta ou *feedback*:

A sujeição a um ou ao outro regime dependerá se a pessoa jurídica se enquadra em uma das hipóteses em que o regime cumulativo é obrigatório; caso não se enquadre, ela está sujeita, também obrigatoriamente, ao regime não cumulativo. Essas hipóteses podem ser em relação à pessoa jurídica como um todo, como as optantes pelo Lucro Presumido ou Arbitrado e as instituições financeiras, entre outras, ou em relação aos produtos e serviços que ela produz, venda ou preste, como transporte aéreo, escovas de dente, produtos farmacêuticos etc.

RESUMO

Do conteúdo que você estudou neste capítulo, é importante destacar:

- O PIS e a Cofins são contribuições de competência exclusiva da União destinadas ao financiamento da seguridade social e têm sua incidência sobre as receitas das pessoas jurídicas e sobre a importação de bens e serviços.

- Em relação ao PIS, que já era cobrado desde 1970, tem a sua continuidade e destinação prevista no art. 239, enquanto a possibilidade de incidência na importação foi introduzida posteriormente.

- Para fins de apuração do PIS e da Cofins, existem dois regimes básicos: o cumulativo e o não cumulativo. Como regra, a hipótese ou situação sujeita ao regime cumulativo do PIS também o será para a Cofins.

- No regime cumulativo, a apuração dá-se pura e simplesmente mediante a aplicação de uma alíquota sobre a base de cálculo, sem direito à dedução de créditos de contribuições incidentes nas etapas anteriores.

- O regime não cumulativo, por sua vez, difere-se ao permitir a dedução de créditos de contribuições calculadas sobre o valor das aquisições de mercadorias, insumos e outros bens e serviços especificados na lei.

- A sujeição a um ou outro regime depende de critérios estabelecidos na legislação de regência dessas contribuições, podendo haver situações de uma mesma empresa ter de apurar as contribuições de acordo com os dois regimes, cada um deles aplicado a parte de suas receitas. A regra é a incidência não cumulativa, e as exceções a essa regra são sujeitas ao regime cumulativo.

- Para as pessoas jurídicas sujeitas ao regime não cumulativo, a base de cálculo da contribuição para o PIS e da Cofins é a totalidade das receitas, independentemente de sua denominação ou classificação contábil. Compreende a receita bruta e todas as demais receitas auferidas pela pessoa jurídica com os respectivos valores decorrentes do ajuste a valor presente.

- Já para as pessoas jurídicas sujeitas ao regime cumulativo, a base de cálculo restringe-se ao faturamento, ou seja, à receita bruta das atividades abrangidas pelo objeto social da empresa.

- Ressalvadas as disposições específicas quanto a determinados produtos, serviços ou situações, as alíquotas gerais da Cofins e da contribuição ao PIS são as seguintes:

  - regime cumulativo: PIS = 0,65%; Cofins = 3,0%;

  - regime não cumulativo: PIS = 1,65%; Cofins = 7,6%.

- No regime cumulativo, a apuração do valor de PIS e Cofins a recolher se dá pela aplicação das respectivas alíquotas sobre a base de cálculo no mês.

Cap. 8 • Programa de Integração Social e Contribuição para o Financiamento da Seguridade Social **175**

- A apuração de PIS e Cofins no regime não cumulativo implica o cálculo do débito das contribuições mediante a aplicação das alíquotas cabíveis nesse regime sobre as receitas tributáveis e seu confronto com os créditos do mesmo período de apuração, que é mensal. Os créditos, por sua vez, são calculados mediante a aplicação das mesmas alíquotas sobre o valor das aquisições de bens e serviços previstos na legislação.

QUESTÕES DE MÚLTIPLA ESCOLHA

1. Em relação à dedução de créditos de PIS e Cofins no regime não cumulativo, é correto afirmar:
   a) Pode ser deduzido o crédito relativo a aquisições de serviços empregados na produção, ainda que pago ou creditado à pessoa física.
   b) Pode ser deduzido o crédito relativo a insumos de produção, ainda que empregados para fabricar produto isento de PIS e Cofins.
   c) Pode ser deduzido o crédito relativo às contraprestações de arrendamento mercantil (*leasing*), ainda que pago à pessoa jurídica optante pelo Simples Nacional.
   d) Pode ser deduzido o crédito relativo à depreciação de edificações, desde que utilizadas nas atividades da empresa.

2. Com relação à destinação da arrecadação de PIS e Cofins, é correto afirmar:
   a) A arrecadação da Cofins integra o orçamento da União e pode ser usada para financiar os gastos com a educação.
   b) A arrecadação do PIS destina-se a financiar, entre outras atividades, o programa de seguro-desemprego.
   c) Tanto PIS quanto Cofins destinam-se ao financiamento da seguridade social, incluindo gastos com a proteção das fronteiras nacionais.
   d) Apenas a Cofins destina-se a financiar a seguridade social, enquanto o PIS financia apenas o pagamento do abono anual aos trabalhadores que recebem até dois salários mínimos.

3. Segundo a CF, é correto afirmar em relação à incidência de PIS e Cofins:
   a) A pessoa natural destinatária das operações de importação poderá ser equiparada à pessoa jurídica.
   b) É vedada a chamada incidência monofásica.
   c) Só podem ser exigidos no exercício seguinte ao da majoração de alíquotas.
   d) Só podem alíquotas *ad valorem*.

4. Com relação aos regimes cumulativo e não cumulativo de PIS e Cofins, é correto afirmar:
   a) Como regra, o regime cumulativo tem alíquotas maiores, mas, em compensação, é permitido deduzir créditos.
   b) Como regra, o regime cumulativo tem alíquotas menores e é permitido deduzir créditos.

176 Contabilidade Tributária • Pohlmann

   c) O regime não cumulativo implica uma carga tributária menor para a empresa em relação ao regime cumulativo.

   d) Como regra, o regime não cumulativo tem alíquotas maiores, mas, em compensação, é permitido deduzir créditos.

5. **Assinale a alternativa que contém pessoa jurídica que esteja sujeita ao regime não cumulativo de PIS e Cofins.**

   a) Pessoa jurídica tributada pela sistemática do Lucro Arbitrado.

   b) Instituição financeira.

   c) Pessoa jurídica tributada pela sistemática do Lucro Real.

   d) Operadora de plano de assistência à saúde.

6. **Entre as alternativas a seguir, qual delas contém apenas produtos ou serviços sujeitos obrigatoriamente ao regime cumulativo de PIS e Cofins?**

   a) Produtos farmacêuticos, escovas de dente e aparelhos celulares.

   b) Aparelhos celulares, transporte aéreo e produtos farmacêuticos.

   c) Sabonetes, escovas de dente e serviços de telecomunicações.

   d) Aparelhos celulares, produtos farmacêuticos e parques temáticos.

7. **Para fins de apuração de PIS e Cofins, podem ser excluídos da receita bruta:**

   a) As vendas a prazo.

   b) O valor do Imposto sobre Serviços de Qualquer Natureza, no caso de receitas de serviços tributadas por esse imposto.

   c) A receita decorrente de venda do ativo permanente.

   d) As perdas com créditos incobráveis decorrentes das vendas de mercadorias e serviços.

8. **Com relação à dedução de créditos de PIS e Cofins no regime não cumulativo, é correto afirmar:**

   a) É permitido o crédito relativo à energia elétrica consumida nos estabelecimentos da pessoa jurídica, enquanto o crédito não é permitido em relação à energia térmica.

   b) É permitido o crédito em relação ao aluguel de prédios, máquinas e equipamentos, ainda que pago à pessoa física.

   c) Não é permitido o crédito em relação a custos e despesas incorridos, pago ou creditado à pessoa jurídica domiciliada no exterior.

   d) É permitido o crédito relativamente à depreciação de bens do ativo imobilizado, ainda que utilizados no departamento de administração ou de vendas da empresa comercial.

Cap. 8 • Programa de Integração Social e Contribuição para o Financiamento da Seguridade Social **177**

9. Em se tratando de PIS e Cofins, na hipótese de a pessoa jurídica ter parte de suas receitas submetidas ao regime cumulativo e parte submetida ao regime não cumulativo, os créditos decorrentes dos custos e despesas:

a) Não podem ser deduzidos para fins de apuração das contribuições devidas.

b) Podem ser deduzidos integralmente para fins de apuração das contribuições devidas.

c) Devem ser apurados, exclusivamente, em relação aos custos e às despesas vinculados às receitas submetidas ao regime cumulativo, e podem ser deduzidos.

d) Devem ser apurados, exclusivamente, em relação aos custos e despesas vinculados às receitas submetidas ao regime não cumulativo, e podem ser deduzidos.

10. Uma empresa sujeita ao regime cumulativo de PIS e Cofins obteve, em determinado mês, as seguintes receitas:

- Receita de revenda de mercadorias... R$ 1.000.000,00
- Juros recebidos de clientes............... R$ 10.000,00

Sobre suas vendas, incidiu ICMS de 17%, que foi destacado nas notas fiscais.

Com base nessas informações, assinale a alternativa que contém os valores devidos de PIS e de Cofins no período.

a) PIS: R$ 6.565,00; Cofins: R$ 30.300,00.

b) PIS: R$ 5.395,00; Cofins: R$ 24.900,00.

c) PIS: R$ 5.460,00; Cofins: R$ 25.300,00.

d) PIS: R$ 6.500,00; Cofins: R$ 24.900,00.

GABARITO

1. d	2. b	3. a	4. d	5. c
6. c	7. c	8. c	9. d	10. b

CAPÍTULO 9
IMPOSTO SOBRE PRODUTOS INDUSTRIALIZADOS

OBJETIVOS DO CAPÍTULO

- ▶ Abordar e explicar as regras que regem a incidência e a apuração do Imposto sobre Produtos Industrializados (IPI).
- ▶ Capacitar o leitor a uma competente gestão tributária desse imposto, tanto sob uma perspectiva de controle quanto sob uma perspectiva de planejamento tributário

Neste capítulo, abordamos as normas que regem a incidência do IPI, envolvendo questões atinentes aos princípios e limitações constitucionais, ao fato gerador, ao sujeito passivo, à base de cálculo, às alíquotas, aos créditos permitidos, às obrigações acessórias, entre outras.

9.1 PRINCÍPIOS E OUTRAS DEFINIÇÕES CONSTITUCIONAIS

O IPI tem possibilitada a sua instituição pelo art. 153, IV, da Constituição Federal (CF), dispositivos que também atribui a competência à União. O § 3º desse mesmo artigo estabelece características fundamentais que devem ser observadas pelo legislador infraconstitucional na elaboração das leis de regência do IPI:

§ 3º – O imposto previsto no inciso IV:
I – será seletivo, em função da essencialidade do produto;

II – será não-cumulativo, compensando-se o que for devido em cada operação com o montante cobrado nas anteriores;

III – não incidirá sobre produtos industrializados destinados ao exterior.

IV – terá reduzido seu impacto sobre a aquisição de bens de capital pelo contribuinte do imposto, na forma da lei. (Incluído pela Emenda Constitucional n. 42, de 19.12.2003)

O chamado princípio da seletividade significa que a alíquota do imposto deve ser graduada de acordo com a essencialidade do produto: quanto mais essencial à sociedade, menor a alíquota, e vice-versa.

A não cumulatividade é um princípio que assegura que o imposto pago pelo adquirente do produto – ou do insumo que será incorporado na produção de um produto – possa ser abatido do valor devido em função da venda do produto. Como será visto neste capítulo, esse princípio é concretizado na legislação infraconstitucional por meio de um sistema de débitos (em decorrência das saídas de produtos) e de créditos de imposto (decorrentes das entradas de insumos e produtos), que são confrontados a fim de apurar o saldo de IPI devido ou a compensar em períodos futuros.

De modo geral, os impostos estão submetidos aos princípios da legalidade e da anterioridade, que são denominados pelo legislador constitucional como limitações do poder de tributar. Segundo o princípio da legalidade, é vedado "exigir ou aumentar tributo sem lei que o estabeleça" (CF, art. 150, I).

O princípio da anterioridade geral, por sua vez, veda a cobrança de tributos "no mesmo exercício financeiro em que haja sido publicada a lei que os instituiu ou aumentou" (CF, art. 150, III, "b").

O IPI, no entanto, não se submete irrestritamente aos princípios da legalidade e da anterioridade, conforme estabelecido pelo § 1º do art. 150 da CF:

§ 1º A vedação do inciso III, b, não se aplica aos tributos previstos nos arts. 148, I, 153, I, II, IV e V; e 154, II; e a vedação do inciso III, c, não se aplica aos tributos previstos nos arts. 148, I, 153, I, II, III e V; e 154, II, nem à fixação da base de cálculo dos impostos previstos nos arts. 155, III, e 156, I. (Redação dada pela Emenda Constitucional n. 42, de 19.12.2003)

Primeiramente, com relação ao princípio da legalidade, a própria CF permite que o Poder Executivo – ou seja, por intermédio de norma infralegal – altere alíquotas de IPI (CF, art. 153, § 1º):

§ 1º – É facultado ao Poder Executivo, atendidas as condições e os limites estabelecidos em lei, alterar as alíquotas dos impostos enumerados nos incisos I, II, IV e V.

A implicação prática disso é que o Presidente da República, por meio de decreto, pode elevar alíquotas do IPI, observados determinados limites estabelecidos pela lei. Essa competência para elevar – e reduzir – alíquotas pode ser delegada a outras autoridades do Poder Executivo, que o farão por meio de portarias e outros atos normativos. A margem concedida ao Poder Executivo para majoração da alíquota sem necessidade de uma lei específica é de

30 unidades percentuais, podendo, ainda, ser reduzida a zero. Eis o teor do art. 4º do Decreto-Lei (DL) n. 1.199/1971, cujos termos integram o art. 69 do Regulamento do IPI (RIPI):

> Art. 69. O Poder Executivo, quando se tornar necessário para atingir os objetivos da política econômica governamental, mantida a seletividade em função da essencialidade do produto, ou, ainda, para corrigir distorções, poderá reduzir alíquotas do imposto até zero ou majorá-las até trinta unidades percentuais (Decreto-Lei n. 1.199, de 1971, art. 4º).
>
> Parágrafo único. Para efeito do disposto neste artigo, as alíquotas básicas são as constantes da TIPI, aprovada pelo Decreto n. 4.070, de 28 de dezembro de 2001 (Lei n. 10.451, de 2002, art. 7º).

Entretanto, o IPI não está livre do chamado princípio da anterioridade mitigada ou nonagesimal, segundo o qual a cobrança do tributo não se pode dar "antes de decorridos noventa dias da data em que haja sido publicada a lei que os instituiu ou aumentou" (art. 150, III, "c"). Assim, uma eventual majoração de alíquota de IPI deverá aguardar 90 dias para poder ser exigida das empresas.[1]

9.2 FATO GERADOR

De acordo com o art. 146, III, "a", da CF, compete à lei complementar definir o fato gerador, a base de cálculo e os contribuintes dos impostos, incluindo-se aí o IPI.

Nesse aspecto, o Código Tributário Nacional (CTN), apesar de ser, em sua origem, uma lei ordinária, adquiriu eficácia de lei complementar em matéria de definição de fato gerador dos impostos já a partir da Emenda Constitucional n. 1, de 1969.

Pode-se dizer que o CTN é, formalmente, uma lei ordinária, mas materialmente – ou seja, em relação ao direito material que veicula – é uma lei complementar. A implicação prática disso é que suas disposições somente podem ser alteradas por outra lei complementar.

Ao lado das disposições constitucionais (ou seja, da CF) e complementares (ou seja, do CTN) aplicáveis a esse imposto, temos o principal e mais abrangente texto normativo, o Decreto n. 7.212/2010, conhecido como RIPI, que reúne e sistematiza todas as normas aplicáveis ao imposto. É importante registrar, no entanto, que o RIPI jamais poderá violar as disposições da CF ou estabelecer regras contrárias àquelas reservadas ao CTN, sob pena de serem reputadas inconstitucionais.

Passando ao exame do que o CTN estabelece, temos a definição do fato gerador do IPI no art. 46:

> Art. 46. O imposto, de competência da União, sobre produtos industrializados tem como fato gerador:
>
> I – o seu desembaraço aduaneiro, quando de procedência estrangeira;

---

1   Nesse sentido, é a jurisprudência do STF. Veja, por exemplo, o acórdão proferido no Agravo Regimental no RE 1.407.840, em 2023. Disponível em: https://redir.stf.jus.br/paginadorpub/paginador. jsp?docTP=TP&docID=765744547. Acesso em: 15 ago. 2023.

182 Contabilidade Tributária • Pohlmann

> II – a sua saída dos estabelecimentos a que se refere o parágrafo único do artigo 51;
>
> III – a sua arrematação, quando apreendido ou abandonado e levado a leilão.
>
> Parágrafo único. Para os efeitos deste imposto, considera-se industrializado o produto que tenha sido submetido a qualquer operação que lhe modifique a natureza ou a finalidade, ou o aperfeiçoe para o consumo.

Temos, basicamente, três espécies de situações que ensejam a incidência do IPI: a saída do produto industrializado, o seu desembaraço aduaneiro (quando de procedência estrangeira) e a arrematação em leilão, quando apreendido ou abandonado.

O RIPI, por sua vez, antes de tratar propriamente do fato gerador (aqui, entendido como a dimensão temporal da obrigação tributária, ou seja, em que momento ela nasce), enuncia, de modo mais amplo, a hipótese de incidência do IPI (RIPI, art. 2º):

> Art. 2º O imposto incide sobre produtos industrializados, nacionais e estrangeiros, obedecidas as especificações constantes da Tabela de Incidência do Imposto sobre Produtos Industrializados – TIPI (Lei n. 4.502, de 30 de novembro de 1964, art. 1º, e Decreto-Lei n. 34, de 18 de novembro de 1966, art. 1º).
>
> Parágrafo único. O campo de incidência do imposto abrange todos os produtos com alíquota, ainda que zero, relacionados na TIPI, observadas as disposições contidas nas respectivas notas complementares, excluídos aqueles a que corresponde a notação "NT" (não-tributado) (Lei n. 10.451,de 10 de maio de 2002, art. 6º).

Em síntese, o art. 2º do RIPI estabelece que: 1 – tanto os produtos nacionais quanto os estrangeiros estão sujeitos ao IPI; 2 – a Tabela de Incidência do IPI (TIPI) é que determinará se o produto está no campo de incidência do IPI. Se constar a expressão "NT", o produto não está sujeito à tributação.

Dois registros são oportunos nesse momento: em primeiro lugar, a TIPI em vigor é a aprovada pelo Decreto n. 11.158/2022; em segundo lugar, como veremos mais adiante, para resolver definitivamente se determinado produto está sujeito à incidência do IPI, temos, ainda, que consultar os casos em que o RIPI expressamente não considera industrialização.

A abrangência e o alcance dos fatos geradores do IPI perpassam pela compreensão do que seja produto industrializado e pela definição de estabelecimento industrial ou equiparado a industrial.

9.2.1 Industrialização

Nos termos do parágrafo único do art. 46 do CTN, para ser considerado um produto industrializado, ele deve ter sido submetido à operação da qual resulte, ao menos, uma das seguintes consequências: 1 – tenha modificado a aparência do produto; 2 – tenha modificado a finalidade do produto; ou 3 – tenha aperfeiçoado o produto para o consumo.

O art. 4º do RIPI vai mais além quando define industrialização, acrescentando uma classificação em espécies:

Art. 4º Caracteriza industrialização qualquer operação que modifique a natureza, o funcionamento, o acabamento, a apresentação ou a finalidade do produto, ou o aperfeiçoe para consumo, tal como (Lei n. 4.502, de 1964, art. 3º, parágrafo único, e Lei n. 5.172, de 25 de outubro de 1966, art. 46, parágrafo único):

I – a que, exercida sobre matérias-primas ou produtos intermediários, importe na obtenção de espécie nova (transformação);

II – a que importe em modificar, aperfeiçoar ou, de qualquer forma, alterar o funcionamento, a utilização, o acabamento ou a aparência do produto (beneficiamento);

III – a que consista na reunião de produtos, peças ou partes e de que resulte um novo produto ou unidade autônoma, ainda que sob a mesma classificação fiscal (montagem);

IV – a que importe em alterar a apresentação do produto, pela colocação da embalagem, ainda que em substituição da original, salvo quando a embalagem colocada se destine apenas ao transporte da mercadoria (acondicionamento ou reacondicionamento); ou

V – a que, exercida sobre produto usado ou parte remanescente de produto deteriorado ou inutilizado, renove ou restaure o produto para utilização (renovação ou recondicionamento).

Parágrafo único. São irrelevantes, para caracterizar a operação como industrialização, o processo utilizado para obtenção do produto e a localização e condições das instalações ou equipamentos empregados.

Alguns aspectos merecem ser destacados: 1 – a enumeração em espécies (transformação, beneficiamento, montagem, acondicionamento e renovação) é exemplificativa, ou seja, não exaure as hipóteses de industrialização; 2 – não importa o processo de produção ou o local onde o produto é fabricado; e 3 – ainda que essas operações sejam incompletas, parciais ou intermediárias, são consideradas industrialização (RIPI, art. 3º).

9.2.2 Exclusões do Conceito de Industrialização

Entretanto, para confirmar a regra de que nosso sistema tributário é, realmente, complexo, temos que considerar, ainda, os casos que o legislador resolveu, por questões de política tributária, excluir do conceito de industrialização ou, de alguma maneira, deixar expressamente claro que determinada atividade não é alcançada pelo IPI. Do modo colocado, podemos dizer que são casos de não incidência definidos pela lei (RIPI, art. 5º):

Art. 5º Não se considera industrialização:

I – o preparo de produtos alimentares, não acondicionados em embalagem de apresentação:

a) na residência do preparador ou em restaurantes, bares, sorveterias, confeitarias, padarias, quitandas e semelhantes, desde que os produtos se destinem a venda direta a consumidor; ou

b) em cozinhas industriais, quando destinados a venda direta a corporações, empresas e outras entidades, para consumo de seus funcionários, empregados ou dirigentes;

II – o preparo de refrigerantes, à base de extrato concentrado, por meio de máquinas, automáticas ou não, em restaurantes, bares e estabelecimentos similares, para venda direta a consumidor (Decreto-Lei n. 1.686, de 26 de junho de 1979, art. 5º, § 2º);

III – a confecção ou preparo de produto de artesanato, definido no art. 7º;

IV – a confecção de vestuário, por encomenda direta do consumidor ou usuário, em oficina ou na residência do confeccionador;

V – o preparo de produto, por encomenda direta do consumidor ou usuário, na residência do preparador ou em oficina, desde que, em qualquer caso, seja preponderante o trabalho profissional;

VI – a manipulação em farmácia, para venda direta a consumidor, de medicamentos oficinais e magistrais, mediante receita médica (Lei n. 4.502, de 1964, art. 3°, parágrafo único, inciso III, e Decreto-Lei n. 1.199, de 27 de dezembro de 1971, art. 5°, alteração 2ª);

VII – a moagem de café torrado, realizada por comerciante varejista como atividade acessória (Decreto-Lei n. 400, de 30 de dezembro de 1968, art. 8°);

VIII – a operação efetuada fora do estabelecimento industrial, consistente na reunião de produtos, peças ou partes e de que resulte:

a) edificação (casas, edifícios, pontes, hangares, galpões e semelhantes, e suas coberturas);

b) instalação de oleodutos, usinas hidrelétricas, torres de refrigeração, estações e centrais telefônicas ou outros sistemas de telecomunicação e telefonia, estações, usinas e redes de distribuição de energia elétrica e semelhantes; ou

c) fixação de unidades ou complexos industriais ao solo;

IX – a montagem de óculos, mediante receita médica (Lei n. 4.502, de 1964, art. 3°, parágrafo único, inciso III, e Decreto-Lei n. 1.199, de 1971, art. 5°, alteração 2ª);

X – o acondicionamento de produtos classificados nos Capítulos 16 a 22 da TIPI, adquiridos de terceiros, em embalagens confeccionadas sob a forma de cestas de natal e semelhantes (Decreto-Lei n. 400, de 1968, art. 9°);

XI – o conserto, a restauração e o recondicionamento de produtos usados, nos casos em que se destinem ao uso da própria empresa executora ou quando essas operações sejam executadas por encomenda de terceiros não estabelecidos com o comércio de tais produtos, bem assim o preparo, pelo consertador, restaurador ou recondicionador, de partes ou peças empregadas exclusiva e especificamente naquelas operações (Lei n. 4.502, de 1964, art. 3° parágrafo único, inciso I);

XII – o reparo de produtos com defeito de fabricação, inclusive mediante substituição de partes e peças, quando a operação for executada gratuitamente, ainda que por concessionários ou representantes, em virtude de garantia dada pelo fabricante (Lei n. 4.502, de 1964 art. 3°, parágrafo único, inciso I);

XIII – a restauração de sacos usados, executada por processo rudimentar, ainda que com emprego de máquinas de costura; e

XIV – a mistura de tintas entre si, ou com concentrados de pigmentos, sob encomenda do consumidor ou usuário, realizada em estabelecimento varejista, efetuada por máquina automática ou manual, desde que fabricante e varejista não sejam empresas interdependentes, controladora, controlada ou coligadas (Lei n. 4.502, de 1964, art. 3°, parágrafo único, inciso IV, e Lei n. 9.493, de 1997, art. 18).

XV – a operação de que resultem os produtos relacionados na Subposição 2401.20 da TIPI quando exercida por produtor rural pessoa física (Lei n. 11.051, de 29 de dezembro de 2004 art. 12°, e Lei n. 11.452, de 27 de fevereiro de 2007, art. 10).

Parágrafo único. O disposto no inciso VIII não exclui a incidência do imposto sobre os produtos, partes ou peças utilizados nas operações nele referidas.

Repare que a maioria dos casos elencados no art. 5º do RIPI estaria naturalmente dentro do campo de incidência do IPI se o legislador não os tivesse excluído de maneira expressa.

Isso pode ser ilustrado com o exemplo da camisa de algodão, de uso masculino, classificada na posição 6205.20.00 da TIPI: se essa camisa for produzida por uma indústria têxtil, estará dentro do campo de incidência do IPI, mesmo que sua alíquota atualmente seja igual a zero. Caso seja produzida por um alfaiate, em sua residência ou oficina e sob encomenda direta do consumidor ou usuário final, estará fora do campo de incidência do IPI, pois o inciso IV do art. 5º do RIPI expressamente exclui essa hipótese.

Complementando a redação dos incisos III, IV e V do art. 5º, e, para não deixar maiores dúvidas na interpretação dos casos nele previstos, o art. 7º do RIPI define os conceitos de "artesanato", "oficina" e "trabalho preponderante":

> Art. 7º Para os efeitos do art. 5º:
>
> I – no caso do seu inciso III, produto de artesanato é o proveniente de trabalho manual realizado por pessoa natural, nas seguintes condições:
>
> a) quando o trabalho não conte com o auxílio ou participação de terceiros assalariados; e
>
> b) quando o produto seja vendido a consumidor, diretamente ou por intermédio de entidade de que o artesão faça parte ou seja assistido.
>
> II – nos casos dos seus incisos IV e V:
>
> a) oficina é o estabelecimento que empregar, no máximo, cinco operários e, caso utilize força motriz, não dispuser de potência superior a cinco quilowatts; e
>
> b) trabalho preponderante é o que contribuir no preparo do produto, para formação de seu valor, a título de mão de obra, no mínimo com sessenta por cento.

Em síntese, podemos encerrar dizendo que o IPI incidirá sobre produtos: 1 – resultantes de um processo de industrialização; 2 – que estejam relacionados na TIPI com a respectiva alíquota, ainda que zero; e 3 – que não estejam inclusos em um dos casos de exclusão do art. 5º do RIPI.

9.2.3 Contribuinte do Imposto

Para entender completamente a incidência do IPI, resta analisar que estabelecimentos têm suas saídas de produtos sujeitas ao IPI. Iniciando pelo CTN, temos (art. 51):

> Art. 51. Contribuinte do imposto é:
>
> I – o importador ou quem a lei a ele equiparar;
>
> II – o industrial ou quem a lei a ele equiparar;
>
> III – o comerciante de produtos sujeitos ao imposto, que os forneça aos contribuintes definidos no inciso anterior;
>
> IV – o arrematante de produtos apreendidos ou abandonados, levados a leilão.
>
> Parágrafo único. Para os efeitos deste imposto, considera-se contribuinte autônomo qualquer estabelecimento de importador, industrial, comerciante ou arrematante.

186 Contabilidade Tributária • Pohlmann

Já o art. 24 do RIPI vai um pouco mais além para incluir as pessoas que consumirem ou utilizarem em outra finalidade o papel destinado à impressão de livros, jornais e periódicos, mas não contempla a hipótese da arrematação, prevista no inciso IV do art. 51 do CTN:

> Art. 24. São obrigados ao pagamento do imposto como contribuinte:
>
> I – o importador, em relação ao fato gerador decorrente do desembaraço aduaneiro de produto de procedência estrangeira (Lei n. 4.502, de 1964, art. 35, inciso I, alínea b);
>
> II – o industrial, em relação ao fato gerador decorrente da saída de produto que industrializar em seu estabelecimento, bem assim quanto aos demais fatos geradores decorrentes de atos que praticar (Lei n. 4.502, de 1964, art. 35, inciso I, alínea a);
>
> III – o estabelecimento equiparado a industrial, quanto ao fato gerador relativo aos produtos que dele saírem, bem assim quanto aos demais fatos geradores decorrentes de atos que praticar (Lei n. 4.502, de 1964, art. 35, inciso I, alínea a); e
>
> IV – os que consumirem ou utilizarem em outra finalidade, ou remeterem a pessoas que não sejam empresas jornalísticas ou editoras, o papel destinado à impressão de livros, jornais e periódicos, quando alcançado pela imunidade prevista no inciso I do art. 18 (Lei n. 9.532, de 1997, art. 40).
>
> Parágrafo único. Considera-se contribuinte autônomo qualquer estabelecimento de importador, industrial ou comerciante, em relação a cada fato gerador que decorra de ato que praticar (Lei n. 5.172, de 1966, art. 51, parágrafo único).

A definição de estabelecimento industrial e de estabelecimento equiparado a industrial é elemento-chave dentro do contexto normativo do RIPI. Isso porque constituirá fato gerador do IPI a saída de produtos não apenas do primeiro, mas também deste último.

De acordo com o art. 8º do RIPI, estabelecimento industrial nada mais é do que aquele que executa as operações de industrialização, de que resulte produto tributado, ainda que de alíquota zero ou isento.

Estabelecimento equiparado a industrial tem, por sua vez, definição mais casuística, em que a norma enumera todos os casos que tornam a pessoa – a qual não tem a natureza de uma indústria – em um estabelecimento equiparado a industrial.

Essas hipóteses de equiparação estão previstas no art. 9º e no art. 10 do RIPI, consistindo, em sua maioria, de comerciantes atacadistas e, em alguns casos, também de varejistas, que vendem determinados produtos, entre os quais podemos referir os importadores que derem saídas dos produtos importados, os comerciantes de determinadas bebidas e de pedras preciosas, apenas para exemplificar.

Há, também, a possibilidade de equiparação a estabelecimento industrial por opção da própria empresa. Esses casos estão previstos no art. 11 do RIPI:

> Art. 11. Equiparam-se a estabelecimento industrial, por opção (Lei n. 4.502, de 1964, art. 4º, inciso IV, e Decreto-Lei n. 34, de 1966, art. 2º, alteração 1ª):
>
> I – os estabelecimentos comerciais que derem saída a bens de produção, para estabelecimentos industriais ou revendedores; e
>
> II – as cooperativas, constituídas nos termos da Lei n. 5.764, de 16 de dezembro de 1971, que se dedicarem a venda em comum de bens de produção, recebidos de seus associados para comercialização.

Cap. 9 • Imposto sobre Produtos Industrializados **187**

A definição dos bens de produção referidos no inciso I do art. 11 transcrito anteriormente é dada pelo art. 610 do RIPI:

> Art. 610. Consideram-se bens de produção (Lei n. 4.502, de 1964, art. 4º, inciso IV, e Decreto-Lei n. 34, de 1966, art. 2º, alteração 1ª):
>
> I – as matérias-primas;
>
> II – os produtos intermediários, inclusive os que, embora não integrando o produto final, sejam consumidos ou utilizados no processo industrial;
>
> III – os produtos destinados a embalagem e acondicionamento;
>
> IV – as ferramentas, empregadas no processo industrial, exceto as manuais; e
>
> V – as máquinas, instrumentos, aparelhos e equipamentos, inclusive suas peças, partes e outros componentes, que se destinem a emprego no processo industrial.

A qualificação do estabelecimento como industrial ou equiparado a industrial enseja, em regra, a incidência do imposto sobre as saídas de produtos por eles promovidas.

9.3 SUSPENSÃO E ISENÇÃO DO IMPOSTO

A suspensão do imposto é a figura jurídica que ocorre quando a norma legal prevê a possibilidade de saída do produto industrializado sem a cobrança do IPI, pressupondo, na maior parte dos casos, que haverá uma nova saída tributada no futuro.

Os casos de suspensão estão previstos nos arts. 40 a 48 do RIPI. São diversas hipóteses, entre as quais podemos citar as remessas para industrialização sob encomenda, as remessas para exposição em feiras de amostras e as remessas para depósitos fechados.

Há casos de suspensão em que o produto se destina a uma saída futura não tributada, como é o caso de remessas para empresas comerciais exportadoras. Nesse caso, como a exportação de produtos industrializados é imune ao IPI, há a previsão de suspensão do imposto já na hipótese de o industrial ou equiparado remeter o produto a uma empresa exportadora.

As isenções, por sua vez, são hipóteses em que a lei dispensa o pagamento do IPI por motivos, no mais das vezes, de política tributária. A maior parte dos casos de isenção está prevista nos arts. 50 a 68 do RIPI, entre os quais podemos referir os produtos industrializados por instituições de educação ou de assistência social (quando se destinem, exclusivamente, a uso próprio ou à distribuição gratuita a seus educandos ou assistidos, no cumprimento de suas finalidades), as amostras de produtos para distribuição gratuita (de diminuto ou nenhum valor comercial) e as aeronaves de uso militar e suas partes e peças, vendidas à União.

9.4 BASE DE CÁLCULO

Para fins didáticos, podemos dividir a abordagem da apuração da base de cálculo do IPI em três partes. Na primeira parte, tratamos das regras aplicáveis à maioria das operações tributáveis pelo imposto. Na segunda parte, incluímos alguns casos em que são aplicáveis regras peculiares, diferentes da regra geral. E, na terceira parte, abordamos hipóteses em que o Fisco estabelece um valor mínimo para fins de tributação.

9.4.1 Regras Gerais

Como regra, a base de cálculo do imposto aplicável às saídas dos produtos, tanto nacionais quanto estrangeiros, é o valor da operação (CTN, art. 47, II, "a"; e RIPI, art. 190, II). Algumas regras adicionais que acabam por onerar o valor tributável são estabelecidas pelo art. 190 do RIPI. Essas regras não estão previstas expressamente no art. 43 do CTN, o que levou muitas empresas a questionarem sua constitucionalidade. São elas (RIPI, art. 190, §§ 1º e 2º):

- Deve ser acrescido do valor do frete e das demais despesas acessórias, cobradas ou debitadas pelo contribuinte ao comprador ou destinatário.

- Mesma regra é aplicável quando o transporte for realizado ou cobrado por firma coligada, controlada ou controladora (Lei n. 6.404/1976, art. 243, §§ 1º e 2º) ou interligada (DL n. 1.950/1982, art. 1º, § 2º, "b") do estabelecimento contribuinte ou por firma com a qual este tenha relação de interdependência, mesmo quando o frete seja subcontratado;

- Não podem ser deduzidos do valor da operação os descontos, as diferenças ou os abatimentos, concedidos a qualquer título, ainda que incondicionalmente.

Após longa batalha nos tribunais, o Supremo Tribunal Federal (STF) acabou por considerar inconstitucionais tanto a inclusão do valor do frete[2] quanto o valor dos descontos incondicionais[3] na base de cálculo do IPI. Assim, ainda que curiosamente tais dispositivos não tenham sido suprimidos da legislação, sua observância não pode, salvo melhor juízo, ser imposta pela União. Registre-se também que, no caso dos descontos incondicionais, o Senado Federal editou a Resolução n. 1/2017 suspendendo os efeitos da regra.[4]

Na importação de produtos, a base de cálculo é "o valor que servir ou que serviria de base para o cálculo dos tributos aduaneiros, por ocasião do despacho de importação, acrescido do montante desses tributos e dos encargos cambiais efetivamente pagos pelo importador ou dele exigíveis" (RIPI, art. 190, I, alínea "a").

---

2   Agravo Regimental no Recurso Extraordinário 1.059.280/SANTA CATARINA.
    EMENTA: DIREITO TRIBUTÁRIO. AGRAVO INTERNO EM RECURSO EXTRAORDINÁRIO. IMPOSTO SOBRE PRODUTOS INDUSTRIALIZADOS. FRETE. INCLUSÃO NA BASE DE CÁLCULO. LEI ORDINÁRIA. INCONSTITUCIONALIDADE FORMAL. APLICAÇÃO DO ENTENDIMENTO FIRMADO NO RE 567.935. PRECEDENTES. Data: 05/10/2018.

3   Tema 84 – Exclusão do valor dos descontos incondicionais da base de cálculo do IPI. Leading Case: RE 567935. Tese: É formalmente inconstitucional, por ofensa ao artigo 146, inciso III, alínea "a", da Constituição Federal, o § 2º do artigo 14 da Lei n. 4.502/1964, com a redação dada pelo artigo 15 da Lei n. 7.798/1989, no ponto em que prevê a inclusão de descontos incondicionais na base de cálculo do Imposto sobre Produtos Industrializados – IPI, em descompasso com a disciplina da matéria no artigo 47, inciso II, alínea "a", do Código Tributário Nacional.

4   Resolução do Senado Federal n. 1, de 08/03/2017. Ementa: Suspende, nos termos do art. 52, inciso X, da Constituição Federal, a execução do § 2º do art. 14 da Lei n. 4.502, de 30 de novembro de 1964, com a redação conferida pelo art. 15 da Lei n. 7.798, de 10 de julho de 1989.

Cap. 9 • Imposto sobre Produtos Industrializados **189**

9.4.2 Regras Especiais

Ao lado das regras gerais, existem casos peculiares que recebem tratamento específico da legislação do IPI, como os produtos em consignação, a locação, o arrendamento mercantil, os produtos recondicionados, a industrialização por encomenda, entre outros. No caso, por exemplo, da saída de produtos a título de consignação mercantil, a base de cálculo é o preço de venda do consignatário, estabelecido pelo consignante (RIPI, art. 190, § 4º).

Quando houver operação de industrialização sob encomenda, o industrializador deve acrescer à base de cálculo o valor das matérias-primas, dos produtos intermediários e dos materiais de embalagem fornecidos pelo encomendante, exceto quando esses insumos forem usados ou quando o encomendante destine o produto a comércio, a emprego com insumo em nova industrialização ou o utilize para acondicionar produtos tributados (RIPI, art. 191).

Com relação à locação, ao arrendamento mercantil e à saída de produtos a título gratuito, a base de cálculo está associada ao valor corrente do produto. Esse critério é detalhado nos arts. 192 e 193 do RIPI:

> Art. 192. Considera-se valor tributável o preço corrente do produto ou seu similar, no mercado atacadista da praça do remetente, na forma do disposto nos arts. 195 e 196, na saída do produto do estabelecimento industrial ou equiparado a industrial, quando a saída se der a título de locação ou arrendamento mercantil ou decorrer de operação a título gratuito, assim considerada também aquela que, em virtude de não transferir a propriedade do produto, não importe em fixar-lhe o preço (Lei n. 4.502, de 1964, art. 16).
>
> Art. 193. Na saída de produtos do estabelecimento do importador, em arrendamento mercantil, nos termos da Lei n. 6.099, de 12 de setembro de 1974, o valor tributável será:
>
> I – o preço corrente do mercado atacadista da praça em que o estabelecimento arrendador estiver domiciliado (Lei n. 6.099, de 1974, art. 18, e Lei n. 7.132, de 26 de outubro de 1983, art. 1º, inciso III); ou
>
> II – o valor que serviu de base de cálculo do imposto no desembaraço aduaneiro, se for demonstrado comprovadamente que o preço dos produtos importados é igual ou superior ao que seria pago pelo arrendatário se os importasse diretamente (Lei n. 6.099, de 1974, art. 18, § 2º).

No processo de renovação ou recondicionamento, o preço de aquisição do produto usado é deduzido do valor tributável (RIPI, art. 194):

> Art. 194. O imposto incidente sobre produtos usados, adquiridos de particulares ou não, que sofrerem o processo de industrialização, de que trata o inciso V do art. 4º (renovação ou recondicionamento), será calculado sobre a diferença de preço entre a aquisição e a revenda (Decreto-Lei n. 400, de 1968, art. 7º).

9.4.3 Valor Tributável Mínimo

Há casos em que o Fisco dedica especial atenção com o objetivo de evitar a subestimação da base de cálculo, estabelecendo regras para apuração de um valor tributável mínimo

190 Contabilidade Tributária • Pohlmann

(VTM) para fins de apuração do imposto. Usualmente, as hipóteses envolvem saídas para estabelecimentos que não são contribuintes do IPI, abrangendo operações entre estabelecimentos da mesma firma (RIPI, art. 195):

> Art. 195. O valor tributável não poderá ser inferior:
>
> I – ao preço corrente no mercado atacadista da praça do remetente quando o produto for destinado a outro estabelecimento do próprio remetente ou a estabelecimento de firma com a qual mantenha relação de interdependência (Lei n. 4.502, de 1964, art. 15, inciso I, e Decreto-Lei n. 34, de 1966, art. 2º, alteração 5ª);
>
> II – a noventa por cento do preço de venda aos consumidores, não inferior ao previsto no inciso I, quando o produto for remetido a outro estabelecimento da mesma empresa, desde que o destinatário opere exclusivamente na venda a varejo (Lei n. 4.502, de 1964, art. 15, inciso II, e Lei n. 9.532, de 1997, art. 37, inciso III);
>
> III – ao custo de fabricação do produto, acrescido dos custos financeiros e dos de venda, administração e publicidade, bem como do seu lucro normal e das demais parcelas que devam ser adicionadas ao preço da operação, no caso de produtos saídos do estabelecimento industrial, ou equiparado a industrial, com destino a comerciante autônomo, ambulante ou não, para venda direta a consumidor (Lei n. 4.502, de 1964, art. 15, inciso III, e Decreto-Lei n. 1.593, de 1977, art. 28); e
>
> IV – a setenta por cento do preço da venda a consumidor no estabelecimento moageiro, nas remessas de café torrado a estabelecimento comercial varejista que possua atividade acessória de moagem (Decreto-Lei n. 400, de 1968, art. 8º).
>
> § 1º No caso do inciso II, sempre que o estabelecimento comercial varejista vender o produto por preço superior ao que haja servido à determinação do valor tributável, será este reajustado com base no preço real de venda, o qual, acompanhado da respectiva demonstração, será comunicado ao remetente, até o último dia do período de apuração subsequente ao da ocorrência do fato, para efeito de lançamento e recolhimento do imposto sobre a diferença verificada.
>
> § 2º No caso do inciso III, o preço de revenda do produto pelo comerciante autônomo, ambulante ou não, indicado pelo estabelecimento industrial, ou equiparado a industrial, não poderá ser superior ao preço de aquisição acrescido dos tributos incidentes por ocasião da aquisição e da revenda do produto, e da margem de lucro normal nas operações de revenda.

9.5 ALÍQUOTAS

As alíquotas do imposto são aquelas constantes da TIPI, aprovada pelo Decreto n. 11.158/2022. Na TIPI, é possível encontrar ou classificar todas as mercadorias passíveis de serem comercializadas, mesmo aquelas não tributadas. Com relação à classificação fiscal dos produtos, os arts. 15, 16 e 17 do RIPI estabelecem como ela deve ser procedida:

> Art. 15. Os produtos estão distribuídos na TIPI por Seções, Capítulos, Subcapítulos, Posições, Subposições, Itens e Subitens (Lei n. 4.502, de 1964, art. 10).
>
> Art. 16. Far-se-á a classificação de conformidade com as Regras Gerais para Interpretação – RGI, Regras Gerais Complementares – RGC e Notas Complementares – NC, todas da

Nomenclatura Comum do MERCOSUL – NCM, integrantes do seu texto (Lei n. 4.502, de 1964, art. 10).

Art. 17. As Notas Explicativas do Sistema Harmonizado de Designação e de Codificação de Mercadorias – NESH, do Conselho de Cooperação Aduaneira na versão luso-brasileira, efetuada pelo Grupo Binacional Brasil/Portugal, e suas alterações aprovadas pela Secretaria da Receita Federal do Brasil, constituem elementos subsidiários de caráter fundamental para a correta interpretação do conteúdo das Posições e Subposições, bem como das Notas de Seção, Capítulo, Posições e de Subposições da Nomenclatura do Sistema Harmonizado (Lei n. 4.502, de 1964, art. 10).

A classificação fiscal de mercadorias é o processo de determinação do código numérico representativo da mercadoria, obedecendo-se aos critérios estabelecidos na Nomenclatura Comum do Mercosul (NCM), que é uma nomenclatura regional para categorização de mercadorias adotada pelo Brasil, pela Argentina, pelo Paraguai e pelo Uruguai desde 1995, sendo utilizada em todas as operações de comércio exterior dos países do Mercosul.[5]

A NCM toma por base o Sistema Harmonizado (SH), que é uma expressão condensada de Sistema Harmonizado de Designação e de Codificação de Mercadorias, mantido pela Organização Mundial das Alfândegas (OMA), órgão criado para melhorar e facilitar o comércio internacional e seu controle estatístico.

As mercadorias estão ordenadas sistematicamente na NCM, *a priori*, de modo progressivo, de acordo com o seu grau de elaboração, principiando pelos animais vivos e terminando com as obras de arte, passando por matérias-primas e produtos semiacabados. Assim, de modo geral, à medida que cresce a participação do ser humano na elaboração da mercadoria, mais elevado é o número do capítulo em que ela será classificada. Os seis primeiros dígitos da NCM seguem, por convenção internacional, o SH, e seus dois últimos dígitos são definidos pelo Mercosul.

A NCM tem a seguinte estrutura:

- Seis Regras Gerais para Interpretação do Sistema Harmonizado e 2 Regras Gerais Complementares.
- Notas de Seção, de Capítulo, de Subposição e Complementares.
- Lista ordenada de códigos em níveis de posição (4 dígitos), subposição (5 e 6 dígitos), item (7 dígitos) e subitem (8 dígitos), distribuídos em 21 Seções e 96 Capítulos.

A TIPI é a NCM acrescida das alíquotas do IPI e dos "Ex-tarifários" da TIPI.[6]

Exemplo de classificação fiscal extraído da TIPI é apresentado no Quadro 9.1, no qual constam certos pneumáticos novos, feitos de borracha. A primeira coluna indica a classificação fiscal completa do produto, que é a que contém oito dígitos; a segunda coluna apresenta a descrição do produto; e a última coluna contém a respectiva alíquota.

---

5   RFB. NCM. Disponível em: https://www.gov.br/receitafederal/pt-br/assuntos/aduana-e-comercio-exterior/classificacao-fiscal-de-mercadorias/ncm. Acesso em: 25 maio 2023.

6   *Idem.*

Quadro 9.1 Exemplo de classificação de produto na Tabela de Incidência do Imposto sobre Produtos Industrializados

Capítulo 40 da TIPI: Borracha e suas obras		
NCM	**Descrição**	**Alíquota (%)**
40.11	Pneumáticos novos, de borracha	
4011.10.00	- Do tipo utilizado em automóveis de passageiros (incluindo os veículos de uso misto (*station wagons*) e os automóveis de corrida)	9,75
4011.20	- Do tipo utilizado em ônibus (autocarros) ou caminhões	
4011.20.10	De medida 11,00-24	1,3
4011.20.90	Outros	1,3
4011.30.00	- Do tipo utilizado em veículos aéreos	0
4011.40.00	- Do tipo utilizado em motocicletas	15
4011.50.00	- Do tipo utilizado em bicicletas	15

SAIBA MAIS

 Tabela da TIPI

uqr.to/1kpld

No caso das microempresas (ME) e das empresas de pequeno porte (EPP) optantes pelo Simples Nacional, a alíquota do IPI é acrescida aos percentuais da tabela do Anexo II da LC n. 123/2006 e aplicada sobre a receita de venda de produtos. O recolhimento do IPI é realizado conjuntamente com os demais tributos abrangidos por esse regime simplificado de tributação. Registre-se, entretanto, que o IPI devido na importação de produtos do exterior não está abrangido pelo regime simplificado e deve ser recolhido normalmente no momento do despacho aduaneiro. O regime do Simples Nacional é abordado no Capítulo 13.

9.6 CRÉDITOS

O IPI é um imposto não cumulativo, sendo admitida, do valor devido na operação presente, a dedução do imposto pago nas etapas anteriores. De acordo com o art. 225 do

Cap. 9 • Imposto sobre Produtos Industrializados **193**

RIPI, a não cumulatividade do imposto é efetivada pelo sistema de crédito, atribuído ao contribuinte, do imposto relativo a produtos que entrarem no seu estabelecimento, para ser abatido do que for devido pelos produtos dele saídos, em um mesmo período.

O RIPI classifica os créditos em cinco categorias: 1 – créditos básicos; 2 – créditos por devolução ou retorno dos produtos; 3 – créditos como incentivo, instituído para incentivar certas atividades e operações, como é o caso da exportação; 4 – créditos de outra natureza; e 5 – crédito presumido como ressarcimento de contribuições sociais (Programa de Integração Social – PIS e Contribuição para o Financiamento da Seguridade Social – Cofins) nas exportações.

A categoria mais relevante e significativa é a dos ditos créditos básicos, que decorrem principalmente da aquisição dos insumos utilizados na produção e estão previstos no art. 226 do RIPI:

> Art. 226. Os estabelecimentos industriais, e os que lhes são equiparados, poderão creditar-se (Lei n. 4.502, de 1964, art. 25):
>
> I – do imposto relativo a matéria-prima, produto intermediário e material de embalagem, adquiridos para emprego na industrialização de produtos tributados, incluindo-se, entre as matérias-primas e produtos intermediários, aqueles que, embora não se integrando ao novo produto, forem consumidos no processo de industrialização, salvo se compreendidos entre os bens do ativo permanente;
>
> II – do imposto relativo a matéria-prima, produto intermediário e material de embalagem, quando remetidos a terceiros para industrialização sob encomenda, sem transitar pelo estabelecimento adquirente;
>
> III – do imposto relativo a matéria-prima, produto intermediário e material de embalagem, recebidos de terceiros para industrialização de produtos por encomenda, quando estiver destacado ou indicado na nota fiscal;
>
> IV – do imposto destacado em nota fiscal relativa a produtos industrializados por encomenda, recebidos do estabelecimento que os industrializou, em operação que dê direito ao crédito;
>
> V – do imposto pago no desembaraço aduaneiro;
>
> VI – do imposto mencionado na nota fiscal que acompanhar produtos de procedência estrangeira, diretamente da repartição que os liberou, para estabelecimento, mesmo exclusivamente varejista, do próprio importador;
>
> VII – do imposto relativo a bens de produção recebidos por comerciantes equiparados a industrial;
>
> VIII – do imposto relativo aos produtos recebidos pelos estabelecimentos equiparados a industrial que, na saída destes, estejam sujeitos ao imposto, nos demais casos não compreendidos nos incisos V a VII;
>
> IX – do imposto pago sobre produtos adquiridos com imunidade, isenção ou suspensão quando descumprida a condição, em operação que dê direito ao crédito; e
>
> X – do imposto destacado nas notas fiscais relativas a entregas ou transferências simbólicas do produto, permitidas neste Regulamento.
>
> Parágrafo único. Nas remessas de produtos para armazém-geral e depósito fechado, o direito ao crédito do imposto, quando admitido, é do estabelecimento depositante.

Ainda a título de crédito básico, é permitido o crédito na aquisição de insumos de comerciante atacadista não contribuinte, nos seguintes termos (RIPI, art. 227):

> Art. 227. Os estabelecimentos industriais, e os que lhes são equiparados, poderão, ainda, creditar-se do imposto relativo a MP, PI e ME, adquiridos de comerciante atacadista não-contribuinte, calculado pelo adquirente, mediante aplicação da alíquota a que estiver sujeito o produto, sobre cinquenta por cento do seu valor, constante da respectiva nota fiscal (Decreto-Lei n. 400, de 1968, art. 6º).

Não é admitido o crédito relativamente à compra de MP, PI e ME de empresa optante pelo Simples Nacional (RIPI, art. 228).

9.7 APURANDO O IPI A RECOLHER

Como regra, o período de apuração do IPI é mensal, havendo períodos diferenciados para produtos específicos, como é o caso do cigarro. O valor a recolher será apurado mediante o confronto entre o total de débitos de imposto decorrente das saídas de produtos no período de apuração e o total de créditos decorrentes das entradas de mercadorias no mesmo período.

Na eventualidade de os créditos de IPI decorrentes das entradas de produtos suplantarem os créditos decorrentes das saídas, o saldo credor em favor do contribuinte transfere-se para o período e pode ser compensado com o IPI devido apurado nesse período.

EXEMPLO

O exemplo a seguir ilustra a apuração do IPI de determinado período de apuração:

Uma determinada indústria produz e vende os produtos X (preço: R$ 50,00; alíquota IPI: 5%) e Y (preço: R$ 80,00; alíquota IPI: 10%). Para isso, adquire matérias-primas e outros bens para a produção.

As operações (entradas e saídas de produtos) relativas a determinado período de apuração são descritas a seguir.

Saídas de produtos:
1. Venda de 5.000 unidades do produto X, com 10% de desconto incondicional.
2. Venda de 2.000 unidades do produto Y.
3. Transferência de 1.000 unidades do produto Y para uma filial varejista, na qual serão vendidas a consumidores finais por R$ 130,00 a unidade.
4. Venda de 1.500 unidades do produto X, sendo cobrado do adquirente frete e seguro no valor de R$ 5.000,00.
5. Remessa de 500 unidades do produto Y para filial equiparada a industrial, na qual serão comercializadas.
6. Exportação de 3.000 unidades do produto X.

Entradas de produtos:

1. Compra de matérias-primas para a fabricação dos produtos X e Y no valor de R$ 300.000,00, acrescido de IPI no valor de R$ 15.000,00, destacado na nota fiscal.

2. Compra de um equipamento novo para a fábrica por R$ 80.000,00, mais IPI no valor R$ 4.000,00, destacado na nota fiscal.

3. Compra de matéria-prima para a fabricação dos produtos X e Y por R$ 30.000,00, sem destaque de IPI, pois o fornecedor é comerciante atacadista não contribuinte do imposto. Verificando a TIPI, constata-se que a alíquota do IPI para o material adquirido é de 5%.

4. Compra de matéria-prima de fornecedor optante pelo Simples Nacional. O valor da compra foi de R$ 10.000,00, sem destaque de IPI. Verificando a TIPI, constata-se que a alíquota do IPI para o material adquirido é de 3%.

5. Compra de material de embalagem para acondicionar os produtos X e Y por R$ 70.000,00, não tendo sido acrescido o IPI porque a alíquota dessa embalagem é zero.

A apuração dos débitos de IPI é demonstrada na Tabela 9.1, na qual se verifica um total de R$ 42.700,00 de débitos no período.

Tabela 9.1   Demonstrativo dos débitos do Imposto sobre Produtos Industrializados

Operação	Débito de IPI (R$)	Memórias de cálculo e justificativas
Venda de 5.000 unidades do produto X, com 10% de desconto incondicional	11.250,00	5.000 × R$ 45,00 = R$ 250.000,00 × 5% = R$ 11.250,00
Venda de 2.000 unidades do produto Y	16.000,00	2.000 × R$ 80,00 = R$ 160.000,00 × 10% = R$ 16.000,00
Transferência de 1.000 unidades do produto Y para a filial varejista, na qual serão vendidas a consumidores finais por R$ 130,00 a unidade	11.700,00	1.000 × R$ 130,00 × 90% = R$ 117.000,00 × 10% = 11.700,00 (RIPI, art. 195, II)
Venda de 1.500 unidades do produto X, sendo cobrado do adquirente frete e seguro no valor de R$ 5.000,00	3.750,00	1.500 × R$ 50,00 = R$ 75.000,00; R$ 75.000,00 × 5% = R$ 3.750,00
Remessa de 500 unidades do produto Y para filial equiparada a industrial, na qual serão comercializadas	–	Saída com suspensão do imposto (RIPI, art. 43, X)
Exportação de 3.000 unidades do produto X	–	Operação imune à incidência do IPI (CF, art. 153, 3°, III)
Soma	42.700,00	

196 Contabilidade Tributária • Pohlmann

Os créditos de IPI no período importaram em R$ 15.750,00, conforme demonstrado na Tabela 9.2.

Tabela 9.2 Demonstrativo dos créditos do Imposto sobre Produtos Industrializados

Operação	Crédito de IPI (R$)	Memórias de cálculo e justificativas
Compra de matérias-primas para a fabricação dos produtos X e Y no valor de R$ 300.000,00, acrescido de IPI no valor de R$ 15.000,00, destacado na nota fiscal	15.000,00	Crédito integral
Compra de um equipamento novo para a fábrica por R$ 80.000,00, mais IPI no valor R$ 4.000,00, destacado na nota fiscal	-	Sem direito a crédito do imposto (RIPI, art. 226, I)
Compra de matéria-prima para a fabricação dos produtos X e Y por R$ 30.000,00, sem destaque de IPI, pois o fornecedor é comerciante atacadista não contribuinte do imposto. Verificando a TIPI, constata-se que a alíquota do IPI para o material adquirido é de 5%	750,00	R$ 30.000,00 × 50% = R$ 15.000,00 × 5% = R$ 750,00 (RIPI, art. 227)
Compra de matéria-prima de fornecedor optante pelo Simples Nacional. O valor da compra foi de R$ 10.000,00, sem destaque de IPI. Verificando a TIPI, constata-se que a alíquota do IPI para o material adquirido é de 3%	-	Sem direito a crédito do imposto (RIPI, art. 228)
Compra de material de embalagem para acondicionar os produtos X e Y por R$ 70.000,00, não tendo sido acrescido o IPI, porque a alíquota dessa embalagem é zero	-	Como a alíquota é zero, não há imposto a creditar
Soma	15.750,00	

A apuração do saldo de IPI a recolher dá-se pelo confronto entre débitos e créditos do período, conforme demonstrado a seguir:

Total de débitos do período   R$ 42.700,00
(–) Total de créditos do período   R$ 15.750,00
= Saldo de IPI a recolher   R$ 26.950,00

9.8 OBRIGAÇÕES ACESSÓRIAS

As obrigações acessórias são formalidades impostas pelo Fisco, como consequência, na maioria das vezes, da sujeição passiva a determinado tributo. No caso do IPI, as principais obrigações acessórias são:

- emissão de documentos fiscais, especialmente a nota fiscal;
- escrituração de livros fiscais;
- rotulagem, marcação e numeração de produtos;
- selo de controle;
- apresentação de declarações e informações ao Fisco.

São previstos os seguintes livros fiscais (RIPI, art. 444):

Art. 444. Os contribuintes manterão, em cada estabelecimento, conforme a natureza das operações que realizarem, os seguintes livros fiscais:

I – Registro de Entradas, modelo 1;

II – Registro de Saídas, modelo 2;

III – Registro de Controle da Produção e do Estoque, modelo 3;

IV – Registro de Entrada e Saída do Selo de Controle, modelo 4;

V – Registro de Impressão de Documentos Fiscais, modelo 5;

VI – Registro de Utilização de Documentos Fiscais e Termos de Ocorrências, modelo 6;

VII – Registro de Inventário, modelo 7; e

VIII – Registro de Apuração do IPI, modelo 8.

Alguns desses livros foram substituídos pela Escrituração Fiscal Digital (EFD), conforme disposto nos arts. 453 e 454:

Art. 453. O contribuinte do imposto deverá substituir a escrituração e a impressão dos livros fiscais de que tratam os incisos I, II, VII e VIII do art. 444 pela escrituração fiscal digital – EFD, em arquivo digital, na forma da legislação específica.

[...]

Art. 454. A EFD compõe-se da totalidade das informações, em meio digital, necessárias à apuração do imposto, referentes às operações e prestações praticadas pelo contribuinte, bem como de outras de interesse das administrações tributárias das unidades federadas e da Secretaria da Receita Federal do Brasil.

[...]

§ 2º O arquivo digital da EFD será gerado pelo contribuinte de acordo com as disposições previstas na legislação específica e conterá a totalidade das informações econômico-fiscais e contábeis correspondentes ao período compreendido entre o primeiro e o último dia do mês.

QUESTÃO PARA DISCUSSÃO

Explique, de forma sucinta, quando uma operação está sujeita à incidência do IPI. Coloque-se na condição de um especialista que foi consultado acerca de um novo empreendimento, com relação ao qual o empresário tem dúvidas se as atividades que serão desenvolvidas estão ou não sujeitas ao IPI.

Resposta ou *feedback*:

O IPI incide sobre a saída de produtos do estabelecimento industrial ou equiparado a industrial. Para ser considerado produto industrializado, ele deve ter sido submetido ao processo de industrialização, conforme definido em lei. Para ser tributado, o produto deve constar da TIPI com alíquota, ainda que igual a zero. Os produtos que constarem com a notação "NT" não estão no campo de incidência do IPI. Por fim, deve-se verificar se as peculiaridades do novo negócio não se incluem em qualquer dos casos de exclusão do conceito de industrialização, que não são tributados.

RESUMO

Do conteúdo que você estudou neste capítulo, é importante destacar:

- O IPI é imposto seletivo e incide de modo não cumulativo.

- O chamado princípio da seletividade significa que a alíquota do imposto deve ser graduada de acordo com a essencialidade do produto: quanto mais essencial à sociedade, menor a alíquota, e vice-versa.

- A não cumulatividade é um princípio que assegura que o imposto pago pelo adquirente do produto – ou do insumo que será incorporado na produção de um produto – possa ser abatido do valor devido em função da venda do produto.

- Há, basicamente, três espécies de situações que ensejam a incidência do IPI: a saída do produto industrializado, o seu desembaraço aduaneiro (quando de procedência estrangeira) e a arrematação em leilão, quando apreendido ou abandonado.

- A legislação de regência do IPI é consolidada em decreto regulamentador: o RIPI. Em síntese, o art. 2º do RIPI estabelece que: 1 – tanto os produtos nacionais quanto os estrangeiros estão sujeitos ao IPI; 2 – a Tabela de Incidência do IPI (TIPI) é que determinará se o produto está no campo de incidência do IPI. Se constar a expressão "NT", o produto não está sujeito à tributação.

- Para ser considerado um produto industrializado, ele deve ter sido submetido à operação da qual resulte, ao menos, uma das seguintes consequências: 1 – tenha modificado a aparência do produto; 2 – tenha modificado a finalidade do produto; ou 3 – tenha aperfeiçoado o produto para o consumo.

Cap. 9 • Imposto sobre Produtos Industrializados **199**

- Em síntese, o IPI incide sobre produtos: 1 – resultantes de um processo de industrialização; 2 – que estejam relacionados na TIPI com a respectiva alíquota, ainda que zero; e 3 – que não estejam inclusos em um dos casos de exclusão do art. 5º do RIPI.

- Estabelecimento industrial é aquele que executa as operações de industrialização, das quais resulte produto tributado, ainda que de alíquota zero ou isento. Há, também, o chamado estabelecimento equiparado a industrial.

- Como regra, a base de cálculo do imposto aplicável às saídas dos produtos, tanto nacionais quanto estrangeiros, é o valor da operação.

- As alíquotas do imposto são aquelas constantes da TIPI.

- O IPI é um imposto não cumulativo, sendo admitida, do valor devido na operação presente, a dedução do imposto pago nas etapas anteriores.

- O valor do IPI a recolher será apurado mediante o confronto entre o total de débitos de imposto decorrente das saídas de produtos no período de apuração e o total de créditos decorrentes das entradas de mercadorias no mesmo período.

QUESTÕES DE MÚLTIPLA ESCOLHA

1. Uma indústria fabrica uma grande variedade de artigos de plástico, tributados na saída. Assinale a alternativa que contém apenas materiais que dariam direito a crédito de IPI em sua aquisição.

    a) Desperdícios, resíduos e aparas de PVC nacional; PVC importado; tinta de colorir plásticos; facas utilizadas na máquina de cortar plásticos.

    b) Esmeril para afiar as facas utilizadas nas máquinas de cortar plásticos; grampos para o grampeador de caixas da seção de embalagens; caixas de papelão para acondicionar os produtos já embalados; fita adesiva para vedar a caixa de papelão.

    c) Pincel atômico para marcar a caixa; rolamento estrangeiro, adquirido de importador, para conserto da máquina que fabrica os artigos de plástico; fita para a máquina de escrever, do escritório; tinta para carimbo usado no setor de embalagens para carimbar as ordens de empacotamento.

    d) PVC importado; esmeril para afiar as facas utilizadas nas máquinas de cortar plásticos; rolamento estrangeiro; tinta de colorir plásticos.

2. Com relação ao princípio da seletividade do IPI, é correto afirmar:

    a) Implica tributar mais os produtos mais essenciais, pois garantem maior arrecadação.

    b) Pode ser revogado ou alterado pela lei.

    c) Justifica as alíquotas elevadas do cigarro e das bebidas alcoólicas em geral.

    d) Foi revogado pela CF de 1988.

200 Contabilidade Tributária • Pohlmann

3. Com relação ao princípio da não cumulatividade, é correto afirmar:

a) Significa que não pode ser deduzido o IPI pago na etapa anterior.

b) Sua observância em relação ao IPI equivale a tributar o valor adicionado pelo estabelecimento industrial.

c) Não é aplicável ao IPI, apenas ao ICMS, ao PIS e à Cofins.

d) É aplicável ao IPI, mas até o limite do imposto total devido em decorrência das saídas de produtos do estabelecimento industrial.

4. Com base na legislação do IPI vigente, caso a alíquota de um produto seja majorada de 10 para 50%, essa nova alíquota pode ser exigida em relação aos fatos geradores ocorridos:

a) Após noventa dias da data da publicação da lei que majorou a alíquota.

b) A partir do primeiro dia do ano seguinte ao da publicação da lei.

c) A partir da data da publicação da lei.

d) A partir do período de apuração seguinte ao da publicação da lei.

5. Com base na legislação do IPI vigente, se um decreto elevar a alíquota do IPI de um produto considerado nocivo à saúde de 70%, que era o percentual previsto em lei, para 100%:

a) Esse decreto é inconstitucional, porque viola o princípio da legalidade.

b) Esse decreto é ilegal, porque viola a lei de regência do IPI.

c) Esse decreto é constitucional, porque majorou a alíquota dentro dos limites constitucionais e legais.

d) Esse decreto é constitucional, porque é permitido elevar alíquotas dos produtos nocivos à saúde sem a necessidade de lei.

6. Qualquer modificação em relação às hipóteses de incidência do IPI previstas no art. 46 do CTN:

a) Somente pode ser procedida por lei ordinária.

b) Pode ser procedida por decreto do Presidente da República.

c) Só pode ser alterada se houver alteração do texto constitucional.

d) Somente pode ser alterada por lei complementar.

7. Qual das alternativas a seguir contém um fato gerador do IPI?

a) Saída de energia elétrica da empresa geradora para consumo em uma indústria.

b) Importação de um caminhão por uma empresa transportadora.

c) Saída de uma mesa de jantar fabricada por uma firma de marcenaria composta de duas pessoas em oficina, sob encomenda do usuário final.

d) Montagem de uma torre de refrigeração realizada no local de instalação.

Cap. 9 • Imposto sobre Produtos Industrializados **201**

8. Com relação ao IPI, é correto afirmar:
   a) Apenas estabelecimentos industriais são contribuintes do IPI.
   b) Uma firma comercial será contribuinte do IPI apenas se importar produtos do exterior.
   c) Uma firma comercial pode ser equiparada a industrial.
   d) Uma firma comercial somente pode ser equiparada a industrial se houver a opção expressa dessa firma.

9. É admitido o crédito de IPI em relação à entrada:
   a) De máquinas e equipamentos utilizados na produção.
   b) De embalagens de produtos tributados adquiridas de indústria optante pelo Simples Nacional.
   c) De matéria-prima adquirida de comerciante varejista.
   d) Do imposto pago no desembaraço aduaneiro de embalagens para serem utilizadas em produtos tributados.

10. No caso de uma transferência de produtos de uma indústria para a venda na sua filial comercial atacadista, equiparada a industrial, é correto afirmar:
   a) Os produtos sairão com suspensão do imposto.
   b) Os produtos sairão com isenção do imposto.
   c) A operação será tributada normalmente, como uma venda qualquer.
   d) A base de cálculo do IPI nesse caso será baseada no preço de venda praticado pela filial nas suas vendas a terceiros.

GABARITO

1. a	2. c	3. b	4. a	5. c
6. d	7. b	8. c	9. d	10. a

CAPÍTULO 10

IMPOSTO SOBRE A CIRCULAÇÃO DE MERCADORIAS E SERVIÇOS DE TRANSPORTE INTERESTADUAL E INTERMUNICIPAL E DE COMUNICAÇÃO

OBJETIVOS DO CAPÍTULO

- ► Desenvolver no leitor a capacidade de qualificar as operações à luz da legislação do Imposto sobre a Circulação de Mercadorias e Serviços de Transporte Interestadual e Intermunicipal e de Comunicação (ICMS) e de orientar as empresas no cumprimento das obrigações decorrentes da sujeição passiva a esse imposto.
- ► Analisar os fundamentos, as regras e os princípios gerais que norteiam a incidência do ICMS.
- ► Explicar as regras e a metodologia de apuração do ICMS.

Este capítulo trata das regras que regem a incidência e a apuração do ICMS. Para isso, são abordados os fundamentos e os princípios constitucionais aplicáveis, o papel e a competência da lei complementar (LC), do Senado e dos Estados na sua instituição e regulação, finalizando com aspectos relativos à quantificação do valor devido e às obrigações acessórias.

10.1 ASPECTOS CONSTITUCIONAIS

O ICMS é o imposto que recebeu maior atenção do legislador constitucional, dada a sua relevância econômica e orçamentária e a potencialidade de ocorrência da chamada

204 Contabilidade Tributária • Pohlmann

"guerra fiscal" entre os Estados da Federação. A autorização constitucional para a instituição do ICMS pelos Estados e pelo Distrito Federal está prevista no art. 155, II:

> Art. 155. Compete aos Estados e ao Distrito Federal instituir impostos sobre: (Redação dada pela Emenda Constitucional n. 3, de 1993)
>
> II – operações relativas à circulação de mercadorias e sobre prestações de serviços de transporte interestadual e intermunicipal e de comunicação, ainda que as operações e as prestações se iniciem no exterior; (Redação dada pela Emenda Constitucional n. 3, de 1993)

De acordo com o art. 155, § 2º, IX, "a", o imposto incide, também, sobre a importação de bens e serviços:

> IX – incidirá também:
>
> a) sobre a entrada de bem ou mercadoria importados do exterior por pessoa física ou jurídica, ainda que não seja contribuinte habitual do imposto, qualquer que seja a sua finalidade, assim como sobre o serviço prestado no exterior, cabendo o imposto ao Estado onde estiver situado o domicílio ou o estabelecimento do destinatário da mercadoria, bem ou serviço; (Redação dada pela Emenda Constitucional n. 33, de 2001)

10.1.1 O Papel da Lei Complementar e dos Convênios

A LC recebe maior atribuição de competência para normatizar a incidência do ICMS do que aquela atribuída em relação aos impostos em geral pelo art. 146, III, da Carta Magna, qual seja, a de estabelecer os respectivos fatos geradores, bases de cálculo e contribuintes. No art. 155, § 2º, XII, o legislador constitucional vai além e atribui à LC outras competências:

> XII – cabe à lei complementar:
>
> a) definir seus contribuintes;
>
> b) dispor sobre substituição tributária;
>
> c) disciplinar o regime de compensação do imposto;
>
> d) fixar, para efeito de sua cobrança e definição do estabelecimento responsável, o local das operações relativas à circulação de mercadorias e das prestações de serviços;
>
> e) excluir da incidência do imposto, nas exportações para o exterior, serviços e outros produtos além dos mencionados no inciso X, "a"
>
> f) prever casos de manutenção de crédito, relativamente à remessa para outro Estado e exportação para o exterior, de serviços e de mercadorias;
>
> g) regular a forma como, mediante deliberação dos Estados e do Distrito Federal, isenções, incentivos e benefícios fiscais serão concedidos e revogados;
>
> h) definir os combustíveis e lubrificantes sobre os quais o imposto incidirá uma única vez, qualquer que seja a sua finalidade, hipótese em que não se aplicará o disposto no inciso X, "b"; (Incluída pela Emenda Constitucional n. 33, de 2001)
>
> i) fixar a base de cálculo, de modo que o montante do imposto a integre, também na importação do exterior de bem, mercadoria ou serviço. (Incluída pela Emenda Constitucional n. 33, de 2001)

Fica evidente que a reserva de LC estabelecida pela Constituição Federal (CF) abrange os principais aspectos da incidência do ICMS. Atendendo ao comando constitucional, a LC n. 87/1996, conhecida como "Lei Kandir", define as normas gerais que devem ser observadas pelos legisladores dos Estados e do Distrito Federal na instituição e normatização do imposto.

Com relação ao disposto especificamente na letra "g" do inciso XII do § 2º do art. 155 da CF, por sua vez, coube à LC n. 24/1975 prever a realização de convênios entre os Estados e regulamentar o modo como eles devem ser celebrados, sendo imprescindíveis para a concessão de qualquer espécie de benefício ou incentivo fiscal aos contribuintes. Exige-se a celebração de convênios nas hipóteses previstas no art. 1º da LC n. 24/1975:

> Art. 1º – As isenções do imposto sobre operações relativas à circulação de mercadorias serão concedidas ou revogadas nos termos de convênios celebrados e ratificados pelos Estados e pelo Distrito Federal, segundo esta Lei.
>
> Parágrafo único – O disposto neste artigo também se aplica:
>
> I – à redução da base de cálculo;
>
> II – à devolução total ou parcial, direta ou indireta, condicionada ou não, do tributo, ao contribuinte, a responsável ou a terceiros;
>
> III – à concessão de créditos presumidos;
>
> IV – a quaisquer outros incentivos ou favores fiscais ou financeiro-fiscais, concedidos com base no Imposto de Circulação de Mercadorias, dos quais resulte redução ou eliminação, direta ou indireta, do respectivo ônus;
>
> V – às prorrogações e às extensões das isenções vigentes nesta data.

A concessão de benefícios e incentivos fiscais sem a observância das regras estabelecidas implica a nulidade do ato e a ineficácia do crédito fiscal atribuído, a exigibilidade do imposto não pago ou devolvido e a ineficácia da lei ou ato que conceda remissão do débito correspondente (LC n. 24/1975, art. 8º).

10.1.2 Imunidades e Princípios Gerais

A CF afasta a incidência do ICMS sobre determinadas mercadorias e operações. Pode-se iniciar referindo a imunidade geral em relação a impostos concedida a livros, jornais, periódicos e ao papel destinado à sua impressão (art. 150, VI, "d"). Outras imunidades são previstas no art. 155, § 2º, X:

> X – não incidirá:
>
> a) sobre operações que destinem mercadorias para o exterior, nem sobre serviços prestados a destinatários no exterior, assegurada a manutenção e o aproveitamento do montante do imposto cobrado nas operações e prestações anteriores; (Redação dada pela Emenda Constitucional n. 42, de 19.12.2003)
>
> b) sobre operações que destinem a outros Estados petróleo, inclusive lubrificantes, combustíveis líquidos e gasosos dele derivados, e energia elétrica;
>
> c) sobre o ouro, nas hipóteses definidas no art. 153, § 5º;

d) nas prestações de serviço de comunicação nas modalidades de radiodifusão sonora e de sons e imagens de recepção livre e gratuita; (Incluído pela Emenda Constitucional n. 42, de 19.12.2003)

Alguns princípios aplicáveis aos impostos em geral podem ser destacados em relação ao ICMS. Eles dizem respeito à observância dos princípios da legalidade, da irretroatividade e da anterioridade (CF, art. 150):

Art. 150. Sem prejuízo de outras garantias asseguradas ao contribuinte, é vedado à União, aos Estados, ao Distrito Federal e aos Municípios:

I – exigir ou aumentar tributo sem lei que o estabeleça;

[...]

III – cobrar tributos:

a) em relação a fatos geradores ocorridos antes do início da vigência da lei que os houver instituído ou aumentado;

b) no mesmo exercício financeiro em que haja sido publicada a lei que os instituiu ou aumentou;

c) antes de decorridos noventa dias da data em que haja sido publicada a lei que os instituiu ou aumentou, observado o disposto na alínea b; (Incluído pela Emenda Constitucional n. 42, de 19.12.2003)

[...]

O § 7º do art. 150 da CF legitima a instituição da chamada "substituição tributária para frente" em relação aos tributos em geral, sistemática muito utilizada na arrecadação do ICMS:

§ 7º A lei poderá atribuir a sujeito passivo de obrigação tributária a condição de responsável pelo pagamento de imposto ou contribuição, cujo fato gerador deva ocorrer posteriormente, assegurada a imediata e preferencial restituição da quantia paga, caso não se realize o fato gerador presumido. (Incluído pela Emenda Constitucional n. 3, de 1993)

10.1.3 Papel do Senado Federal

Tendo em vista que o ICMS é tido por muitos como o imposto da Federação, o Senado Federal, constituído de representantes dos Estados e do Distrito Federal, desempenha importante papel político na definição de alguns limites gerais em relação às alíquotas do imposto (CF, art. 150, § 2º, incisos IV e V):

Art. 155. [...]

IV – resolução do Senado Federal, de iniciativa do Presidente da República ou de um terço dos Senadores, aprovada pela maioria absoluta de seus membros, estabelecerá as alíquotas aplicáveis às operações e prestações, interestaduais e de exportação;

V – *é facultado ao Senado Federal:*

a) estabelecer alíquotas mínimas nas operações internas, mediante resolução de iniciativa de um terço e aprovada pela maioria absoluta de seus membros;

Cap. 10 • Imposto sobre a Circulação de Mercadorias e Serviços de Transporte Interestadual (...) **207**

b) fixar alíquotas máximas nas mesmas operações para resolver conflito específico que envolva interesse de Estados, mediante resolução de iniciativa da maioria absoluta e aprovada por dois terços de seus membros;

10.1.4 Base de Cálculo, Alíquotas e Outras Definições

A CF estabelece uma série de outras definições e restrições dirigidas aos legisladores infraconstitucionais, ou seja, àqueles a quem compete formular as leis gerais e instituir o imposto. Elas constam dos seguintes incisos do § 2.º do art. 155:

Art. 155. [...]

§ 2º O imposto previsto no inciso II atenderá ao seguinte: (Redação dada pela Emenda Constitucional n. 3, de 1993)

I – será não-cumulativo, compensando-se o que for devido em cada operação relativa à circulação de mercadorias ou prestação de serviços com o montante cobrado nas anteriores pelo mesmo ou outro Estado ou pelo Distrito Federal;

II – a isenção ou não-incidência, salvo determinação em contrário da legislação:

a) não implicará crédito para compensação com o montante devido nas operações ou prestações seguintes;

b) acarretará a anulação do crédito relativo às operações anteriores;

III – poderá ser seletivo, em função da essencialidade das mercadorias e dos serviços;

[...]

VI – salvo deliberação em contrário dos Estados e do Distrito Federal, nos termos do disposto no inciso XII, "g", as alíquotas internas, nas operações relativas à circulação de mercadorias e nas prestações de serviços, não poderão ser inferiores às previstas para as operações interestaduais;

VII – nas operações e prestações que destinem bens e serviços a consumidor final, contribuinte ou não do imposto, localizado em outro Estado, adotar-se-á a alíquota interestadual e caberá ao Estado de localização do destinatário o imposto correspondente à diferença entre a alíquota interna do Estado destinatário e a alíquota interestadual; (Redação dada pela Emenda Constitucional n. 87, de 2015) (Produção de efeito)

[...]

VIII – a responsabilidade pelo recolhimento do imposto correspondente à diferença entre a alíquota interna e a interestadual de que trata o inciso VII será atribuída: (Redação dada pela Emenda Constitucional n. 87, de 2015) (Produção de efeito)

a) ao destinatário, quando este for contribuinte do imposto; (Incluído pela Emenda Constitucional n. 87, de 2015)

b) ao remetente, quando o destinatário não for contribuinte do imposto; (Incluído pela Emenda Constitucional n. 87, de 2015)

IX – incidirá também:

a) sobre a entrada de bem ou mercadoria importados do exterior por pessoa física ou jurídica, ainda que não seja contribuinte habitual do imposto, qualquer que seja a sua finalidade, assim como sobre o serviço prestado no exterior, cabendo o imposto ao Estado onde estiver situado o domicílio ou o estabelecimento do destinatário da mercadoria, bem ou serviço (Redação dada pela Emenda Constitucional n. 33, de 2001)

b) sobre o valor total da operação, quando mercadorias forem fornecidas com serviços não compreendidos na competência tributária dos Municípios;

X – não incidirá:

a) sobre operações que destinem mercadorias para o exterior, nem sobre serviços prestado a destinatários no exterior, assegurada a manutenção e o aproveitamento do montante do imposto cobrado nas operações e prestações anteriores; (Redação dada pela Emenda Constitucional n. 42, de 19.12.2003)

b) sobre operações que destinem a outros Estados petróleo, inclusive lubrificantes, combustíveis líquidos e gasosos dele derivados, e energia elétrica;

c) sobre o ouro, nas hipóteses definidas no art. 153, § 5º;

d) nas prestações de serviço de comunicação nas modalidades de radiodifusão sonora e de sons e imagens de recepção livre e gratuita; (Incluído pela Emenda Constitucional n. 42 de 2003)

XI – não compreenderá, em sua base de cálculo, o montante do imposto sobre produtos industrializados, quando a operação, realizada entre contribuintes e relativa a produto destinado à industrialização ou à comercialização, configure fato gerador dos dois impostos.

EXEMPLO

Exemplo de cálculo do diferencial de alíquota em uma operação (CF, art. 155, § 2º, VII). Revenda de mercadorias por um contribuinte situado na região Sul a consumidor final não contribuinte do imposto, situado na região Nordeste:

Valor da mercadoria	R$ 20.000,00
IPI destacado (10%)	R$ 2.000,00
Frete cobrado do pelo remetente	R$ 500,00
Valor total da operação	R$ 22.500,00
Base de cálculo do ICMS	R$ 22.500,00
Alíquota interestadual do ICMS	7%
ICMS devido para a UF de origem	R$ 1.575,00
Base de cálculo do ICMS	R$ 22.500,00
Alíquota interna do ICMS do Estado destinatário	17%
ICMS total da operação	R$ 3.825,00
(–) ICMS devido à UF de origem	(R$1.575,00)
= ICMS devido para a UF de destino	R$ 2.250,00

10.2 FATO GERADOR

As hipóteses de incidência do ICMS são previstas no art. 3º da LC n. 87/1996. O elemento temporal da incidência, o chamado fato gerador, por sua vez, está detalhado no art. 12, nos seguintes termos:

Art. 12. Considera-se ocorrido o fato gerador do imposto no momento:

I – da saída de mercadoria de estabelecimento de contribuinte, ainda que para outro estabelecimento do mesmo titular;

II – do fornecimento de alimentação, bebidas e outras mercadorias por qualquer estabelecimento;

III – da transmissão a terceiro de mercadoria depositada em armazém geral ou em depósito fechado, no Estado do transmitente;

IV – da transmissão de propriedade de mercadoria, ou de título que a represente, quando a mercadoria não tiver transitado pelo estabelecimento transmitente;

V – do início da prestação de serviços de transporte interestadual e intermunicipal, de qualquer natureza;

VI – do ato final do transporte iniciado no exterior;

VII – das prestações onerosas de serviços de comunicação, feita por qualquer meio, inclusive a geração, a emissão, a recepção, a transmissão, a retransmissão, a repetição e a ampliação de comunicação de qualquer natureza;

VIII – do fornecimento de mercadoria com prestação de serviços:

a) não compreendidos na competência tributária dos Municípios;

b) compreendidos na competência tributária dos Municípios e com indicação expressa de incidência do imposto de competência estadual, como definido na lei complementar aplicável;

IX – do desembaraço aduaneiro de mercadorias ou bens importados do exterior; (Redação dada pela LCP n. 114, de 16.12.2002)

X – do recebimento, pelo destinatário, de serviço prestado no exterior;

XI – da aquisição em licitação pública de mercadorias ou bens importados do exterior e apreendidos ou abandonados; (Redação dada pela LCP n. 114, de 16.12.2002)

XII – da entrada no território do Estado de lubrificantes e combustíveis líquidos e gasosos derivados de petróleo e energia elétrica oriundos de outro Estado, quando não destinados à comercialização ou à industrialização; (Redação dada pela LCP n. 102, de 11.7.2000)

XIII – da utilização, por contribuinte, de serviço cuja prestação se tenha iniciado em outro Estado e não esteja vinculada a operação ou prestação subsequente.

XIV – do início da prestação de serviço de transporte interestadual, nas prestações não vinculadas a operação ou prestação subsequente, cujo tomador não seja contribuinte do imposto domiciliado ou estabelecido no Estado de destino; (Incluído pela LCP n. 190, de 2022) (Produção de efeitos)

XV – da entrada no território do Estado de bem ou mercadoria oriundos de outro Estado adquiridos por contribuinte do imposto e destinados ao seu uso ou consumo ou à integração ao seu ativo imobilizado; (Incluído pela LCP n. 190, de 2022) (Produção de efeitos)

XVI – da saída, de estabelecimento de contribuinte, de bem ou mercadoria destinados a consumidor final não contribuinte do imposto domiciliado ou estabelecido em outro Estado. (Incluído pela LCP n. 190, de 2022) (Produção de efeitos)

§ 1º Na hipótese do inciso VII, quando o serviço for prestado mediante pagamento em ficha, cartão ou assemelhados, considera-se ocorrido o fato gerador do imposto quando do fornecimento desses instrumentos ao usuário.

§ 2º Na hipótese do inciso IX, após o desembaraço aduaneiro, a entrega, pelo depositário, de mercadoria ou bem importados do exterior deverá ser autorizada pelo órgão responsável pelo seu desembaraço, que somente se fará mediante a exibição do comprovante de pagamento do imposto incidente no ato do despacho aduaneiro, salvo disposição em contrário.

§ 3º Na hipótese de entrega de mercadoria ou bem importados do exterior antes do desembaraço aduaneiro, considera-se ocorrido o fato gerador neste momento, devendo a autoridade responsável, salvo disposição em contrário, exigir a comprovação do pagamento do imposto. (Incluído pela LCP n. 114, de 16.12.2002)

Deve-se registrar que, além das imunidades constitucionais referidas anteriormente, o ICMS não incide sobre determinadas operações previstas no art. 3º da LC n. 87/1996:

Art. 3º O imposto não incide sobre:

[...]

V – operações relativas a mercadorias que tenham sido ou que se destinem a ser utilizadas na prestação, pelo próprio autor da saída, de serviço de qualquer natureza definido em lei complementar como sujeito ao imposto sobre serviços, de competência dos Municípios, ressalvadas as hipóteses previstas na mesma lei complementar;

VI – operações de qualquer natureza de que decorra a transferência de propriedade de estabelecimento industrial, comercial ou de outra espécie;

VII – operações decorrentes de alienação fiduciária em garantia, inclusive a operação efetuada pelo credor em decorrência do inadimplemento do devedor;

VIII – operações de arrendamento mercantil, não compreendida a venda do bem arrendado ao arrendatário;

IX – operações de qualquer natureza de que decorra a transferência de bens móveis salvados de sinistro para companhias seguradoras; e (Redação dada pela LCP n. 194, de 2022)

X – serviços de transmissão e distribuição e encargos setoriais vinculados às operações com energia elétrica. (Incluído pela LCP n. 194, de 2022)

Parágrafo único. Equipara-se às operações de que trata o inciso II a saída de mercadoria realizada com o fim específico de exportação para o exterior, destinada a:

I – empresa comercial exportadora, inclusive tradings ou outro estabelecimento da mesma empresa;

II – armazém alfandegado ou entreposto aduaneiro.

Registre-se, por oportuno, que os Estados da Federação podem estabelecer hipóteses em que o imposto é diferido para pagamento em etapas posteriores, como os casos de operações internas de remessa para beneficiamento ou industrialização sob encomenda, ou a prestação de serviços de transportes de cargas quando remetente e destinatário são estabelecidos no mesmo Estado.

10.3 CONTRIBUINTES

O art. 4º da LC n. 87/1996 define quem é contribuinte do ICMS:

> Art. 4º Contribuinte é qualquer pessoa, física ou jurídica, que realize, com habitualidade ou em volume que caracterize intuito comercial, operações de circulação de mercadoria ou prestações de serviços de transporte interestadual e intermunicipal e de comunicação, ainda que as operações e as prestações se iniciem no exterior.
>
> § 1º É também contribuinte a pessoa física ou jurídica que, mesmo sem habitualidade ou intuito comercial: (Transformado do parágrafo único pela LCP n. 190, de 2022)
>
> I – importe mercadorias ou bens do exterior, qualquer que seja a sua finalidade; (Redação dada pela LCP n. 114, de 16.12.2002)
>
> II – seja destinatária de serviço prestado no exterior ou cuja prestação se tenha iniciado no exterior;
>
> III – adquira em licitação mercadorias ou bens apreendidos ou abandonados; (Redação dada pela LCP n. 114, de 16.12.2002)
>
> IV – adquira lubrificantes e combustíveis líquidos e gasosos derivados de petróleo e energia elétrica oriundos de outro Estado, quando não destinados à comercialização ou à industrialização. (Redação dada pela LCP n. 102, de 11.7.2000)

A responsabilidade pelo recolhimento do diferencial de alíquota nas operações interestaduais é fixada pelo parágrafo 2º do art. 4º da LC n. 87/1996:

> § 2º É ainda contribuinte do imposto nas operações ou prestações que destinem mercadorias, bens e serviços a consumidor final domiciliado ou estabelecido em outro Estado, em relação à diferença entre a alíquota interna do Estado de destino e a alíquota interestadual: (Incluído pela LCP n. 190, de 2022) (Produção de efeitos)
>
> I – o destinatário da mercadoria, bem ou serviço, na hipótese de contribuinte do imposto; (Incluído pela LCP n. 190, de 2022) (Produção de efeitos)
>
> II – o remetente da mercadoria ou bem ou o prestador de serviço, na hipótese de o destinatário não ser contribuinte do imposto. (Incluído pela LCP n. 190, de 2022) (Produção de efeitos)

Como se vê, a redação do art. 4º da LC n. 87/1996 é expressa no sentido de que as pessoas físicas também estão sujeitas ao ICMS se realizarem certas operações que também seriam tributadas caso fossem realizadas por pessoas jurídicas. Mesmo uma importação eventual de mercadorias ou bens do exterior por pessoa física deverá pagar o imposto.

10.4 SUBSTITUIÇÃO TRIBUTÁRIA

Quando tratamos das definições constitucionais, ficou registrado que a CF autorizou a chamada substituição tributária, a qual ocorre quando a responsabilidade pelo recolhimento do imposto é atribuída, por lei, a uma terceira pessoa que não o próprio contribuinte.

Os arts. 6º e 7º da LC n. 87/1996 definem as regras que devem nortear os legisladores estaduais no estabelecimento de casos de substituição tributária:

212 Contabilidade Tributária • Pohlmann

> Art. 6º Lei estadual poderá atribuir a contribuinte do imposto ou a depositário a qualquer título a responsabilidade pelo seu pagamento, hipótese em que assumirá a condição de substituto tributário. (Redação dada pela LCP n. 114, de 16.12.2002)
>
> § 1º A responsabilidade poderá ser atribuída em relação ao imposto incidente sobre uma ou mais operações ou prestações, sejam antecedentes, concomitantes ou subsequentes, inclusive ao valor decorrente da diferença entre alíquotas interna e interestadual nas operações e prestações que destinem bens e serviços a consumidor final localizado em outro Estado, que seja contribuinte do imposto.
>
> § 2º A atribuição de responsabilidade dar-se-á em relação a mercadorias, bens ou serviços previstos em lei de cada Estado. (Redação dada pela LCP n. 114, de 16.12.2002)
>
> Art. 7º Para efeito de exigência do imposto por substituição tributária, inclui-se, também, como fato gerador do imposto, a entrada de mercadoria ou bem no estabelecimento do adquirente ou em outro por ele indicado.

Com base nos dispositivos referidos, conclui-se que a definição dos casos de substituição tributária está sob a competência do legislador estadual. A base de cálculo, porém, é definida pelo art. 8º da LC n. 87/1996:

> Art. 8º A base de cálculo, para fins de substituição tributária, será:
>
> I – em relação às operações ou prestações antecedentes ou concomitantes, o valor da operação ou prestação praticado pelo contribuinte substituído;
>
> II – em relação às operações ou prestações subsequentes, obtida pelo somatório das parcelas seguintes:
>
> a) o valor da operação ou prestação própria realizada pelo substituto tributário ou pelo substituído intermediário;
>
> b) o montante dos valores de seguro, de frete e de outros encargos cobrados ou transferíveis aos adquirentes ou tomadores de serviço;
>
> c) a margem de valor agregado, inclusive lucro, relativa às operações ou prestações subsequentes.

EXEMPLO

Exemplo de cálculo do ICMS-Substituição Tributária (ICMS-ST) em uma operação de venda de produtos industrializados para revendedor atacadista situado na mesma Unidade da Federação. O produto é sujeito à substituição tributária e tem a Margem de Valor Agregado (MVA) definida pela legislação estadual em 50%.

Valor da mercadoria	R$ 20.000,00
IPI destacado (10%)	R$ 2.000,00
Frete cobrado do pelo remetente	R$ 500,00
Valor total da operação	R$ 22.500,00

Base de cálculo do ICMS próprio	R$ 20.500,00
Alíquota do ICMS	17%
ICMS a ser destacado na nota fiscal (incluso no preço)	R$ 3.485,00
Valor total da operação	R$ 22.500,00
Margem de Valor Agregado hipotética (50%)	R$ 11.250,00
Base de cálculo do ICMS-ST	R$ 33.750,00
Alíquota do ICMS	17%
ICMS total da operação	R$ 5.737,50
(–) ICMS próprio	(R$ 3.587,50)
= ICMS-ST devido	R$ 2.150,00

10.5 BASE DE CÁLCULO

As regras básicas sobre a base de cálculo do ICMS estão no art. 13 da LC n. 87/1996. Nos seguintes casos, a base de cálculo é:

- O valor da operação, no caso de saída de mercadoria ou sua transmissão a terceiro (art. 13, I).
- O valor da operação, compreendendo mercadoria e serviço, no caso de fornecimento de alimentação, bebidas e outras mercadorias (art. 13, II).
- O preço do serviço, no caso de prestação de serviços (art. 13, III).
- O valor da operação, no caso de fornecimento de mercadoria com prestação de serviços não compreendidos na competência tributária dos Municípios (art. 13, IV, alínea "a").
- O preço corrente da mercadoria, no caso de fornecimento de mercadoria com prestação de serviços compreendidos na competência tributária dos Municípios e com indicação expressa de incidência de ICMS sobre a mercadoria fornecida (art. 13, IV, alínea "b").
- A soma da mercadoria ou bem constante dos documentos de importação, do imposto de importação, do Imposto sobre Produtos Industrializados (IPI), do Imposto sobre Operações de Câmbio (IOF) e de quaisquer outros impostos, taxas, contribuições e despesas aduaneiras (art. 13, V).

O IPI não integra a base de cálculo do ICMS quando a operação se der entre contribuintes, seja relativa a produto destinado à industrialização ou à comercialização e configure fato gerador dos dois impostos (LC n. 87/1996, art. 13, § 2º). Isso implica dizer que, se o destinatário da mercadoria não for contribuinte do ICMS, ou se seu destino for para uso ou consumo, o valor do IPI integrará a base de cálculo para fins de aplicação da alíquota de ICMS.

10.6 PERÍODO DE APURAÇÃO E ALÍQUOTAS

Cada Estado da Federação tem autonomia para definir o período de apuração do ICMS e as alíquotas internas. Em relação ao período de apuração, a regra é a periodicidade mensal, havendo casos em que são estabelecidos períodos menores para determinadas mercadorias ou atividades, como combustíveis ou supermercados.

Em relação às alíquotas internas, a principal limitação imposta aos Estados é que ela não pode ser inferior à alíquota interestadual geral, que é, atualmente, de 12% (Resolução n. 22/1989, do Senado Federal). De qualquer modo, a identificação das alíquotas internas aplicáveis em cada operação perpassa pela análise das respectivas leis estaduais institui doras do ICMS.

Usualmente, a alíquota geral dos Estados situa-se entre 17 e 18%. Os produtos mais es senciais – como os da cesta básica de alimentos – têm uma alíquota inferior, geralmente 12%, já os produtos considerados supérfluos – como cigarros, bebidas alcoólicas, veículos, armas, combustíveis, entre outros – sujeitam-se a alíquotas mais elevadas, não inferiores a 25%.

As alíquotas para as operações interestaduais são definidas pelo Senado Federal, por meio das Resoluções n. 22/1989, 95/1996 e 13/2012, nos seguintes patamares:

- 12%, nas operações e prestações interestaduais em geral;
- 7%, nas operações e prestações realizadas nas regiões Sul e Sudeste, destinadas às Regiões Norte, Nordeste e Centro-Oeste e ao Estado do Espírito Santo;
- 4%, na prestação de transporte aéreo interestadual de passageiro, carga e mala postal;
- 4%, nas operações interestaduais com bens e mercadorias importados do exterior, desde que obedecidos os requisitos da Resolução n. 13/2012 do Senado Federal.

Aplicam-se as alíquotas internas: 1 – nas operações internas; 2 – na importação; 3 – na aquisição de serviços de comunicação, iniciados no exterior; e 4 – na licitação de mercado ria importada.

A apuração do valor do ICMS a recolher no período, ou a recuperar em períodos futuros, se dá pelo confronto dos débitos e créditos de imposto do período.

10.7 CRÉDITOS

De modo geral, é assegurado ao sujeito passivo o direito de se creditar do imposto anteriormente cobrado em operações que tenham resultado na entrada de mercadoria no estabelecimento ou no recebimento de serviços de transporte interestadual e intermuni cipal ou de comunicação (LC n. 87/1996, art. 20).

O direito de crédito está condicionado à idoneidade da documentação e à escrituração nos prazos e condições estabelecidos na legislação, e extingue-se depois de decorridos 5 anos contados da data de emissão do documento (LC n. 87/1996, art. 23).

10.7.1 Bens do Ativo Permanente

O aproveitamento de créditos relativamente à entrada de bens para o ativo permanente do contribuinte segue regras próprias, estabelecidas no § 5º do art. 20 da LC n. 87/1996, dos quais destacamos as seguintes:

> Art. 20. Para a compensação a que se refere o artigo anterior, é assegurado ao sujeito passivo o direito de creditar-se do imposto anteriormente cobrado em operações de que tenha resultado a entrada de mercadoria, real ou simbólica, no estabelecimento, inclusive a destinada ao seu uso ou consumo ou ao ativo permanente, ou o recebimento de serviços de transporte interestadual e intermunicipal ou de comunicação.
>
> [...]
>
> § 5º Para efeito do disposto no caput deste artigo, relativamente aos créditos decorrentes de entrada de mercadorias no estabelecimento destinadas ao ativo permanente, deverá ser observado: (Redação dada pela LCP n. 102, de 11.7.2000)
>
> I – a apropriação será feita à razão de um quarenta e oito avos por mês, devendo a primeira fração ser apropriada no mês em que ocorrer a entrada no estabelecimento; (Inciso Incluído pela LCP n. 102, de 11.7.2000)
>
> II – em cada período de apuração do imposto, não será admitido o creditamento de que trata o inciso I, em relação à proporção das operações de saídas ou prestações isentas ou não tributadas sobre o total das operações de saídas ou prestações efetuadas no mesmo período; (Inciso Incluído pela LCP n. 102, de 11.7.2000)
>
> III – para aplicação do disposto nos incisos I e II deste parágrafo, o montante do crédito a ser apropriado será obtido multiplicando-se o valor total do respectivo crédito pelo fator igual a 1/48 (um quarenta e oito avos) da relação entre o valor das operações de saídas e prestações tributadas e o total das operações de saídas e prestações do período, equiparando-se às tributadas, para fins deste inciso, as saídas e prestações com destino ao exterior ou as saídas de papel destinado à impressão de livros, jornais e periódicos; (Redação dada pela LCP n. 120, de 2005)
>
> [...]
>
> V – na hipótese de alienação dos bens do ativo permanente, antes de decorrido o prazo de quatro anos contado da data de sua aquisição, não será admitido, a partir da data da alienação, o creditamento de que trata este parágrafo em relação à fração que corresponderia ao restante do quadriênio; (Inciso Incluído pela LCP n. 102, de 11.7.2000)
>
> [...]
>
> VII – ao final do quadragésimo oitavo mês contado da data da entrada do bem no estabelecimento, o saldo remanescente do crédito será cancelado. (Inciso Incluído pela LCP n. 102, de 11.7.2000)

10.7.2 Material de Consumo, Energia e Comunicações

Nas entradas de energia elétrica, de serviços de comunicação e de material para uso e consumo do estabelecimento, o crédito segue as regras do art. 33 da LC n. 87/1996:

Art. 33. Na aplicação do art. 20 observar-se-á o seguinte:

I – somente darão direito de crédito as mercadorias destinadas ao uso ou consumo do estabelecimento nele entradas a partir de 1º de janeiro de 2033; (Redação dada pela LCP n. 171, de 2019)

II – somente dará direito a crédito a entrada de energia elétrica no estabelecimento: (Redação dada pela LCP n. 102, de 11.7.2000)

a) quando for objeto de operação de saída de energia elétrica; (Alínea incluída pela LCP n. 102, de 11.7.2000)

b) quando consumida no processo de industrialização; (Alínea incluída pela LCP n. 102, de 11.7.2000)

c) quando seu consumo resultar em operação de saída ou prestação para o exterior, na proporção destas sobre as saídas ou prestações totais; e (Alínea incluída pela LCP n. 102, de 11.7.2000)

d) a partir de 1º de janeiro de 2033, nas demais hipóteses; (Redação dada pela LCP n. 171, de 2019)

III – somente darão direito de crédito as mercadorias destinadas ao ativo permanente do estabelecimento, nele entradas a partir da data da entrada desta Lei Complementar em vigor.

IV – somente dará direito a crédito o recebimento de serviços de comunicação utilizados pelo estabelecimento: (Inciso incluído pela LCP n. 102, de 11.7.2000)

a) ao qual tenham sido prestados na execução de serviços da mesma natureza; (Alínea incluída pela LCP n. 102, de 11.7.2000)

b) quando sua utilização resultar em operação de saída ou prestação para o exterior, na proporção desta sobre as saídas ou prestações totais; e (Alínea incluída pela LCP n. 102, de 11.7.2000)

c) a partir de 1º de janeiro de 2033, nas demais hipóteses. (Redação dada pela LCP n. 171, de 2019)

10.7.3 Créditos Vedados

Os parágrafos 1º, 2º e 3º do art. 20 da LC n. 87/1996 tratam de hipóteses em que, à exceção do previsto no § 6º, não é admitido o crédito do imposto:

§ 1º Não dão direito a crédito as entradas de mercadorias ou utilização de serviços resultantes de operações ou prestações isentas ou não tributadas, ou que se refiram a mercadorias ou serviços alheios à atividade do estabelecimento.

§ 2º Salvo prova em contrário, presumem-se alheios à atividade do estabelecimento os veículos de transporte pessoal.

§ 3º É vedado o crédito relativo à mercadoria entrada no estabelecimento ou a prestação de serviços a ele feita:

I – para integração ou consumo em processo de industrialização ou produção rural, quando a saída do produto resultante não for tributada ou estiver isenta do imposto, exceto se tratar-se de saída para o exterior;

II – para comercialização ou prestação de serviço, quando a saída ou a prestação subsequente não forem tributadas ou estiverem isentas do imposto, exceto as destinadas ao exterior.

[...]

§ 6º Operações tributadas, posteriores a saídas de que trata o § 3º, dão ao estabelecimento que as praticar direito a creditar-se do imposto cobrado nas operações anteriores às isentas ou não tributadas sempre que a saída isenta ou não tributada seja relativa a:

I – produtos agropecuários;

II – quando autorizado em lei estadual, outras mercadorias.

Caso as mercadorias que entrarem no estabelecimento venham a perecer, deteriorar-se ou extraviar-se, o crédito que tiver sido lançado por ocasião de sua entrada deve ser estornado (LC n. 87/1996, art. 21, IV).

10.8 OBRIGAÇÕES ACESSÓRIAS

As principais obrigações acessórias impostas aos contribuintes do ICMS consistem na emissão de documentos fiscais para dar a cobertura à saída de mercadorias, na escrituração de livros e na apresentação de declarações ao Fisco.

Compete às legislações estaduais, em consonância com a legislação federal aplicável ao IPI, estabelecer os livros e documentos que devem ser emitidos e escriturados pelos contribuintes.

Como referido no capítulo sobre o IPI, o contribuinte do imposto deverá apresentar Escrituração Fiscal Digital (EFD), em arquivo digital, no formato da legislação específica.

A EFD compõe-se da totalidade das informações, em meio digital, necessárias à apuração do imposto, referentes às operações e prestações praticadas pelo contribuinte, bem como de outras de interesse das administrações tributárias das unidades federadas e da Secretaria da Receita Federal do Brasil.

ESTUDO DE CASO

Indústria e Comércio de Móveis Paradigma S/A

A Indústria e Comércio de Móveis Paradigma S/A, estabelecida em um Estado da região Sul, produz e revende móveis sob medida.

Necessitando revisar a projeção do fluxo de caixa da empresa para os próximos meses, o gerente financeiro solicitou ao departamento fiscal uma estimativa mais realista quanto ao valor do ICMS a recolher relativamente às operações realizadas em determinado mês.

No mês, a empresa efetuou as vendas conforme discriminado a seguir (em R$):

Vendas de móveis de fabricação própria a clientes situados no Estado	3.000.000,00
Vendas de móveis de fabricação própria a clientes situados no Paraná	500.000,00
Vendas de móveis de fabricação própria a clientes situados no Ceará	400.000,00
Revenda de móveis a clientes situados no Estado	700.000,00
Revenda de móveis a clientes situados em Santa Catarina	800.000,00
Revenda de móveis a clientes situados no Espírito Santo	200.000,00

No mesmo período, foram adquiridos e entraram no estabelecimento as seguintes mercadorias e serviços (em R$):

Insumos adquiridos de fornecedores de São Paulo	1.500.000,00
Insumos adquiridos de fornecedores de outros Estados	800.000,00
Móveis para revenda adquiridos em São Paulo	300.000,00
Móveis para revenda adquiridos de Minas Gerais	1.000.000,00
Energia elétrica consumida na fábrica	100.000,00
Energia elétrica consumida nas áreas administrativa e comercial	10.000,00
Serviços de comunicação e telecomunicação	15.000,00
Devolução de móveis anteriormente vendidos a clientes de São Paulo	50.000,00
Compra de material de escritório de fornecedor de São Paulo	5.000,00

Com relação às operações da empresa, a alíquota interna de ICMS móveis é de 17% e a alíquota de IPI é de 0%. Com relação aos insumos, os valores discriminados anteriormente não contêm o IPI, e a alíquota aplicável nas aquisições de fornecedores do Estado é de 17%.

Com base nessas informações, o gestor do departamento fiscal passou aos cálculos para estimar os valores a recolher. A síntese desses cálculos consta das Tabelas 10.1 e 10.2. Na Tabela 10.1, é apresentado o cálculo do ICMS incidente sobre as saídas de mercadorias.

Tabela 10.1 Cálculo do Imposto sobre a Circulação de Mercadorias e Serviços de Transporte Interestadual e Intermunicipal e de Comunicação sobre as vendas

Operações	Valor da operação (R$)	%	ICMS (R$)
Vendas de móveis de fabricação própria a clientes situados no Estado	3.000.000,00	17	510.000,00
Vendas de móveis de fabricação própria a clientes situados no Paraná	500.000,00	12	60.000,00
Vendas de móveis de fabricação própria a clientes situados no Ceará	400.000,00		28.000,00
Revenda de móveis a clientes situados no Estado	700.000,00	17	119.000,00
Revenda de móveis a clientes situados em Santa Catarina	800.000,00	12	96.000,00
Revenda de móveis a clientes situados no Espírito Santo	200.000,00	7	14.000,00
Total	5.600.000,00		827.000,00

Cap. 10 • Imposto sobre a Circulação de Mercadorias e Serviços de Transporte Interestadual (...) **219**

Na Tabela 10.2, é demonstrado o cálculo do ICMS sobre as entradas de mercadorias, bem como os valores cujo crédito é permitido pela legislação do imposto.

Tabela 10.2 Apuração do crédito de Imposto sobre a Circulação de Mercadorias e Serviços de Transporte Interestadual e Intermunicipal e de Comunicação sobre as entradas de mercadorias e serviços

Operações	Valor da operação (R$)	%	ICMS (R$)	Direito a crédito (R$)
Insumos adquiridos de fornecedores do Estado	1.500.000,00	17	255.000,00	255.000,00
Insumos adquiridos de fornecedores de outros Estados	800.000,00	12	96.000,00	96.000,00
Móveis para revenda adquiridos no Estado	300.000,00	17	51.000,00	51.000,00
Móveis para revenda adquiridos de fornecedor de Minas Gerais	1.000.000,00	12	120.000,00	120.000,00
Energia elétrica consumida na fábrica	100.000,00	17	17.000,00	17.000,00
Energia elétrica consumida nas áreas administrativa e comercial	10.000,00	25	2.500,00	–
Serviços de comunicação e telecomunicação	15.000,00	25	3.750,00	–
Devolução de móveis anteriormente vendidos a clientes do Estado	50.000,00	12	6.000,00	6.000,00
Compra de material de escritório de fornecedor do Estado	5.000,00	17	850,00	–
Total	3.780.000,00		552.100,00	545.000,00

A partir dos valores apresentados nas Tabelas 10.1 e 10.2, fica facilitada a apuração do ICMS a recolher. Como se trata de um imposto não cumulativo, é permitido deduzir certos créditos relativos às entradas de insumos e mercadorias. Desse modo, o valor a recolher resulta do confronto entre o total de débitos e créditos, ou seja: R$ 827.000,00 – R$ 552.100,00 = R$ 274.900,00.

Ressalte-se que, conforme se observa na Tabela 10.2, não é admitido, como regra, o crédito de ICMS sobre as aquisições de materiais de consumo, de serviços de comunicação e telecomunicação e de energia elétrica não utilizada no processo de industrialização.

RESUMO

Do conteúdo que você estudou neste capítulo, é importante destacar:

- O ICMS é o imposto que recebeu maior atenção do legislador constitucional, dada a sua relevância econômica e orçamentária e a potencialidade de ocorrência da chamada "guerra fiscal" entre os Estados da Federação.

- A LC recebe maior atribuição de competência para normatizar a incidência do ICMS do que aquela atribuída em relação aos impostos em geral.

- As isenções do imposto sobre operações relativas à circulação de mercadorias serão concedidas ou revogadas nos termos de convênios celebrados e ratificados pelos Estados e pelo Distrito Federal.

- Considera-se ocorrido o fato gerador do imposto, entre outros, no momento da saída de mercadoria de estabelecimento de contribuinte, do desembaraço aduaneiro de mercadorias ou bens importados do exterior, do início da prestação de serviço de transporte interestadual e das prestações onerosas de serviços de comunicação.

- Contribuinte é qualquer pessoa, física ou jurídica, que realize, com habitualidade ou em volume que caracterize intuito comercial, operações de circulação de mercadoria ou prestações de serviços de transporte interestadual e intermunicipal e de comunicação, ainda que as operações e as prestações se iniciem no exterior.

- A CF autorizou a chamada substituição tributária, que ocorre quando a responsabilidade pelo recolhimento do imposto é atribuída, por lei, a uma terceira pessoa que não o próprio contribuinte.

- Como regra, a base de cálculo do ICMS é o valor da operação.

- O IPI não integra a base de cálculo do ICMS quando a operação se der entre contribuintes, for relativa a produto destinado à industrialização ou à comercialização e configure fato gerador dos dois impostos.

- Cada Estado da Federação tem autonomia para definir o período de apuração do ICMS e as alíquotas internas. Em relação ao período de apuração, a regra geral é a periodicidade mensal.

- As alíquotas para as operações interestaduais são definidas pelo Senado Federal, sendo de 12%, nas operações e prestações interestaduais em geral, e 7%, nas operações e prestações realizadas nas regiões Sul e Sudeste, destinadas às regiões Norte, Nordeste e Centro-Oeste e ao Estado do Espírito Santo.

- De modo geral, é assegurado ao sujeito passivo o direito de se creditar do imposto anteriormente cobrado em operações que tenham resultado na entrada de mercadoria no estabelecimento ou no recebimento de serviços de transporte interestadual e intermunicipal ou de comunicação.

- A apuração do valor do ICMS a recolher no período, ou a recuperar em períodos futuros, se dá pelo confronto dos débitos e créditos de imposto do período.

Cap. 10 • Imposto sobre a Circulação de Mercadorias e Serviços de Transporte Interestadual (...) **221**

QUESTÕES DE MÚLTIPLA ESCOLHA

1. Com relação à aquisição de bens para o ativo permanente da empresa:

    a) É permitido o crédito de ICMS integralmente no mês de aquisição.

    b) Não é permitido o crédito de ICMS, a exemplo do IPI.

    c) É permitido o crédito de ICMS à razão de 1/48 (um quarenta e oito avos) por mês.

    d) É permitido o crédito de ICMS sobre a depreciação mensal do bem.

2. Assinale a alternativa que contém apenas casos de imunidade ou não incidência de ICMS.

    a) Exportação de mercadorias, saída de ouro para uma indústria de joias e serviços de radiodifusão de recepção livre e gratuita.

    b) Saída de gasolina da refinaria para postos localizados em outros Estados, venda do estabelecimento comercial e exportação de mercadorias.

    c) Saída de energia elétrica com destino a outro Estado, venda de gasolina pelo varejista e serviços de TV via cabo.

    d) Serviços de transporte prestado a destinatário no exterior, serviço de internet via cabo e saída de gasolina da refinaria para postos localizados em outros Estados.

3. Não está suscetível à incidência do ICMS:

    a) O serviço de transporte intermunicipal.

    b) O serviço de transporte aéreo.

    c) A importação de mercadorias.

    d) O serviço de transporte municipal de passageiros.

4. Em relação ao ICMS, qual alternativa contém apenas matérias que competem à lei estadual definir?

    a) Contribuintes do imposto e casos de substituição tributária.

    b) Base de cálculo e alíquotas.

    c) Alíquotas e casos de substituição tributária.

    d) Casos de não incidência e obrigações acessórias.

5. No caso de uma lei estadual majorando a alíquota do ICMS e publicada em 31 de março de determinado ano, a nova alíquota:

    a) Poderá ser exigida 90 dias após a data da publicação da lei, por força do princípio da anterioridade especial.

    b) Poderá ser exigida apenas a partir do primeiro dia do ano seguinte.

    c) É inconstitucional, pois somente a LC federal poderia elevar a alíquota do ICMS.

    d) Pode ser exigida sobre as operações praticadas a partir do período de apuração seguinte ao da publicação da lei.

222 Contabilidade Tributária • Pohlmann

6. Com relação à alíquota do ICMS, é correto afirmar:

   a) As alíquotas internas não podem ser inferiores às previstas para as operações interestaduais.

   b) A alíquota interna máxima fixada pelo Senado Federal é de 25%.

   c) A alíquota interna é aplicável em uma operação interestadual quando o destinatário for contribuinte do imposto.

   d) A alíquota aplicável na saída de mercadoria de um contribuinte localizado no Ceará para um contribuinte localizado em São Paulo é de 7%.

7. Uma empresa importadora, equiparada a industrial para fins do IPI, efetuou a venda de mercadorias para um consumidor final estabelecido em um Estado da região Nordeste. Com relação a esse fato, é correto afirmar:

   a) Deve-se aplicar a alíquota interna do Estado do remetente, pois o destinatário é consumidor final.

   b) Deve-se aplicar a alíquota interna do Estado de destino, pois o destinatário é consumidor final.

   c) O IPI integra a base de cálculo do ICMS, pois o destinatário é consumidor final.

   d) O IPI não integra a base de cálculo do ICMS.

8. Uma indústria de móveis adquiriu um lote de madeira tratada para utilização como matéria-prima no processo de produção. Essa operação gerou um crédito de ICMS. Desafortunadamente, houve um incêndio e a matéria-prima foi totalmente perdida. Com base nessas informações, assinale a alternativa correta.

   a) O crédito de ICMS continua válido para fins de compensação com os débitos das saídas de produtos.

   b) O crédito de ICMS será reembolsado pelo Estado devido à perda da matéria-prima.

   c) Caso a empresa tenha seguro contra incêndios, o valor pago pelo seguro poderá ser abatido do ICMS devido no mês.

   d) O crédito de ICMS deve ser estornado.

9. Uma indústria de calçados adquiriu em determinado mês: 1 – matérias-primas no valor de R$ 1.000,00, mais IPI de R$ 200,00; e 2 – um equipamento no valor de R$ 4.800,00, sem IPI destacado. A alíquota aplicada em ambas as operações foi de 12%. Com base nessas informações, assinale a alternativa correta.

   a) O crédito de ICMS no mês da compra é de R$ 132,00.

   b) O crédito de ICMS no mês da compra é de R$ 696,00.

   c) O crédito de ICMS no mês da compra é de R$ 120,00.

   d) O crédito de ICMS no mês da compra é de R$ 156,00.

Cap. 10 • Imposto sobre a Circulação de Mercadorias e Serviços de Transporte Interestadual (...) **223**

10. Um cidadão brasileiro decidiu importar um automóvel da Alemanha para uso pessoal. Com relação ao ICMS, essa operação:

a) É isenta do imposto, pois se trata de pessoa física.

b) É tributada normalmente.

c) Não pode ser tributada, pois seria inconstitucional.

d) É tributada, mas a alíquota é zero.

GABARITO

1. c	2. b	3. d	4. c	5. b
6. a	7. c	8. d	9. a	10. b

CAPÍTULO 11
IMPOSTO SOBRE SERVIÇOS DE QUALQUER NATUREZA

OBJETIVOS DO CAPÍTULO

- ▶ Abordar e analisar os princípios e as regras que regem a incidência do Imposto sobre Serviços de Qualquer Natureza (ISSQN).
- ▶ Explicar as regras e a metodologia de apuração do imposto devido.

11.1 ASPECTOS CONSTITUCIONAIS E LEGISLAÇÃO DE REGÊNCIA

A possibilidade de instituição do ISSQN está prevista no art. 156, III, da Constituição Federal (CF). O imposto incide sobre serviços não sujeitos ao Imposto sobre a Circulação de Mercadorias e Serviços de Transporte Interestadual e Intermunicipal e de Comunicação (ICMS), definidos em lei complementar. No § 3º desse mesmo dispositivo, é atribuída à lei complementar, ainda, a tarefa de definir as alíquotas máximas e mínimas, de afastar a incidência sobre as exportações de serviços e de regular a concessão de isenções e benefícios fiscais:

> Art. 156. Compete aos Municípios instituir impostos sobre:
> [...]
> III – serviços de qualquer natureza, não compreendidos no art. 155, II, definidos em lei complementar. (Redação dada pela Emenda Constitucional n. 3, de 1993)
> § 3º Em relação ao imposto previsto no inciso III do *caput* deste artigo, cabe à lei complementar: (Redação dada pela Emenda Constitucional n. 37, de 2002)

I – fixar as suas alíquotas máximas e mínimas; (Redação dada pela Emenda Constituciona n. 37, de 2002)

II – excluir da sua incidência exportações de serviços para o exterior; (Incluído pela Emenda Constitucional n. 3, de 1993)

III – regular a forma e as condições como isenções, incentivos e benefícios fiscais serão concedidos e revogados. (Incluído pela Emenda Constitucional n. 37, de 2002)

No art. 88 do Ato das Disposições Constitucionais Transitórias (ADCT), foi estabe lecida uma alíquota mínima de 2% até que a lei complementar regulasse a matéria, no seguintes termos:

Art. 88. Enquanto lei complementar não disciplinar o disposto nos incisos I e III do § 3º de art. 156 da Constituição Federal, o imposto a que se refere o inciso III do *caput* do mesme artigo: (Incluído pela Emenda Constitucional n. 37, de 2002)

I – terá alíquota mínima de dois por cento, exceto para os serviços a que se referem os iten 32, 33 e 34 da Lista de Serviços anexa ao Decreto-Lei n. 406, de 31 de dezembro de 1968 (Incluído pela Emenda Constitucional n. 37, de 2002)

II – não será objeto de concessão de isenções, incentivos e benefícios fiscais, que resulte direta ou indiretamente, na redução da alíquota mínima estabelecida no inciso I. (Incluíde pela Emenda Constitucional n. 37, de 2002)

Os itens 33, 33 e 34 a que se referia o inciso I do art. 88 do ADCT eram da lista de serviços com a redação dada pela Lei Complementar (LC) n. 56/1987:

32. Execução por administração, empreitada ou subempreitada, de construção civil, de obras hidráulicas e outras obras semelhantes e respectiva engenharia consultiva, inclusive serviços auxiliares ou complementares (exceto o fornecimento de mercadorias produzida pelo prestador de serviços, fora do local da prestação dos serviços, que fica sujeito ao ICM)

33. Demolição;

34. Reparação, conservação e reforma de edifícios, estradas, pontes, portos e congênere (exceto o fornecimento de mercadorias produzidas pelo prestador dos serviços fora do loca da prestação dos serviços, que fica sujeito ao ICM);

Posteriormente, a LC n. 159/2016 inclui o art. 8º-A na LC n. 116/2003 para o fim de finalmente, definir, por lei complementar, a alíquota mínima de 2% a ser observada pelo municípios brasileiros.

Não se devem esquecer, ainda, certas regras constitucionais aplicáveis a todos os imposto e, por consequência, também ao ISSQN. Primeiramente, a CF atribui à lei complementar a competência de definir os respectivos fatos geradores, bases de cálculo e contribuintes (CF art. 146, III). Além disso, o ISSQN sujeita-se às limitações constitucionais do poder de tribu tar, das quais destacamos os princípios da legalidade, da irretroatividade e da anterioridade nos mesmos moldes aplicáveis e comentados em relação ao ICMS.

Há que se referir, também, as imunidades aplicáveis aos impostos em geral. Os Municí pios não podem tributar os serviços prestados pela União, pelos Estados, por suas autarquia e fundações, desde que os serviços: 1 – sejam vinculados às suas finalidades essenciais ou às delas decorrentes; e 2 – não decorram de atividades econômicas regidas pelas normas aplicáveis a empreendimentos privados, ou em que haja contraprestação ou pagamento de preços ou tarifas pelo usuário (CF, art. 150, *caput*, VI, "a", e §§ 2º e 3º).

Do mesmo modo, não podem ser tributados os serviços dos partidos políticos, inclusive suas fundações, das entidades sindicais dos trabalhadores, das instituições de educação e de assistência social, sem fins lucrativos, atendidos os requisitos da lei e desde que os serviços sejam relacionados com as finalidades essenciais dessas entidades (CF, art. 150, VI, "c", e § 4º).

Atualmente, é a LC n. 116/2003 que define os serviços abrangidos, o fato gerador, a base de cálculo, o local da prestação do serviço, os contribuintes e as alíquotas mínima e máxima. A LC n. 116/2003 sucedeu e revogou quase que totalmente as disposições do DL n. 406/1968 acerca do ISSQN, à exceção de seu art. 9º, que remanesce em vigor, conforme será comentado adiante. O inciso I do art. 8º da LC n. 116/2003, por sua vez, fixa em 5% a alíquota máxima.

Assim, resta evidente que o ISSQN é regido pela lei municipal que o instituir; esta lei, por sua vez, deve observar as regras gerais estabelecidas por lei complementar editada pelo Congresso Nacional, à qual se submetem todos os municípios brasileiros.

As respectivas leis municipais têm, portanto, competência para dispor sobre os demais aspectos da incidência, tais como definir alíquotas para cada tipo de serviço – respeitados, é claro, os limites traçados pela CF e pela LC n. 116/2003 –, impor obrigações acessórias, estabelecer hipóteses de substituição tributária e prazos de recolhimento, entre outros aspectos.

11.2 FATO GERADOR E CONTRIBUINTES

O contribuinte do ISSQN é o prestador do serviço (LC n. 116/2003, art. 5º). O art. 1º da LC n. 116/2003 define o fato gerador:

> Art. 1º O Imposto Sobre Serviços de Qualquer Natureza, de competência dos Municípios e do Distrito Federal, tem como fato gerador a prestação de serviços constantes da lista anexa, ainda que esses não se constituam como atividade preponderante do prestador.

A lista de serviços é, portanto, o elemento-chave da incidência do ISSQN: só haverá incidência do imposto se o serviço se enquadrar na descrição de um dos itens da lista anexa à LC n. 116/2003. Ressalvadas as exceções expressas na lista, os serviços nela mencionados não ficam sujeitos ao ICMS, ainda que sua prestação envolva fornecimento de mercadorias (LC n. 116/2003, art. 1º, § 2º).

Essa lista é, portanto, fundamental para definir se os materiais empregados na prestação dos serviços ficam ou não sujeitos ao ICMS. Nas hipóteses em que o item de serviço contém a determinação no sentido de incidir o ICMS, haverá a cobrança de ISSQN sobre o valor do serviço e de ICMS sobre o valor do material. Em não havendo essa previsão, incide apenas ISSQN sobre o preço total cobrado.

Os dois exemplos a seguir, extraídos da lista anexa à LC n. 116/2003, ilustram, respectivamente, um caso em que deve ser discriminado o valor dos materiais para fins de incidência do ICMS (item 14.01) e um caso em que incide apenas o ISSQN sobre o preço total cobrado pelo serviço (item 14.07):

> 14.01 – Lubrificação, limpeza, lustração, revisão, carga e recarga, conserto, restauração, blindagem, manutenção e conservação de máquinas, veículos, aparelhos, equipamentos, motores, elevadores ou de qualquer objeto (exceto peças e partes empregadas, que ficam sujeitas ao ICMS).
>
> 14.07 – Colocação de molduras e congêneres.

QUESTÃO PARA DISCUSSÃO

Discorra sobre a incidência do ICMS e do ISSQN quando há fornecimento de mercadorias com serviços. Incide apenas o ICMS, apenas o ISSQN ou ambos? Explique.

Resposta ou *feedback*:

O aluno deve referir que três hipóteses são possíveis: 1 – apenas ICMS, se o serviço prestado não consta da lista anexa à LC n. 116/03; 2 – apenas ISSQN, se o serviço consta da lista e não há a determinação de incidência do ICMS sobre o material empregado; e 3 – ISSQN sobre o valor do serviço e ICMS sobre o valor da mercadoria, se o serviço consta da lista e há a determinação de incidência do ICMS sobre o material empregado.

Além disso, a incidência do ISSQN independe da denominação dada ao serviço e é devida também sobre o serviço proveniente do exterior ou cuja prestação se tenha iniciado no exterior (LC n. 116/2003, art. §§ 1º e 4º).

O art. 2º da LC n. 116/2003 define as hipóteses de não incidência:

> Art. 2º O imposto não incide sobre:
>
> I – as exportações de serviços para o exterior do País;
>
> II – a prestação de serviços em relação de emprego, dos trabalhadores avulsos, dos diretores e membros de conselho consultivo ou de conselho fiscal de sociedades e fundações, bem como dos sócios-gerentes e dos gerentes-delegados;
>
> III – o valor intermediado no mercado de títulos e valores mobiliários, o valor dos depósitos bancários, o principal, juros e acréscimos moratórios relativos a operações de crédito realizadas por instituições financeiras.
>
> Parágrafo único. Não se enquadram no disposto no inciso I os serviços desenvolvidos no Brasil, cujo resultado aqui se verifique, ainda que o pagamento seja feito por residente no exterior.

11.3 LOCAL DA PRESTAÇÃO DO SERVIÇO

O contribuinte é o prestador do serviço (LC n. 116/2003, art. 5º). O local em que se considera prestado o serviço definirá o Município para o qual deverá ser recolhido o imposto, ou seja, quem é o sujeito ativo da obrigação tributária.

Como regra, aplicável à maioria dos casos, o local da prestação do serviço é no Município em que está localizado o estabelecimento prestador. Essa regra e suas exceções constam do art. 3º da LC n. 116/2003:

I – do estabelecimento do tomador ou intermediário do serviço ou, na falta de estabelecimento, onde ele estiver domiciliado, na hipótese do § 1º do art. 1º desta Lei Complementar;

II – da instalação dos andaimes, palcos, coberturas e outras estruturas, no caso dos serviços descritos no subitem 3.05 da lista anexa;

III – da execução da obra, no caso dos serviços descritos no subitem 7.02 e 7.19 da lista anexa;

IV – da demolição, no caso dos serviços descritos no subitem 7.04 da lista anexa;

V – das edificações em geral, estradas, pontes, portos e congêneres, no caso dos serviços descritos no subitem 7.05 da lista anexa;

VI – da execução da varrição, coleta, remoção, incineração, tratamento, reciclagem, separação e destinação final de lixo, rejeitos e outros resíduos quaisquer, no caso dos serviços descritos no subitem 7.09 da lista anexa;

VII – da execução da limpeza, manutenção e conservação de vias e logradouros públicos, imóveis, chaminés, piscinas, parques, jardins e congêneres, no caso dos serviços descritos no subitem 7.10 da lista anexa;

VIII – da execução da decoração e jardinagem, do corte e poda de árvores, no caso dos serviços descritos no subitem 7.11 da lista anexa;

IX – do controle e tratamento do efluente de qualquer natureza e de agentes físicos, químicos e biológicos, no caso dos serviços descritos no subitem 7.12 da lista anexa;

X – (VETADO)

XI – (VETADO)

XII – do florestamento, reflorestamento, semeadura, adubação, reparação de solo, plantio, silagem, colheita, corte, descascamento de árvores, silvicultura, exploração florestal e serviços congêneres indissociáveis da formação, manutenção e colheita de florestas para quaisquer fins e por quaisquer meios; (Redação dada pela LCP n. 157, de 2016)

XIII – da execução dos serviços de escoramento, contenção de encostas e congêneres, no caso dos serviços descritos no subitem 7.17 da lista anexa;

XIV – da limpeza e dragagem, no caso dos serviços descritos no subitem 7.18 da lista anexa;

XV – onde o bem estiver guardado ou estacionado, no caso dos serviços descritos no subitem 11.01 da lista anexa;

XVI – dos bens, dos semoventes ou do domicílio das pessoas vigiados, segurados ou monitorados, no caso dos serviços descritos no subitem 11.02 da lista anexa; (Redação dada pela LCP n. 157, de 2016)

XVII – do armazenamento, depósito, carga, descarga, arrumação e guarda do bem, no caso dos serviços descritos no subitem 11.04 da lista anexa;

XVIII – da execução dos serviços de diversão, lazer, entretenimento e congêneres, no caso dos serviços descritos nos subitens do item 12, exceto o 12.13, da lista anexa;

XIX – do Município onde está sendo executado o transporte, no caso dos serviços descritos pelo item 16 da lista anexa; (Redação dada pela LCP n. 157, de 2016)

XX – do estabelecimento do tomador da mão-de-obra ou, na falta de estabelecimento, onde ele estiver domiciliado, no caso dos serviços descritos pelo subitem 17.05 da lista anexa;

XXI – da feira, exposição, congresso ou congênere a que se referir o planejamento, organização e administração, no caso dos serviços descritos pelo subitem 17.10 da lista anexa;

XXII – do porto, aeroporto, ferroporto, terminal rodoviário, ferroviário ou metroviário, no caso dos serviços descritos pelo item 20 da lista anexa.

XXIII – do domicílio do tomador dos serviços dos subitens 4.22, 4.23 e 5.09; (Incluído pela LCP n. 157, de 2016)[1]

XXIV – do domicílio do tomador do serviço no caso dos serviços prestados pelas administradoras de cartão de crédito ou débito e demais descritos no subitem 15.01; (Incluído pela LCP n. 157, de 2016)[2]

XXV – do domicílio do tomador do serviço do subitem 15.09. (Redação dada pela LCP n. 175, de 2020)[3]

Adicionalmente, para fins de definição do Município que é sujeito ativo da relação jurídico-tributária, devem ser observadas as regras previstas nos parágrafos 1º. a 12 do art. 3º da LC n. 116/2003:

§ 1º No caso dos serviços a que se refere o subitem 3.04 da lista anexa, considera-se ocorrido o fato gerador e devido o imposto em cada Município em cujo território haja extensão de ferrovia, rodovia, postes, cabos, dutos e condutos de qualquer natureza, objetos de locação, sublocação, arrendamento, direito de passagem ou permissão de uso, compartilhado ou não. (*Vide* ADIN n. 3142)

§ 2º No caso dos serviços a que se refere o subitem 22.01 da lista anexa, considera-se ocorrido o fato gerador e devido o imposto em cada Município em cujo território haja extensão de rodovia explorada.

§ 3º Considera-se ocorrido o fato gerador do imposto no local do estabelecimento prestador nos serviços executados em águas marítimas, excetuados os serviços descritos no subitem 20.01.

§ 4º Na hipótese de descumprimento do disposto no *caput* ou no § 1º, ambos do art. 8º-A desta Lei Complementar, o imposto será devido no local do estabelecimento do tomador

---

1   O STF julgou inconstitucionais as alterações no art. 3º da LC n. 116/2003 que tornaram o ISSQN devido no local do domicílio do tomador no caso de serviços de: planos de medicina de grupo ou individual; de administração de fundos quaisquer e de carteira de cliente; de administração de consórcio; de administração de cartão de crédito ou débito e congêneres; e de arrendamento mercantil (ADI n. 5.835, ADI n. 5862 e da ADPF n. 449, 2 de jun. 2023).

2   *Idem.*

3   *Idem.*

ou intermediário do serviço ou, na falta de estabelecimento, onde ele estiver domiciliado. (Incluído pela LCP n. 157, de 2016)

§ 5º Ressalvadas as exceções e especificações estabelecidas nos §§ 6º a 12 deste artigo, considera-se tomador dos serviços referidos nos incisos XXIII, XXIV e XXV do *caput* deste artigo o contratante do serviço e, no caso de negócio jurídico que envolva estipulação em favor de unidade da pessoa jurídica contratante, a unidade em favor da qual o serviço foi estipulado, sendo irrelevantes para caracterizá-la as denominações de sede, filial, agência, posto de atendimento, sucursal, escritório de representação ou contato ou quaisquer outras que venham a ser utilizadas. (Incluído pela LCP n. 175, de 2020)

§ 6º No caso dos serviços de planos de saúde ou de medicina e congêneres, referidos nos subitens 4.22 e 4.23 da lista de serviços anexa a esta Lei Complementar, o tomador do serviço é a pessoa física beneficiária vinculada à operadora por meio de convênio ou contrato de plano de saúde individual, familiar, coletivo empresarial ou coletivo por adesão. (Incluído pela LCP n. 175, de 2020)

§ 7º Nos casos em que houver dependentes vinculados ao titular do plano, será considerado apenas o domicílio do titular para fins do disposto no § 6º deste artigo. (Incluído pela LCP n. 175, de 2020)

§ 8º No caso dos serviços de administração de cartão de crédito ou débito e congêneres, referidos no subitem 15.01 da lista de serviços anexa a esta Lei Complementar, prestados diretamente aos portadores de cartões de crédito ou débito e congêneres, o tomador é o primeiro titular do cartão. (Incluído pela LCP n. 175, de 2020)

§ 9º O local do estabelecimento credenciado é considerado o domicílio do tomador dos demais serviços referidos no subitem 15.01 da lista de serviços anexa a esta Lei Complementar relativos às transferências realizadas por meio de cartão de crédito ou débito, ou a eles conexos, que sejam prestados ao tomador, direta ou indiretamente, por: (Incluído pela LCP n. 175, de 2020)

I – bandeiras; (Incluído pela LCP n. 175, de 2020)

II – credenciadoras; ou (Incluído pela LCP n. 175, de 2020)

III – emissoras de cartões de crédito e débito. (Incluído pela LCP n. 175, de 2020)

§ 10. No caso dos serviços de administração de carteira de valores mobiliários e dos serviços de administração e gestão de fundos e clubes de investimento, referidos no subitem 15.01 da lista de serviços anexa a esta Lei Complementar, o tomador é o cotista. (Incluído pela LCP n. 175, de 2020)

§ 11. No caso dos serviços de administração de consórcios, o tomador de serviço é o consorciado. (Incluído pela LCP n. 175, de 2020)

§ 12. No caso dos serviços de arrendamento mercantil, o tomador do serviço é o arrendatário, pessoa física ou a unidade beneficiária da pessoa jurídica, domiciliado no País, e, no caso de arrendatário não domiciliado no País, o tomador é o beneficiário do serviço no País. (Incluído pela LCP n. 175, de 2020)

Assim, exceto pelos casos enumerados nos incisos do art. 3º da LC n. 116/2003, o ISSQN será devido no Município em que estiver localizado o estabelecimento prestador, ainda que ele preste serviços em outros Municípios.

A definição de estabelecimento, para fins do ISSQN, é dada pelo art. 4º da LC n. 116/2003, em que fica expresso que não importa, para esse fim, a denominação dada pelo contribuinte:

232 Contabilidade Tributária • Pohlmann

Art. 4º Considera-se estabelecimento prestador o local onde o contribuinte desenvolva a atividade de prestar serviços, de modo permanente ou temporário, e que configure unidade econômica ou profissional, sendo irrelevantes para caracterizá-lo as denominações de sede, filial, agência, posto de atendimento, sucursal, escritório de representação ou contato ou quaisquer outras que venham a ser utilizadas.

11.4 APURAÇÃO DO IMPOSTO E OBRIGAÇÕES ACESSÓRIAS

De acordo com o art. 7º da LC n. 116/2003, a base de cálculo do imposto, como regra, é o preço do serviço. Excepcionam-se dessa regra os serviços previstos nos itens 7.02 e 7.05 da lista à LC n. 116/2003, em que podem ser deduzidos da base de cálculo os valores do materiais fornecidos pelo prestador. Eis os serviços descritos nos itens 7.02 e 7.05 da lista anexa à LC n. 116/2003:

> 7.02 – Execução, por administração, empreitada ou subempreitada, de obras de construção civil, hidráulica ou elétrica e de outras obras semelhantes, inclusive sondagem, perfuração de poços, escavação, drenagem e irrigação, terraplanagem, pavimentação, concretagem a instalação e montagem de produtos, peças e equipamentos (exceto o fornecimento d mercadorias produzidas pelo prestador de serviços fora do local da prestação dos serviços que fica sujeito ao ICMS).
>
> 7.05 – Reparação, conservação e reforma de edifícios, estradas, pontes, portos e congênere (exceto o fornecimento de mercadorias produzidas pelo prestador dos serviços, fora do local da prestação dos serviços, que fica sujeito ao ICMS).

Quando os serviços descritos pelo subitem 3.04 da lista anexa forem prestados no território de mais de um Município, a base de cálculo será proporcional, conforme o caso à extensão da ferrovia, rodovia, dutos e condutos de qualquer natureza, cabos de qualquer natureza, ou ao número de postes, existentes em cada Município (LC n. 116/2003, § 1º).

Com relação à prestação de serviços sob o modo de trabalho pessoal do próprio contribuinte, bem como com relação às sociedades de profissionais a seguir discriminados, o imposto não incide sobre o preço do serviço, uma vez que permanecem em vigor as disposições dos §§ 2º e 3º do art. 9º do Decreto-Lei (DL) n. 406/1968:

> § 1º Quando se tratar de prestação de serviços sob a forma de trabalho pessoal do próprio contribuinte, o imposto será calculado, por meio de alíquotas fixas ou variáveis, em função da natureza do serviço ou de outros fatores pertinentes, nestes não compreendida a importância paga a título de remuneração do próprio trabalho.
>
> [...]
>
> § 3º Quando os serviços a que se referem os itens 1, 4, 8, 25, 52, 88, 89, 90, 91 e 92 da lista anexa forem prestados por sociedades, estas ficarão sujeitas ao imposto na forma do § 1º calculado em relação a cada profissional habilitado, sócio, empregado ou não, que prest serviços em nome da sociedade, embora assumindo responsabilidade pessoal, nos termo da lei aplicável. (Redação dada pela LCP n. 56, de 15.12.1987)

Cap. 11 • Imposto sobre Serviços de Qualquer Natureza **233**

Cabe registrar que, após a edição da LC n. 116/2003, surgiram dúvidas se efetivamente permaneciam ou não em vigor as disposições do art. 9º do DL n. 406/1968, questão que veio a ser dirimida pelo Supremo Tribunal Federal (STF), o qual consolidou seu entendimento por meio da Súmula 663, assim redigida: "Os §§ 1º e 3º do art. 9º do Decreto-Lei 406/1968 foram recebidos pela constituição".

Os itens da lista de serviços referidos no § 3º do art. 9º do DL n. 406/1968 referem-se a:

1. Médicos, inclusive análises clínicas, eletricidade médica, radioterapia, ultra-sonografia, radiologia, tomografia e congêneres;

4. Enfermeiros, obstetras, ortópticos, fonoaudiólogos, protéticos (prótese dentária);

8. Médicos veterinários;

25. Contabilidade, auditoria, guarda-livros, técnicos em contabilidade e congêneres;

52. Agentes da propriedade industrial;

88. Advogados;

89. Engenheiros, arquitetos, urbanistas, agrônomos;

90. Dentistas;

91. Economistas;

92. Psicólogos.

Para identificar a alíquota aplicável a determinado serviço, o tributarista deve consultar a legislação do Município ao qual compete o imposto. Isso porque os Municípios têm competência para fixar livremente as alíquotas para cada tipo de serviço, desde que respeitados os limites legais: alíquota mínima de 2% e alíquota máxima de 5%.

Como regra, o período de apuração do ISSQN é mensal. Nele, é somado o total de serviços prestados no mês e, sobre esse montante, aplica-se a alíquota cabível, definida na legislação municipal.

As obrigações acessórias usualmente impostas pelos Municípios dizem respeito à emissão de documentos fiscais para dar cobertura às operações de prestações de serviços, à escrituração de livro de apuração do imposto e à apresentação periódica de declaração dos valores devidos a título de ISSQN.

EXEMPLO

Eis alguns exemplos hipotéticos de cálculo do imposto a recolher:

1 – Serviço de varrição, coleta, remoção e incineração de lixo, previstos no item 13 da lista anexa à LC n. 116/2003:

* Receita de serviços no mês: R$ 5.000.000,00
* Alíquota definida na legislação municipal: 5%
* ISSQN devido no período: R$ 250.000,00

2 – Serviços de manutenção de veículos previsto no subitem 14.01 da lista anexa à LC n. 116/2003:

- Receita de serviços no mês: R$ 10.000.000,00
- Valor dos materiais empregados nos serviços: R$ 20.000.000,00
- Alíquota do ISSQN definida na legislação municipal: 5%
- Alíquota do ICMS: 17%
- ISSQN devido no período: R$ 500.000,00
- ICMS devido no período: R$ 3.400.000,00

3 – Serviços de advocacia previstos no subitem 17.14 da lista anexa à LC n. 116/2003, prestados por sociedade:

- Receita de serviços no mês: R$ 80.000,00
- Alíquota geral do ISSQN: 5%
- Valor do ISSQN por profissional fixado em lei municipal: R$ 300,00
- Número de profissionais habilitados que prestam serviços em nome da sociedade: 5
- ISSQN devido no período: R$ 1.500,00

RESUMO

Do conteúdo que você estudou neste capítulo, é importante destacar:

- O imposto incide sobre serviços não sujeitos ao ICMS, definidos em lei complementar. Cabe à lei complementar, ainda, a tarefa de definir as alíquotas máximas e mínimas.
- A CF atribui à lei complementar a competência de definir os respectivos fatos geradores, bases de cálculo e contribuintes.
- É a LC n. 116/2003 que define os serviços abrangidos, o fato gerador, a base de cálculo, o local da prestação do serviço, os contribuintes e as alíquotas mínima e máxima.
- As respectivas leis municipais têm competência para dispor sobre os demais aspectos da incidência.
- O contribuinte do ISSQN é o prestador do serviço.
- O imposto tem como fato gerador a prestação de serviços constantes da lista anexa à LC n. 116/2003, ainda que eles não se constituam como atividade preponderante do prestador.

Cap. 11 • Imposto sobre Serviços de Qualquer Natureza **235**

- Ressalvadas as exceções expressas na lista, os serviços nela mencionados não ficam sujeitos ao ICMS, ainda que sua prestação envolva fornecimento de mercadorias.

- A incidência do ISSQN independe da denominação dada ao serviço e é devida também sobre o serviço proveniente do exterior ou cuja prestação se tenha iniciado no exterior.

- O contribuinte é o prestador do serviço (LC n. 116/2003, art. 5º).

- O local em que se considera prestado o serviço definirá o Município para o qual deverá ser recolhido o imposto, ou seja, quem é o sujeito ativo da obrigação tributária.

- Como regra, aplicável à maioria dos casos, o local da prestação do serviço é no Município em que está localizado o estabelecimento prestador. Essa regra e suas exceções constam do art. 3º da LC n. 116/2003.

- De acordo com o art. 7º da LC n. 116/2003, a base de cálculo do imposto, como regra, é o preço do serviço.

- Com relação à prestação de serviços sob o modo de trabalho pessoal do próprio contribuinte, bem como com relação às sociedades de profissionais, o imposto será calculado por meio de alíquotas fixas ou variáveis, em função da natureza do serviço ou de outros fatores pertinentes, nestes não compreendida a importância paga a título de remuneração do próprio trabalho.

- Para identificar a alíquota aplicável a determinado serviço, o tributarista deve consultar a legislação do Município ao qual compete o imposto. Isso porque os Municípios têm competência para fixar livremente as alíquotas para cada tipo de serviço, desde que respeitados os limites legais: alíquota mínima de 2% e alíquota máxima de 5%.

- Como regra, o período de apuração do ISSQN é mensal. Nele, é somado o total de serviços prestados no mês e, sobre esse montante, aplica-se a alíquota cabível, definida na legislação municipal.

QUESTÕES DE MÚLTIPLA ESCOLHA

1. No caso de mercadorias fornecidas com prestação de serviços:

   a) Incide apenas o ICMS sobre o valor total.

   b) Incide apenas o ISSQN sobre o valor total da operação, caso o serviço conste da lista anexa à LC n. 116/03.

   c) Dependendo do serviço, incide ICMS sobre o valor da mercadoria e ISSQN sobre o valor do serviço.

   d) Independentemente do serviço, incide ICMS sobre o valor da mercadoria e ISSQN sobre o valor do serviço.

Contabilidade Tributária • Pohlmann

2. Com relação à alíquota do ISSQN, é correto afirmar:

a) Não pode ser superior a 5%, em hipótese alguma.

b) Não pode ser inferior a 2%, em hipótese alguma.

c) Não está sujeita a limite mínimo.

d) Não está sujeita a limite máximo.

3. Para fins de incidência do ISSQN, o serviço considera-se prestado e o imposto devido:

a) No local do estabelecimento prestador, em qualquer hipótese.

b) No local do estabelecimento tomador do serviço, em qualquer hipótese.

c) No local do estabelecimento tomador do serviço ou do estabelecimento prestador do serviço, a critério do contribuinte.

d) No local do estabelecimento prestador, no caso de serviço de advocacia.

4. Determinadas sociedades de profissionais estão sujeitas ao ISSQN calculado em relação a cada profissional habilitado, sócio, empregado ou não, que preste serviço em nome da sociedade, embora assumindo a responsabilidade profissional. Assinale a alternativa que contém apenas serviços ou profissões que estão sujeitos a essa modalidade de apuração do ISSQN.

a) Médicos, enfermeiros e massagistas.

b) Médicos veterinários, analistas de sistemas e advogados.

c) Contadores, arquitetos e corretores de seguros.

d) Advogados, dentistas e psicólogos.

5. Um dentista autônomo, estabelecido em uma cidade na qual a alíquota de ISSQN é de 5%, obteve uma receita de R$ 10.000,00 em determinado mês. Para isso, gastou R$ 2.000,00 com materiais que empregou nos serviços. Com base apenas nessas informações, assinale a alternativa correta.

a) Ele deve recolher ISSQN no valor de R$ 500,00.

b) Ele deve recolher ISSQN no valor de R$ 400,00.

c) Ele não deve recolher ISSQN, pois é profissional liberal.

d) Ele deve recolher ISSQN por um valor fixo, independentemente da sua receita de serviços no mês.

6. Assinale a alternativa que contém uma atividade sujeita ao recolhimento do ISSQN para o Município no qual o serviço é prestado.

a) Auditoria contábil.

b) Advocacia.

c) Edificação de prédios.

d) Oficina mecânica.

Cap. 11 • Imposto sobre Serviços de Qualquer Natureza **237**

7. Assinale a alternativa que contém uma atividade sujeita ao recolhimento do ISSQN para o Município no qual está estabelecido o prestador do serviço.

a) Fisioterapia.

b) Varrição de vias públicas.

c) Planos de saúde.

d) Serviços prestados pelas administradoras de cartão de crédito.

8. Uma oficina mecânica realizou a revisão de um veículo e cobrou R$ 2.000,00 pelo serviço e mais R$ 1.000,00 pelas peças substituídas. Sabendo que a alíquota do ISSQN no Município é de 5% e a alíquota do ICMS é de 18%, assinale a alternativa correta.

a) A oficina deve recolher apenas o ISSQN de R$ 150,00.

b) A oficina deve recolher apenas ICMS sobre todo o valor.

c) A oficina deve recolher o ISSQN de R$ 100,00 e destacar ICMS de R$ 180,00.

d) A oficina deve recolher ISSQN com base no número de profissionais habilitados.

9. Uma empresa de serviços contábeis tem sua sede na cidade de São Paulo, na qual fatura mensalmente R$ 200.000,00, mas tem clientes em Guarulhos também, em que fatura R$ 100.000,00 por mês. Essa empresa deve:

a) Recolher o ISSQN, calculado sobre o valor do faturamento, apenas para o município de São Paulo.

b) Recolher o ISSQN para o município de São Paulo, calculado em relação a cada profissional habilitado, sócio, empregado ou não, que preste serviços em nome da sociedade.

c) Recolher o ISSQN, calculado sobre o valor do faturamento, para ambos os Municípios.

d) Recolher o ISSQN para ambos os Municípios, calculado em relação a cada profissional habilitado, sócio, empregado ou não, que preste serviços em nome da sociedade.

10. Assinale a alternativa que contém uma entidade imune à incidência do ISSQN.

a) Clubes de futebol.

b) Escolas de natação.

c) Instituições de educação e de assistência social, sem fins lucrativos, atendidos os requisitos da lei e desde que os serviços sejam relacionados com as finalidades essenciais dessas entidades.

d) Escolas de inglês.

GABARITO

| 1. c | 2. a | 3. d | 4. d | 5. d |
| 6. c | 7. a | 8. c | 9. b | 10. c |

CAPÍTULO 12
CONTRIBUIÇÕES PREVIDENCIÁRIAS

OBJETIVOS DO CAPÍTULO

- ▶ Abordar e analisar os princípios e as regras que definem os casos de incidência das contribuições sobre remunerações pagas pelas empresas e empregadores em geral.
- ▶ Explicar as regras e a metodologia de apuração do valor das contribuições sociais sobre salários e outras remunerações.

Neste capítulo, trataremos das contribuições incidentes sobre os rendimentos do trabalho, devidas tanto pelo empregador quanto pelo trabalhador, seja na condição de empregado, seja na condição de contribuinte individual.

12.1 FUNDAMENTOS CONSTITUCIONAIS

Entre as espécies tributárias, encontram-se as contribuições sociais, que, por sua vez, podem ser subdivididas em: 1 – contribuições sociais gerais, previstas no art. 149 da Constituição Federal (CF); e 2 – contribuições sociais para a seguridade social, previstas no art. 195 da CF, destinadas a custear a saúde, a previdência e a assistência social.

As contribuições previdenciárias abrangem todas aquelas contribuições sociais que têm como principal destino custear o sistema de previdência dos trabalhadores e, em sua maioria, incidem sobre salários e remunerações em geral. Incluem, também, contribuições recolhidas

240 Contabilidade Tributária • Pohlmann

para entidades que cumprem outras funções sociais, como as chamadas contribuições para terceiros, conforme será visto adiante.

O traço comum dessas contribuições é que, até o advento da criação da Receita Federal do Brasil (RFB), elas eram administradas pelo Instituto Nacional do Seguro Social (INSS). Desde o dia 2 de maio de 2007, data da vigência da Lei n. 11.457, de 2007, as atividades de planejar, executar, acompanhar e avaliar as atividades relativas à tributação, fiscalização, arrecadação, cobrança e recolhimento das contribuições sociais foram transferidas para a RFB.

Como referido, as contribuições sociais gerais estão previstas no art. 149 da CF, nos seguintes termos:

> Art. 149. Compete exclusivamente à União instituir contribuições sociais, de intervenção no domínio econômico e de interesse das categorias profissionais ou econômicas, como instrumento de sua atuação nas respectivas áreas, observado o disposto nos arts. 146, III, e 150, I e III, e sem prejuízo do previsto no art. 195, § 6º, relativamente às contribuições a que alude o dispositivo.

As contribuições para a seguridade social, por sua vez, encontram assento constitucional no art. 195. Nesse dispositivo, constam as fontes de financiamento, das quais destacamos as contribuições exigidas das empresas, sobre a folha de salários, e as exigidas dos segurados em geral:

> Art. 195. A seguridade social será financiada por toda a sociedade, de forma direta e indireta, nos termos da lei, mediante recursos provenientes dos orçamentos da União, dos Estados, do Distrito Federal e dos Municípios, e das seguintes contribuições sociais:
>
> I – do empregador, da empresa e da entidade a ela equiparada na forma da lei, incidentes sobre: (Redação dada pela Emenda Constitucional n. 20, de 1998)
>
> a) a folha de salários e demais rendimentos do trabalho pagos ou creditados, a qualquer título, à pessoa física que lhe preste serviço, mesmo sem vínculo empregatício; (Incluído pela Emenda Constitucional n. 20, de 1998)
>
> II – do trabalhador e dos demais segurados da previdência social, podendo ser adotadas alíquotas progressivas de acordo com o valor do salário de contribuição, não incidindo contribuição sobre aposentadoria e pensão concedidas pelo Regime Geral de Previdência Social; (Redação dada pela Emenda Constitucional n. 103, de 2019)
>
> [...]
>
> § 6º – As contribuições sociais de que trata este artigo só poderão ser exigidas após decorridos noventa dias da data da publicação da lei que as houver instituído ou modificado, não se lhes aplicando o disposto no art. 150, III, "b".
>
> § 7º – São isentas de contribuição para a seguridade social as entidades beneficentes de assistência social que atendam às exigências estabelecidas em lei.
>
> § 8º – O produtor, o parceiro, o meeiro e o arrendatário rurais e o pescador artesanal, bem como os respectivos cônjuges, que exerçam suas atividades em regime de economia familiar, sem empregados permanentes, contribuirão para a seguridade social mediante a aplicação de uma alíquota sobre o resultado da comercialização da produção e farão jus aos benefícios nos termos da lei. (Redação dada pela Emenda Constitucional n. 20, de 1998)

§ 9º – As contribuições sociais previstas no inciso I do *caput* deste artigo poderão ter alíquotas diferenciadas em razão da atividade econômica, da utilização intensiva de mão de obra, do porte da empresa ou da condição estrutural do mercado de trabalho, sendo também autorizada a adoção de bases de cálculo diferenciadas apenas no caso das alíneas "b" e "c" do inciso I do *caput*. (Redação dada pela Emenda Constitucional n. 103, de 2019)

Da leitura dos parágrafos do art. 195 da CF, anteriormente transcritos, alguns pontos merecem destaque: 1 – no caso de produtores rurais pessoa física sem empregados, a contribuição será sobre a receita da comercialização dos produtos; 2 – a exigência dessas contribuições sociais sujeita-se apenas à anterioridade de noventa dias; 3 – as entidades beneficentes de assistência social são imunes, desde que atendidas as exigências da lei; e 4 – poderá haver alíquotas e bases de cálculo diferenciadas em função da atividade econômica, utilização da mão de obra, porte da empresa e condição estrutural do mercado de trabalho.

O custeio da seguridade é regido pela Lei n. 8.212/1991, que dispõe, entre outras questões, sobre as contribuições dos segurados, das empresas e dos empregadores em geral. Além dessa lei geral, a Instrução Normativa (IN) RFB n. 2.110/2022 regulamenta, com detalhes, a apuração das contribuições previdenciárias, incluindo aquelas denominadas "contribuições para terceiros".

12.2 CONTRIBUIÇÕES DAS EMPRESAS E EMPREGADORES EM GERAL

A contribuição a cargo da empresa, destinada à seguridade social, é de (Lei n. 8.212/1991, art. 22):

I – vinte por cento sobre o total das remunerações pagas, devidas ou creditadas a qualquer título, durante o mês, aos segurados empregados e trabalhadores avulsos que lhe prestem serviços, destinadas a retribuir o trabalho, qualquer que seja a sua forma, inclusive as gorjetas, os ganhos habituais sob a forma de utilidades e os adiantamentos decorrentes de reajuste salarial, quer pelos serviços efetivamente prestados, quer pelo tempo à disposição do empregador ou tomador de serviços, nos termos da lei ou do contrato ou, ainda, de convenção ou acordo coletivo de trabalho ou sentença normativa.

II – para o financiamento do benefício previsto nos arts. 57 e 58 da Lei n. 8.213, de 24 de julho de 1991, e daqueles concedidos em razão do grau de incidência de incapacidade laborativa decorrente dos riscos ambientais do trabalho, sobre o total das remunerações pagas ou creditadas, no decorrer do mês, aos segurados empregados e trabalhadores avulsos:

a) 1% (um por cento) para as empresas em cuja atividade preponderante o risco de acidentes do trabalho seja considerado leve;

b) 2% (dois por cento) para as empresas em cuja atividade preponderante esse risco seja considerado médio;

c) 3% (três por cento) para as empresas em cuja atividade preponderante esse risco seja considerado grave.

III – vinte por cento sobre o total das remunerações pagas ou creditadas a qualquer título, no decorrer do mês, aos segurados contribuintes individuais que lhe prestem serviços;

242 Contabilidade Tributária • Pohlmann

No caso de bancos comerciais, bancos de investimentos, bancos de desenvolvimento, caixas econômicas, sociedades de crédito, financiamento e investimento, sociedades de crédito imobiliário, sociedades corretoras, distribuidoras de títulos e valores mobiliários, empresas de arrendamento mercantil, cooperativas de crédito, empresas de seguros privados e de capitalização, agentes autônomos de seguros privados e de crédito e entidades de previdência privada abertas e fechadas, além das contribuições referidas neste artigo e no art. 23, é devida a contribuição adicional de 2,5% sobre a base de cálculo definida nos incisos I e III deste artigo (Lei n. 8.212/1991, art. 22, § 1º).

12.2.1 Parcelas não Integrantes da Base de Cálculo

O art. 34 da IN RFB n. 2.110/2022 arrola uma série de valores que não integram a base de cálculo para fins de incidência das contribuições sociais previdenciárias. A seguir, destacamos, de modo resumido, algumas das principais rubricas que não compõem a base de cálculo, desde que observados os requisitos estipulados na referida norma:

- os benefícios da Previdência Social;
- a ajuda de custo e o adicional mensal percebidos pelo aeronauta;
- o auxílio-alimentação;
- as férias indenizadas e o respectivo adicional constitucional;
- as importâncias recebidas a título de indenização;
- o abono de férias;
- os ganhos eventuais expressamente desvinculados do salário por força de lei;
- os prêmios;
- a parcela recebida a título de vale-transporte;
- a ajuda de custo;
- as diárias para viagens;
- a importância recebida pelo estagiário a título de bolsa;
- a participação do empregado nos lucros ou resultados da empresa;
- o valor das contribuições efetivamente ao programa de previdência complementar privada;
- o valor relativo à assistência prestada por serviço médico ou odontológico;
- o ressarcimento de despesas pelo uso de veículo do empregado;
- o valor relativo a plano educacional ou bolsa de estudo;
- o aviso prévio indenizado;
- a remuneração paga pelo empregador ao empregado nos 15 (quinze) primeiros dias que antecedem o auxílio por incapacidade temporária.

12.2.2 Contribuições para Terceiros

Compete à RFB as atividades relativas à tributação, fiscalização, arrecadação e cobrança da contribuição devida, por lei, a terceiros. São as seguintes (IN RFB n. 2.110/2022, art. 81, § 1º):

I – as entidades privadas de serviço social e de formação profissional a que se refere o art. 240 da Constituição Federal, criadas por lei federal e vinculadas ao sistema sindical;

II – o Fundo Aeroviário, instituído pelo Decreto-Lei n. 270, de 28 de fevereiro de 1967;

III – o Fundo de Desenvolvimento do Ensino Profissional Marítimo, instituído pelo Decreto-Lei n. 828, de 5 de setembro de 1969;

IV – o Instituto Nacional de Colonização e Reforma Agrária (Incra), criado pelo Decreto-Lei n. 1.110, de 9 de julho de 1970; e

V – o Fundo Nacional de Desenvolvimento da Educação (FNDE), gestor da contribuição social do salário-educação, instituída pela Lei n. 9.424, de 24 de dezembro de 1996.

Cabe à empresa ou ao equiparado, para fins de recolhimento da contribuição devida a terceiros, classificar a atividade por ela desenvolvida e atribuir-lhe o código Fundo de Previdência e Assistência Social (FPAS) correspondente, sem prejuízo da atuação, de ofício, da autoridade administrativa (IN RFB n. 2.110/2022, art. 83).

As principais contribuições para terceiros incidentes sobre a folha de salários são:[1]

I. Contribuição ao INCRA: 2,5%, devida pelas indústrias arroladas no art. 94 da IN RFB n. 2.110/20222);[2]

II. Contribuição adicional devida ao INCRA: 0,2%, devida pelas empresas em geral;

III. Contribuição Social do Salário-Educação: 2,5%, devida pelas empresas em geral;

IV. Demais Contribuições Devidas a Terceiros, observada a utilização do código FPAS:

- Serviço Nacional de Aprendizagem Industrial (SENAI): 1,0%;

- Serviço Social da Indústria (SESI): 1,5%;

- Serviço Social do Comércio (SESC): 1,5%;

- Serviço Nacional de Aprendizagem Comercial (SENAC): 1,0%

- Serviço Brasileiro de Apoio às Pequenas e Médias Empresas (SEBRAE): 0,3 ou 0,6%, dependendo do caso;

---

1   Para uma visão completa das alíquotas aplicáveis, veja o Anexo III da IN RFB n. 2.110/20222 – "TABELA DE ALÍQUOTAS POR CÓDIGOS FPAS". Disponível em: http://normas.receita.fazenda.gov.br/sijut2consulta/link.action?idAto=126687Anexo_III.pdf. Acesso em: 04 nov. 2023.

2   Indústrias: de cana-de-açúcar, laticínios, beneficiamento de cereais, café, chá e mate, uva, extração e beneficiamento de fibras vegetais e de descaroçamento de algodão, extração de madeira para serraria, de resina, lenha e carvão vegetal e matadouros ou abatedouros de animais de quaisquer espécies, inclusive atividades de preparo de charques. Veja a redação original do art. 94 da IN RFB n. 2.110/2022 em: http://normas.receita.fazenda.gov.br/sijut2consulta/link.action?idAto=126687. Acesso em: 16 ago. 2023.

244   Contabilidade Tributária • Pohlmann

- Serviço Social de Transporte (SEST): 1,5%;
- Serviço Nacional de Aprendizagem do Transporte (SENAT): 1,0%;
- Serviço Nacional de Aprendizagem do Cooperativismo (Sescoop): 2,5%;
- Serviço Nacional de Aprendizagem Rural (SENAR): 2,5%;
- Fundo Aeroviário: 2,5%.

EXEMPLO

Apuração da contribuição das empresas em geral

Calcular o valor total devido a título de contribuição para a seguridade social incidente sobre os rendimentos do trabalho pagos pela Empresa Comercial Exemplo em determinado mês, com base nas informações a seguir:

Ramo de atividade: comércio atacadista (código FPAS 515);

Folha de salários no mês: R$ 1.000.000,00;

Outros valores pagos aos empregados:

- Adicional de férias   R$ 50.000,00;
- Diárias   R$ 30.000,00;

Remuneração paga a contribuintes individuais   R$ 40.000,00;

Empresa com atividade preponderante na qual o risco de acidentes do trabalho é considerado leve (1%).

Apuração do valor devido

Contribuição patronal (20%): 1.000.000,00 × 20% =   R$ 200.000,00;

Contribuição sobre remuneração paga a
contribuintes individuais: 40.000,00 × 20% =   R$ 8.000,00;

Contribuição do Grau de Incidência de Incapacidade Laborativa decorrente dos Riscos Ambientais do Trabalho: 1.000.000,00 × 1% = R$ 10.000,00

Contribuição para terceiros (Total = 5,8%):

- Salário-educação: 2,5%;
- Adicional INCRA: 0,2%;
- SENAC: 1,0%;
- SESC: 1,5%;
- SEBRAE: 0,6%.

> Contribuição devida a terceiros: 1.000.000,00 × 5,8% = R$ 58.000,00.
>
> Valor total a recolher no mês: R$ 200.000,00 + R$ 8.000,00 + R$ 10.000,00 + R$ 58.000,00 = R$ 276.000,00.

12.2.3 Contribuição da Associação Desportiva

A contribuição empresarial da associação desportiva que mantém equipe de futebol profissional destinada à seguridade social, em substituição à contribuição geral de 20% sobre os salários, corresponde a 5% da receita bruta, decorrente dos espetáculos desportivos de que participem em todo o território nacional em qualquer modalidade desportiva, inclusive jogos internacionais, e de qualquer forma de patrocínio, licenciamento de uso de marcas e símbolos, publicidade, propaganda e de transmissão de espetáculos desportivos (Lei n. 8.212/1991, art. 22, § 6º).

12.2.4 Contribuição de Entidades Religiosas

Não se consideram remuneração direta ou indireta, para os efeitos dessa lei, os valores despendidos pelas entidades religiosas e pelas instituições de ensino vocacional com ministro de confissão religiosa, membros de instituto de vida consagrada, de congregação ou de ordem religiosa em face do seu mister religioso ou para sua subsistência, desde que fornecidos em condições que independam da natureza e da quantidade do trabalho executado (Lei n. 8.212/1991, art. 22, § 13).

12.2.5 Contribuição do Empregador Doméstico

A contribuição do empregador doméstico incidente sobre o salário de contribuição do empregado doméstico a seu serviço é de (Lei n. 8.212/1991, art. 24):

I – 8% (oito por cento); e

II – 0,8% (oito décimos por cento) para o financiamento do seguro contra acidentes de trabalho.

12.2.6 Contribuição Incidente sobre a Receita Bruta

Poderão contribuir sobre o valor da receita bruta, excluídos as vendas canceladas e os descontos incondicionais concedidos, em substituição às contribuições previstas nos incisos I e III do *caput* do art. 22 da Lei n. 8.212, de 24 de julho de 1991 (contribuições patronais de 20% sobre a folha de pagamento e sobre remunerações de contribuintes individuais), as seguintes empresas (Lei n. 12.546/2011, art. 7º):

* as empresas que prestam os serviços de tecnologia da informação – TI e de tecnologia da informação e comunicação – TIC, referidos nos §§ 4º e 5º do art. 14 da Lei n. 11.774, de 17 de setembro de 2008;

246 Contabilidade Tributária • Pohlmann

- as empresas de transporte rodoviário coletivo de passageiros, com itinerário fixo, municipal, intermunicipal em região metropolitana, intermunicipal, interestadual e internacional enquadradas nas classes 4921-3 e 4922-1 da CNAE 2.0;

- as empresas do setor de construção civil, enquadradas nos grupos 412, 432, 433 e 439 da CNAE 2.0;

- as empresas de transporte ferroviário de passageiros, enquadradas nas subclasses 4912-4/01 e 4912-4/02 da CNAE 2.0;

- as empresas de transporte metroferroviário de passageiros, enquadradas na subclasse 4912-4/03 da CNAE 2.0;

- as empresas de construção de obras de infraestrutura, enquadradas nos grupos 421, 422, 429 e 431 da CNAE 2.0.

Essa modalidade alternativa de contribuição, comumente denominada "desoneração da folha de pagamento", vem sendo prorrogada ao longo dos anos após a sua instituição pela lei, razão pela qual a sua vigência e aplicabilidade devem ser periodicamente verificadas no art. 7º da Lei n. 12.546/2011.

As alíquotas aplicáveis são as previstas no art. 7º-A. da Lei n. 12.546/2011:

> Art. 7º-A. A alíquota da contribuição sobre a receita bruta prevista no art. 7º será de 4,5% (quatro inteiros e cinco décimos por cento), exceto para as empresas de *call center* referidas no inciso I, que contribuirão à alíquota de 3% (três por cento), e para as empresas identificadas nos incisos III, V e VI, todos do *caput* do art. 7º , que contribuirão à alíquota de 2% (dois por cento). (Redação dada pela Lei n. 13.202, de 2015)

12.2.7 Contribuição do Produtor Rural e do Pescador

De modo geral, podemos dizer que há duas modalidades de recolhimento de contribuições previdenciárias pelos produtores rurais: sobre a receita e sobre a folha de salários.

Quando calculada sobre a receita, a contribuição do empregador rural pessoa física e a do segurado especial, destinadas à seguridade social, são de (Lei n. 8.212/1991, art. 25):

> I – 1,2% (um inteiro e dois décimos por cento) da receita bruta proveniente da comercialização da sua produção;
>
> II – 0,1% da receita bruta proveniente da comercialização da sua produção para financiamento das prestações por acidente do trabalho.

O segurado especial, além da contribuição obrigatória sobre a receita bruta, poderá contribuir, facultativamente, como contribuinte individual (Lei n. 8.212/1991, art. 25, § 1º). Há situações em que o recolhimento como contribuinte individual é obrigatório (Lei n. 8.212/1991, art. 25, § 2º; c/c. art. 12, V, "a").

O produtor rural pessoa física poderá optar por contribuir sobre a receita ou sobre os rendimentos do trabalho pagos, manifestando sua opção mediante o pagamento da contribuição incidente sobre a folha de salários relativa a janeiro de cada ano, ou à primeira competência subsequente ao início da atividade rural, e será irretratável para todo o ano-calendário (Lei n. 8.212/1991, art. 25, § 13).

Os regimes de tributação dos produtores rurais pessoa física e jurídica, bem como suas respectivas alíquotas e bases de cálculo, são discriminados no Quadro 12.1.[3]

Quadro 12.1   Tributação dos produtores rurais pessoa física e jurídica

Regimes de tributação	Regime de contribuição sobre salários – Produtor rural PF		Regime de contribuição sobre salários – Produtor rural PJ		Regime de contribuição sobre receita bruta – Produtor rural PF		Regime de contribuição sobre receita bruta – Produtor rural PJ	
Contribuições	Alíquota	Base de cálculo	Alíquota	Base de cálculo	Alíquota	Base de cálculo	Alíquota	Base de cálculo
Contribuição patronal	20,0%	Salários	20,0%	Salários	1,2%	Receita bruta	1,7%	Receita bruta
Risco de Acidente do Trabalho (RAT)	3,0%	Salários	3,0%	Salários	0,1%	Receita bruta	0,1%	Receita bruta
SENAR	0,2%	Receita bruta	2,5%	Salários	0,2%	Receita bruta	0,25%	Receita bruta
Salário-educação	2,5%	Salários	2,5%	Salários	2,5%	Salários	2,5%	Salários
INCRA	0,2%	Salários	0,2%	Salários	0,2%	Salários	0,2%	Salários

12.3 CONTRIBUIÇÕES DOS SEGURADOS

A contribuição do empregado, inclusive o doméstico, e a do trabalhador avulso (inclusive os que prestam serviços a microempresas) são calculadas mediante a aplicação da correspondente alíquota sobre o seu salário de contribuição mensal, de modo não cumulativo, de acordo com a tabela de incidência (Lei n. 8.212/1991, art. 20, *caput*, e § 2º). A alíquota varia de 7,5 a 14%, e a tabela é atualizada anualmente.[4]

---

3   Nesse quadro não está contemplado o tratamento diferenciado previsto no Regime do Simples Nacional, que será tratado oportunamente em módulo próprio.

4   A tabela em vigor está disponível em: https://www.gov.br/inss/pt-br/confira-a-nova-tabela-de-contri buicao-para-a-previdencia. Acesso em: 16 ago. 2023.

Os valores do salário de contribuição serão reajustados na mesma época e com os mesmos índices que os do reajustamento dos benefícios de prestação continuada da Previdência Social (Lei n. 8.212/1991, art. 20, § 1º).

A alíquota de contribuição do segurado contribuinte individual e facultativo é de 20% sobre o respectivo salário de contribuição (Lei n. 8.212/1991, art. 21).

No caso de opção pela exclusão do direito ao benefício de aposentadoria por tempo de contribuição, a alíquota de contribuição incidente sobre o limite mínimo mensal do salário de contribuição será de (Lei n. 8.212/1991, art. 21, § 2º):

I – 11% (onze por cento), no caso do segurado contribuinte individual, ressalvado o disposto no inciso II, que trabalhe por conta própria, sem relação de trabalho com empresa ou equiparado e do segurado facultativo, observado o disposto na alínea "b" do inciso II deste parágrafo;

II – 5% (cinco por cento):

a) no caso do microempreendedor individual, de que trata o art. 18-A da Lei Complementar n. 123, de 14 de dezembro de 2006; e

b) do segurado facultativo sem renda própria que se dedique exclusivamente ao trabalho doméstico no âmbito de sua residência, desde que pertencente à família de baixa renda.

RESUMO

Do conteúdo que você estudou neste capítulo, é importante destacar:

- As contribuições previdenciárias abrangem todas aquelas contribuições sociais que têm como principal destino custear o sistema de previdência dos trabalhadores e, em sua maioria, incidem sobre salários e remunerações em geral.

- Incluem, também, contribuições recolhidas para entidades que cumprem outras funções sociais, tais como as chamadas contribuições para terceiros, como será visto adiante.

- Da leitura dos parágrafos do art. 195 da CF, anteriormente transcritos, alguns pontos merecem destaque: 1 – no caso de produtores rurais pessoa física sem empregados, a contribuição será sobre a receita da comercialização dos produtos; 2 – a exigência dessas contribuições sociais sujeita-se apenas à anterioridade de noventa dias; 3 – as entidades beneficentes de assistência social são imunes, desde que atendidas as exigências da lei; e 4 – poderá haver alíquotas e bases de cálculo diferenciadas em função da atividade econômica, utilização da mão de obra, porte da empresa e condição estrutural do mercado de trabalho.

- O custeio da seguridade é regido pela Lei n. 8.212/1991, que dispõe, entre outras questões, sobre as contribuições dos segurados, das empresas e dos empregadores em geral. Além dessa lei geral, a IN RFB n. 2.110/2022 regulamenta, com detalhes, a apuração das contribuições previdenciárias, incluindo aquelas denominadas "contribuições para terceiros".

- Como regra, a contribuição a cargo da empresa, destinada à seguridade social, é de 20% sobre o total das remunerações. Há um adicional de 2,5% para bancos comerciais e outras empresas especificadas na lei.

- O art. 34 da IN RFB n. 2.110/2022 arrola uma série de valores que não integram a base de cálculo para fins de incidência das contribuições sociais previdenciárias.

- Compete à RFB as atividades relativas à tributação, fiscalização, arrecadação e cobrança da contribuição devida, por lei, a terceiros, como INCRA, SENAI, SENAC, SESC, entre outros.

- Algumas empresas poderão contribuir sobre o valor da receita bruta, em substituição às contribuições previstas nos incisos I e III do *caput* do art. 22 da Lei n. 8.212, de 24 de julho de 1991 (contribuições patronais de 20% sobre a folha de pagamento e sobre remunerações de contribuintes individuais).

- De modo geral, podemos dizer que há duas modalidades de recolhimento de contribuições previdenciárias pelos produtores rurais: sobre a receita e sobre a folha de salários.

- A contribuição do empregado, inclusive o doméstico, e a do trabalhador avulso (inclusive os que prestam serviços a microempresas) são calculadas mediante a aplicação da correspondente alíquota sobre o seu salário de contribuição mensal, de modo não cumulativo, de acordo com a tabela de incidência.

QUESTÕES DE MÚLTIPLA ESCOLHA

1. Como regra, a alíquota da contribuição do segurado contribuinte individual e facultativo, calculada sobre o respectivo salário de contribuição, é de:
   a) 11%.
   b) 20%.
   c) 5%.
   d) 28,5%.

2. Com relação à contribuição dos produtores rurais, é correto afirmar:
   a) O produtor pessoa física somente pode contribuir sobre a receita.
   b) O produtor pessoa jurídica somente pode contribuir sobre a receita.
   c) O segurado especial é obrigado a recolher sobre a receita.
   d) Não é possível ao produtor rural contribuir sobre a receita.

250 Contabilidade Tributária • Pohlmann

3. Assinale a alternativa que contém valores que não integram a base de cálculo para fins de incidência das contribuições sociais previdenciárias.

   a) Parcela recebida a título de vale-transporte e auxílio-alimentação.
   b) Férias indenizadas e 13º salário.
   c) Vale-transporte e horas extras.
   d) Abono de férias e férias gozadas.

4. A chamada "desoneração da folha de pagamento" consiste em:

   a) Isenção da contribuição patronal.
   b) Isenção da contribuição do segurado empregado.
   c) Substituição da contribuição sobre a folha pela contribuição calculada sobre a receita bruta.
   d) Redução das alíquotas das contribuições a terceiros.

5. No caso de o contribuinte individual (exceto microempreendedor individual) optar pela exclusão do direito ao benefício de aposentadoria por tempo de contribuição, a alíquota de contribuição incidente sobre o limite mínimo mensal do salário de contribuição será de:

   a) 20%.
   b) 11%.
   c) 8%.
   d) 10%.

6. Assinale a alternativa que contém uma empresa sujeita ao recolhimento da contribuição adicional de 2,5% sobre salários e remunerações.

   a) Empresas de transporte aéreo.
   b) Universidades.
   c) Bancos comerciais.
   d) Indústrias.

7. A contribuição empresarial da associação desportiva que mantém equipe de futebol profissional destinada à seguridade social, em substituição à contribuição geral de 20% sobre os salários corresponde a:

   a) 3% da receita bruta.
   b) 10% da receita bruta.
   c) 7% da receita bruta.
   d) 5% da receita bruta.

Cap. 12 • Contribuições Previdenciárias **251**

8. Os valores despendidos pelas entidades religiosas e instituições de ensino vocacional com ministro de confissão religiosa, membros de instituto de vida consagrada, de congregação ou de ordem religiosa em face do seu mister religioso ou para sua subsistência:

   a) Estão sujeitos à incidência de contribuição previdenciária.

   b) Não se consideram como remuneração direta ou indireta.

   c) São imunes à contribuição previdenciária.

   d) São isentos da contribuição previdenciária.

9. A contribuição do empregador doméstico incidente sobre o salário de contribuição do empregado doméstico a seu serviço é de:

   a) 8% e mais 0,8% para o financiamento do seguro contra acidentes de trabalho.

   b) 10% e mais 1% para o financiamento do seguro contra acidentes de trabalho.

   c) 5% e mais 0,5% para o financiamento do seguro contra acidentes de trabalho.

   d) 7% e mais 1% para o financiamento do seguro contra acidentes de trabalho.

10. Quando calculadas sobre a receita, a contribuição do empregador rural pessoa física e a do segurado especial, destinadas à seguridade social, são de:

   a) 1,0% mais 0,1% para financiamento das prestações por acidente do trabalho.

   b) 1,0% mais 0,2% para financiamento das prestações por acidente do trabalho.

   c) 1,2% mais 0,2% para financiamento das prestações por acidente do trabalho.

   d) 1,2% mais 0,1% para financiamento das prestações por acidente do trabalho.

GABARITO

1. b	2. c	3. a	4. c	5. b
6. c	7. b	8. b	9. a	10. d

CAPÍTULO 13

SIMPLES NACIONAL

OBJETIVOS DO CAPÍTULO

- ▶ Apresentar uma síntese das regras gerais de enquadramento no Regime Especial Unificado de Arrecadação de Tributos e Contribuições, denominado Simples Nacional.
- ▶ Explicar as regras e a metodologia de apuração do valor dos tributos no Regime do Simples Nacional.

Neste capítulo serão abordadas, primeiramente, as principais regras que regem o regime simplificado de apuração e recolhimento de tributos denominado Simples Nacional, incluindo questões sobre quem pode optar, como é calculado o valor devido e quais são as hipóteses de exclusão do regime.

13.1 CONTORNOS CONSTITUCIONAIS E LEGISLAÇÃO DE REGÊNCIA

A instituição de regime simplificado e unificado de recolhimento de tributos foi autorizada pelo art. 146, III, "d", da Constituição Federal (CF). Esse dispositivo constitucional atribuiu a competência de instituição do regime à Lei Complementar (LC), nos seguintes termos:

> Art. 146. Cabe à lei complementar:
> [...]

254 Contabilidade Tributária • Pohlmann

III – estabelecer normas gerais em matéria de legislação tributária, especialmente sobre:

d) definição de tratamento diferenciado e favorecido para as microempresas e para as empresas de pequeno porte, inclusive regimes especiais ou simplificados no caso do imposto previsto no art. 155, II, das contribuições previstas no art. 195, I e §§ 12 e 13, e da contribuição a que se refere o art. 239. (Incluído pela Emenda Constitucional n. 42, de 19.12.2003)

Parágrafo único. A lei complementar de que trata o inciso III, d, também poderá instituir um regime único de arrecadação dos impostos e contribuições da União, dos Estados, do Distrito Federal e dos Municípios, observado que: (Incluído pela Emenda Constitucional n. 42, de 19.12.2003)

I – será opcional para o contribuinte; (Incluído pela Emenda Constitucional n. 42, de 19.12.2003)

II – poderão ser estabelecidas condições de enquadramento diferenciadas por Estado; (Incluído pela Emenda Constitucional n. 42, de 19.12.2003)

III – o recolhimento será unificado e centralizado e a distribuição da parcela de recursos pertencentes aos respectivos entes federados será imediata, vedada qualquer retenção ou condicionamento; (Incluído pela Emenda Constitucional n. 42, de 19.12.2003)

IV – a arrecadação, a fiscalização e a cobrança poderão ser compartilhadas pelos entes federados, adotado cadastro nacional único de contribuintes. (Incluído pela Emenda Constitucional n. 42, de 19.12.2003)

Como se percebe, o texto constitucional estabelece importantes requisitos do regime, como: os tributos abrangidos, o caráter opcional do regime, o recolhimento unificado de todos os tributos e centralizado em uma guia de arrecadação, e a possibilidade de diferenciação nos critérios de enquadramento por parte dos Estados da Federação. Qualquer inobservância desses requisitos pelo legislador complementar implica a pecha de inconstitucionalidade.

Com base nesse permissivo constitucional, foi editada a LC n. 123/2006, que instituiu o Estatuto Nacional da Microempresa (ME) e da Empresa de Pequeno Porte (EPP). O alcance dos benefícios tributários é definido no inciso I do art. 1º dessa lei:

Art. 1º Esta Lei Complementar estabelece normas gerais relativas ao tratamento diferenciado e favorecido a ser dispensado às microempresas e empresas de pequeno porte no âmbito dos Poderes da União, dos Estados, do Distrito Federal e dos Municípios, especialmente no que se refere:

I – à apuração e recolhimento dos impostos e contribuições da União, dos Estados, do Distrito Federal e dos Municípios, mediante regime único de arrecadação, inclusive obrigações acessórias;

13.2 MICROEMPRESA E EMPRESA DE PEQUENO PORTE: DEFINIÇÃO E RESTRIÇÕES

A definição de ME e de EPP é dada pelo art. 3º da LC n. 123/2006:

Art. 3º Para os efeitos desta Lei Complementar, consideram-se microempresas ou empresas de pequeno porte a sociedade empresária, a sociedade simples e o empresário a que se refere o art. 966 da Lei n. 10.406, de 10 de janeiro de 2002, devidamente registrados no Registro de Empresas Mercantis ou no Registro Civil de Pessoas Jurídicas, conforme o caso, desde que:

I – no caso da microempresa, aufira, em cada ano-calendário, receita bruta igual ou inferior a R$ 360.000,00 (trezentos e sessenta mil reais); e

II – no caso de empresa de pequeno porte, aufira, em cada ano-calendário, receita bruta superior a R$ 360.000,00 (trezentos e sessenta mil reais) e igual ou inferior a R$ 4.800.000,00 (quatro milhões e oitocentos mil reais).

Os §§ 2º e 3º desse mesmo artigo definem receita bruta e estabelecem critério de proporcionalidade a ser aplicado na hipótese de início das atividades:

§ 1º Considera-se receita bruta, para fins do disposto no *caput* deste artigo, o produto da venda de bens e serviços nas operações de conta própria, o preço dos serviços prestados e o resultado nas operações em conta alheia, não incluídas as vendas canceladas e os descontos incondicionais concedidos.

§ 2º No caso de início de atividade no próprio ano-calendário, o limite a que se refere o *caput* deste artigo será proporcional ao número de meses em que a microempresa ou a empresa de pequeno porte houver exercido atividade, inclusive as frações de meses.

Há várias hipóteses que excluem a possibilidade de a empresa receber o tratamento de ME ou EPP (LC n. 123/2006, art. 3º, § 4º):

§ 4º Não poderá se beneficiar do tratamento jurídico diferenciado previsto nesta Lei Complementar, incluído o regime de que trata o art. 12 desta Lei Complementar, para nenhum efeito legal, a pessoa jurídica:

I – de cujo capital participe outra pessoa jurídica;

II – que seja filial, sucursal, agência ou representação, no País, de pessoa jurídica com sede no exterior;

III – de cujo capital participe pessoa física que seja inscrita como empresário ou seja sócia de outra empresa que receba tratamento jurídico diferenciado nos termos desta Lei Complementar, desde que a receita bruta global ultrapasse o limite de que trata o inciso II do *caput* deste artigo;

IV – cujo titular ou sócio participe com mais de 10% (dez por cento) do capital de outra empresa não beneficiada por esta Lei Complementar, desde que a receita bruta global ultrapasse o limite de que trata o inciso II do *caput* deste artigo;

V – cujo sócio ou titular seja administrador ou equiparado de outra pessoa jurídica com fins lucrativos, desde que receita bruta global ultrapasse o limite de que trata o inciso II do *caput* deste artigo;

VI – constituída sob a forma de cooperativas, salvo as de consumo;

VII – que participe do capital de outra pessoa jurídica;

VIII – que exerça atividade de banco comercial, de investimentos e de desenvolvimento, de caixa econômica, de sociedade de crédito, financiamento e investimento ou de crédito imobiliário, de corretora ou de distribuidora de títulos, valores mobiliários e câmbio, de empresa de arrendamento mercantil, de seguros privados e de capitalização ou de previdência complementar;

256 Contabilidade Tributária • Pohlmann

IX – resultante ou remanescente de cisão ou qualquer outra forma de desmembramento de pessoa jurídica que tenha ocorrido em um dos 5 (cinco) anos-calendário anteriores;

X – constituída sob a forma de sociedade por ações;

XI – cujos titulares ou sócios guardem, cumulativamente, com o contratante do serviço relação de pessoalidade, subordinação e habitualidade. (Incluído pela LC n. 147, de 2014)

Desse modo, a presença de qualquer das situações previstas anteriormente impede a empresa de usufruir dos benefícios assegurados pela lei às MEs e às EPPs, ainda que a sua receita bruta não ultrapasse os limites definidos nos incisos I e II do art. 3º da LC n. 123/2006.

Os Estados cuja participação no Produto Interno Bruto (PIB) brasileiro seja inferior ao limite fixado no art. 19 da LC n. 123/2006 poderão adotar limites de receita bruta anual diferenciados para fins de apuração do Imposto sobre Operações relativas à Circulação de Mercadorias e sobre Prestações de Serviços de Transporte Interestadual e Intermunicipal e de Comunicação (ICMS). Nessa hipótese, mesma regra deverá ser considerada para efeito de recolhimento do imposto sobre serviços de competência dos Municípios localizados nesses Estados, inclusive no caso do Distrito Federal (LC n. 123/2006, art. 20).

13.3 TRIBUTOS ABRANGIDOS

Os tributos abrangidos pelo regime simplificado são aqueles previstos no art. 13 da LC n. 123/2006:

Art. 13. O Simples Nacional implica o recolhimento mensal, mediante documento único de arrecadação, dos seguintes impostos e contribuições:

I – Imposto sobre a Renda da Pessoa Jurídica – IRPJ;

II – Imposto sobre Produtos Industrializados – IPI, observado o disposto no inciso XII do § 1º deste artigo;

III – Contribuição Social sobre o Lucro Líquido – CSLL;

IV – Contribuição para o Financiamento da Seguridade Social – Cofins, observado o disposto no inciso XII do § 1º deste artigo;

V – Contribuição para o PIS/Pasep, observado o disposto no inciso XII do § 1º deste artigo;

VI – Contribuição Patronal Previdenciária – CPP para a Seguridade Social, a cargo da pessoa jurídica, de que trata o art. 22 da Lei n. 8.212, de 24 de julho de 1991, exceto no caso de microempresa e da empresa de pequeno porte que se dedique às atividades de prestação de serviços referidas no § 5º-C do art. 18 desta Lei Complementar;

VII – Imposto sobre Operações Relativas à Circulação de Mercadorias e Sobre Prestações de Serviços de Transporte Interestadual e Intermunicipal e de Comunicação – ICMS;

VIII – Imposto sobre Serviços de Qualquer Natureza – ISS.

Em relação aos seguintes impostos ou contribuições, devidos na qualidade de contribuinte ou responsável, deve ser observada a legislação aplicável às demais pessoas jurídicas (LC n. 123, art. 13, § 1º):

I – Imposto sobre Operações de Crédito, Câmbio e Seguro, ou Relativas a Títulos ou Valores Mobiliários – IOF;

Cap. 13 • Simples Nacional **257**

II – Imposto sobre a Importação de Produtos Estrangeiros – II;

III – Imposto sobre a Exportação, para o Exterior, de Produtos Nacionais ou Nacionalizados – IE;

IV – Imposto sobre a Propriedade Territorial Rural – ITR;

V – Imposto de Renda, relativo aos rendimentos ou ganhos líquidos auferidos em aplicações de renda fixa ou variável;

VI – Imposto de Renda relativo aos ganhos de capital auferidos na alienação de bens do ativo permanente;

VII – Contribuição Provisória sobre Movimentação ou Transmissão de Valores e de Créditos e Direitos de Natureza Financeira – CPMF;

VIII – Contribuição para o Fundo de Garantia do Tempo de Serviço – FGTS;

IX – Contribuição para manutenção da Seguridade Social, relativa ao trabalhador;

X – Contribuição para a Seguridade Social, relativa à pessoa do empresário, na qualidade de contribuinte individual;

XI – Imposto de Renda relativo aos pagamentos ou créditos efetuados pela pessoa jurídica a pessoas físicas;

XII – Contribuição para o PIS/Pasep, Cofins e IPI incidentes na importação de bens e serviços;

XIII – ICMS devido:

a) nas operações ou prestações sujeitas ao regime de substituição tributária, tributação concentrada em uma única etapa (monofásica)... [...]; (Redação dada pela LC n. 147, de 2014)

b) por terceiro, a que o contribuinte se ache obrigado, por força da legislação estadual ou distrital vigente;

c) na entrada, no território do Estado ou do Distrito Federal, de petróleo, inclusive lubrificantes e combustíveis líquidos e gasosos dele derivados, bem como energia elétrica, quando não destinados à comercialização ou industrialização;

d) por ocasião do desembaraço aduaneiro;

e) na aquisição ou manutenção em estoque de mercadoria desacobertada de documento fiscal;

f) na operação ou prestação desacobertada de documento fiscal;

g) nas operações com bens ou mercadorias sujeitas ao regime de antecipação do recolhimento do imposto, nas aquisições em outros Estados e Distrito Federal:

1. com encerramento da tributação, observado o disposto no inciso IV do § 4º do art. 18 desta Lei Complementar;

2. sem encerramento da tributação, hipótese em que será cobrada a diferença entre a alíquota interna e a interestadual, sendo vedada a agregação de qualquer valor;

h) nas aquisições em outros Estados e no Distrito Federal de bens ou mercadorias, não sujeitas ao regime de antecipação do recolhimento do imposto, relativo à diferença entre a alíquota interna e a interestadual;

XIV – ISS devido:

a) em relação aos serviços sujeitos à substituição tributária ou retenção na fonte;

b) na importação de serviços;

XV – demais tributos de competência da União, dos Estados, do Distrito Federal ou dos Municípios, não relacionados nos incisos anteriores.

O Imposto de Renda retido na fonte sobre os rendimentos de aplicações financeiras será definitivo (LC n. 123, art. 13, § 2º). Com relação ao ICMS, o diferencial de alíquota previsto nas alíneas "g" e "h" do inciso XIII transcrito anteriormente será calculado tomando-se por base as alíquotas aplicáveis às pessoas jurídicas não optantes pelo Simples Nacional (LC n. 123/2006, art. 13, § 5º).

Com relação ao Imposto de Renda incidente sobre o ganho de capital (LC n. 123, art. 13, § 1º, VI), incidem as seguintes alíquotas progressivas (Instrução Normativa da Receita Federal do Brasil (IN RFB) n. 1.700/2017):

> Art. 314. O ganho de capital percebido por pessoa jurídica optante pelo Simples Nacional, em decorrência da alienação de bens e direitos do ativo não circulante, ainda que reclassificados para o ativo circulante com intenção de venda, sujeita-se à incidência do imposto sobre a renda, com a aplicação das seguintes alíquotas:
>
> I – 15% (quinze por cento) sobre a parcela dos ganhos que não ultrapassar R$ 5.000.000,00 (cinco milhões de reais);
>
> II – 17,5% (dezessete inteiros e cinco décimos por cento) sobre a parcela dos ganhos que exceder R$ 5.000.000,00 (cinco milhões de reais) e não ultrapassar R$ 10.000.000,00 (dez milhões de reais);
>
> III – 20% (vinte por cento) sobre a parcela dos ganhos que exceder R$ 10.000.000,00 (dez milhões de reais) e não ultrapassar R$ 30.000.000,00 (trinta milhões de reais); e
>
> IV – 22,5% (vinte e dois inteiros e cinco décimos por cento) sobre a parcela dos ganhos que ultrapassar R$ 30.000.000,00 (trinta milhões de reais).
>
> § 1º O imposto de que trata este artigo deverá ser pago até o último dia útil do mês subsequente ao da percepção dos ganhos.
>
> § 2º O ganho a que se refere este artigo será apurado e tributado em separado.

13.4 ISENÇÕES E OUTRAS DESONERAÇÕES

As MEs e as EPPs optantes pelo Simples Nacional ficam dispensadas do recolhimento das demais contribuições instituídas pela União (LC n. 123/2006, art. 13, § 3º):

> § 3º As microempresas e empresas de pequeno porte optantes pelo Simples Nacional ficam dispensadas do pagamento das demais contribuições instituídas pela União, inclusive as contribuições para as entidades privadas de serviço social e de formação profissional vinculadas ao sistema sindical, de que trata o art. 240 da Constituição Federal, e demais entidades de serviço social autônomo.

A distribuição de lucros aos sócios é isenta do Imposto de Renda no caso das empresas optantes pelo Simples Nacional, nos termos e condições estabelecidos no art. 14 da LC n. 123/2006:

> Art. 14. Consideram-se isentos do imposto de renda, na fonte e na declaração de ajuste do beneficiário, os valores efetivamente pagos ou distribuídos ao titular ou sócio da

microempresa ou empresa de pequeno porte optante pelo Simples Nacional, salvo os que corresponderem a *pró-labore*, aluguéis ou serviços prestados.

§ 1º A isenção de que trata o *caput* deste artigo fica limitada ao valor resultante da aplicação dos percentuais de que trata o art. 15 da Lei n. 9.249, de 26 de dezembro de 1995, sobre a receita bruta mensal, no caso de antecipação de fonte, ou da receita bruta total anual, tratando-se de declaração de ajuste, subtraído do valor devido na forma do Simples Nacional no período.

§ 2º O disposto no § 1º deste artigo não se aplica na hipótese de a pessoa jurídica manter escrituração contábil e evidenciar lucro superior àquele limite.

A isenção limita-se aos lucros calculados segundo os critérios do art. 15 da Lei n. 9.249/1995. Esse tema foi tratado no Capítulo 5, sobre o Regime do Lucro Presumido, em que foi demonstrada a metodologia de cálculo do lucro, razão pela qual pedimos vênia para recomendar ao leitor a consulta ao referido capítulo.

13.5 OPÇÃO E VEDAÇÕES

As MEs e as EPPs devem formalizar a opção pelo Simples Nacional até o último dia útil do mês de janeiro, sendo irretratável para o ano inteiro. Eis o teor do art. 16 da LC n. 123/2006:

Art. 16. A opção pelo Simples Nacional da pessoa jurídica enquadrada na condição de microempresa e empresa de pequeno porte dar-se-á na forma a ser estabelecida em ato do Comitê Gestor, sendo irretratável para todo o ano-calendário.

§ 1º Para efeito de enquadramento no Simples Nacional, considerar-se-á microempresa ou empresa de pequeno porte aquela cuja receita bruta no ano-calendário anterior ao da opção esteja compreendida dentro dos limites previstos no art. 3º desta Lei Complementar.

§ 2º A opção de que trata o *caput* deste artigo deverá ser realizada no mês de janeiro, até o seu último dia útil, produzindo efeitos a partir do primeiro dia do ano-calendário da opção, ressalvado o disposto no § 3º deste artigo.

§ 3º A opção produzirá efeitos a partir da data do início de atividade, desde que exercida nos termos, prazo e condições a serem estabelecidos no ato do Comitê Gestor a que se refere o *caput* deste artigo.

Há uma série de hipóteses que impedem a opção pelo regime simplificado de recolhimento, previstas no art. 17 da LC n. 123/2006, das quais destacamos:

Art. 17. Não poderão recolher os impostos e contribuições na forma do Simples Nacional a microempresa ou a empresa de pequeno porte:

I – que explore atividade de prestação cumulativa e contínua de serviços de assessoria creditícia, gestão de crédito, seleção e riscos, administração de contas a pagar e a receber, gerenciamento de ativos (*asset management*) ou compra de direitos creditórios resultantes de vendas mercantis a prazo ou de prestação de serviços (*factoring*) ou que execute operações de empréstimo, de financiamento e de desconto de títulos de crédito, exclusivamente com recursos próprios, tendo como contrapartes microempreendedores individuais, microempresas e empresas de pequeno porte, inclusive sob a forma de empresa simples de crédito; (Redação dada pela LC n. 167, de 2019)

II – que tenha sócio domiciliado no exterior;

III – de cujo capital participe entidade da administração pública, direta ou indireta, federal, estadual ou municipal;

[...]

V – que possua débito com o Instituto Nacional do Seguro Social – INSS, ou com as Fazendas Públicas Federal, Estadual ou Municipal, cuja exigibilidade não esteja suspensa;

VI – que preste serviço de transporte intermunicipal e interestadual de passageiros, exceto quando na modalidade fluvial ou quando possuir características de transporte urbano ou metropolitano ou realizar-se sob fretamento contínuo em área metropolitana para o transporte de estudantes ou trabalhadores; (Redação dada pela LC n. 147, de 2014)

VII – que seja geradora, transmissora, distribuidora ou comercializadora de energia elétrica;

VIII – que exerça atividade de importação ou fabricação de automóveis e motocicletas;

IX – que exerça atividade de importação de combustíveis;

X – que exerça atividade de produção ou venda no atacado de:

a) cigarros, cigarrilhas, charutos, filtros para cigarros, armas de fogo, munições e pólvoras, explosivos e detonantes;

b) bebidas não alcoólicas a seguir descritas: (Redação dada pela LC n. 155, de 2016)

[...]

XII – que realize cessão ou locação de mão-de-obra;

[...]

XIV – que se dedique ao loteamento e à incorporação de imóveis.

XV – que realize atividade de locação de imóveis próprios, exceto quando se referir a prestação de serviços tributados pelo ISS.

XVI – com ausência de inscrição ou com irregularidade em cadastro fiscal federal, municipal ou estadual, quando exigível.

§ 1º As vedações relativas a exercício de atividades previstas no *caput* deste artigo não se aplicam às pessoas jurídicas que se dediquem exclusivamente às atividades referidas nos §§ 5º-B a 5º-E do art. 18 desta Lei Complementar, ou as exerçam em conjunto com outras atividades que não tenham sido objeto de vedação no *caput* deste artigo.

13.6 APURAÇÃO DO VALOR DEVIDO

Como regra, o valor devido mensalmente no Regime do Simples Nacional é apurado multiplicando-se a receita bruta do mês pelo percentual previsto para a faixa de receita bruta acumulada nos últimos 12 meses, previsto na tabela constante do anexo à LC n. 123/2006 correspondente à atividade da empresa.

Mediante opção irretratável para o ano-calendário, o cálculo dos tributos devidos poderá ter por base a receita efetivamente recebida no mês, ou seja, segundo o regime de caixa (LC n. 123/2006, art. 18, § 3º).

Para fins de cálculo, as receitas devem ser destacadas da seguinte forma (LC n. 123/2006, art. 18, § 4º):

§ 4º O contribuinte deverá considerar, destacadamente, para fim de pagamento, as receitas decorrentes da: (Redação dada pela LC n. 147, de 2014)

I – revenda de mercadorias, que serão tributadas na forma do Anexo I desta Lei Complementar; (Redação dada pela LC n. 147, de 2014)

II – venda de mercadorias industrializadas pelo contribuinte, que serão tributadas na forma do Anexo II desta Lei Complementar; (Redação dada pela LC n. 147, de 2014)

III – prestação de serviços de que trata o § 5º-B deste artigo e dos serviços vinculados à locação de bens imóveis e corretagem de imóveis desde que observado o disposto no inciso XV do art. 17, que serão tributados na forma do Anexo III desta Lei Complementar; (Redação dada pela LC n. 147, de 2014)

IV – prestação de serviços de que tratam os §§ 5º-C a 5º-F e 5º-I deste artigo, que serão tributadas na forma prevista naqueles parágrafos; (Redação dada pela LC n. 147, de 2014)

V – locação de bens móveis, que serão tributadas na forma do Anexo III desta Lei Complementar, deduzida a parcela correspondente ao ISS; (Redação dada pela LC n. 147, de 2014)

VI – atividade com incidência simultânea de IPI e de ISS, que serão tributadas na forma do Anexo II desta Lei Complementar, deduzida a parcela correspondente ao ICMS e acrescida a parcela correspondente ao ISS prevista no Anexo III desta Lei Complementar; (Incluído pela LC n. 147, de 2014)

VII – comercialização de medicamentos e produtos magistrais produzidos por manipulação de fórmulas: (Incluído pela LC n. 147, de 2014)

a) sob encomenda para entrega posterior ao adquirente, em caráter pessoal, mediante prescrições de profissionais habilitados ou indicação pelo farmacêutico, produzidos no próprio estabelecimento após o atendimento inicial, que serão tributadas na forma do Anexo III desta Lei Complementar; (Incluído pela LC n. 147, de 2014)

b) nos demais casos, quando serão tributadas na forma do Anexo I desta Lei Complementar. (Incluído pela LC n. 147, de 2014)

De acordo com o § 4º-A do art. 18 da LC n. 123/2006, também devem ser segregadas as receitas:

§ 4º-A. O contribuinte deverá segregar, também, as receitas: (Incluído pela LC n. 147, de 2014)

I – decorrentes de operações ou prestações sujeitas à tributação concentrada em uma única etapa (monofásica), bem como, em relação ao ICMS, que o imposto já tenha sido recolhido por substituto tributário ou por antecipação tributária com encerramento de tributação; (Incluído pela LC n. 147, de 2014)

II – sobre as quais houve retenção de ISS na forma do § 6º deste artigo e § 4º do art. 21 desta Lei Complementar, ou, na hipótese do § 22-A deste artigo, seja devido em valor fixo ao respectivo município; (Incluído pela LC n. 147, de 2014)

III – sujeitas à tributação em valor fixo ou que tenham sido objeto de isenção ou redução de ISS ou de ICMS na forma prevista nesta Lei Complementar; (Incluído pela LC n. 147, de 2014)

262 Contabilidade Tributária • Pohlmann

IV – decorrentes da exportação para o exterior, inclusive as vendas realizadas por meio de comercial exportadora ou da sociedade de propósito específico prevista no art. 56 desta Lei Complementar; (Incluído pela LC n. 147, de 2014)

V – sobre as quais o ISS seja devido a Município diverso do estabelecimento prestador, quando será recolhido no Simples Nacional. (Incluído pela LC n. 147, de 2014)

EXEMPLO

Vamos apurar o valor devido segundo o Regime do Simples Nacional para uma empresa enquadrada como EPP que obteve uma receita de R$ 200.000,00 no mês corrente (período de apuração) e R$ 2.000.000,00 de receita acumulada nos 12 meses anteriores, considerando cada uma das tabelas de incidência dos anexos I a V da LC n. 123/2006.

A solução é apresentada na Tabela 13.1, na qual se podem verificar as diferenças de valores devidos em decorrência da atividade desenvolvida pela empresa e seu enquadramento em cada um dos anexos da LC n. 123/2006.

Tabela 13.1 Apuração do valor devido no Regime do Simples Nacional

N.	Hipóteses de atividades	Fundamento (dispositivo da LC n. 123/2006)	Anexo a que se sujeita	RBT12 (R$)	Alíquota nominal	Parcela a deduzir (PD) (R$)	Alíquota efetiva	Base de cálculo integral (R$)	Valor devido no mês (R$)
1	Revenda de mercadorias*	Art. 18, § 4°, I	I	2.000.000,00	14,30%	87.300,00	9,935%	200.000,00	19.870,00
2	Venda de produtos de fabricação própria*	Art. 18, § 4°, II	II	2.000.000,00	14,70%	85.500,00	10,425%	200.000,00	20.850,00
3	Serviços de instalações, reparos e manutenção em geral	Art. 18, § 5°-B, IX	III	2.000.000,00	21,00%	125.640,00	14,718%	200.000,00	29.436,00
4	Serviços de vigilância**	Art. 18, § 5°-C, VI	IV	2.000.000,00	22,00%	183.780,00	12,811%	200.000,00	25.622,00
5	Academia de atividades físicas e desportivas com gastos com folha de pagamento inferior a 28% da receita bruta	Art. 18, § 5°-D, II; c/c. § 5°-M	V	2.000.000,00	23,00%	62.100,00	19,895%	200.000,00	39.790,00

* O cálculo do valor devido desconsidera eventuais reduções de ICMS previstas pela legislação de cada UF.

** Nesse caso, a Contribuição Previdenciária Patronal (CPP) deve ser recolhida de acordo com a legislação aplicável às empresas em geral.

13.7 CRÉDITOS

Como regra, as empresas optantes pelo Simples Nacional não podem aproveitar créditos de tributos, tampouco as aquisições realizadas nessas empresas permitem o crédito para os adquirentes, exceto com relação ao ICMS, nos termos estabelecidos pelo art. 23 da LC n. 123/2006:

> Art. 23. As microempresas e as empresas de pequeno porte optantes pelo Simples Nacional não farão jus à apropriação nem transferirão créditos relativos a impostos ou contribuições abrangidos pelo Simples Nacional.
>
> § 1º As pessoas jurídicas e aquelas a elas equiparadas pela legislação tributária não optantes pelo Simples Nacional terão direito a crédito correspondente ao ICMS incidente sobre as suas aquisições de mercadorias de microempresa ou empresa de pequeno porte optante pelo Simples Nacional, desde que destinadas à comercialização ou industrialização e observado, como limite, o ICMS efetivamente devido pelas optantes pelo Simples Nacional em relação a essas aquisições.
>
> § 2º A alíquota aplicável ao cálculo do crédito de que trata o § 1º deste artigo deverá ser informada no documento fiscal e corresponderá ao percentual de ICMS previsto nos Anexos I ou II desta Lei Complementar para a faixa de receita bruta a que a microempresa ou a empresa de pequeno porte estiver sujeita no mês anterior ao da operação.
>
> § 3º Na hipótese de a operação ocorrer no mês de início de atividades da microempresa ou empresa de pequeno porte optante pelo Simples Nacional, a alíquota aplicável ao cálculo do crédito de que trata o § 1º deste artigo corresponderá ao percentual de ICMS referente à menor alíquota prevista nos Anexos I ou II desta Lei Complementar.
>
> § 4º Não se aplica o disposto nos §§ 1º a 3º deste artigo quando:
>
> I – a microempresa ou empresa de pequeno porte estiver sujeita à tributação do ICMS no Simples Nacional por valores fixos mensais;
>
> II – a microempresa ou a empresa de pequeno porte não informar a alíquota de que trata o § 2º deste artigo no documento fiscal;
>
> III – houver isenção estabelecida pelo Estado ou Distrito Federal que abranja a faixa de receita bruta a que a microempresa ou a empresa de pequeno porte estiver sujeita no mês da operação.
>
> V – o remetente da operação ou prestação considerar, por opção, que a alíquota determinada na forma do *caput* e dos §§ 1º e 2º do art. 18 desta Lei Complementar deverá incidir sobre a receita recebida no mês.

13.8 EXCLUSÃO DO REGIME E OBRIGAÇÕES ACESSÓRIAS

De acordo com o art. 28 da LC n. 123/2006, a exclusão do Simples Nacional será feita de ofício ou mediante comunicação das empresas optantes. A empresa deverá comunicar sua exclusão quando incorrer em qualquer das situações de vedação ou quando ultrapassar os limites de receita bruta estabelecidos na lei.

264 Contabilidade Tributária • Pohlmann

As principais obrigações acessórias previstas para as empresas optantes pelo Simples Nacional podem ser assim resumidas:

- Apresentar, anualmente, à Receita Federal do Brasil (RFB) declaração única e simplificada de informações socioeconômicas e fiscais (LC n. 123/2006, art. 25).
- Emitir documento fiscal de venda ou prestação de serviço (LC n. 123/2006, art. 26, I).
- Manter em boa ordem e guardar os documentos que fundamentaram a apuração dos impostos e contribuições devidos e o cumprimento das obrigações acessórias enquanto não decorrido o prazo decadencial e não prescritas eventuais ações que lhes sejam pertinentes (LC n. 123/2006, art. 26, II).
- Manter o livro-caixa em que será escriturada sua movimentação financeira e bancária (LC n. 123/2006, art. 26, § 2º).
- Opcionalmente, em lugar do livro-caixa, poderão adotar contabilidade simplificada para os registros e controles das operações realizadas (LC n. 123/2006, art. 27).

13.9 MICROEMPREENDEDOR INDIVIDUAL

Em apertada síntese, podemos dizer que se considera Microempreendedor Individual (MEI) quem tenha auferido receita bruta, no ano-calendário anterior, de até R$ 81.000,00 (oitenta e um mil reais), que seja optante pelo Simples Nacional e que não esteja impedido de optar pelo Simples Nacional (LC n. 123/2006, art. Art. 18-A, § 1º).

O MEI poderá optar pelo recolhimento dos impostos e contribuições abrangidos pelo Simples Nacional em valores fixos mensais, independentemente da receita bruta por ele auferida no mês, na forma prevista neste artigo (LC n. 123/2006, art. Art. 18-A.).

O MEI, com receita bruta anual igual ou inferior a R$ 81.000,00 (oitenta e um mil reais), recolherá, no modo regulamentado pelo Comitê Gestor, valor fixo mensal correspondente à soma das seguintes parcelas (LC n. 123/2006, art.18-A, § 3º, V):

a) R$ 45,65 (quarenta e cinco reais e sessenta e cinco centavos), a título da contribuição prevista no inciso IV deste parágrafo;

b) R$ 1,00 (um real), a título do imposto referido no inciso VII do *caput* do art. 13 desta Lei Complementar, caso seja contribuinte do ICMS; e

c) R$ 5,00 (cinco reais), a título do imposto referido no inciso VIII do *caput* do art. 13 desta Lei Complementar, caso seja contribuinte do ISS;

A empresa contratante de serviços executados por intermédio do MEI mantém, em relação a essa contratação, a obrigatoriedade de recolhimento da contribuição a que se refere o inciso III do *caput* e o § 1º do art. 22 da Lei n. 8.212, de 24 de julho de 1991, e o cumprimento das obrigações acessórias relativas à contratação de contribuinte individual (LC n. 123/2006, art.18-B). Essa obrigatoriedade se aplica exclusivamente em relação ao MEI que for contratado para prestar serviços de hidráulica, eletricidade, pintura, alvenaria, carpintaria e de manutenção ou reparo de veículos (LC n. 123/2006, art.18-B, § 1º).

Quando presentes os elementos da relação de emprego, fica a contratante sujeita a todas as obrigações dela decorrentes, inclusive trabalhistas, tributárias e previdenciárias (LC n. 123/2006, art.18-B, § 2º).

RESUMO

Do conteúdo que você estudou neste capítulo, é importante destacar:

- A instituição de regime simplificado e unificado de recolhimento de tributos foi autorizada pelo art. 146, III, "d", da CF.

- Com base nesse permissivo constitucional, foi editada a LC n. 123/2006, que instituiu o Estatuto Nacional da ME e da EPP.

- Considera-se ME aquela que aufira, em cada ano-calendário, receita bruta igual ou inferior a R$ 360.000,00. Considera-se EPP aquela que aufira, em cada ano-calendário, receita bruta superior a R$ 360.000,00 e igual ou inferior a R$ 4.800.000,00.

- O Simples Nacional implica o recolhimento mensal, mediante documento único de arrecadação, dos seguintes impostos e contribuições: IRPJ, IPI, CSLL, Cofins, PIS/PASEP, CPP, ICMS e ISSQN.

- Em relação aos impostos ou contribuições devidos na qualidade de contribuinte ou responsável, deve ser observada a legislação aplicável às demais pessoas jurídicas.

- O IR retido na fonte sobre os rendimentos de aplicações financeiras será definitivo.

- Com relação ao ICMS, o diferencial de alíquota será calculado tomando-se por base as alíquotas aplicáveis às pessoas jurídicas não optantes pelo Simples Nacional.

- Com relação ao IR incidente sobre o ganho de capital, incidem as alíquotas progressivas que variam de 15 a 22,5%.

- As MEs e as EPPs optantes pelo Simples Nacional ficam dispensadas do recolhimento das demais contribuições instituídas pela União.

- A distribuição de lucros aos sócios é isenta do IR no caso das empresas optantes pelo Simples Nacional, observados os limites da lei caso não mantenha escrituração contábil regular.

- As MEs e as EPPs devem formalizar a opção pelo Simples Nacional até o último dia útil do mês de janeiro, sendo irretratável para o ano inteiro.

- Como regra, o valor devido mensalmente no Regime do Simples Nacional é apurado multiplicando-se a receita bruta do mês pelo percentual previsto para a faixa de receita bruta acumulada nos últimos 12 meses, previsto na tabela constante do anexo à LC n. 123/2006 correspondente à atividade da empresa.

- Mediante opção irretratável para o ano-calendário, o cálculo dos tributos devidos poderá ter por base a receita efetivamente recebida no mês, ou seja, segundo o regime de caixa.

266 Contabilidade Tributária • Pohlmann

- Como regra, as empresas optantes pelo Simples Nacional não podem aproveitar créditos de tributos, tampouco as aquisições realizadas nessas empresas permitem o crédito para os adquirentes, exceto com relação ao ICMS.

- Considera-se MEI quem tenha auferido receita bruta, no ano-calendário anterior, em valor de até o limite fixado na lei, que seja optante pelo Simples Nacional.

- O MEI poderá optar pelo recolhimento dos impostos e contribuições abrangidos pelo SN em valores fixos mensais, independentemente da receita bruta por ele auferida no mês, na forma prevista em lei.

QUESTÕES DE MÚLTIPLA ESCOLHA

1. Em quais das seguintes atividades deve ser deduzido o percentual correspondente ao ISS da alíquota aplicável no Regime do Simples Nacional, constante do Anexo III da LC n. 123/2006?

   a) Construção de imóveis e escritórios de serviços contábeis.

   b) Escritório de serviços contábeis sujeitos à tributação em valor fixo e locação de bens móveis.

   c) Serviços de comunicação e agências de viagens.

   d) Transporte intermunicipal e transporte municipal de passageiros.

2. Assinale a alternativa que contém atividades em que é permitido abater, da base de cálculo do ISS segundo o Regime do Simples Nacional, o material fornecido pelo prestador do serviço.

   a) Cursos técnicos de pilotagem e creches.

   b) Transporte municipal de passageiros e produções cinematográficas.

   c) Execução de obras de construção civil e reparação de pontes.

   d) Serviços de limpeza e escolas técnicas.

3. Poderá se beneficiar do tratamento jurídico diferenciado atribuído às microempresas e empresas de pequeno porte a pessoa jurídica:

   a) Cujo capital participe outra pessoa jurídica.

   b) Que seja filial de pessoa jurídica com sede no exterior.

   c) Constituída sob a forma de sociedade por ações.

   d) Constituída sob a forma de cooperativa de consumo.

4. Poderão adotar limites de receita bruta anual diferenciadas para fins de apuração do ICMS no Simples Nacional os Estados brasileiros:

   a) Cuja participação no PIB seja inferior ao limite estabelecido na LC n. 123/2006.

   b) Das regiões Norte e Nordeste.

   c) Das regiões Norte, Nordeste, Centro-Oeste e o Estado do Espírito Santo.

   d) Das regiões Sul e Sudeste.

Cap. 13 • Simples Nacional **267**

5. Assinale a alternativa que contém apenas tributos incluídos no Regime do Simples Nacional.

   a) IRPJ, CSLL e FGTS.

   b) ISS, ICMS e IOF.

   c) IPI, ICMS e Imposto de Importação.

   d) PIS, Cofins e CSLL.

6. No caso de a empresa optante pelo Simples Nacional adquirir, para revenda, mercadorias sujeitas à substituição tributária do ICMS, esse imposto:

   a) Será devido segundo o regime de substituição tributária e não será considerado no cálculo do valor devido conforme o Regime do Simples Nacional.

   b) Será devido segundo o regime de substituição tributária e será abatido do valor do ICMS calculado de acordo com o Regime do Simples Nacional.

   c) Será devido apenas segundo o Regime do Simples Nacional, não se aplicando o regime de substituição tributária.

   d) Será devido em ambos os regimes, sem qualquer espécie de compensação.

7. Os rendimentos de aplicação financeira auferidos pelas empresas optantes pelo Simples Nacional:

   a) São isentos de Imposto de Renda.

   b) Sujeitam-se à incidência de IR retido na fonte como uma antecipação do devido no Regime do Simples Nacional.

   c) Sujeitam-se à incidência de IR retido na fonte, e essa tributação é definitiva.

   d) Devem ser tributados no Regime do Simples Nacional e não se sujeitam ao IR retido na fonte.

8. As empresas optantes pelo Simples Nacional estão isentas:

   a) Do Imposto sobre a Propriedade Territorial Rural (ITR).

   b) Do Imposto Predial e Territorial Urbano (IPTU).

   c) Da contribuição para o FGTS.

   d) Da contribuição para o Salário-Educação.

9. Estão sujeitas ao cálculo do valor devido no Regime do Simples Nacional pelos percentuais do Anexo III da LC n. 123/2006 as seguintes atividades:

   a) Representações comerciais e laboratório de análise clínicas.

   b) Serviços advocatícios e agência lotérica.

   c) Engenharia e serviços de prótese.

   d) Agência de viagem e escritórios de serviços contábeis.

268 Contabilidade Tributária • Pohlmann

10. Estão sujeitas ao cálculo do valor devido no Regime do Simples Nacional pelos percentuais do Anexo IV da LC n. 123/2006 as seguintes atividades:

a) Serviço de vigilância e serviços advocatícios.

b) Academia de dança e agência lotérica.

c) Decoração de interiores e serviços de prótese.

d) Agência de viagem e escritórios de serviços contábeis.

GABARITO

1. b	2. c	3. d	4. a	5. d
6. a	7. c	8. d	9. d	10. a

CAPÍTULO 14

OUTROS TRIBUTOS

OBJETIVOS DO CAPÍTULO

- ▶ Apresentar uma síntese das principais regras que regem a incidência e a apuração dos impostos sobre o comércio exterior, sobre operações financeiras, sobre a transmissão onerosa de bens imóveis e sobre a transmissão de bens em geral no caso de sucessão ou de doação.
- ▶ Apresentar noções conceituais básicas quanto aos demais tributos do Sistema Tributário Nacional.
- ▶ Permitir ao leitor compreender quando são devidos e como são apurados esses tributos, bem como a sua importância para a otimização dos resultados do trabalho do gestor tributário.

Tratamos, neste capítulo, de outros impostos e contribuições que compõem a matriz tributária brasileira, iniciando pelos mais relevantes sob o ponto de vista da gestão tributária, por terem maior impacto nas empresas. Embora não sejam, se comparado aos demais, os tributos que geram expressiva arrecadação aos cofres públicos, tampouco que atinjam a maioria dos contribuintes, eles são relevantes em determinadas situações, mais especificamente:

- Nas operações de comércio exterior, nas quais há a incidência do Imposto de Importação (II) e do Imposto de Exportação (IE).
- Nas operações financeiras realizadas entre pessoas jurídicas e entre pessoas jurídicas e físicas caracterizadas como mútuo, situação muito comum em grupos econômicos,

em função da urgência de atender a necessidade de suprimento de recursos financeiros das empresas.

- Nas operações envolvendo a transmissão onerosa de bens imóveis, em que temos o Imposto sobre Transmissão de Bens Imóveis (ITBI), e nas operações envolvendo a transmissão de bens por sucessão ou doação, em que temos o Imposto sobre Transmissão *Causa Mortis* e Doação (ITCD), relevantes, em ambos os casos, nas análises e tomadas de decisões em planejamentos patrimoniais e sucessórios.

Após, a abordagem tem sequência com a Contribuição de Intervenção no Domínio Econômico (CIDE) e os impostos sobre a propriedade.

Diante disso, ter ao menos noções básicas do impacto desses tributos na tomada de decisões econômicas na vida dos contribuintes é fundamental para uma bem-sucedida realização do trabalho por parte do tributarista.

14.1 TRIBUTOS SOBRE ATIVIDADES ECONÔMICAS E TRANSMISSÃO DE BENS

Neste grupo de tributos, incluem-se os impostos que incidem sobre atividades ou transações específicas, como aqueles que são devidos no comércio exterior (importação e exportação), na realização de operações financeiras (Imposto sobre Operações Financeiras – IOF), venda de imóveis (ITBI) e na transmissão de bens por herança ou doação (ITCD).

14.1.1 Imposto sobre Importação

O II incide sobre mercadoria estrangeira, sobre bagagem de viajante e sobre bens enviados como presente ou amostra, ou a título gratuito (Decreto n. 6.759/2009, art. 69).

Considera-se estrangeira, para fins de incidência do imposto, a mercadoria nacional ou nacionalizada exportada, que retorne ao país, salvo se (Decreto n. 6.759/2009, art. 70):

I – enviada em consignação e não vendida no prazo autorizado;

II – devolvida por motivo de defeito técnico, para reparo ou para substituição;

III – por motivo de modificações na sistemática de importação por parte do país importador;

IV – por motivo de guerra ou de calamidade pública; ou

V – por outros fatores alheios à vontade do exportador.

O fato gerador do II é a entrada de mercadoria estrangeira no território aduaneiro (Decreto n. 6.759/2009, art. 72). O território aduaneiro compreende todo o território nacional (Decreto n. 6.759/2009, art. 2º).

Para efeito de ocorrência do fato gerador, considera-se entrada no território aduaneiro a mercadoria que conste como importada e cujo extravio tenha sido verificado pela autoridade aduaneira. Essa presunção não se aplica às malas e às remessas postais internacionais (Decreto n. 6.759/2009, art. 72, §§ 1º e 2º).

Para efeito de cálculo do imposto, como regra, considera-se ocorrido o fato gerador na data do registro da declaração de importação de mercadoria submetida a despacho para consumo (Decreto n. 6.759/2009, art. 73, I).

Quando a alíquota for *ad valorem*, a base de cálculo do imposto é o valor aduaneiro apurado segundo as normas do Artigo VII do Acordo Geral sobre Tarifas e Comércio (GATT), de 1994. Quando a alíquota for específica, a base de cálculo é a quantidade de mercadoria expressa na unidade de medida estabelecida (Decreto n. 6.759/2009, art. 75).

Além do preço da mercadoria (valor real da mercadoria importada), integram o valor aduaneiro, independentemente do método de valoração utilizado (Decreto n. 6.759/2009, art. 77):

> I – o custo de transporte da mercadoria importada até o porto ou o aeroporto alfandegado de descarga ou o ponto de fronteira alfandegado onde devam ser cumpridas as formalidades de entrada no território aduaneiro;
> II – os gastos relativos à carga, à descarga e ao manuseio, associados ao transporte da mercadoria importada, até a chegada aos locais referidos no inciso I, excluídos os gastos incorridos no território nacional e destacados do custo de transporte; e
> III – o custo do seguro da mercadoria durante as operações referidas nos incisos I e II.

Como regra, o imposto é calculado pela aplicação das alíquotas fixadas na Tarifa Externa Comum sobre a base de cálculo (Decreto n. 6.759/2009, art. 90).

Compete à Câmara de Comércio Exterior alterar as alíquotas do II, observadas as condições e os limites estabelecidos em lei (Decreto n. 6.759/2009, art. 92).

A alíquota aplicável para o cálculo do imposto é a correspondente ao posicionamento da mercadoria na Tarifa Externa Comum, na data da ocorrência do fato gerador, uma vez identificada sua classificação fiscal segundo a Nomenclatura Comum do Mercosul (NCM) (Decreto n. 6.759/2009, art. 94).

LINKS RELACIONADOS

 A classificação fiscal completa segundo a NCM está disponível no QR Code ao lado.

uqr.to/1kple

 Para uma visão completa da Tarifa Externa do Comum, veja o material disponível no QR Code ao lado.

uqr.to/1kplf

272 Contabilidade Tributária • Pohlmann

Para fins de classificação das mercadorias, a interpretação do conteúdo das posições e desdobramentos da NCM será feita com observância das Regras Gerais para Interpretação, das Regras Gerais Complementares e das Notas Complementares e, subsidiariamente, das Notas Explicativas do Sistema Harmonizado de Designação e de Codificação de Mercadorias, da Organização Mundial das Aduanas (Decreto n. 6.759/2009, art. 94, parágrafo único).

Quando se tratar de mercadoria importada ao amparo de acordo internacional firmado pelo Brasil, prevalecerá o tratamento nele previsto, salvo se da aplicação das normas gerais resultar tributação mais favorável (Decreto n. 6.759/2009, art. 95).

Para efeito de cálculo do imposto, os valores expressos em moeda estrangeira deverão ser convertidos em moeda nacional à taxa de câmbio vigente na data em que se considerar ocorrido o fato gerador (Decreto n. 6.759/2009, art. 97).

O imposto será pago na data do registro da declaração de importação (Decreto n. 6.759/2009, art. 107). A importância a pagar será a resultante da apuração do total do imposto, na declaração de importação ou em documento de efeito equivalente (Decreto n. 6.759/2009, art. 108).

EXEMPLO

Vamos calcular o valor devido a título de II com base nas seguintes informações:

• Preço da mercadoria pago pelo importador, já convertido em reais pela taxa de câmbio na data do despacho de importação... R$ 2.000.000,00.

• Custo de transporte da mercadoria importada até o porto alfandegado de descarga... R$ 100.000,00.

• Gastos relativos à carga, à descarga e ao manuseio, associados ao transporte da mercadoria importada, até a chegada ao porto alfandegado... R$ 80.000,00.

• Custo do seguro da mercadoria durante as operações referidas anteriormente... R$ 120.000,00.

• Alíquota da mercadoria correspondente ao seu posicionamento na Tarifa Externa Comum, na data da ocorrência do fato gerador, segundo sua classificação fiscal na NCM... 20%.

Apuração do II devido:

Base de cálculo = R$ 2.000.000,00 + R$ 100.000,00 + R$ 80.000,00 + R$ 120.000,00 = R$ 2.300.000,00;

Valor devido = R$ 2.300.000,00 × 20% = R$ 460.000,00.

14.1.2 Imposto sobre Exportação

O IE incide sobre mercadoria nacional ou nacionalizada destinada ao exterior (Decreto n. 6.759/2009, art. 212). Considera-se nacionalizada a mercadoria estrangeira importada a título definitivo (Decreto n. 6.759/2009, art. 212, § 1º).

Cap. 14 • Outros Tributos **273**

A Câmara de Comércio Exterior, observada a legislação específica, relacionará as mercadorias sujeitas ao imposto (Decreto n. 6.759/2009, art. 212, § 2º).

O IE tem como fato gerador a saída da mercadoria do território aduaneiro (Decreto n. 6.759/2009, art. 213). Para efeito de cálculo do imposto, considera-se ocorrido o fato gerador na data de registro do registro de exportação no Sistema Integrado de Comércio Exterior (SISCOMEX) (Decreto n. 6.759/2009, art. 213, parágrafo único).

É contribuinte do imposto o exportador, assim considerada qualquer pessoa que promova a saída de mercadoria do território aduaneiro (Decreto n. 6.759/2009, art. 217).

A base de cálculo do imposto é o preço normal que a mercadoria, ou sua similar, alcançaria, ao tempo da exportação, em uma venda em condições de livre concorrência no mercado internacional, observadas as normas expedidas pela Câmara de Comércio Exterior (Decreto n. 6.759/2009, art. 214).

Quando o preço da mercadoria for de difícil apuração ou for suscetível de oscilações bruscas no mercado internacional, a Câmara de Comércio Exterior fixará critérios específicos ou estabelecerá pauta de valor mínimo, para apuração da base de cálculo (Decreto n. 6.759/2009, art. 214, § 1º).

Para efeito de determinação da base de cálculo do imposto, o preço de venda das mercadorias exportadas não poderá ser inferior ao seu custo de aquisição ou de produção, acrescido dos impostos e das contribuições incidentes e da margem de lucro de 15% sobre a soma dos custos, mais impostos e contribuições (Decreto n. 6.759/2009, art. 214, § 2º).

O imposto será calculado pela aplicação da alíquota de 30% sobre a base de cálculo (Decreto n. 6.759/2009, art. 215). Para atender aos objetivos da política cambial e do comércio exterior, a Câmara de Comércio Exterior poderá reduzir ou aumentar a alíquota do imposto (Decreto n. 6.759/2009, art. 215, § 1º). Em caso de elevação, a alíquota do imposto não poderá ser superior a 150% (Decreto n. 6.759/2009, art. 215, § 2º).

O pagamento do imposto será realizado no modo e no prazo fixados pelo Ministro de Estado da Fazenda, que poderá determinar sua exigibilidade antes da efetiva saída do território aduaneiro da mercadoria a ser exportada (Decreto n. 6.759/2009, art. 216).

EXEMPLO

Calcular o valor devido a título de IE, com base nas seguintes informações:

- Preço da mercadoria... R$ 5.000.000,00.
- Alíquota: 30%.

Apuração do IE devido:
Valor devido = R$ 5.000.000,00 × 30% = R$ 1.500.000,00.

14.1.3 Imposto sobre Operações de Crédito, Câmbio e Seguro ou relativas a Títulos ou Valores Mobiliários

Como o próprio nome permite deduzir, o Imposto sobre Operações de Crédito, Câmbio e Seguro ou relativas a Títulos ou Valores Mobiliários (IOF) é um tributo cobrado sobre operações de empréstimos, seguros e câmbio. Para fins dos nossos interesses nesta disciplina, entretanto, restringimos a abordagem ao IOF incidente sobre operações de crédito, especialmente aos casos de mútuo realizado entre empresas não financeiras.

Essas operações são muito comuns em grupos econômicos, nos quais os recursos financeiros são movimentados de uma empresa para a outra com o objetivo de otimizar a gestão financeira das empresas controladas e coligadas.

O IOF incide sobre operações de crédito realizadas (Decreto n. 6.306/2007, art. 2º):

- por instituições financeiras;
- por empresas que exercem as atividades de prestação cumulativa e contínua de serviços de assessoria creditícia, mercadológica, gestão de crédito, seleção de riscos, administração de contas a pagar e a receber, compra de direitos creditórios resultantes de vendas mercantis a prazo ou de prestação de serviços (*factoring*);
- entre pessoas jurídicas ou entre pessoa jurídica e pessoa física.

O fato gerador do IOF é a entrega do montante ou do valor que constitua o objeto da obrigação, ou sua colocação à disposição do interessado (Decreto n. 6.306/2007, art. 3º).

Entende-se ocorrido o fato gerador e devido o IOF sobre operação de crédito (Decreto n. 6.306/2007, art. 3º, § 1º):

> I – na data da efetiva entrega, total ou parcial, do valor que constitua o objeto da obrigação ou sua colocação à disposição do interessado;
>
> II – no momento da liberação de cada uma das parcelas, nas hipóteses de crédito sujeito, contratualmente, a liberação parcelada;
>
> III – na data do adiantamento a depositante, assim considerado o saldo a descoberto em conta de depósito;
>
> IV – na data do registro efetuado em conta devedora por crédito liquidado no exterior;
>
> V – na data em que se verificar excesso de limite, assim entendido o saldo a descoberto ocorrido em operação de empréstimo ou financiamento, inclusive sob a forma de abertura de crédito;
>
> VI – na data da novação, composição, consolidação, confissão de dívida e dos negócios assemelhados, observado o disposto nos §§ 7º e 10 do art. 7º;
>
> VII – na data do lançamento contábil, em relação às operações e às transferências internas que não tenham classificação específica, mas que, pela sua natureza, se enquadrem como operações de crédito.

A expressão "operações de crédito" compreende as operações de (Decreto n. 6.306/2007, art. 3º, § 3º):

> I – empréstimo sob qualquer modalidade, inclusive abertura de crédito e desconto de títulos;

II – alienação, à empresa que exercer as atividades de *factoring*, de direitos creditórios resultantes de vendas a prazo;

III – mútuo de recursos financeiros entre pessoas jurídicas ou entre pessoa jurídica e pessoa física.

São contribuintes do IOF as pessoas físicas ou jurídicas tomadoras de crédito (Decreto n. 6.306/2007, art. 4º). No caso de alienação de direitos creditórios resultantes de vendas a prazo a empresas de *factoring*, contribuinte é o alienante pessoa física ou jurídica (Decreto n. 6.306/2007, art. 4º, parágrafo único).

São responsáveis pela cobrança do IOF e pelo seu recolhimento ao Tesouro Nacional (Decreto n. 6.306/2007, art. 5º):

- as instituições financeiras que efetuarem operações de crédito;
- as empresas de *factoring* adquirentes do direito creditório;
- a pessoa jurídica que conceder o crédito, nas operações de crédito correspondentes a mútuo de recursos financeiros.

O IOF será cobrado à alíquota máxima de 1,5% ao dia, sobre o valor das operações de crédito (Decreto n. 6.306/2007, art. 6º.), havendo hipóteses de alíquotas reduzidas.

A base de cálculo e a respectiva alíquota reduzida do IOF são (Decreto n. 6.306/2007, art. 7º):

I – na operação de empréstimo, sob qualquer modalidade, inclusive abertura de crédito:

a) quando não ficar definido o valor do principal a ser utilizado pelo mutuário, inclusive por estar contratualmente prevista a reutilização do crédito, até o termo final da operação, a base de cálculo é o somatório dos saldos devedores diários apurado no último dia de cada mês, inclusive na prorrogação ou renovação:

1. mutuário pessoa jurídica: 0,0041%;

2. mutuário pessoa física: 0,0082%;

b) quando ficar definido o valor do principal a ser utilizado pelo mutuário, a base de cálculo é o principal entregue ou colocado à sua disposição, ou quando previsto mais de um pagamento, o valor do principal de cada uma das parcelas:

1. mutuário pessoa jurídica: 0,0041% ao dia;

2. mutuário pessoa física: 0,0082% ao dia;

Quando se tratar de mutuário pessoa jurídica optante pelo Regime do Simples Nacional, em que o valor seja igual ou inferior a R$ 30.000,00 (trinta mil reais), a alíquota será de 0,00137% e 0,00137% ao dia, conforme o caso (Decreto n. 6.306/2007, art. 7º, VI).

O IOF, cuja base de cálculo não seja apurada por somatório de saldos devedores diários, não excederá o valor resultante da aplicação da alíquota diária a cada valor de principal prevista para a operação, multiplicada por 365 dias e acrescida da alíquota adicional de que trata o § 15, ainda que a operação seja de pagamento parcelado (Decreto n. 6.306/2007, art. 7º, § 1º).

276 Contabilidade Tributária • Pohlmann

Sem prejuízo do disposto no *caput*, o IOF incide sobre as operações de crédito à alíquota adicional de 0,38% (trinta e oito centésimos por cento), independentemente do prazo da operação, seja o mutuário pessoa física ou pessoa jurídica (Decreto n. 6.306/2007, art. 7º, § 15).

EXEMPLO

Calcular o IOF devido na operação de mútuo entre pessoas jurídicas detalhada a seguir.

Valor do empréstimo... R$ 1.000.000,00

Prazo de pagamento... 180 dias

IOF devido = R$ 1.000.000,00 × (0,0041% × 180) + R$ 1.000.000,00 × 0,38%;

IOF devido = R$ 1.000.000,00 × 1,118% = R$ 11.180,00.

14.1.4 Imposto sobre Transmissão de Bens Imóveis

Compete aos Municípios instituir o ITBI, imposto sobre transmissão *inter vivos*, a qualquer título, por ato oneroso, de bens imóveis, por natureza ou acessão física, e de direitos reais sobre imóveis, exceto os de garantia, bem como cessão de direitos a sua aquisição (CF, art. 156, II). O direito de cobrança cabe ao Município da situação do bem (CF, art. 156, § 2º, II).

O interesse do tributarista nesse imposto decorre do seu potencial impacto nas operações de planejamento patrimonial e sucessório, especialmente na constituição de *holdings* patrimoniais, em que é comum haver a integralização de capital com imóveis.

Nesse aspecto, o ITBI não incide sobre a transmissão de bens ou direitos incorporados ao patrimônio de pessoa jurídica em realização de capital, nem sobre a transmissão de bens ou direitos decorrente de fusão, incorporação, cisão ou extinção de pessoa jurídica, salvo se, nesses casos, a atividade preponderante do adquirente for a compra e a venda desses bens ou direitos, locação de bens imóveis ou arrendamento mercantil (CF, art. 156, § 2º, I).

O ITBI tem como fato gerador (CTN, art. 35):

> I – a transmissão, a qualquer título, da propriedade ou do domínio útil de bens imóveis por natureza ou por acessão física, como definidos na lei civil;
>
> II – a transmissão, a qualquer título, de direitos reais sobre imóveis, exceto os direitos reais de garantia;
>
> III – a cessão de direitos relativos às transmissões referidas nos incisos I e II.

A imunidade prevista no art. 156, § 2º, I, da Constituição Federal (CF) não se aplica quando a pessoa jurídica adquirente tenha como atividade preponderante a venda ou locação de propriedade imobiliária ou a cessão de direitos relativos à sua aquisição (CTN, art. 37).

Considera-se caracterizada a atividade preponderante referida no texto legal quando mais de 50% da receita operacional da pessoa jurídica adquirente, nos 2 anos anteriores e nos 2 anos subsequentes à aquisição, decorrerem de transações mencionadas no dispositivo (CTN, art. 37, § 1º).

Se a pessoa jurídica adquirente iniciar suas atividades após a aquisição, ou menos de 2 anos antes dela, apurar-se-á a preponderância referida no parágrafo anterior levando em conta os 3 primeiros anos seguintes à data da aquisição (CTN, art. 37, § 2º).

Verificada a preponderância referida na norma, tornar-se-á devido o imposto, nos termos da lei vigente à data da aquisição, sobre o valor do bem ou direito nessa data (CTN, art. 37, § 3º).

O disposto no artigo do CTN não se aplica à transmissão de bens ou direitos, quando realizada em conjunto com a da totalidade do patrimônio da pessoa jurídica alienante (CTN, art. 37, § 4º).

A base de cálculo do imposto é o valor venal dos bens ou direitos transmitidos (CTN, art. 38). Compete ao Município da situação do bem fixar a alíquota do ITBI.

A alíquota do imposto, entretanto, não excederá os limites fixados em resolução do Senado Federal, que distinguirá, para efeito de aplicação de alíquota mais baixa, as transmissões que atendam à política nacional de habitação (CTN, art. 39).

Nesse aspecto, há uma controvérsia quanto à interpretação e à aplicabilidade do Ato Complementar n. 27, de 1966, que limita a 1%, e da Resolução n. 99/1981 do Senado Federal, que limita a 2%. A questão ainda não está pacificada, e há Municípios que aplicam alíquota superior aos limites referidos.

O contribuinte do imposto é qualquer das partes na operação tributada, como dispuser a lei (CTN, art. 42).

14.1.5 Imposto sobre Transmissão *Causa Mortis* e Doação

A importância do ITCD (ou ITCMD) de quaisquer bens ou direitos surge, para o gestor tributário, relacionada ao planejamento patrimonial e sucessório, em que alternativas de estruturação do patrimônio e sua transmissão aos herdeiros são analisadas.

De acordo com o inciso I do art. 155 da CF, compete aos Estados e ao Distrito Federal instituir o ITCD. Esse imposto não incide sobre as doações destinadas, no âmbito do Poder Executivo da União, a projetos socioambientais ou destinados a mitigar os efeitos das mudanças climáticas, e às instituições federais de ensino (CF, art. 155, § 1º, V).

Relativo a bens imóveis e respectivos direitos, o ITCD compete ao Estado da situação do bem, ou ao Distrito Federal (CF, art. 155, § 1º, I). Relativamente a bens móveis, títulos e créditos, compete ao Estado onde se processar o inventário ou arrolamento, ou tiver domicílio o doador, ou ao Distrito Federal (CF, art. 155, § 1º, II).

278 Contabilidade Tributária • Pohlmann

O ITCD terá competência para sua instituição regulada por lei complementar (CF, art. 155, § 1º, III):

a) se o doador tiver domicílio ou residência no exterior;

b) se o de cujus possuía bens, era residente ou domiciliado ou teve o seu inventário processado no exterior;

De acordo com o inciso IV do art. 155 da CF, as alíquotas máximas do ITBI serão fixadas pelo Senado Federal. Em atendimento a essa determinação constitucional, a Resolução n. 9/1992 do Senado Federal estabeleceu as seguintes regras:

Art. 1º. A alíquota máxima do imposto de que trata a alínea a, inciso I, do art. 155 da Constituição Federal será de oito por cento, a partir de 1º de janeiro de 1992.

Art. 2º. As alíquotas dos impostos, fixadas em lei estadual, poderão ser progressivas em função do quinhão que cada herdeiro efetivamente receber, nos termos da Constituição Federal.

A base de cálculo do imposto é o valor venal dos bens ou direitos transmitidos (CTN, art. 38). Obedecido o limite de 8% estabelecido pelo Senado Federal, os Municípios e o Distrito Federal têm competência para fixar as alíquotas do imposto, podendo ser progressivas.

Assim, para identificar a alíquota aplicável a uma determinada transmissão, seja *causa mortis*, seja por doação, bem como as demais regras de incidência e apuração (por exemplo, isenções, reduções de base, obrigações acessórias etc.), é necessário consultar a legislação de cada Unidade da Federação.

14.1.6 Contribuição de Intervenção no Domínio Econômico

A CIDE tem a competência de instituição atribuída à União pelo art. 149 da CF:

Art. 149. Compete exclusivamente à União instituir contribuições sociais, de intervenção no domínio econômico e de interesse das categorias profissionais ou econômicas, como instrumento de sua atuação nas respectivas áreas, observado o disposto nos arts. 146, III, e 150, I e III, e sem prejuízo do previsto no art. 195, § 6º, relativamente às contribuições a que alude o dispositivo.

A CF estabelece, ainda, algumas restrições e permissões ao legislador ordinário ao instituir esse tipo de contribuição:

§ 2º As contribuições sociais e de intervenção no domínio econômico de que trata o *caput* deste artigo: (Incluído pela Emenda Constitucional n. 33, de 2001)

I – não incidirão sobre as receitas decorrentes de exportação; (Incluído pela Emenda Constitucional n. 33, de 2001)

II – incidirão também sobre a importação de produtos estrangeiros ou serviços; (Redação dada pela Emenda Constitucional n. 42, de 19.12.2003)

III – poderão ter alíquotas: (Incluído pela Emenda Constitucional n. 33, de 2001)

a) *ad valorem*, tendo por base o faturamento, a receita bruta ou o valor da operação e, no caso de importação, o valor aduaneiro; (Incluído pela Emenda Constitucional n. 33, de 2001)

b) específica, tendo por base a unidade de medida adotada. (Incluído pela Emenda Constitucional n. 33, de 2001)

§ 3º A pessoa natural destinatária das operações de importação poderá ser equiparada a pessoa jurídica, na forma da lei. (Incluído pela Emenda Constitucional n. 33, de 2001)

§ 4º A lei definirá as hipóteses em que as contribuições incidirão uma única vez.

A CIDE mais relevante sob o ponto de vista de abrangência e arrecadação é a incidente sobre combustíveis. A CIDE-Combustíveis tem como fatos geradores as seguintes operações, realizadas com os combustíveis elencados no art. 3º da Lei n. 10.336/2001 (gasolinas, *diesel*, querosenes etc.):[1]

a) a comercialização no mercado interno; e

b) a importação.

São contribuintes da CIDE-Combustíveis o produtor, o formulador e o importador (pessoa física ou jurídica) dos combustíveis elencados no art. 3º da Lei n. 10.336/2001.

Nas operações relativas à comercialização no mercado interno, assim como nas operações de importação, a base de cálculo é a **unidade de medida** adotada na Lei n. 10.336/2001, para cada um dos produtos sobre os quais incide a contribuição. Corresponde, assim, à quantidade comercializada do produto, expressa de acordo com o art. 3º da Lei n. 10.336/2001.

Do valor da CIDE-Combustíveis incidente na comercialização no mercado interno, poderá ser deduzido o valor da CIDE devido em operação anterior:

a) pago pelo próprio contribuinte quando da importação; ou

b) pago por outro contribuinte quando da aquisição no mercado interno.

A CIDE-Combustíveis incidirá no mercado interno, assim como na importação, mediante aplicação de alíquotas fixas, em reais, por metro cúbico de combustível.

Outra hipótese de incidência da CIDE é aquela que recai sobre remessas para o exterior, instituída pela Lei n. 10.168/2000. Essa contribuição incide sobre os valores pagos, creditados, entregues, empregados ou remetidos, a cada mês, a residentes ou domiciliados no exterior, a título de remuneração decorrente da exploração de licença de uso e de contratos de transferência tecnológica, como exploração de patentes ou de uso de marcas e os de fornecimento de tecnologia e prestação de assistência técnica.

---

1   Conforme RFB. Disponível em: https://www.gov.br/receitafederal/pt-br/assuntos/orientacao-tributaria/tributos/cide. Acesso em: 17 ago. 2023.

14.2 IMPOSTOS SOBRE A PROPRIEDADE

O Sistema Tributário Nacional prevê a incidência de três impostos sobre a propriedade: o Imposto Predial e Territorial Urbano (IPTU), sobre a propriedade imobiliária urbana, o Imposto sobre a Propriedade Territorial Rural (ITR), sobre a propriedade de áreas rurais, e o Imposto sobre a Propriedade de Veículos Automotores (IPVA), sobre a propriedade de veículos. As características básicas desses impostos são abordadas a seguir.

14.2.1 Imposto Predial e Territorial Urbano

O IPTU está previsto no art. 156, I, da CF:

> Art. 156. Compete aos Municípios instituir impostos sobre:
> I – propriedade predial e territorial urbana;

A CF estabelece, ainda, os seguintes princípios e regras que devem nortear a cobrança desse imposto:

> § 1º Sem prejuízo da progressividade no tempo a que se refere o art. 182, § 4º, inciso II, o imposto previsto no inciso I poderá: (Redação dada pela Emenda Constitucional n. 29, de 2000)
> I – ser progressivo em razão do valor do imóvel; e (Incluído pela Emenda Constitucional n. 29, de 2000)
> II – ter alíquotas diferentes de acordo com a localização e o uso do imóvel. (Incluído pela Emenda Constitucional n. 29, de 2000)
> § 1º-A O imposto previsto no inciso I do *caput* deste artigo não incide sobre templos de qualquer culto, ainda que as entidades abrangidas pela imunidade de que trata a alínea "b" do inciso VI do *caput* do art. 150 desta Constituição sejam apenas locatárias do bem imóvel (Incluído pela Emenda Constitucional n. 116, de 2022)

O IPTU tem como fato gerador a propriedade, o domínio útil ou a posse de bem imóvel por natureza ou por acessão física, como definido na lei civil, localizado na zona urbana do Município (CTN, art. 32). O contribuinte do imposto é o proprietário do imóvel, o titular do seu domínio útil, ou o seu possuidor a qualquer título (CTN, art. 34).

A base do cálculo do imposto é o valor venal do imóvel. Na determinação da base de cálculo, não se considera o valor dos bens móveis mantidos, em caráter permanente ou temporário, no imóvel, para efeito de sua utilização, exploração, aformoseamento ou comodidade (CTN, art. 34, *caput* e parágrafo primeiro).

14.2.2 Imposto sobre a Propriedade Territorial Rural

O ITR está previsto no art. 153, inciso VI, da CF:

> Art. 153. Compete à União instituir impostos sobre:
> [...]
> VI – propriedade territorial rural;

A CF estabelece, ainda, os seguintes princípios e regras que devem ser observados na instituição e na cobrança do ITR:

> § 4º O imposto previsto no inciso VI do *caput*: (Redação dada pela Emenda Constitucional n. 42, de 19.12.2003)
>
> I – será progressivo e terá suas alíquotas fixadas de forma a desestimular a manutenção de propriedades improdutivas; (Incluído pela Emenda Constitucional n. 42, de 19.12.2003)
>
> II – não incidirá sobre pequenas glebas rurais, definidas em lei, quando as explore o proprietário que não possua outro imóvel; (Incluído pela Emenda Constitucional n. 42, de 19.12.2003)
>
> III – será fiscalizado e cobrado pelos Municípios que assim optarem, na forma da lei, desde que não implique redução do imposto ou qualquer outra forma de renúncia fiscal. (Incluído pela Emenda Constitucional n. 42, de 19.12.2003)

O ITR tem como fato gerador a propriedade, o domínio útil ou a posse de imóvel por natureza, como definido na lei civil, localização fora da zona urbana do Município (CTN, art. 29).

A base do cálculo do imposto é o valor fundiário (CTN, art. 30). O contribuinte do imposto é o proprietário do imóvel, o titular de seu domínio útil, ou o seu possuidor a qualquer título (CTN, art. 31).

14.2.3 Imposto sobre a Propriedade de Veículos Automotores

A CF atribui a competência para instituição e cobrança do IPVA aos Estados e ao Distrito Federal:

> Art. 155. Compete aos Estados e ao Distrito Federal instituir impostos sobre:
>
> [...]
>
> III – propriedade de veículos automotores.

O IPVA terá alíquotas mínimas fixadas pelo Senado Federal e poderá ter alíquotas diferenciadas em função do tipo e da utilização (CTN, art. 155, § 6º, I e II).

Uma questão polêmica envolvendo esse imposto diz respeito à ausência de lei complementar estabelecendo seu fato gerador, base de cálculo e contribuintes. Apesar disso, a cobrança tem sido mantida e considerada constitucional.[2]

---

2   RE 1.016.605/MG, *DJE* 16/12/2020: "...3. Embora o IPVA esteja previsto em nosso ordenamento jurídico desde a Emenda 27/1985 à Constituição de 1967, ainda não foi editada a lei complementar estabelecendo suas normas gerais, conforme determina o art. 146, III, da CF/88. Assim, os Estados poderão editar as leis necessárias à aplicação do tributo, conforme estabelecido pelo art. 24, § 3º, da Carta, bem como pelo art. 34, § 3º, do Ato das Disposições Constitucionais Transitórias – ADCT."

RESUMO

Do conteúdo que você estudou neste capítulo, é importante destacar:

- O II incide sobre mercadoria estrangeira, sobre bagagem de viajante e sobre bens enviados como presente ou amostra, ou a título gratuito.

- O fato gerador do II é a entrada de mercadoria estrangeira no território aduaneiro (Decreto n. 6.759/2009, art. 72). O território aduaneiro compreende todo o território nacional.

- Para efeito de cálculo do imposto, como regra, considera-se ocorrido o fato gerador na data do registro da declaração de importação de mercadoria submetida a despacho para consumo.

- Quando a alíquota for *ad valorem*, a base de cálculo do imposto é o valor aduaneiro. Quando a alíquota for específica, a base de cálculo é a quantidade de mercadoria expressa na unidade de medida estabelecida.

- Como regra, o imposto é calculado pela aplicação das alíquotas fixadas na Tarifa Externa Comum sobre a base de cálculo.

- O imposto será pago na data do registro da declaração de importação.

- O IE incide sobre mercadoria nacional ou nacionalizada destinada ao exterior. Considera-se nacionalizada a mercadoria estrangeira importada a título definitivo.

- O IE tem como fato gerador a saída da mercadoria do território aduaneiro. Para efeito de cálculo do imposto, considera-se ocorrido o fato gerador na data de registro do registro de exportação no SISCOMEX.

- A base de cálculo do imposto é o preço normal que a mercadoria, ou sua similar, alcançaria, ao tempo da exportação, em uma venda em condições de livre concorrência no mercado internacional.

- O imposto será calculado pela aplicação da alíquota de 30% sobre a base de cálculo. Para atender aos objetivos da política cambial e do comércio exterior, a Câmara de Comércio Exterior poderá reduzir ou aumentar a alíquota do imposto.

- O IOF incide sobre operações de crédito realizadas por instituições financeiras, por empresas de *factoring* e entre pessoas jurídicas ou entre pessoa jurídica e pessoa física.

- O fato gerador do IOF é a entrega do montante ou do valor que constitua o objeto da obrigação, ou sua colocação à disposição do interessado.

- São contribuintes do IOF as pessoas físicas ou jurídicas tomadoras de crédito. O IOF será cobrado à alíquota máxima de 1,5% ao dia sobre o valor das operações de crédito, havendo hipóteses de alíquotas reduzidas.

- Compete aos Municípios instituir o Imposto sobre transmissão *inter vivos* (ITBI), a qualquer título, por ato oneroso, de bens imóveis, por natureza ou acessão física, e de direitos reais sobre imóveis, exceto os de garantia, bem como cessão de direitos a sua aquisição.

- O interesse do tributarista nesse imposto decorre do seu potencial impacto nas operações de planejamento patrimonial e sucessório, especialmente na constituição de *holdings* patrimoniais, em que é comum haver a integralização de capital com imóveis.

- Nesse aspecto, o ITBI não incide sobre a transmissão de bens ou direitos incorporados ao patrimônio de pessoa jurídica em realização de capital, nem sobre a transmissão de bens ou direitos decorrente de fusão, incorporação, cisão ou extinção de pessoa jurídica, salvo se, nesses casos, a atividade preponderante do adquirente for a compra e a venda desses bens ou direitos, locação de bens imóveis ou arrendamento mercantil.

- A importância do imposto sobre a transmissão *causa mortis* e doação (ITCD), de quaisquer bens ou direitos, surge, para o tributarista, relacionada ao planejamento patrimonial e sucessório, em que alternativas de estruturação do patrimônio e sua transmissão aos herdeiros são analisadas.

- A base de cálculo do imposto é o valor venal dos bens ou direitos transmitidos (CTN, art. 38). Obedecido o limite de 8% estabelecido pelo Senado Federal, os Municípios e o Distrito Federal têm competência para fixar as alíquotas do imposto, podendo ser progressivas.

- A CIDE tem a competência de instituição atribuída à União.

- A CIDE mais relevante sob o ponto de vista de abrangência e arrecadação é a incidente sobre combustíveis. A CIDE-Combustíveis tem como fatos geradores as seguintes operações, realizadas com os combustíveis elencados no art. 3º da Lei n. 10.336/2001 (gasolinas, *diesel*, querosenes etc.): a comercialização no mercado interno e a importação.

- São contribuintes da CIDE-Combustíveis o produtor, o formulador e o importador (pessoa física ou jurídica) dos combustíveis elencados no art. 3º da Lei n. 10.336/2001.

- Outra hipótese de incidência da CIDE é aquela que recai sobre remessas para o exterior, instituída pela Lei n. 10.168/2000.

- O IPTU tem como fato gerador a propriedade, o domínio útil ou a posse de bem imóvel por natureza ou por acessão física, como definido na lei civil, localizado na zona urbana do Município (CTN, art. 32). O contribuinte do imposto é o proprietário do imóvel, o titular do seu domínio útil, ou o seu possuidor a qualquer título (CTN, art. 34).

- A base do cálculo do imposto é o valor venal do imóvel.

- O ITR tem como fato gerador a propriedade, o domínio útil ou a posse de imóvel por natureza, como definido na lei civil, localização fora da zona urbana do Município (CTN, art. 29).

284 Contabilidade Tributária • Pohlmann

- A base do cálculo do imposto é o valor fundiário (CTN, art. 30). Contribuinte do imposto é o proprietário do imóvel, o titular de seu domínio útil, ou o seu possuidor a qualquer título (CTN, art. 31).

- A CF atribui a competência para instituição e cobrança do IPVA aos Estados e ao Distrito Federal. O IPVA terá alíquotas mínimas fixadas pelo Senado Federal e poderá ter alíquotas diferenciadas em função do tipo e da utilização.

QUESTÕES DE MÚLTIPLA ESCOLHA

1. Com relação ao ITBI, é correto afirmar:
   a) Incide sobre a transmissão *causa mortis* de imóveis.
   b) Incide sobre a transmissão onerosa de bens em geral.
   c) Incide sobre a doação de imóveis.
   d) Incide sobre a transmissão, por ato oneroso, de imóveis.

2. Com relação ao IOF, é correto afirmar:
   a) São contribuintes do IOF as pessoas físicas ou jurídicas tomadoras de crédito.
   b) São contribuintes do IOF somente as pessoas físicas tomadoras de crédito, enquanto as pessoas jurídicas tomadoras de crédito são responsáveis pela cobrança e pelo recolhimento.
   c) É contribuinte do IOF a pessoa jurídica que conceder o crédito, nas operações de crédito correspondentes a mútuo de recursos financeiros.
   d) É contribuinte do IOF a pessoa física que conceder o crédito, nas operações de crédito correspondentes a mútuo de recursos financeiros.

3. Com relação ao IE, é correto afirmar:
   a) O contribuinte do imposto é o exportador, assim considerada qualquer pessoa que promova a saída de mercadoria do território aduaneiro.
   b) Considera-se nacionalizada a mercadoria produzida no território nacional (Decreto n. 6.759/2009, art. 212, § 1º).
   c) Para efeito de cálculo do imposto, considera-se ocorrido o fato gerador na data da emissão da nota fiscal de venda (Decreto n. 6.759/2009, art. 213, parágrafo único).
   d) O IE incide sobre mercadoria nacionalizada destinada ao exterior (Decreto n. 6.759/2009, art. 212).

4. Com relação às alíquotas do ITCD, é correto afirmar:
   a) Sua alíquota máxima é fixada pelo Senado Federal em 6%.
   b) Sua alíquota máxima é fixada pelos Estados da Federação em 6%.
   c) Sua alíquota máxima é fixada pelo Senado Federal em 8%.
   d) Sua alíquota máxima é fixada pela Câmara dos Deputados em 8%.

Cap. 14 • Outros Tributos **285**

5. Assinale a alternativa que contém a sequência correta de competência para instituir, respectivamente, IPTU, ITR e IPVA.

    a) Municípios, Estados e União.

    b) União, Estados e Municípios.

    c) Estados, União e Municípios.

    d) Municípios, União e Estados.

6. Assinale a alternativa que contém tributos cuja progressividade é prevista na CF.

    a) IPTU e ITCD.

    b) ITR e IPTU.

    c) ITR e CIDE.

    d) ITBI e ITCD.

7. De acordo com a CF, o ITBI não incide:

    a) Sobre a venda de imóvel a deficiente físico.

    b) Sobre a venda de imóvel para pessoas de baixa renda.

    c) Sobre a transmissão de bens ou direitos incorporados ao patrimônio de pessoa jurídica em realização de capital, salvo se a atividade preponderante do adquirente for a compra e venda desses bens ou direitos, locação de bens imóveis ou arrendamento mercantil.

    d) Sobre a transmissão de bens ou direitos decorrente de incorporação, em que a incorporadora tem por objeto a locação de imóveis.

8. A CIDE pode ser instituída:

    a) Apenas pela União e pelos Estados.

    b) Apenas pela União.

    c) Tanto pela União quanto por Estados e Municípios.

    d) Apenas pelos Estados.

9. Assinale a alternativa que contém tributos não sujeitos à anterioridade anual, ou seja, que podem ser cobrados no mesmo exercício financeiro em que haja sido publicada a lei que os instituiu ou aumentou.

    a) ITBI e ITCD.

    b) Imposto sobre Importação e Imposto sobre Exportação.

    c) CIDE e ITCD.

    d) IPTU e ITCD.

10. A base de cálculo do ITBI é:

a) O valor venal dos bens ou direitos transmitidos ou o preço de venda constante do contrato de compra e venda, aquele que for maior.

b) O preço de venda constante do contrato de compra e venda.

c) O valor venal dos bens ou direitos transmitidos.

d) O valor venal dos bens ou direitos transmitidos ou o preço de venda constante do contrato de compra e venda, aquele que for menor.

GABARITO

1. d	2. a	3. a	4. c	5. d
6. b	7. c	8. b	9. b	10. c

CAPÍTULO 15
RESPONSABILIDADE POR RETENÇÃO DE TRIBUTOS

OBJETIVOS DO CAPÍTULO

▶ Permitir o entendimento das principais obrigações a que está sujeita a empresa, na condição de responsável tributário, para reter tributos de terceiros e recolhê-los, posteriormente, aos cofres públicos.

15.1 RESPONSABILIDADE TRIBUTÁRIA

De acordo com o art. 121 do Código Tributário Nacional (CTN), o sujeito passivo da obrigação principal é a pessoa obrigada ao pagamento de tributo ou penalidade pecuniária.

O sujeito passivo da obrigação principal pode ser o contribuinte ou o responsável. Será o contribuinte quando tiver relação pessoal e direta com a situação que constitua o respectivo fato gerador. Será o responsável quando, sem revestir a condição de contribuinte, sua obrigação decorra de disposição expressa de lei (CTN, art. 121, parágrafo único, I e II).

Assim, a obrigação de reter o tributo e efetuar o seu recolhimento pode ser atribuída pela lei a um terceiro, denominado responsável tributário. Para isso, é necessário que a lei estabeleça expressamente essa responsabilidade.

A nível federal, sem a pretensão de esgotar as hipóteses, temos retenções e recolhimentos por responsabilidade em relação ao Imposto de Renda das Pessoas Físicas (IRPF), ao Imposto de Renda das Pessoas Jurídicas (IRPJ), ao Programa de Integração Social (PIS), à Contribuição para o Financiamento da Seguridade Social (Cofins), à Contribuição Social sobre o Lucro Líquido (CSLL) e às contribuições previdenciárias devidas ao Instituto Nacional do Seguro Social (INSS).

A nível estadual, em relação ao Imposto sobre a Circulação de Mercadorias e Serviços de Transporte Interestadual e Intermunicipal e de Comunicação (ICMS), temos os casos de substituição tributária, embora não haja propriamente a retenção do imposto, e sim uma cobrança adicional na própria nota fiscal, razão pela qual não trataremos aqui, eis que já foram abordados em módulo próprio, intitulado ICMS.

Por fim, a nível municipal, há também a possiblidade de o ente atribuir a obrigação de retenção e recolhimento ao tomador do serviço.

Vejamos os casos mais relevantes na gestão tributária das empresas.

15.2 IMPOSTO DE RENDA RETIDO NA FONTE

Destacam-se, a seguir, com base no Manual do Imposto sobre a Renda Retido na Fonte (MAFON) do ano de 2022, editado pela Secretaria da Receita Federal do Brasil (RFB, 2022), os casos mais comuns em que aquele que efetua o pagamento de rendimentos deve reter o imposto de renda (IR), envolvendo, especialmente, os rendimentos do trabalho e do capital:

a) Pagar salário, inclusive adiantamento de salário a qualquer título, indenização sujeita à tributação, ordenado, vencimento, soldo, pró-labore, remuneração indireta, retirada, vantagem, subsídio, comissão, corretagem, benefício (remuneração mensal ou prestação única) da previdência social, remuneração de conselheiro fiscal e de administração, diretor e administrador de pessoa jurídica, titular de empresa individual, gratificação e participação dos dirigentes no lucro e demais remunerações decorrentes de vínculo empregatício, recebidos por pessoa física residente no Brasil. O imposto será calculado mediante a utilização da tabela progressiva mensal. Pessoa física residente no Brasil.

b) Pessoa jurídica pagar importâncias à pessoa física, a título de comissões, corretagens, gratificações, honorários, direitos autorais e remunerações por quaisquer outros serviços prestados, sem vínculo empregatício, inclusive as relativas a empreitadas de obras exclusivamente de trabalho, as decorrentes de fretes e carretos em geral e as pagas pelo órgão gestor de mão de obra do trabalho portuário aos trabalhadores portuários avulsos. O imposto será calculado mediante a utilização da tabela progressiva mensal.

c) Pagar participação nos lucros ou resultados (PLR) objeto de negociação entre a empresa e seus empregados. O imposto será calculado mediante a utilização da tabela progressiva específica ("Participação nos Lucros e Resultados – Tabela de Tributação Exclusiva na Fonte"). Regime de tributação: exclusiva na fonte.

d) Pagar ou creditar juros individualizadamente a titular, sócios ou acionistas, a título de remuneração do capital próprio, calculados sobre as contas do patrimônio líquido da pessoa jurídica e limitados à variação, *pro rata dia*, da Taxa de Juros de Longo Prazo (TJLP). O beneficiário é a pessoa física ou jurídica, sócia, acionista ou titular de empresa individual, residente ou domiciliada no Brasil. Alíquota e base de cálculo: 15% sobre o valor dos juros pagos.

e) Rendimentos mensais de aluguéis ou *royalties* e juros pagos à pessoa física, decorrentes da alienação a prazo de bens ou direitos. O imposto será calculado mediante a utilização de tabela progressiva mensal. O imposto retido será considerado redução do devido na declaração de rendimentos da pessoa física. A retenção e o recolhimento competem à fonte pagadora.

f) Pessoa jurídica pagar ou creditar importâncias a outras pessoas jurídicas civis ou mercantis pela prestação de serviços caracterizadamente de natureza profissional. Alíquota/base de cálculo: 1,5% sobre as importâncias pagas ou creditadas como remuneração. O imposto retido será deduzido do apurado no encerramento do período de apuração trimestral ou anual.

g) Pessoa jurídica pagar ou creditar importâncias a outras pessoas jurídicas, civis ou mercantis, pela prestação de serviços de limpeza e conservação de bens imóveis, exceto reformas e obras assemelhadas; segurança e vigilância; e por locação de mão de obra de empregados da locadora colocados a serviço da locatária, em local por esta determinado. Alíquota/base de cálculo: 1% sobre as importâncias pagas ou creditadas. O imposto retido será deduzido do apurado no encerramento do período de apuração trimestral ou anual.

h) Pessoa jurídica pagar ou creditar importâncias a título de prestação de serviços a outras pessoas jurídicas que explorem as atividades de prestação de serviços de assessoria creditícia, mercadológica, gestão de crédito, seleção e riscos, administração de contas a pagar e a receber. Alíquota/base de cálculo: 1,5% sobre as importâncias pagas ou creditadas como remuneração. O imposto retido será deduzido do apurado no encerramento do período de apuração trimestral ou anual.

15.3 RETENÇÃO DE PIS, COFINS E CSLL

Os pagamentos efetuados pelas pessoas jurídicas a outras pessoas jurídicas de direito privado, pela prestação de serviços de limpeza, conservação, manutenção, segurança, vigilância, transporte de valores e locação de mão de obra, pela prestação de serviços de assessoria creditícia, mercadológica, gestão de crédito, seleção e riscos, administração de contas a pagar e a receber, bem como pela remuneração de serviços profissionais, estão sujeitos à retenção na fonte da CSLL, da Cofins e da contribuição para o PIS/Pasep (Lei n. 10.833/2003, art. 30).

Não estão obrigadas a efetuar a retenção a que se refere o *caput* as pessoas jurídicas optantes pelo Simples Nacional (Lei n. 10.833/2003, art. 30, § 2º).

O valor da CSLL, da Cofins e da contribuição para o PIS/Pasep, de que trata o art. 30, será determinado mediante a aplicação, sobre o montante a ser pago, do percentual de 4,65%, correspondente à soma das alíquotas de 1,3 e 0,65%, respectivamente (Lei n. 10.833/2003, art. 31).

As alíquotas de 0,65 e 3% aplicam-se inclusive na hipótese de a prestadora do serviço enquadrar-se no regime de não cumulatividade na cobrança da contribuição para o PIS/Pasep e da Cofins (Lei n. 10.833/2003, art. 31, § 1º).

290 Contabilidade Tributária • Pohlmann

No caso de pessoa jurídica beneficiária de isenção, na forma da legislação específica, de uma ou mais das contribuições de que trata esse artigo, a retenção dar-se-á mediante a aplicação da alíquota específica correspondente às contribuições não alcançadas pela isenção (Lei n. 10.833/2003, art. 31, § 2º).

A retenção de que trata o art. 30 não será exigida na hipótese de pagamentos efetuados a: (Lei n. 10.833/2003, art. 32)

> I – cooperativas, relativamente à CSLL;
>
> II – empresas estrangeiras de transporte de valores;
>
> III – pessoas jurídicas optantes pelo SIMPLES.

São obrigadas a efetuar as retenções na fonte do IR, da CSLL, da Cofins e da contribuição para o PIS/Pasep, a que se refere o art. 64 da Lei n. 9.430/1996, as seguintes entidades da administração pública federal (Lei n. 10.833/2003, art. 34):

> I – empresas públicas;
>
> II – sociedades de economia mista; e
>
> III – demais entidades em que a União, direta ou indiretamente, detenha a maioria do capital social com direito a voto, e que dela recebam recursos do Tesouro Nacional e estejam obrigadas a registrar sua execução orçamentária e financeira na modalidade total no Sistema Integrado de Administração Financeira do Governo Federal – SIAFI.

Os valores dos tributos retidos serão considerados antecipação do que for devido pelo contribuinte que sofreu a retenção (Lei n. 10.833/2003, art. 36).

15.4 RETENÇÃO DE CONTRIBUIÇÕES PREVIDENCIÁRIAS

Com relação à arrecadação e ao recolhimento das contribuições ou de outras importâncias devidas à seguridade social, a empresa é obrigada a arrecadar as contribuições dos segurados empregados e trabalhadores avulsos a seu serviço, descontando-as da respectiva remuneração (Lei n. 8.212/1991, art. 30, I, "a").

A empresa contratante de serviços executados mediante cessão de mão de obra, inclusive em regime de trabalho temporário, deverá reter 11% do valor bruto da nota fiscal ou fatura de prestação de serviços e recolher, em nome da empresa cedente da mão de obra, a importância retida até o dia 20 do mês subsequente ao da emissão da respectiva nota fiscal ou fatura, ou até o dia útil imediatamente anterior se não houver expediente bancário naquele dia (Lei n. 8.212/1991, art. 31).

O valor retido de que trata o *caput* desse artigo, que deverá ser destacado na nota fiscal ou fatura de prestação de serviços, poderá ser compensado por qualquer estabelecimento da empresa cedente da mão de obra, por ocasião do recolhimento das contribuições destinadas à seguridade social devidas sobre a folha de pagamento dos seus segurados (Lei n. 8.212/1991, art. 31, § 1º).

15.5 OUTRAS RETENÇÕES

Merece registro, aqui, a possibilidade de os Municípios determinarem a retenção do Imposto sobre Serviços de Qualquer Natureza (ISSQN) em certas operações. Os Municípios e o Distrito Federal, mediante lei, poderão atribuir de modo expresso a responsabilidade pelo crédito tributário à terceira pessoa, vinculada ao fato gerador da respectiva obrigação, excluindo a responsabilidade do contribuinte ou atribuindo-a a este em caráter supletivo do cumprimento total ou parcial da referida obrigação, inclusive no que se refere à multa e aos acréscimos legais (Lei Complementar – LC n. 116/2003, art. 6º).

Os responsáveis a que se refere o dispositivo legal estão obrigados ao recolhimento integral do imposto devido, multa e acréscimos legais, independentemente de ter sido efetuada sua retenção na fonte (LC n. 116/2003, art. 6º, § 1º).

EXEMPLO

Vamos calcular o valor total dos tributos a serem retidos por ocasião do pagamento de R$ 100.000,00, pela empresa contratante, a título de contraprestação por serviços de segurança e vigilância, sabendo-se que a alíquota de ISSQN prevista para esse serviço é de 5%.

IRRF (1%)...	R$ 1.000,00
CSLL (1%)...	R$ 1.000,00
Cofins (3%)...	R$ 3.000,00
PIS (0,65%)...	R$ 650,00
ISSQN (4%)...	R$ 4.000,00
Total a reter...	R$ 9.650,00

RESUMO

Do conteúdo que você estudou neste capítulo, é importante destacar:

- O sujeito passivo da obrigação principal é a pessoa obrigada ao pagamento de tributo ou penalidade pecuniária.

- O sujeito passivo da obrigação principal pode ser o contribuinte ou o responsável. Será o contribuinte quando tiver relação pessoal e direta com a situação que constitua o respectivo fato gerador. Será o responsável quando, sem revestir a condição de contribuinte, sua obrigação decorra de disposição expressa de lei.

- Assim, a obrigação de reter o tributo e efetuar o seu recolhimento pode ser atribuída pela lei a um terceiro, denominado responsável tributário.

- A nível federal temos retenções e recolhimentos por responsabilidade em relação ao IRPF, ao IRPJ, ao PIS, à Cofins, à CSLL e às contribuições previdenciárias devidas ao INSS.

- A nível estadual, em relação ao ICMS, temos os casos de substituição tributária, embora não haja propriamente a retenção do imposto, e sim uma cobrança adicional na própria nota fiscal.

- Por fim, a nível municipal, há também a possiblidade de o ente atribuir a obrigação de retenção e recolhimento ao tomador do serviço.

- Os casos mais comuns em que aquele que efetua o pagamento de rendimentos deve reter o IR são aqueles envolvendo, especialmente, os rendimentos do trabalho e do capital.

- Os pagamentos efetuados pelas pessoas jurídicas a outras pessoas jurídicas de direito privado, pela prestação de determinados serviços, estão sujeitos à retenção na fonte de CSLL, de Cofins e de PIS/Pasep.

- O valor da CSLL, da Cofins e da contribuição para o PIS/Pasep será determinado mediante a aplicação, sobre o montante a ser pago, do percentual de 4,65%, correspondente à soma das alíquotas de 1,3 e 0,65%, respectivamente.

- Não estão obrigadas a efetuar a retenção a que se refere o *caput* as pessoas jurídicas optantes pelo Simples Nacional.

- Com relação à arrecadação e ao recolhimento das contribuições ou de outras importâncias devidas à seguridade social, a empresa é obrigada a arrecadar as contribuições dos segurados empregados e trabalhadores avulsos a seu serviço, descontando-as da respectiva remuneração.

- A empresa contratante de serviços executados mediante cessão de mão de obra, inclusive em regime de trabalho temporário, deverá reter 11% do valor bruto da nota fiscal ou fatura de prestação de serviços.

- Os Municípios e o Distrito Federal, mediante lei, poderão atribuir de modo expresso a responsabilidade pelo crédito tributário à terceira pessoa, vinculada ao fato gerador da respectiva obrigação, excluindo a responsabilidade do contribuinte ou atribuindo-a a este em caráter supletivo do cumprimento total ou parcial da referida obrigação, inclusive no que se refere à multa e aos acréscimos legais.

QUESTÕES DE MÚLTIPLA ESCOLHA

1. O sujeito passivo da obrigação principal é:
   a) A pessoa obrigada ao pagamento de tributo ou penalidade pecuniária.
   b) O contribuinte apenas.
   c) O responsável apenas.
   d) Aquele que deve prestar informações ao Fisco.

Cap. 15 • Responsabilidade por Retenção de Tributos **293**

2. Aquele que tem relação pessoal e direta com a situação que constitua o respectivo fato gerador é o:

a) Responsável tributário.

b) Contribuinte.

c) Sujeito ativo.

d) Devedor da fazenda pública.

3. Assinale a alternativa que não contém hipótese de retenção na fonte do IR.

a) Pagamento de salários por uma pessoa jurídica.

b) Pagamento de honorários por uma pessoa jurídica.

c) Pagamento de PLR da empresa.

d) Pagamento de uma fatura de compra de matéria-prima.

4. Pessoa jurídica pagar ou creditar importâncias a outras pessoas jurídicas pela prestação de serviços caracterizadamente de natureza profissional está sujeita à retenção de IR sobre a receita pela alíquota de:

a) 3%.

b) 1,5%.

c) 1%.

d) 2%.

5. Os pagamentos efetuados pelas pessoas jurídicas a outras pessoas jurídicas de direito privado, pela prestação de serviços de limpeza, conservação, manutenção, segurança, vigilância, entre outros, estão sujeitos à retenção de CSLL, PIS e Cofins sobre a receita segundo a alíquota de:

a) 5%.

b) 4,5%.

c) 4,65%.

d) 3,65%.

6. A empresa contratante de serviços executados mediante cessão de mão de obra, inclusive em regime de trabalho temporário, deverá reter:

a) 11% do valor bruto da nota fiscal ou fatura de prestação de serviços.

b) 15% do valor bruto da nota fiscal ou fatura de prestação de serviços.

c) 10% do valor bruto da nota fiscal ou fatura de prestação de serviços.

d) 12% do valor bruto da nota fiscal ou fatura de prestação de serviços.

294 Contabilidade Tributária • Pohlmann

7. Pessoa jurídica pagar ou creditar importâncias a título de prestação de serviços a outras pessoas jurídicas que explorem as atividades de prestação de serviços de assessoria creditícia, mercadológica, gestão de crédito, seleção e riscos, administração de contas a pagar e a receber sujeita-se ao IR fonte à alíquota de:

a) 2% sobre as importâncias pagas ou creditadas como remuneração, e o imposto retido será deduzido do apurado no encerramento do período de apuração trimestral ou anual.

b) 1,5% sobre as importâncias pagas ou creditadas como remuneração, e o imposto retido será definitivo.

c) 2% sobre as importâncias pagas ou creditadas como remuneração, e o imposto retido será definitivo.

d) 1,5% sobre as importâncias pagas ou creditadas como remuneração, e o imposto retido será deduzido do apurado no encerramento do período de apuração trimestral ou anual.

8. No caso de rendimentos mensais de aluguéis pagos por pessoa jurídica à pessoa física:

a) O imposto retido será calculado mediante a aplicação da alíquota de 15%.

b) O imposto retido será calculado mediante a utilização de tabela progressiva mensal.

c) O imposto retido será calculado mediante a aplicação da alíquota de 27,5%.

d) Não haverá retenção de imposto.

9. A empresa que pagar ou creditar juros individualizadamente a titular, sócios ou acionistas, a título de remuneração do capital próprio, calculados sobre as contas do patrimônio líquido da pessoa jurídica e limitados à variação, *pro rata dia*, da TJLP deve reter no IR na fonte pela alíquota de:

a) 15%.

b) 25%.

c) 1,5%.

d) 34%.

10. No caso de pagamento de PLR objeto de negociação entre a empresa e seus empregados, o imposto:

a) Será calculado aplicando-se a alíquota de 15%.

b) Será calculado aplicando-se a alíquota de 25%.

c) Não será devido, pois é caso de isenção.

d) Será calculado mediante a utilização da tabela progressiva específica.

GABARITO

1. a	2. b	3. d	4. b	5. c
6. a	7. d	8. b	9. a	10. a

CAPÍTULO 16
PLANEJAMENTO TRIBUTÁRIO

OBJETIVOS DO CAPÍTULO

- Introduzir o leitor à temática do planejamento tributário e sua importância para as organizações, destacando-se a definição, as espécies, a eficácia, os riscos e o processo decisório.
- Capacitá-lo a desenvolver soluções adequadas e seguras para a redução da carga tributária das empresas em geral.

Neste capítulo, abordamos o planejamento tributário, importante ferramenta da gestão tributária das organizações em geral. Serão tratados aspectos relativos a espécies, metodologia, normas antielisivas, diagnóstico da carga tributária, incentivos fiscais e estudo de casos.

16.1 INTRODUÇÃO AO PLANEJAMENTO TRIBUTÁRIO

O planejamento tributário pode ser entendido como o conjunto de decisões e ações adotadas pelos contribuintes com o objetivo de evitar a incidência de tributos – ou meramente reduzir seu valor ou postergar seu pagamento – em relação a determinado ato, negócio ou atividade.

O planejamento tributário nada mais é do que uma reação natural do agente econômico diante da presença dos tributos. De acordo com Pohlmann e Iudícibus (2006), os tributos

296 Contabilidade Tributária • Pohlmann

incidentes ou previstos de incidirem em determinada transação ou evento geralmente afetam o comportamento do contribuinte. Entre as decisões afetadas, podem ser destacadas as de:

- investimento e desinvestimento;
- precificação de ativos;
- endividamento ou estrutura de capital;
- definição do local do empreendimento, ou mesmo mudança da sede;
- pagamento de dividendos ou escolha de outro modo de remuneração do capital, como Juros sobre o Capital Próprio (JCP);
- remuneração do trabalho, se por salário, participação nos lucros, bonificação em ações etc.;
- contabilização de eventos e transações, incluindo aí o reporte financeiro por meio das demonstrações contábeis, já que existe uma série de normas que permitem discricionariedade na escolha de critérios contábeis, enquanto outras impõem um modo determinado de contabilização.

Dentro dessa perspectiva, qualquer medida conscientemente adotada pelo contribuinte com o intuito de minimizar o ônus tributário pode ser considerada um ato típico de planejamento tributário.

É claro que a abordagem deste capítulo privilegia o planejamento tributário desenvolvido pelas empresas de modo permanente e sistemática, sob a liderança e a coordenação do contador tributarista, seja ele titular de cargo integrante da estrutura organizacional, seja consultor independente especialmente contratado para esse fim.

Outros termos ou expressões são, também, empregados para se referir à atividade de planejamento tributário, como "elisão tributária", "economia fiscal" e "engenharia fiscal". Porém, o termo "planejamento tributário" é o que melhor representa o conteúdo conceitual e, possivelmente, por essa razão acabou por ser o mais utilizado, em geral.

Algumas classificações são úteis para auxiliar na assimilação e na compreensão de todas as dimensões do planejamento tributário. Quanto ao objetivo, o planejamento tributário pode ser classificado em: 1 – anulatório, caso vise evitar a incidência do tributo; 2 – redutivo, caso vise reduzir o montante do tributo devido; e 3 – postergatório, caso objetive postergar o pagamento do tributo.

Embora pareça pouco vantajoso apenas protelar o desembolso, há casos em que o pagamento do tributo pode ser postergado indefinidamente, gerando uma economia decorrente dos juros de captação evitados, além de um planejamento financeiro mais cômodo, já que a empresa controla o momento em que o tributo passa a ser devido. Exemplo desse tipo de planejamento tributário é o diferimento do reconhecimento de receitas e ganhos mediante a escolha de critérios que privilegiem a realização financeira do ganho.

Quanto à abrangência, o planejamento tributário pode ser classificado em interno, administrativo e judicial. Será interno quando a implementação das medidas depender apenas de atos ou negócios jurídicos praticados pelo próprio contribuinte ou de meros procedimentos contábeis e fiscais a cargo dele, independentemente de qualquer tutela judicial ou administrativa.

Será administrativo quando a medida de planejamento envolver requerimentos ou postulações junto à administração tributária, como consultas, pedidos de restituição ou compensação e defesas fiscais em geral.

Será judicial quando a implementação do planejamento tributário envolver a adoção de medidas judiciais, como mandado de segurança, ação declaratória, ação repetitória, ação cautelar, embargos à execução fiscal, entre outras. É importante registrar que não se trata de espécies mutuamente exclusivas, podendo haver planejamentos tributários cuja implementação dependa tanto de procedimentos internos quanto de procedimentos administrativos e judiciais.

Outra classificação de interesse para o nosso estudo diz respeito ao alcance do planejamento tributário: nesse aspecto, ele pode ser estratégico ou operacional. Será estratégico se as medidas de planejamento tributário estiverem, de algum modo, relacionadas à estratégia da organização, envolvendo vantagens competitivas sobre a concorrência, o posicionamento dos produtos no mercado, a fidelização de clientes, o acesso privilegiado à cadeia de suprimentos, os níveis de endividamento, entre outros fatores.

Exemplo de medida de planejamento tributário estratégico seria o delineamento de uma estrutura de distribuição de produtos baseada na estratégia de diferenciação pelo menor preço, tendo como umas das variáveis relevantes o custo tributário, minimizado mediante a escolha da alternativa com menor ônus fiscal entre as disponíveis.

Quando, ao contrário, a medida é concebida e implementada independentemente de qualquer consideração estratégica, o planejamento tributário qualifica-se como operacional. Exemplo dessa espécie são aquelas medidas de planejamento tributário que envolvem apenas a escolha do critério de contabilização de determinada operação para fins de apuração do Imposto de Renda das Pessoas Jurídicas (IRPJ).

Por fim, há que se referir que, quando o planejamento tributário envolve medidas que demandem o estudo de ordenamentos jurídicos de dois ou mais países e a análise comparativa do impacto fiscal decorrente das alternativas de configuração dos negócios em função da legislação tributária desses países, está-se diante de um caso que a doutrina convencionou denominar de planejamento tributário internacional. Esse tipo de planejamento tributário é muito comum em corporações multinacionais estrangeiras, ou mesmo no caso de empresas brasileiras com atuação ou negócios no exterior.

16.2 EFICÁCIA DO PLANEJAMENTO TRIBUTÁRIO

A eficácia do planejamento tributário está estritamente ligada ao grau de atingimento do objetivo traçado, ou seja, reduzir, postergar ou evitar a incidência do tributo. Para ser eficaz, é necessário que o planejamento tributário leve em conta as diferenças de tributação decorrentes de peculiaridades dos ativos possuídos pelo contribuinte.

Nesse sentido, Scholes *et al.* (2004) afirmam que as regras tributárias afetam as taxas de retorno dos ativos antes dos impostos, ou seja, aquela taxa obtida com o investimento em um ativo antes de qualquer imposto pago. Essas taxas de retorno antes dos impostos são diferentes pelas seguintes razões:

- os retornos sobre os diferentes tipos de ativos são tributados diferentemente;
- os retornos sobre ativos similares podem ser tributados de forma distinta se eles são localizados em jurisdições diversas;
- os retornos sobre ativos similares localizados na mesma jurisdição fiscal podem ser tributados diferentemente se eles são possuídos por distintos modos organizacionais (como uma corporação *versus* um proprietário individual);
- os retornos sobre ativos similares localizados na mesma jurisdição fiscal e possuídos pelo mesmo tipo de organização são tributados diferentemente, dependendo de fatores como o histórico de operações da empresa, os retornos de outros ativos possuídos por ela e características particulares dos proprietários individuais da organização.

A partir dessas considerações, Scholes *et al.* (2004) estabelecem três temas-chaves, os quais podemos chamar de princípios de um bom planejamento tributário, assim enunciados:

1. *All Parties*, segundo o qual um planejamento tributário eficaz requer que o planejador considere as implicações tributárias de uma transação proposta para todas as partes envolvidas.

2. *All Taxes*, segundo o qual um planejamento tributário eficaz requer que o planejador, na tomada de decisões de investimento e financiamento, considere não apenas os tributos explícitos (os valores recolhidos para os cofres públicos), mas também os implícitos, ou seja, aqueles pagos indiretamente, na forma de menores taxas de retorno, antes dos tributos, nos investimentos com tributação favorecida.

3. *All Costs*, segundo o qual um planejamento tributário eficaz exige que o planejador reconheça que os tributos representam apenas um entre os muitos custos do negócio e que todos os custos devem ser considerados no processo de planejamento para serem implementadas, algumas propostas de planejamento tributário podem requerer excessivos custos de reestruturação dos negócios.

Analisando esses três princípios, podemos acrescentar algumas considerações. Com decorrência do primeiro deles (*All Parties*), podemos afirmar a necessidade de contemplar no planejamento tributário delineado para as empresas, o eventual impacto que ele terá sobre a pessoa física (PF) dos sócios ou administradores. Por exemplo: se a economia de tributo obtida na pessoa jurídica (PJ) for de R$ 100,00, mas o aumento do ônus tributário na PF for de R$ 200,00, o planejamento tributário deve ser revisto ou descartado.

Em relação ao segundo princípio (*All Taxes*), uma decorrência é a necessidade de considerar o impacto sobre todos os tributos envolvidos. Dessa maneira, o estudo da melhor sistemática de tributação para fins de IRPJ e Contribuição Social sobre o Lucro Líquido (CSLL) deve levar em conta, também, o impacto sobre a Contribuição para o Financiamento da

Seguridade Social (Cofins) e sobre a contribuição ao Programa de Integração Social (PIS). De nada adianta reduzir a carga tributária dos dois primeiros se o ônus tributário em relação aos dois últimos for aumentado mais do que proporcionalmente.

O terceiro princípio (*All Costs*) prega, com muita propriedade, a necessidade de considerar todos os custos decorrentes do planejamento tributário. Isso implica a mensuração dos custos não tributários, ou seja, custos e despesas de outras naturezas que serão incorridos, como: com pessoal, com logística, com deslocamentos e viagens e com a administração de modo geral. Dessa maneira, se em decorrência das medidas de planejamento tributário os custos tributários forem reduzidos em R$ 500,00 e os custos não tributários sofrerem um incremento de R$ 800,00, o plano deve ser revisto ou abandonado.

16.3 DA ELISÃO À EVASÃO TRIBUTÁRIA

O termo "elisão fiscal" tem, de modo geral, o mesmo significado que "planejamento tributário", e envolve necessariamente a adoção de medidas lícitas para o atingimento dos objetivos almejados, seja para evitar a incidência dos tributos, seja para reduzir ou postergar o seu pagamento. Podemos resumir a relação entre esses termos afirmando que o planejamento tributário é a atividade sistemática organizada para elidir o pagamento de tributos.

Quando esses objetivos característicos do planejamento tributário são buscados ou alcançados por meio de medidas ilícitas, vedadas por lei, estamos diante não mais da elisão, mas da chamada evasão tributária.

As condutas tipificadas como criminosas e passíveis de punição no Brasil são previstas principalmente em dois diplomas legais: a Lei n. 4.729/1965 e a Lei n. 8.137/1990. A Lei n. 4.729/1965 trata do crime de sonegação fiscal, considerando como tal as seguintes condutas:

Art. 1º Constitui crime de sonegação fiscal:

> I – prestar declaração falsa ou omitir, total ou parcialmente, informação que deva ser produzida a agentes das pessoas jurídicas de direito público interno, com a intenção de eximir-se, total ou parcialmente, do pagamento de tributos, taxas e quaisquer adicionais devidos por lei;
>
> II – inserir elementos inexatos ou omitir, rendimentos ou operações de qualquer natureza em documentos ou livros exigidos pelas leis fiscais, com a intenção de exonerar-se do pagamento de tributos devidos à Fazenda Pública;
>
> III – alterar faturas e quaisquer documentos relativos a operações mercantis com o propósito de fraudar a Fazenda Pública;
>
> IV – fornecer ou emitir documentos graciosos ou alterar despesas, majorando-as, com o objetivo de obter dedução de tributos devidos à Fazenda Pública, sem prejuízo das sanções administrativas cabíveis;
>
> V – Exigir, pagar ou receber, para si ou para o contribuinte beneficiário da paga, qualquer percentagem sobre a parcela dedutível ou deduzida do imposto sobre a renda como incentivo fiscal. (Incluído pela Lei n. 5.569, de 1969)
>
> Pena: Detenção, de seis meses a dois anos, e multa de duas a cinco vezes o valor do tributo.

300 Contabilidade Tributária • Pohlmann

A Lei n. 8.137/1990, em seus arts. 1º e 2º, define as hipóteses de crime contra a ordem tributária:

> Art. 1º Constitui crime contra a ordem tributária suprimir ou reduzir tributo, ou contribuição social e qualquer acessório, mediante as seguintes condutas: (*Vide* Lei n. 9.964, de 10.4.2000)
>
> I – omitir informação, ou prestar declaração falsa às autoridades fazendárias;
>
> II – fraudar a fiscalização tributária, inserindo elementos inexatos, ou omitindo operação de qualquer natureza, em documento ou livro exigido pela lei fiscal;
>
> III – falsificar ou alterar nota fiscal, fatura, duplicata, nota de venda, ou qualquer outro documento relativo à operação tributável;
>
> IV – elaborar, distribuir, fornecer, emitir ou utilizar documento que saiba ou deva saber falso ou inexato;
>
> V – negar ou deixar de fornecer, quando obrigatório, nota fiscal ou documento equivalente, relativa à venda de mercadoria ou prestação de serviço, efetivamente realizada, ou fornecê-la em desacordo com a legislação.
>
> Pena: reclusão de 2 (dois) a 5 (cinco) anos, e multa.
>
> Parágrafo único. A falta de atendimento da exigência da autoridade, no prazo de 10 (dez) dias, que poderá ser convertido em horas em razão da maior ou menor complexidade da matéria ou da dificuldade quanto ao atendimento da exigência, caracteriza a infração prevista no inciso V.
>
> Art. 2º Constitui crime da mesma natureza: (*Vide* Lei n. 9.964, de 10.4.2000)
>
> I – fazer declaração falsa ou omitir declaração sobre rendas, bens ou fatos, ou empregar outra fraude, para eximir-se, total ou parcialmente, de pagamento de tributo;
>
> II – deixar de recolher, no prazo legal, valor de tributo ou de contribuição social, descontado ou cobrado, na qualidade de sujeito passivo de obrigação e que deveria recolher aos cofres públicos;
>
> III – exigir, pagar ou receber, para si ou para o contribuinte beneficiário, qualquer percentagem sobre a parcela dedutível ou deduzida de imposto ou de contribuição como incentivo fiscal;
>
> IV – deixar de aplicar, ou aplicar em desacordo com o estatuído, incentivo fiscal ou parcelas de imposto liberadas por órgão ou entidade de desenvolvimento;
>
> V – utilizar ou divulgar programa de processamento de dados que permita ao sujeito passivo da obrigação tributária possuir informação contábil diversa daquela que é, por lei, fornecida à Fazenda Pública.
>
> Pena: detenção, de 6 (seis) meses a 2 (dois) anos, e multa.

Registre-se que há previsão de extinção da punibilidade caso o contribuinte efetue o recolhimento do tributo evadido antes do oferecimento de denúncia do crime pelo Ministério Público, nos seguintes termos (Lei n. 9.249/1995, art. 34):

> Art. 34. Extingue-se a punibilidade dos crimes definidos na Lei n. 8.137, de 27 de dezembro de 1990, e na Lei n. 4.729, de 14 de julho de 1965, quando o agente promover o pagamento do tributo ou contribuição social, inclusive acessórios, antes do recebimento da denúncia.

Para extinguir a pretensão punitiva, o pagamento do tributo deve ser integral. No caso de parcelamento do valor devido, a pretensão punitiva fica apenas suspensa. Essa interpretação decorre do art. 15 da Lei n. 9.964/2000, que tratou da questão em relação ao Programa de Recuperação Fiscal (REFIS):

> Art. 15. É suspensa a pretensão punitiva do Estado, referente aos crimes previstos nos arts. 1º e 2º da Lei n. 8.137, de 27 de dezembro de 1990, e no art. 95 da Lei n. 8.212, de 24 de julho de 1991, durante o período em que a pessoa jurídica relacionada com o agente dos aludidos crimes estiver incluída no Refis, desde que a inclusão no referido Programa tenha ocorrido antes do recebimento da denúncia criminal.
>
> § 1º A prescrição criminal não corre durante o período de suspensão da pretensão punitiva.
>
> § 2º O disposto neste artigo aplica-se, também:
>
> I – a programas de recuperação fiscal instituídos pelos Estados, pelo Distrito Federal e pelos Municípios, que adotem, no que couber, normas estabelecidas nesta Lei;
>
> II – aos parcelamentos referidos nos arts. 12 e 13.
>
> § 3º Extingue-se a punibilidade dos crimes referidos neste artigo quando a pessoa jurídica relacionada com o agente efetuar o pagamento integral dos débitos oriundos de tributos e contribuições sociais, inclusive acessórios, que tiverem sido objeto de concessão de parcelamento antes do recebimento da denúncia criminal.

O art. 9º da Lei n. 10.684/2003 explicitamente estendeu a suspensão da pretensão punitiva do Estado para os parcelamentos em geral:

> Art. 9º É suspensa a pretensão punitiva do Estado, referente aos crimes previstos nos arts. 1º e 2º da Lei n. 8.137, de 27 de dezembro de 1990, e nos arts. 168A e 337A do Decreto-Lei n. 2.848, de 7 de dezembro de 1940 – Código Penal, durante o período em que a pessoa jurídica relacionada com o agente dos aludidos crimes estiver incluída no regime de parcelamento.
>
> § 1º A prescrição criminal não corre durante o período de suspensão da pretensão punitiva.
>
> § 2º Extingue-se a punibilidade dos crimes referidos neste artigo quando a pessoa jurídica relacionada com o agente efetuar o pagamento integral dos débitos oriundos de tributos e contribuições sociais, inclusive acessórios.

O § 2º do art. 83 da Lei n. 9.430/1996, por sua vez, condicionou a suspensão da pretensão punitiva do Estado quanto aos referidos crimes às situações em que o pedido de parcelamento tenha sido formalizado antes do recebimento da denúncia criminal.

Apesar disso, acabou prevalecendo nos tribunais superiores o entendimento de que o adimplemento do débito tributário, a qualquer tempo, até mesmo após o advento do trânsito em julgado da sentença penal condenatória, é causa de extinção da punibilidade do acusado.[1]

O tributarista deve ter, portanto, a noção exata das fronteiras que separam a elisão da evasão, de modo a evitar o delineamento de medidas "agressivas" de planejamento tributário – prática comumente denominada de *Aggressive Tax Planning* nos Estados Unidos da América (EUA) – que colocarão em risco as PFs envolvidas no processo decisório, em especial os dirigentes e representantes legais das empresas.

---

1   STJ, *Habeas Corpus* 362.478, 2017; STF, RE 575071, 2013.

302 Contabilidade Tributária • Pohlmann

16.4 NORMAS ANTIELISIVAS

Se o planejamento tributário é a arma do contribuinte para lutar contra a elevada carga tributária incidente sobre suas atividades, um dos mecanismos de defesa do Fisco para neutralizar essa arma são as normas antielisivas (ou antielisão), que podem ser classificadas em duas espécies: normas específicas antielisivas e norma geral antielisiva.

Como o próprio nome permite depreender, as normas específicas antielisivas são dispositivos constantes da legislação de um tributo que vedam tratamento fiscal favorável ao contribuinte com relação a determinada hipótese fática.

Exemplos desse tipo de norma são certas despesas indedutíveis para fins de apuração da base de cálculo do IRPJ e da CSLL, como as decorrentes das regras do preço de transferência na importação e na exportação, os *royalties* pagos a sócios e a parcela excedente ao valor de mercado do aluguel pago a sócios. Em relação a outros tributos, podemos citar as regras de valor tributável mínimo previstas nas legislações do Imposto sobre a Circulação de Mercadorias e Serviços de Transporte Interestadual e Intermunicipal e de Comunicação (ICMS) e do Imposto sobre Produtos Industrializados (IPI) para operações que não sejam de compra e venda entre partes independentes.

A norma geral antielisiva, por sua vez, é um dispositivo legal, aplicável a todos os tributos, que prevê a desconsideração dos efeitos tributários de determinado ato ou negócio jurídico, favoráveis ao contribuinte, quando presentes certas circunstâncias fáticas, incluindo aspectos subjetivos relacionados à motivação desse ato ou negócio.

No Brasil, a norma geral antielisiva foi introduzida pela Lei Complementar (LC) n. 104/2001. Até então, não havia qualquer outra norma com semelhante natureza ou alcance, mas apenas normas específicas, que buscavam impedir que o contribuinte evitasse o pagamento de tributos em determinadas situações particulares, e constavam da legislação própria de cada um desses tributos.

Por meio da referida LC, foi acrescido o parágrafo único ao art. 116 do Código Tributário Nacional (CTN), nos seguintes termos:

> Parágrafo único. A autoridade administrativa poderá desconsiderar atos ou negócios jurídicos praticados com a finalidade de dissimular a ocorrência do fato gerador do tributo ou a natureza dos elementos constitutivos da obrigação tributária, observados os procedimentos a serem estabelecidos em lei ordinária.

Tanto o parágrafo único introduzido no art. 116 do CTN quanto os arts. 13 a 19 da Medida Provisória (MP) n. 66/2002, que posteriormente regulamentaram a aplicação da norma geral, foram alvo de severas e impetuosas críticas por parte da doutrina brasileira.

Esses dispositivos causaram enorme polêmica nos meios acadêmico e profissional, além, é claro, de preocuparem os contribuintes brasileiros, especialmente as grandes empresas, maiores adeptas e praticantes do planejamento tributário. Isso culminou com a rejeição dos arts. 13 a 19 da MP n. 66/2002 pela Câmara dos Deputados, de modo que o art. 116 do CTN tem, desde então, a sua aplicabilidade prejudicada pela ausência de lei disciplinadora dos procedimentos de desconsideração dos atos e negócios jurídicos.

Cap. 16 • Planejamento Tributário **303**

Registre-se, por fim, que houve mais uma tentativa de regulamentação da norma geral antielisiva, que se deu por intermédio de dispositivos da MP n. 685/2015, que também acabou por ser rejeitada pelo Congresso Nacional.

16.5 O PROCESSO DE PLANEJAMENTO TRIBUTÁRIO

As decisões de planejamento tributário são parte do processo decisório geral das organizações e, por que não, das PFs. Como regra, o processo decisório na gestão das organizações envolve uma sequência de passos, que inicia com a identificação do problema e termina com a implementação da solução escolhida.

A partir dessa noção, podemos dividir o processo de planejamento tributário nas seguintes fases ou etapas:

1º **Percepção de uma situação problemática envolvendo aspectos tributários**. É o evento que desencadeia o processo de planejamento tributário. Essa percepção poderá ser do próprio tributarista, embora frequentemente se origine de outros profissionais ou gestores dentro da organização. Por exemplo: a perda de mercado para a concorrência em função do preço mais competitivo praticado por esta é, normalmente, percebida pela gerência comercial, que pode suspeitar que uma das causas desse fato decorre de vantagens tributárias.

2º **Definição do problema e dos objetivos do planejamento tributário**. A partir dessa fase, a participação do tributarista passa a ser fundamental. A correta identificação e delimitação do problema é o primeiro passo para a sua solução. Se o preço mais baixo praticado pelo concorrente decorre de alguma solução tributária por ele implementada, é necessário identificar quais os tributos envolvidos e como eles afetam os preços. Definido o problema, resta estabelecer o objetivo do planejamento tributário: no caso em comento, seria anular ou minimizar o ônus de tais tributos sobre os preços dos produtos.

3º **Análise do problema à luz das normas e princípios aplicáveis**. Definido o problema e estabelecidos os objetivos do planejamento tributário, passa-se ao processo de execução propriamente dito, com a identificação e a análise exaustiva da legislação aplicável, desde a Constituição Federal até os atos normativos expedidos pelo Fisco, sem se esquecer dos princípios gerais de direito público e de direito tributário aplicáveis.

4º **Identificação de todas as alternativas possíveis de solução**. A análise da legislação aplicável permitirá ao tributarista identificar e detalhar o maior número possível de alternativas de solução do problema. Trata-se, efetivamente, de um processo detalhado de enumeração de medidas de planejamento tributário. No caso ilustrativo, relativo à competitividade do preço da concorrência, poderiam ser elencadas, hipoteticamente, algumas alternativas, como: 1 – redução pura e simples do preço; 2 – oferecimento de bônus em mercadorias; 3 – assunção do ônus do transporte da mercadoria até o cliente; 4 – oferecimento de maior prazo para pagamento aos clientes; e 5 – cisão parcial das operações da empresa em busca de uma estrutura tributária ótima.

5º Avaliação e ordenação dos méritos das soluções. Nessa etapa, o tributarista dever avaliar, primeiramente, o resultado econômico de cada uma das alternativas pos síveis. Para esse fim, deverá utilizar instrumentos usuais na gestão financeira da empresas, tais como simulações, planilhas, cálculos, demonstrativos, projeções etc Além dessa mensuração puramente econômica, devem ser avaliados os riscos asso ciados a cada uma das alternativas, especialmente a possibilidade de futuros litígio com o Fisco e as respectivas probabilidades de vitória e derrota.

6º Escolha da melhor alternativa. A alternativa que alcançar o melhor escore de corrente da ponderação do resultado econômico e dos riscos associados deve se a recomendada pelo tributarista para os gestores responsáveis pela aprovação da medidas de planejamento tributário.

7º Formalização da decisão. Implica a elaboração de um documento, em forma d relatório, contendo uma descrição concisa e objetiva de todos os aspectos descrito nas fases anteriores, bem como dos procedimentos necessários para implementaçã do planejamento tributário proposto.

8º Implementação da decisão. Consiste na adoção das medidas concretas, indicada no relatório de planejamento tributário, por parte dos gestores a quem competir execução do plano, ou mesmo pelo próprio contador tributarista, quando isso fo possível.

À representação simplificada do processo decisório relativo a determinado evento dá-s o nome de modelo de decisão. Adaptando tal definição à realidade tributária, chegaríamo ao conceito de modelo de decisão de planejamento tributário, que poderia ser definido com a representação simplificada do processo de planejamento tributário relativo a determinad evento específico ou gênero de eventos.

Muitas decisões de planejamento tributário são rotineiras ou recorrentes nas empresa enquanto outras decisões são eventuais, peculiares ou idiossincráticas. Para as últimas, nã é possível estabelecer, *a priori*, um conjunto de variáveis que impactarão a decisão, pois seu caráter inusitado assim não permite.

Exemplo desse tipo de planejamento tributário é o que envolve a reestruturação de ur grupo econômico ou, ainda, a aquisição ou incorporação de um empreendimento. Para esse casos, deve ser estruturado um modelo de decisão específico, que dificilmente será aplicáve em outra empresa, dadas as suas peculiaridades.

Outras decisões, por sua vez, são rotineiras e comuns à maioria das empresas. Nesse casos, o modelo de decisão abrange um gênero de eventos. Exemplos ilustrativos desse tip de decisão são: 1 – a escolha da sistemática de tributação entre o Lucro Real, o Lucro Presu mido e o Simples Nacional; 2 – a decisão de pagar ou não JCP; e 3 – a escolha do modo d exploração de uma profissão regulamentada, se por intermédio de uma sociedade ou como PI

Nesse tipo de decisão comum e rotineira, o modelo desenvolvido para solucionar ur problema de planejamento tributário de um contribuinte qualquer será, ao menos de mod geral, aplicável para solucionar os casos de mesma natureza relativos aos demais contribuinte

Cap. 16 • Planejamento Tributário **305**

16.6 ESCOLHAS CONTÁBEIS E GERENCIAMENTO DE RESULTADOS

As temáticas das escolhas contábeis (*Accounting Choices*) e do gerenciamento de resultados (*Earnings Management*) estão relacionadas com planejamento tributário das empresas na medida em que a tributação tem o potencial de afetar o comportamento do contribuinte com relação às decisões de contabilização de eventos e transações.

Dentro dessa perspectiva, é de se esperar que as firmas venham a escolher procedimentos contábeis que minimizem o valor presente dos tributos devidos, salvo se prevalecer outro interesse atrelado à necessidade de reportar maior lucro. Isso se deve ao fato de que existe uma série de normas que permitem discricionariedade na escolha de critérios contábeis, enquanto outras impõem um determinado modo de contabilização.

Os termos "gerenciamento de resultados" e "escolhas contábeis" são, muitas vezes, indevidamente utilizados como sinônimos, pois ambos envolvem decisões dos gestores com o intuito de afetar os números contábeis em determinado sentido.

A temática das escolhas contábeis abrange uma gama mais ampla de questões, entre as quais podemos considerar o gerenciamento de resultados, tendo ganhado corpo como uma área autônoma de pesquisa acadêmica, especialmente nos EUA. De certo modo, podemos afirmar que a literatura das escolhas contábeis contém o suporte teórico para explicar a existência do gerenciamento de resultados e prever quando e de que maneira ele ocorrerá.

De acordo com Fields *et al.* (2001), o gerenciamento de resultados ocorre quando os gestores exercem sua discricionariedade sobre os números contábeis com a finalidade de maximizar o valor da firma ou, de modo oportunístico, aumentar seus próprios ganhos enquanto administradores da empresa. Pode-se concluir que o gerenciamento de resultados pressupõe a existência de escolhas contábeis.

As escolhas contábeis envolvem critérios de mensuração, o momento do registro contábil (*timing*), bem como o modo e o detalhamento das demonstrações contábeis publicadas. Essa definição é ampla o bastante para incluir atividades de *lobbying* em entidades emissoras de normas contábeis no sentido de aprovação de uma lei ou resolução, bem como decisões de estruturação de negócios, de produção, de investimento e de financiamento com o intuito de obter um determinado efeito sobre os números contábeis.

São exemplos de decisões concretas que afetam o resultado: 1 – estruturar um contrato de *leasing* de modo a assegurar que ele seja contabilizado como uma despesa; 2 – aumentar a produção para reduzir o custo unitário dos produtos com ganhos de escala; 3 – reduzir os gastos com pesquisa e desenvolvimento para aumentar o lucro reportado; e 4 – optar pelo financiamento de atividades por meio de empréstimos, devido à dedutibilidade dos juros para fins de apuração do IRPJ e da CSLL.

Com relação ao último exemplo, espera-se que quanto maior a carga tributária média, maior o nível de endividamento, tendo em vista o incentivo decorrente da dedutibilidade dos juros da base de cálculo dos tributos incidentes sobre o lucro. Desse modo, a decisão de endividamento da firma acaba sendo, em muitos casos, totalmente motivada pelo fator tributação.

306 Contabilidade Tributária • Pohlmann

16.7 TÓPICOS DE PLANEJAMENTO TRIBUTÁRIO APLICADO

Existem muitas medidas de planejamento tributário que podem ser desenvolvidas pelo tributarista, desde as mais simples – como a escolha de um critério contábil para o registro de uma operação – até as mais complexas, envolvendo uma completa reestruturação dos negócios da empresa.

Com o objetivo de ilustrar a prática do planejamento tributário, comentamos, a seguir, os aspectos envolvidos no planejamento tributário relacionado a: 1 – regimes de tributação; 2 – JCP; 3 – reorganizações societárias; e 4 – incentivos fiscais.

16.7.1 Regimes de Tributação

Uma das espécies mais comuns de planejamento tributário é aquela que envolve a escolha de um modo ou regime de tributação quando há duas ou mais opções previstas na legislação. Por essa razão, é denominado planejamento tributário optativo.

Exemplos de opções que são oferecidas pela legislação fiscal envolvem: 1 – declaração de Imposto de Renda das Pessoas Físicas (IRPF) pelo regime completo ou pelo simplificado; 2 – para os casais, declaração de IRPF em conjunto ou separadamente; 3 – escolha de regimes ou sistemáticas de tributação como o Lucro Real, o Lucro Presumido, o Lucro Arbitrado e o Simples Nacional; 4 – escolha, no caso do IRPJ pela sistemática do Lucro Real, entre o período de apuração anual e o trimestral; e 5 – no caso do IRPJ pela sistemática do Lucro Real anual, opção pelo pagamento mensal com base no lucro estimado ou com base no Lucro Real acumulado no ano, utilizando-se da possibilidade de dispensa, redução ou suspensão do imposto.

Entre os exemplos citados, possivelmente a opção mais complexa e relevante envolve a escolha da sistemática de tributação da PJ, se Lucro Real, Presumido ou Arbitrado, ou, para as microempresas (ME) e as empresas de pequeno porte (EPP), o Simples Nacional.

No caso das empresas em geral, sem considerar as MEs e as EPPs, a escolha terá impacto no ônus tributário relativo ao IRPJ e à CSLL. Além disso, na maior parte dos casos, afetará, também, os valores devidos quanto ao PIS e à Cofins. Isso porque, salvo raras exceções, a opção pelo Lucro Real implica tributação do PIS e da Cofins segundo o regime não cumulativo.

Nos casos específicos da ME e da EPP, todos os tributos empresariais são afetados, modificando sensivelmente a carga tributária da empresa em relação a estes tributos: IRPJ, CSLL, PIS, Cofins, IPI, ICMS, Imposto sobre Serviços de Qualquer Natureza (ISSQN) e Contribuição Previdenciária Patronal (CPP).

Compete ao tributarista decidir conjuntamente com os gestores das empresas a escolha do regime de tributação. O modelo de decisão de planejamento tributário desenvolvido para orientar a escolha deverá prever todas as variáveis que afetam os valores devidos dos tributos em cada uma dessas sistemáticas.

Um fator que aumenta sensivelmente a complexidade da decisão é que a opção deve ser manifestada no início do ano, com o recolhimento dos tributos relativos ao mês de janeiro. Isso acarreta a necessidade de trabalhar com projeções precisas de receitas, despesas e resultados para o ano em curso, sob pena de acabar por escolher o regime de tributação mais oneroso.

16.7.2 Juros sobre o Capital Próprio

Como o próprio nome permite depreender, os JCP correspondem à remuneração do capital próprio aplicado na empresa. Trata-se de uma prática alternativa permitida pela legislação fiscal e geralmente representa vantagem sob o ponto de vista tributário.

Isso porque os JCPs são dedutíveis para fins de apuração do Lucro Real, reduzindo a base de cálculo do IRPJ e da CSLL, desde que atendidos os requisitos legais, ou seja: 1 – calculados sobre as contas do patrimônio líquido; 2 – limitados à variação da Taxa de Juros de Longo Prazo (TJLP); 3 – condicionados à existência de lucro, ou de lucros acumulados e reservas (exceto a de reavaliação), em montante igual ou superior ao dobro dos juros; e 4 – efetivo pagamento ou crédito dos juros.

Na PF dos sócios, os JCPs são tributados à alíquota de 15%, exclusivamente na fonte. Caso o sócio beneficiário seja PJ, os JCPs são tributados como qualquer outra receita.

Por outro lado, a tributação da distribuição de lucros é isenta do imposto de renda na pessoa do beneficiário, independentemente de ser PF ou PJ. Apesar disso, especialmente quando o quadro societário tem a predominância de PF em sua formação, o pagamento dos JCPs acaba se tornando vantajoso.

EXEMPLO

O exemplo a seguir ilustra a vantagem do pagamento dos JCPs em uma situação hipotética.

- A Cia. Industrial ABC tem o seu quadro societário composto apenas de acionistas PF. Os dados relevantes para a análise da vantagem do pagamento dos JCPs são apresentados a seguir.
- Dados iniciais, sem considerar o pagamento dos JCPs:
  - Somatório das contas do Patrimônio Líquido   R$ 16.000.000,00
  - Lucro Líquido do Exercício antes do IRPJ e da CSLL   R$ 7.170.000,00
  - IRPJ devido   R$ 1.768.500,00
  - CSLL devida   R$ 645.300,00
  - Lucro Líquido do Exercício   R$ 4.756.200,00
  - Lucros distribuídos aos sócios   R$ 960.000,00
  - IRPF incidente sobre os lucros recebidos   zero

- Cálculo dos JCPs, considerando a TJLP hipotética do período igual a 6,0%:

JCP = R$ 16.000.000,00 × 6,0% = R$ 960.000,00

308 Contabilidade Tributária • Pohlmann

- Dados finais, após o pagamento dos JCPs:
  - Lucro Líquido do Exercício antes do IRPJ e da CSLL — R\$ 6.210.000,00
  - IRPJ devido — R\$ 1.528.500,00
  - CSLL devida — R\$ 558.900,00
  - Lucro Líquido do Exercício — R\$ 4.122.600,00
  - Lucros distribuídos aos sócios — zero
  - IRPF incidente sobre os lucros recebidos — zero
  - IRPF incidente sobre os JCPs — R\$ 144.000,00

- Resumo da situação tributária:
  - Somatório dos tributos, antes do pagamento dos JCPs — R\$ 2.413.800,00
  - Somatório dos tributos, após o pagamento dos JCPs — R\$ 2.231.400,00
  - Economia tributária — 7,6%
  - Fluxo de rendimentos (PJ + PF), antes dos JCPs — R\$ 4.756.200,00
  - Fluxo de rendimentos (PJ + PF), após os JCPs — R\$ 4.938.600,00
  - Incremento líquido no fluxo dos rendimentos — 3,8%

Restou demonstrado no exemplo que a substituição da distribuição de lucros pelo pagamento dos JCPs redundou em redução de 7,6% nos tributos devidos, resultando em um incremento do fluxo líquido total de rendimentos na ordem de 3,8%.

16.7.3 Reorganizações Societárias

No gênero das denominadas reorganizações societárias, podemos incluir diferentes espécies de negócios eventuais que acontecem na vida das empresas. Elas vão desde simples rearranjos de atividades dentro da própria empresa ou de um grupo econômico até grandes fusões, incorporações, cisões e aquisições de empresas.

A maior parte desses eventos tem efeitos tributários e, não raro, é realizada e tem os seus contornos definidos levando em conta as vantagens fiscais advindas. Três questões tributárias relativas às reorganizações societárias em geral são destacadas a seguir:

1. A questão relativa à amortização do ágio ou do deságio decorrente da diferença entre o custo de aquisição e o valor justo do patrimônio líquido da empresa adquirida.

2. O tratamento de eventuais ganhos e perdas de capital quando houver extinção de participação societária em fusões, incorporações e cisões.

3. Nas reestruturações de atividades dentro de uma empresa ou grupo econômico, a busca de configurações que impliquem menor carga tributária global.

Com relação à amortização do ágio ou do deságio, bem como com relação aos ganhos e perdas de capital nos processos de aquisição, fusão, cisão e incorporação, é necessário atentar para as regras fiscais que podem vir a limitar as vantagens fiscais esperadas pelas empresas envolvidas nessas operações.

O outro tema referido é a reestruturação de negócios. Muitas empresas ou grupos econômicos exercem atividades diversificadas, como: produzem diferentes linhas de produtos, vendem produtos e prestam serviços, vendem no mercado nacional e para o exterior, produzem, também, matérias-primas utilizadas em seus produtos finais, ou têm uma rede de distribuição de seus produtos, entre outras situações.

Nessas hipóteses, é necessário analisar se a estrutura adotada pela empresa para explorar essas múltiplas atividades é a que se sujeita à menor carga tributária. Isso porque, em certos casos, pode ser vantajoso aglutinar tais atividades em uma única empresa, e, em outros a vantagem pode estar na exploração dessas atividades por meio de diferentes PJs.

EXEMPLO

Apenas para ilustrar o afirmado, observemos o caso real de uma empresa que exerce cinco atividades diferentes:

1. Revenda autorizada de bens duráveis.
2. Revenda de combustíveis.
3. Revenda de peças de reposição.
4. Serviços de manutenção.
5. Renovação de produtos usados para posterior venda.

Tendo em vista os regimes de tributação existentes para fins de apuração do IRPJ, da CSLL, do PIS e da Cofins, é possível obter uma economia fiscal por meio da cisão das operações em duas ou mais empresas. O ônus tributário relativo a esses tributos na configuração atual é discriminado a seguir (em milhares de reais):

- ✓ IRPJ...   3.449
- ✓ CSLL...   1.241
- ✓ PIS...   258
- ✓ Cofins...   1.206
- ✓ Total...   6.154

Após a análise pormenorizada das operações em conjunto com os gestores da empresa, o contador tributarista identificou quatro alternativas possíveis de configuração das atividades, discriminadas no Quadro 16.1.

310 Contabilidade Tributária • Pohlmann

Quadro 16.1 Alternativas de configuração das atividades

Alternativas de configuração das atividades	Opção 1: três empresas	Opção 2: quatro empresas	Opção 3: quatro empresas	Opção 4: três empresas
Empresa 1	a, c, d	a, c	a, d	a, d, e
Empresa 2	b	b	b	b
Empresa 3	e	d	c	c
Empresa 4	–	e	e	–
a: revenda autorizada de bens duráveis; b: revenda de combustíveis; c: revenda de peças; d: serviços de manutenção; e: renovação de produtos usados.				

Identificadas as alternativas possíveis, o tributarista passou à avaliação da carga tributária envolvida em cada uma delas, relativamente aos tributos em questão. Os números encontrados estão detalhados na Tabela 16.1.

Tabela 16.1 Ônus tributário associado às alternativas de configuração das atividades

Tributos (em R$ 1.000,00)/ Configuração	Atual	Opção 1	Opção 2	Opção 3	Opção 4
IRPJ	3.449	3.207	2.190	2.414	3.013
CSLL	1.241	1.154	657	869	1.085
PIS	258	163	205	259	253
Cofins	1.206	770	975	1.249	1.193
TOTAL	6.154	5.294	4.027	4.791	5.544
Percentual de ônus tributário total em relação à configuração atual	100%	86%	65%	78%	90%

Analisando as informações constantes da Tabela 16.1, fica evidente que a cisão da empresa em quatro unidades juridicamente distintas (Opção 2) é a que conduziria à minimização da carga tributária, representando uma redução de 35% em relação à carga tributária atual. A projeção dessa economia tributária no tempo representa uma importante vantagem competitiva e uma valiosa fonte de financiamento das operações e dos investimentos da empresa.

> Ressalte-se que foram apresentadas apenas aquelas informações mínimas necessárias para explicar as conclusões da análise e chamar a atenção para a importância desse tipo de estudo quando se está diante de uma empresa com atividades diversificadas. Não seria factível, tampouco útil para fins didáticos, detalhar todos os dados e cálculos necessários para demonstrar os achados.

16.7.4 Incentivos Fiscais

Os incentivos fiscais representam uma importante fonte de economias tributárias para as empresas. Podemos defini-los como toda e qualquer redução do ônus tributário concedida pelo governo aos contribuintes, na condição de instrumento de políticas sociais e econômicas, mediante o cumprimento de determinados requisitos exigidos pela lei.

Dessa maneira, para ser considerado um incentivo fiscal, deve haver, concomitantemente: 1 – uma vantagem tributária para o contribuinte; 2 – uma ação exigida do contribuinte; e 3 – uma finalidade econômica ou social subjacente para a qual o incentivo foi criado.

Um incentivo fiscal pode ser materializado de diversas formas, tais como: 1 – créditos fiscais; 2 – a dedução de um gasto direto do imposto; 3 – a possibilidade de antecipação da dedução de uma despesa; 4 – isenções; 5 – reduções de alíquota; 6 – reduções de base de cálculo; e 7 – postergação ou diferimento da tributação.

Alguns dos incentivos fiscais mais comuns são relacionados a seguir:

- Plano de alimentação do trabalhador.
- Doações ao Fundo da Criança e do Adolescente.
- Doações e patrocínios a atividades culturais ou artísticas.
- Investimentos em projetos de obras audiovisuais.
- Incentivo ao desporto (Lei n. 11.438/2006).
- Incentivos à inovação tecnológica (Lei n. 11.196/2005).
- Incentivos concedidos para empresas situadas em determinadas áreas ou regiões, tais como a Zona Franca de Manaus (ZFM) ou as Zonas de Processamento de Exportações (ZPE).
- Incentivos a atividades culturais e artísticas concedidas por leis estaduais mediante créditos ou redução da tributação do ICMS.

Alguns desses incentivos estão associados ao desenvolvimento tecnológico da empresa, enquanto outros podem ser usados como instrumentos de promoção da imagem institucional ou dos produtos da empresa.

Por essa razão, é muito importante que o contador tributarista esteja atento a todas as oportunidades de aproveitamento de incentivos fiscais oferecidos pelo governo, uma vez que os gastos realizados pelas empresas permitem, em muitos casos, alavancar os negócios, ao mesmo tempo que reduzem a carga tributária.

RESUMO

Do conteúdo que você estudou neste capítulo, é importante destacar:

- O planejamento tributário pode ser entendido como o conjunto de decisões e ações adotadas pelos contribuintes com o objetivo de evitar a incidência de tributos – ou meramente reduzir seu valor ou postergar seu pagamento – em relação a determinado ato, negócio ou atividade.

- Quanto ao objetivo, o planejamento tributário pode ser classificado em: 1 – anulatório, caso vise evitar a incidência do tributo; 2 – redutivo, caso vise reduzir o montante do tributo devido; e 3 – postergatório, caso objetive postergar o pagamento do tributo.

- Outra classificação diz respeito ao alcance do planejamento tributário: nesse aspecto, ele pode ser estratégico ou operacional.

- A eficácia do planejamento tributário está estritamente ligada ao grau de atingimento do objetivo traçado, ou seja, reduzir, postergar ou evitar a incidência do tributo. Scholes *et al.* (2004) estabelecem três temas-chaves, os quais podemos chamar de princípios de um bom planejamento tributário: *All Parties*, *All Taxes* e *All Costs*.

- O termo "elisão fiscal" tem, de modo geral, o mesmo significado que "planejamento tributário", e envolve necessariamente a adoção de medidas lícitas para o atingimento dos objetivos almejados, seja para evitar a incidência dos tributos, seja para reduzir ou postergar o seu pagamento.

- Quando esses objetivos característicos do planejamento tributário são buscados ou alcançados por meio de medidas ilícitas, vedadas por lei, estamos diante não mais da elisão, e sim da chamada evasão tributária.

- Um dos mecanismos de defesa do Fisco para neutralizar o planejamento tributário são as normas antielisivas (ou antielisão), que podem ser classificadas em duas espécies: normas específicas antielisivas e norma geral antielisiva.

- As decisões de planejamento tributário são parte do processo decisório geral das organizações e, por que não, das PFs. Como regra, o processo decisório na gestão das organizações envolve uma sequência de passos, que inicia com a identificação do problema e termina com a implementação da solução escolhida.

- Uma das espécies mais comuns de planejamento tributário é aquela que envolve a escolha de um modo ou regime de tributação quando há duas ou mais opções previstas na legislação. Por essa razão, é denominado planejamento tributário optativo.

- Os JCPs correspondem à remuneração do capital próprio aplicado na empresa. Trata-se de uma prática alternativa permitida pela legislação fiscal e geralmente representa vantagem sob o ponto de vista tributário.

Cap. 16 • Planejamento Tributário **313**

- No gênero das denominadas reorganizações societárias, podemos incluir diferentes espécies de negócios eventuais que acontecem na vida das empresas. A maior parte desses eventos tem efeitos tributários e, não raro, é realizada e tem os seus contornos definidos levando em conta as vantagens fiscais advindas.

QUESTÕES DE MÚLTIPLA ESCOLHA

1. Com relação à reestruturação de atividades diversificadas de uma empresa ou grupo econômico, é correto afirmar, sob a perspectiva do planejamento tributário, que:

   a) A exploração de todas as atividades diversificadas em uma única empresa gera maior economia fiscal.

   b) A exploração de todas as atividades diversificadas em duas ou mais empresas gera maior economia fiscal.

   c) A exploração de todas as atividades diversificadas em duas ou mais empresas poderá gerar maior economia fiscal.

   d) É indiferente, sob o ponto de vista fiscal, a exploração das atividades diversificadas em uma ou mais empresas.

2. Quanto ao objetivo, o planejamento tributário pode ser classificado em:

   a) Redutivo, ampliativo e evasivo.

   b) Anulatório, redutivo e postergatório.

   c) Elisivo, judicial e induzido.

   d) Estratégico, tático e operacional.

3. Quanto à abrangência, o planejamento tributário pode ser classificado em:

   a) Administrativo, estratégico e operacional.

   b) Elisivo, evasivo e neutro.

   c) Interno, administrativo e judicial.

   d) Anulatório, redutivo e postergatório.

4. Quanto ao alcance, o planejamento tributário pode ser classificado em:

   a) Estratégico e operacional.

   b) Anulatório, redutivo e postergatório.

   c) Interno, administrativo e judicial.

   d) Nacional e internacional.

314 Contabilidade Tributária • Pohlmann

5. Um planejamento tributário eficaz deve considerar três princípios ou temas-chaves, que são:

   a) *All Rules, All Shelters* e *All Income*.

   b) *All Taxes, All Rules* e *All Shelters*.

   c) *All Parties, All Taxes* e *All Costs*.

   d) *All Costs, All Income* e *All Taxpayers*.

6. Os tributos implícitos são definidos como:

   a) Tributos não declarados pelo contribuinte.

   b) Tributos declarados pelo contribuinte e não recolhidos no prazo.

   c) Tributos que são pagos indiretamente na forma de menores taxas de retorno, antes dos tributos, nos investimentos com tributação favorecida.

   d) Tributos incluídos no preço dos produtos, cuja incidência ou valor o adquirente desconhece.

7. Com relação à norma geral antielisiva, é correto afirmar:

   a) Ainda não foi introduzida no Brasil.

   b) É um dispositivo legal que assegura ao contribuinte o direito ao planejamento tributário.

   c) Tem o mesmo significado e abrangência das normas específicas antielisivas.

   d) É um mecanismo legal criado para limitar o planejamento tributário.

8. Com relação aos termos "escolhas contábeis" e "gerenciamento de resultados", é correto afirmar:

   a) São sinônimos.

   b) Não existe relação entre eles.

   c) O "gerenciamento de resultados" pressupõe a existência de "escolhas contábeis".

   d) As "escolhas contábeis" pressupõem a existência de "gerenciamento de resultados".

9. Com relação aos JCPs, é correto afirmar:

   a) É sempre vantajoso sob o ponto de vista do planejamento tributário.

   b) É sempre tributado exclusivamente na fonte quando o beneficiário é PF.

   c) É sempre uma despesa dedutível.

   d) Não é tributado quando o beneficiário é PJ.

10. Com relação ao entendimento prevalente nos tribunais superiores quanto aos crimes tributários, é correto afirmar:

   a) O adimplemento do débito tributário, a qualquer tempo, até mesmo após o advento do trânsito em julgado da sentença penal condenatória, é causa de extinção da punibilidade do acusado.

Cap. 16 • Planejamento Tributário **315**

b) Para que haja extinção de punibilidade pelo pagamento do débito, é necessário que o pagamento ou parcelamento ocorra até o recebimento da denúncia criminal.

c) Não há a possibilidade de extinção da punibilidade criminal em decorrência do pagamento do débito tributário.

d) Para extinção da punibilidade pelo crime tributário, o pagamento deve ocorrer até a sentença de primeiro grau.

GABARITO

1. c	2. b	3. c	4. a	5. c
6. c	7. d	8. c	9. d	10. a

CAPÍTULO 17

REFORMA TRIBUTÁRIA

OBJETIVOS DO CAPÍTULO

▶ Apresentar um apanhado das principais propostas de reforma tributária que estão em pauta no Brasil, especialmente aquelas veiculadas por propostas de emendas constitucionais, pois trazem profundas alterações nos tributos sobre a circulação de bens e serviços, de modo a permitir ao leitor a compreensão dos méritos e dos deméritos de cada proposição.

Desde fins da década de 1990, discute-se, no Brasil, a necessidade de uma ampla reforma tributária, especialmente buscando a redução tanto do número de tributos quanto da carga tributária e da complexidade do sistema tributário brasileiro.

Propostas têm sido apresentadas ao longo dos anos, estando em pauta atualmente a discussão em torno de duas propostas principais de emendas à Constituição Federal (CF):

- Proposta de Emenda Constitucional n. 45, de 3 de abril de 2019, apresentada perante a Câmara de Deputados (PEC 45/2019).
- Proposta de Emenda Constitucional n. 110, de 19 de julho de 2019, apresentada perante o Senado Federal (PEC 110/2019).

Há sobre a mesa, ainda, propostas de modificações de natureza infraconstitucional veiculadas por projetos de lei que também introduzem importantes alterações no sistema

318 Contabilidade Tributária • Pohlmann

tributário. De acordo com Almeida (2021), o governo federal, em 2020, tornou público que as propostas seriam elaboradas e discutidas em quatro fases. A primeira fase foi apresentada à Câmara dos Deputados em 21 de julho de 2020, por meio do Projeto de Lei Complementar (PLC) n. 3.887/2020, que instituiu a Contribuição Social sobre Operações com Bens e Serviços (CBS).

Ainda segundo Almeida (2021), a segunda fase foi apresentada à Câmara dos Deputados em 25 de junho de 2021, por meio do Projeto de Lei (PL) n. 2.337/2021, propondo a alteração da legislação do Imposto de Renda (IR) e da Contribuição Social sobre o Lucro Líquido (CSLL). A terceira fase consistiria em mudanças no Imposto sobre Produtos Industrializados (IPI), enquanto a quarta e última fase seria sobre a desoneração da folha de salários.

Passamos, primeiramente, à análise mais aprofundada do conteúdo das propostas de emendas constitucionais, destacando especialmente o que elas têm em comum e em que pontos elas divergem. Depois, tratamos das reformas de índole infraconstitucional.

17.1 CONTEÚDO DAS PROPOSTAS DE EMENDAS CONSTITUCIONAIS

Apresentamos, a seguir, uma síntese das proposições baseada no trabalho de Santos e Araújo (2020), consultores legislativos da Câmara dos Deputados que desenvolveram uma abordagem dividida nos seguintes tópicos: 1 – tributos criados e extintos; 2 – competência tributária; 3 – base de incidência; 4 – alíquota; 5 – não cumulatividade; 6 – concessão de benefícios fiscais; 7 – partilha da arrecadação do Imposto sobre Bens e Serviços (IBS); 8 – vinculação da arrecadação do IBS; 9 – transição do sistema de cobrança dos tributos; 10 – e outras matérias (impostos seletivos).

17.1.1 Tributos Criados e Extintos

São criados e extintos os seguintes tributos:

- **PEC 45**: cria um IBS e impostos seletivos, e extingue cinco tributos: Imposto sobre Produtos Industrializados (IPI), Programa de Integração Social (PIS), Contribuição para o Financiamento da Seguridade Social (Cofins), Imposto sobre a Circulação de Mercadorias e Serviços de Transporte Interestadual e Intermunicipal e de Comunicação (ICMS) e Imposto sobre Serviços (ISS).

- **PEC 110**: cria um IBS e um imposto seletivo, e extingue nove tributos: IPI, Imposto sobre Operações Financeiras (IOF), PIS, Pasep, Cofins, CIDE-Combustíveis, Salário-Educação, ICMS e ISS.

- **Substitutivo à PEC 110**: cria um IBS federal, um IBS estadual/municipal e um imposto seletivo, e extingue nove tributos: IPI, IOF, PIS, Pasep, Cofins, CIDE-Combustíveis, Salário-Educação, ICMS e ISS.

17.1.2 Competência Tributária

A competência tributária está assim distribuída:

- **PEC 45**: o IBS é um imposto instituído por meio de lei complementar (LC) federal (exceto em relação à fixação da parcela das alíquotas destinadas à União, aos Estados, ao Distrito Federal e aos Municípios, a ser definida por lei ordinária de cada ente federativo).

- **PEC 110**: o IBS é um imposto instituído pelo Congresso Nacional por meio de LC, com poder de iniciativa reservado basicamente a representantes dos Estados e dos Municípios (exceto por uma comissão mista de Senadores e Deputados Federais criada especificamente para esse fim ou por bancada estadual).

- **Substitutivo à PEC 110**: o IBS federal é instituído por LC, e o IBS estadual/municipal é instituído pelo Congresso Nacional por meio de LC específica, com poder de iniciativa reservado basicamente a representantes dos Estados e dos Municípios (exceto por uma comissão mista de Senadores e Deputados Federais criada especificamente para esse fim ou por bancada estadual).

17.1.3 Base de Incidência

O âmbito de abrangência do IBS está assim definido:

- **PECs 45 e 110**: incidência do IBS sobre todos os bens e serviços, incluindo a exploração de bens e direitos, tangíveis e intangíveis, e a locação de bens, nas operações no mercado interno e na importação. Não incidência do tributo na exportação.

17.1.4 Alíquota

A definição das alíquotas segue os seguintes critérios:

- **PEC 45**: cada ente federativo fixará uma parcela da alíquota total do IBS por meio de lei ordinária, federal, estadual, distrital ou municipal (uma espécie de "subalíquota"), aplicável a todos os bens e serviços destinados a cada ente federado; portanto, a alíquota pode diferir em cada Município/Estado, mas é única para todos os bens e serviços lá consumidos.

- **PEC 110**: LC fixará as alíquotas do IBS, havendo uma alíquota-padrão, mas podendo ser fixadas alíquotas diferenciadas para determinados bens ou serviços; portanto, a alíquota pode diferir, dependendo do bem ou serviço, mas é aplicada de maneira uniforme em todo o território nacional.

- **Substitutivo à PEC 110**: regras similares às da PEC 110; as alíquotas poderão também ser diferenciadas em razão da utilização de novas tecnologias, caso em que podem ser minoradas.

17.1.5 Não Cumulatividade

A consideração da não cumulatividade é feita da seguinte maneira:

- **PECs 45 e 110**: ambas as proposições pretendem adotar o regime de crédito financeiro, permitindo que qualquer crédito vinculado à atividade empresarial possa ser descontado dos IBS devidos e garantindo-se a devolução dos créditos acumulados. No texto da PEC 45, não há restrição explícita ao aproveitamento de créditos relativos a bens ou serviços caracterizados como de uso ou consumo pessoal, embora se perceba, nas justificativas das proposições, ser essa a intenção de seus autores.

17.1.6 Concessão de Benefícios Fiscais

Quanto aos benefícios fiscais, as liberdades e as limitações são as seguintes:

- **PEC 45**: não permite a concessão de benefício fiscal.
- **PEC 110**: autoriza a concessão de benefícios fiscais (por LC) nas operações com i) alimentos, inclusive os destinados ao consumo animal; ii) medicamentos; iii) transporte público coletivo de passageiros urbano e de caráter urbano; iv) bens do ativo imobilizado; v) saneamento básico; e vi) educação infantil, fundamental, médio e superior, e educação profissional.
- **Substitutivo à PEC 110**: autoriza a concessão de benefícios fiscais (por LC), tanto para o IBS federal quanto para o IBS estadual/municipal, nas mesmas operações da PEC 110, e acrescenta: i) cadeia produtiva da saúde; ii) embalagens, resíduos ou remanentes oriundos de sistema de logística reversa; iii) biocombustíveis; iv) produtos de higiene pessoal; v) operações de seguro, cosseguro, previdência complementar e capitalização; vi) produtos que originem biocombustíveis, observadas as exigências fixadas em lei; vii) gás de cozinha para uso residencial; viii) produtos para pesquisa e desenvolvimento. Além disso, autoriza que LC crie Zona de Processamento de Exportações do Maranhão (ZEMA) sem as restrições de benefícios fiscais para o IBS federal e para o IBS estadual/municipal.

17.1.7 Partilha da Arrecadação do IBS

As regras da partilha da arrecadação seguem o seguinte desenho:

- **PEC 45**: cada ente federativo tem sua parcela na arrecadação do tributo determinada pela aplicação de sua "subalíquota" sobre a base de cálculo do imposto.
- **PEC 110**: o produto da arrecadação do imposto é partilhado entre União, Estados, Distrito Federal e Municípios mediante entrega de recursos a cada ente federativo conforme aplicação de percentuais previstos na Constituição sobre a receita bruta do IBS (repasse de cota-parte).

17.1.8 Vinculação da Arrecadação do IBS

Quanto à vinculação da arrecadação, as propostas são as seguintes:

- **PEC 45**: as destinações estão vinculadas a parcelas da "subalíquota" de cada ente federativo, fixadas em pontos percentuais e denominadas "alíquotas singulares".
- **PEC 110**: o produto da arrecadação do imposto é vinculado às despesas e aos fundos mediante aplicação de percentual sobre a arrecadação para definir a entrega direta de recursos (fundos constitucionais, seguro-desemprego, BNDES) ou piso mínimo de gastos (saúde, educação).

17.1.9 Transição do Sistema de Cobrança dos Tributos

As propostas de transição para o novo modelo são as seguintes:

- **PEC 45**: durante dois anos é cobrada uma contribuição "teste" de 1% sobre a mesma base de incidência do IBS, e, depois, a transição dura oito anos, sendo os atuais tributos substituídos pelos novos tributos à razão de um oitavo ao ano.
- **PEC 110**: durante um ano é cobrada uma contribuição "teste" de 1% sobre a mesma base de incidência do IBS, e, depois, a transição dura cinco anos, sendo os atuais tributos substituídos pelos novos tributos à razão de um quinto ao ano.

17.1.10 Impostos Seletivos

Os impostos seletivos são assim delineados:

- **PEC 45**: prevê a criação de impostos seletivos, de índole extrafiscal, cobrados sobre determinados bens, serviços ou direitos (não especificados na PEC) com o objetivo de desestimular o consumo.
- **PEC 110**: prevê a criação de um imposto seletivo, de índole arrecadatória, cobrado sobre operações com: i) petróleo e seus derivados; ii) combustíveis e lubrificantes de qualquer origem; iii) gás natural; iv) cigarros e outros produtos do fumo; v) energia elétrica; vi) serviços de telecomunicações a que se refere o art. 21, XI, da CF; vii) bebidas alcoólicas e não alcoólicas; e viii) veículos automotores novos, terrestres, aquáticos e aéreos. Além disso, promove alterações na CSLL, no Imposto sobre a Propriedade de Veículo Automotor (IPVA) e no Imposto sobre Transmissão *Causa Mortis* e Doação (ITCMD), cria fundos e traz diversas normas gerais de índole tributária.
- **Substitutivo à PEC 110**: prevê a criação de um imposto seletivo, de índole extrafiscal, cobrado sobre determinados bens, serviços ou direitos (não especificados na PEC) com o objetivo de desestimular o consumo, vedada a incidência que onere insumos da cadeia produtiva. Além disso, promove alterações na CSLL, no IPVA e no ITCMD, cria fundos e traz diversas normas gerais de índole tributária.

17.1.11 Outras Matérias

Outros tributos também sofrem modificações. Além do rearranjo da tributação sobr bens e serviços, a PEC 110 contempla, segundo Correia Neto *et al.* (2019), outras matéria não previstas na PEC 45, sendo as mais destacadas as seguintes:

- Extinção da CSLL, com sua base incorporada ao Imposto de Renda das Pessoa Jurídicas (IRPJ).
- Transferência do ITCMD da competência estadual para a federal, com a arrecadaçã integralmente destinada aos Municípios.
- Ampliação da base de incidência do IPVA, para incluir aeronaves e embarcaçõe com a arrecadação integralmente destinada aos Municípios.
- Autorização de criação de adicional do IBS para financiar a previdência social.
- Criação de fundos estadual e municipal para reduzir a disparidade da receita *pe capita* entre os Estados e os Municípios, com recursos destinados a investimento em infraestrutura.

17.1.12 Síntese dos Principais Pontos da Reforma

Uma síntese dos principais pontos da reforma da tributação do consumo, segundo Grupo de Trabalho da PEC n. 45/2019 – Câmara dos Deputados (2023), seria a seguinte:

1. Substituição de PIS, Cofins, IPI, ICMS e ISSQN por um ou dois impostos sobre valor adicionado e um seletivo.
2. Manutenção da carga tributária global.
3. Base ampla de incidência.
4. Princípio do destino.
5. Não cumulatividade plena.
6. *Cashback* do Imposto sobre o Valor Adicionado (IVA).
7. Legislação nacionalmente uniforme e o mais homogênea possível.
8. Incidência "por fora".
9. Desoneração das exportações.
10. Desoneração dos investimentos.
11. Incidência sobre importações.
12. Sistema operacional extremamente simples.
13. Autonomia da União, dos Estados e dos Municípios.
14. Fundo de Desenvolvimento Regional.
15. Manutenção do Simples Nacional.
16. Manutenção da Zona Franca de Manaus.

17. Garantias das destinações atuais resultantes das vinculações e das partilhas.

18. Garantia de ressarcimento dos saldos credores dos tributos atuais.

19. Transição segura para a sociedade.

20. Transição mais longa para estados e Municípios.

17.2 REFORMAS TRIBUTÁRIAS VEICULADAS POR PROJETOS DE LEI

Como referido alhures, o governo federal havia preparado, em 2020, um pacote de mudanças tributárias a serem elaboradas e discutidas em quatro fases. A primeira e a segunda fase foram objetos de projetos de lei. A terceira fase consistiria em mudanças no IPI, enquanto a quarta e última fase seria sobre a desoneração da folha de salários.

A primeira fase redundou no PLC n. 3.887/2020, propondo a instituição da CBS, da espécie IVA, em substituição ao PIS e à Cofins. A alíquota dessa contribuição, como regra, seria de 12%.

A segunda fase constou do PL n. 2.337/2021, propondo a alteração da legislação do IR e da CSLL. As principais novidades introduzidas por esse PL foram as seguintes:

- A distribuição de lucros, salvo algumas exceções, voltaria a ser tributada a uma alíquota geral de 20%.

- Em compensação, haveria uma redução da alíquota básica do IRPJ, passando de 15% para 10%.

- Extinção dos Juros sobre o Capital Próprio (JCP), uma despesa dedutível de IRPJ e CSLL para empresas do Lucro Real.

- Sujeição obrigatória ao Regime do Lucro Real das empresas que explorem atividades de administração, aluguel ou compra e venda de imóveis próprios cuja receita bruta no ano-calendário anterior, decorrente de *royalties* ou de administração, aluguel ou compra e venda de imóveis próprios, represente mais de 50% da receita bruta do mesmo ano.

- As sociedades em conta de participação ficam obrigadas a adotar o mesmo regime de tributação do sócio ostensivo.

RESUMO

Do conteúdo que você estudou neste capítulo, é importante destacar:

- Está em pauta atualmente a discussão de duas importantes propostas de emendas à CF: a Proposta de Emenda Constitucional n. 45, de 03 de abril de 2019, apresentada perante a Câmara de Deputados (PEC 45/2019); e a Proposta de Emenda Constitucional n. 110, de 19 de julho de 2019, apresentada perante o Senado Federal (PEC 110/2019).

- Há sobre a mesa, ainda, propostas de modificações de natureza infraconstitucional veiculadas por projetos de lei que também introduzem importantes alterações no sistema tributário.
- A PEC 45 cria um IBS e impostos seletivos, e extingue cinco tributos: IPI, PIS, Cofins, ICMS e ISS.
- A PEC 110 cria um IBS e um imposto seletivo, e extingue nove tributos: IPI, IOF, PIS, Pasep, Cofins, CIDE-Combustíveis, Salário-Educação, ICMS e ISS.
- O Substitutivo à PEC 110 cria um IBS federal, um IBS estadual/municipal e um imposto seletivo, e extingue nove tributos: IPI, IOF, PIS, Pasep, Cofins, CIDE-Combustíveis, Salário-Educação, ICMS e ISS.
- As PECs 45 e 110 contemplam a incidência do IBS sobre todos os bens e serviços, incluindo a exploração de bens e direitos, tangíveis e intangíveis, e a locação de bens, nas operações no mercado interno e na importação. Não incidência do tributo na exportação.
- Pela PEC 45, cada ente federativo fixará uma parcela da alíquota total do IBS por meio de lei ordinária, federal, estadual, distrital ou municipal (uma espécie de "subalíquota"), aplicável a todos os bens e serviços destinados a cada ente federado; portanto, a alíquota pode diferir em cada Município/Estado, mas é única para todos os bens e serviços lá consumidos.
- Segundo a PEC 110, a LC fixará as alíquotas do IBS, havendo uma alíquota-padrão, mas podendo ser fixadas alíquotas diferenciadas para determinados bens ou serviços; portanto, a alíquota pode diferir, dependendo do bem ou serviço, mas é aplicada de maneira uniforme em todo o território nacional.
- No Substitutivo à PEC 110, as regras são similares às da PEC 110; as alíquotas poderão também ser diferenciadas em razão da utilização de novas tecnologias, caso em que podem ser minoradas.
- Na PEC 45, durante dois anos é cobrada uma contribuição "teste" de 1% sobre a mesma base de incidência do IBS, e, depois, a transição dura oito anos, sendo os atuais tributos substituídos pelos novos tributos à razão de um oitavo ao ano.
- Na PEC 110, durante um ano é cobrada uma contribuição "teste" de 1% sobre a mesma base de incidência do IBS, e, depois, a transição dura cinco anos, sendo os atuais tributos substituídos pelos novos tributos à razão de um quinto ao ano.
- Em todas as propostas há, também, a previsão de criação de impostos seletivos.

QUESTÕES DE MÚLTIPLA ESCOLHA

1. Com relação ao IBS, é correto afirmar:
   a) É um tributo que existe no Brasil desde a década de 1960.
   b) Não está em discussão na reforma tributária.
   c) É objeto de projeto de LC.
   d) Tanto a PEC 45 quanto a PEC 110 propõem a sua criação.

Cap. 17 • Reforma Tributária **325**

2. Com relação à não cumulatividade, é correto afirmar:

   a) É adotada no Brasil em alguns tributos, como o ICMS e o IPI.
   b) Não existe no sistema tributário brasileiro.
   c) Visa abolir a não cumulatividade.
   d) Somente países atrasados a adotam.

3. A PEC 110 propõe a extinção de:

   a) Cinco tributos.
   b) Sete tributos.
   c) Nove tributos.
   d) Três tributos.

4. Assinale a alternativa que contém apenas tributos que serão extintos caso a PEC 45 seja aprovada.

   a) PIS, Cofins e ICMS.
   b) CSLL, Cofins e ISS (ou ISSQN).
   c) ICMS, IRPJ e PIS.
   d) IPI, CSLL e Cofins.

5. Assinale a alternativa correta.

   a) A PEC 110 cria um IBS e um imposto sobre movimentações financeiras.
   b) A PEC 45 cria um IBS e impostos seletivos.
   c) A PEC 110 cria um IBS e não prevê impostos seletivos.
   d) A PEC 45 cria um IBS e um IVA.

6. Assinale a alternativa correta.

   a) Na PEC 45, o IBS é um imposto instituído por meio de LC federal (exceto em relação à fixação da parcela das alíquotas destinadas à União, aos Estados, ao Distrito Federal e aos Municípios, a ser definida por lei ordinária de cada ente federativo).
   b) Na PEC 45, o IBS é um imposto instituído por meio de lei ordinária federal.
   c) Na PEC 45, o IBS é um imposto instituído por meio de lei emenda constitucional.
   d) Na PEC 45, o IBS é um imposto instituído por meio de lei ordinária estadual.

7. Assinale a alternativa correta.

   a) A PEC 45 permite a concessão de benefício fiscal por lei estadual.
   b) A PEC 110 não autoriza a concessão de benefícios fiscais.
   c) A PEC 45 não permite a concessão de benefício fiscal.
   d) A PEC 45 permite a concessão de benefício fiscal por LC federal.

326 Contabilidade Tributária • Pohlmann

8. Com relação à PEC 45 e à PEC 110, é correto afirmar:

   a) Somente a PEC 110 prevê a incidência do IBS sobre a exploração de intangíveis.

   b) Somente a PEC 45 prevê a incidência do IBS sobre a exploração de intangíveis.

   c) Nem a PEC 45 nem a PEC 110 preveem a incidência do IBS sobre a exploração de intangíveis.

   d) Tanto a PEC 45 quanto a PEC 110 preveem a incidência do IBS sobre a exploração de intangíveis.

9. Quanto à transição do sistema de cobrança dos tributos, é correto afirmar:

   a) Na PEC 45, durante dois anos é cobrada uma contribuição "teste" de 1% sobre a mesma base de incidência do IBS.

   b) Na PEC 110, durante dois anos é cobrada uma contribuição "teste" de 1% sobre a mesma base de incidência do IBS.

   c) Na PEC 45, durante três anos é cobrada uma contribuição "teste" de 1% sobre a mesma base de incidência do IBS.

   d) Na PEC 110, durante três anos é cobrada uma contribuição "teste" de 1% sobre a mesma base de incidência do IBS.

10. O PL n. 2.337/2021 propôs a alteração da legislação do IR e da CSLL. Entre as principais novidades introduzidas por esse projeto, estão as seguintes alterações:

   a) Redução da alíquota do IRPJ das empresas e tributação da distribuição de lucros e dividendos à alíquota de 15%.

   b) Aumento da alíquota do IRPJ das empresas e tributação da distribuição de lucros e dividendos à alíquota de 15%.

   c) Aumento da alíquota do IRPJ das empresas e tributação da distribuição de lucros e dividendos à alíquota de 20%.

   d) Redução da alíquota do IRPJ das empresas e tributação da distribuição de lucros e dividendos à alíquota de 20%.

GABARITO

1. d	2. a	3. c	4. a	5. b
6. a	7. c	8. d	9. a	10. d

REFERÊNCIAS

ALMEIDA, Fábio da Silva. Compliance tributário: contexto, atualidades, riscos e aplicação nas empresas. *In*: MADRUGA, Edgar *et al.* (Coord.). *Compliance tributário*: práticas, riscos e atualidades. Santos: Realejo, 2018. p. 7-20.

ALMEIDA, Edson Sebastião. *Reforma tributária*: comparativos da PEC n. 45/2019 e da PEC n. 110/2019 e as fases das propostas pelo Governo Federal. 2021. Disponível em: https://conteudojuridico.com.br/coluna/3284/reforma-tributria-comparativos-das-pec-n-45-2019-e-da-pec-n-110-2019-e-as-fases-das-propostas-pelo-governo-federal. Acesso em: 04 nov. 2023.

ANDRADE FILHO, Edmar Oliveira. *Auditoria de impostos e contribuições*. São Paulo: Atlas, 2009.

BIFANO, Elidie Palma. A reforma tributária deveria considerar os princípios do ESG/Tributação? *Consultor Jurídico*, São Paulo, 27 abr. 2022. Disponível em: https://www.conjur.com.br/2022-abr-27/consultor-tributario-reforma-tributaria-deveria-considerar-principios-esg-tributacao#:~:text=Denomina%2Dse%20ESG%2FTributa%C3%A7%C3%A3o%20ou,pr%C3%A1ticas%2C%20pol%C3%ADticas%20e%20estrat%C3%A9gias%20tribut%C3%A1rias. Acesso em: 03 out. 2022.

BRASIL. Constituição da República Federativa do Brasil. Brasília: *Diário Oficial da União*, 1988.

BRASIL. Decreto n. 5.442, de 09 de maio de 2005. Reduz a zero as alíquotas da Contribuição para o PIS/PASEP e da Cofins incidentes sobre as receitas financeiras auferidas pelas pessoas jurídicas sujeitas à incidência não-cumulativa das referidas contribuições. Brasília: *Diário Oficial da União*, 2005.

328 Contabilidade Tributária • Pohlmann

BRASIL. Decreto n. 6.306, de 14 de dezembro de 2007. Regulamenta o Imposto sobre Ope‑ rações de Crédito, Câmbio e Seguro, ou relativas a Títulos ou Valores Mobiliários – IO Brasília: *Diário Oficial da União*, 2007.

BRASIL. Decreto n. 6.759, de 05 de fevereiro de 2009. Regulamenta a administração das ati vidades aduaneiras, e a fiscalização, o controle e a tributação das operações de comérci exterior. Brasília: *Diário Oficial da União*, 2009.

BRASIL. Decreto n. 6.976, de 07 de outubro de 2009. Dispõe sobre o Sistema de Contabili dade Federal e dá outras providências. Brasília: *Diário Oficial da União*, 2009.

BRASIL. Decreto n. 64.567, de 22 de maio de 1969. Regulamenta dispositivos do Decreto-le n. 486, de 3 de março de 1969, que dispõem sobre a escrituração e livros mercantis e d outras providências. Brasília: *Diário Oficial da União*, Brasília, 1969.

BRASIL. Decreto-lei n. 406, de 31 de dezembro de 1968. Estabelece normas gerais de direit financeiro, aplicáveis aos impostos sobre operações relativas à circulação de mercadoria e sobre serviços de qualquer natureza, e dá outras providências. Brasília: *Diário Oficia da União*, 1968.

BRASIL. Decreto-lei n. 486, de 03 de março de1969. Dispõe sobre escrituração e livro mercantis e dá outras providências. Brasília: *Diário Oficial da União*, 1969.

BRASIL. Lei n. 4.320, de 17 de março 1964. Estatui Normas Gerais de Direito Financeiro par elaboração e controle dos orçamentos e balanços da União, dos Estados, dos Municípic e do Distrito Federal. Brasília: *Diário Oficial da União*, 1964.

BRASIL. Lei n. 4.506, de 30 de novembro de 1964. Dispõe sobre o imposto que recai sobr as rendas e proventos de qualquer natureza. Brasília: *Diário Oficial da União*, 1964.

BRASIL. Lei n. 4.729, de 14 de julho de 1965. Define o crime de sonegação fiscal e dá outr providências. Brasília: *Diário Oficial da União*, 1965.

BRASIL. Lei n. 6.404, de 15 de dezembro de 1976. Dispõe sobre as sociedades por açõe Brasília: *Diário Oficial da União*, 1976.

BRASIL. Lei n. 5.172, de 25 de outubro de 1966. Dispõe sobre o Sistema Tributário Naciona e institui normas gerais de direito tributário aplicáveis à União, Estados e Município Brasília: *Diário Oficial da União*, 1966.

BRASIL. Lei n. 7.689, de 15 de dezembro de 1988. Institui a contribuição social sobre lucro líquido das pessoas jurídicas e dá outras providências. Brasília: *Diário Oficia da União*, 1988.

BRASIL. Lei n. 8.034, de 12 de abril de 1990. Altera a legislação do Imposto de Renda d pessoas jurídicas, e dá outras providências. Brasília: *Diário Oficial da União*, 1990.

BRASIL. Lei n. 8.137, de 27 de dezembro de 1990. Define crimes contra a ordem tributári econômica e contra as relações de consumo, e dá outras providências. Brasília: *Diár Oficial da União*, 1990.

BRASIL. Lei n. 8.212, de 24 de julho de 1991. Dispõe sobre a organização da Seguridade Socia institui Plano de Custeio, e dá outras providências. Brasília: *Diário Oficial da União*, 200

Referências **329**

BRASIL. Lei n. 8.981, de 20 de janeiro de 1995. Altera a legislação tributária federal e dá outras providências. Brasília: *Diário Oficial da União*, 1995.

BRASIL. Lei n. 9.430, de 27 de dezembro de 1996. Dispõe sobre a legislação tributária federal, as contribuições para a seguridade social, o processo administrativo de consulta e dá outras providências. Brasília: *Diário Oficial da União*, 1996.

BRASIL. Lei n. 9.532, de 10 de dezembro de 1997. Altera a legislação tributária federal e dá outras providências. Brasília: *Diário Oficial da União*, 1997.

BRASIL. Decreto-lei n. 1.598, de 26 de dezembro de 1977. Altera a legislação do Imposto sobre a Renda. Brasília: *Diário Oficial da União*, 1977.

BRASIL. Lei n. 9.718, de 27 de novembro de 1998. Altera a Legislação tributária federal. Brasília: *Diário Oficial da União*, 1998.

BRASIL. Lei n. 10.637, de 30 de dezembro de 2002. Dispõe sobre a não-cumulatividade na cobrança da contribuição para os Programas de Integração Social (PIS) e de Formação do Patrimônio do Servidor Público (PASEP), nos casos que especifica; sobre o pagamento e o parcelamento de débitos tributários federais, a compensação de créditos fiscais, a declaração de inaptidão de inscrição de pessoas jurídicas, a legislação aduaneira, e dá outras providências. Brasília: *Diário Oficial da União*, 2002.

BRASIL. Lei n. 10.753, de 30 de outubro de 2003. Institui a Política Nacional do Livro. Brasília: *Diário Oficial da União*, 2003.

BRASIL. Decreto-lei n. 2.072, de 20 de dezembro de 1983. Altera a legislação do imposto de renda e dá outras providências. Brasília: *Diário Oficial da União*, 1983.

BRASIL. Lei n. 10.833, de 29 de dezembro de 2003. Altera a Legislação tributária federal e dá outras providências. Brasília: *Diário Oficial da União*, 2003.

BRASIL. Lei n. 10.865, de 30 de abril de 2004. Dispõe sobre a Contribuição para os Programas de Integração Social e de Formação do Patrimônio do Servidor Público e a Contribuição para o Financiamento da Seguridade Social incidentes sobre a importação de bens e serviços e dá outras providências. Brasília: *Diário Oficial da União*, 2004.

BRASIL. Lei n. 10.925, de 23 de julho de 2004. Reduz as alíquotas do PIS/PASEP e da Cofins incidentes na importação e na comercialização do mercado interno de fertilizantes e defensivos agropecuários e dá outras providências. Brasília: *Diário Oficial da União*, 2004.

BRASIL. Lei n. 11.638, de 28 de dezembro de 2007. Altera e revoga dispositivos da Lei n. 6.404, de 15 de dezembro de 1976, e da Lei n. 6.385, de 07 de dezembro de 1976, e estende às sociedades de grande porte disposições relativas à elaboração e divulgação de demonstrações financeiras. Brasília: *Diário Oficial da União*, 2007.

BRASIL. Lei n. 11.941, de 27 de maio de 2009. Altera a legislação tributária federal relativa ao parcelamento ordinário de débitos tributários; concede remissão nos casos em que especifica; institui regime tributário de transição e dá outras providências. Brasília: *Diário Oficial da União*, 2009.

BRASIL. Lei n. 12.973, de 13 maio 2014. Altera a legislação tributária federal relativa ao Imposto sobre a Renda das Pessoas Jurídicas – IRPJ, à Contribuição Social sobre o Lucro Líquido – CSLL, à Contribuição para o PIS/PASEP e à Contribuição para o Financiamento da Seguridade Social – Cofins. Brasília: *Diário Oficial da União*, 2014.

BRASIL. Lei n. 14.592, de 30 de maio de 2023. Altera a Lei n. 14.148, de 03 de maio de 2021, que instituiu o Programa Emergencial de Retomada do Setor de Eventos (Perse); reduz a 0% (zero por cento) as alíquotas da Contribuição para os Programas de Integração Social e de Formação do Patrimônio do Servidor Público (Contribuição para o PIS/PASEP) e da Contribuição para o Financiamento da Seguridade Social (Cofins). Brasília: *Diário Oficial da União*, 2023.

BRASIL. Lei Complementar n. 7, de 07 de setembro de 1970. Institui o Programa de Integração Social e dá outras providências. Brasília: *Diário Oficial da União*, Brasília, 1970.

BRASIL. Lei Complementar n. 70, de 30 de dezembro de 1991. Institui contribuição para financiamento da Seguridade Social, eleva a alíquota da contribuição social sobre o lucro das instituições financeiras e dá outras providências. Brasília: *Diário Oficial da União*, 1991.

BRASIL. Lei Complementar n. 100, de 22 de dezembro de 1999. Altera o Decreto-lei n. 406, de 31 de dezembro de 1968, e a Lei Complementar n. 56, de 15 de dezembro de 1987, para acrescentar serviço sujeito ao Imposto sobre Serviços de Qualquer Natureza. Brasília: *Diário Oficial da União*, 1999.

BRASIL. Lei Complementar n. 116, de 31 de julho de 2003. Dispõe sobre o Imposto Sobre Serviços de Qualquer Natureza, de competência dos Municípios e do Distrito Federal, e dá outras providências. Brasília: *Diário Oficial da União*, 2003.

BRASIL. Medida Provisória n. 2.158-35, de 24 de agosto de 2001. Altera a legislação das Contribuições para a Seguridade Socia – Cofins, para os Programas de Integração Social e de Formação do Patrimônio do Servidor Público – PIS/PASEP e do Imposto sobre a Renda, e dá outras providências. Brasília: *Diário Oficial da União*, 2001.

BRASIL. TRIBUNAL REGIONAL FEDERAL DA QUARTA REGIÃO. Apelação Cível 2003.04.01.012840-3/PR. Comércio de Derivados de Petróleo Nateo Ltda. e União Federal. Relatora Juíza Vivian Josete Pantaleão Caminha. DJ, 08 fev. 2006.

CARNAÚBA, Paulo Henrique de Almeida. O tributarista polivalente. *DCI – Diário Comércio, Indústria & Serviços*, São Paulo, 18 mar. 2009.

COMISSÃO DE VALORES MOBILIÁRIOS. Resolução 116, de 20 de maio de 2022. Aprova a Consolidação do Pronunciamento Técnico CPC 47 do Comitê de Pronunciamentos Contábeis – CPC, que trata de receita de contrato com cliente. Disponível em: https://conteudo.cvm.gov.br/export/sites/cvm/legislacao/resolucoes/anexos/100/resol116.pdf. Acesso em: 31 maio 2023.

COMITÊ DE PRONUNCIAMENTOS CONTÁBEIS. Pronunciamento Técnico CPC 04 (R1) – Ativo Intangível. Brasília, 08 de maio de 2009. Disponível em: https://www.cpc.org.br/CPC/Documentos-Emitidos/Pronunciamentos/Pronunciamento?Id=35. Acesso em: 31 maio 2023.

COMITÊ DE PRONUNCIAMENTOS CONTÁBEIS. Pronunciamento Técnico CPC 16 (R1) – Estoques. Brasília, 05 de novembro de 2010. Disponível em: https://www.cpc. org.br/CPC/Documentos-Emitidos/Pronunciamentos/Pronunciamento?Id=47. Acesso em: 31 maio 2023.

COMITÊ DE PRONUNCIAMENTOS CONTÁBEIS. Pronunciamento Técnico CPC 27 – Ativo Imobilizado. Brasília, 26 de junho de 2009. Disponível em: https://s3.sa-east-1. amazonaws.com/static.cpc.aatb.com.br/Documentos/315_CPC%2027%20Termo%20 de%20aprovacao.pdf. Acesso em: 31 maio 2023.

COMITÊ DE PRONUNCIAMENTOS CONTÁBEIS. Pronunciamento Técnico CPC 47 – Receita de Contrato com Cliente. Brasília, 04 de nov. de 2016. Disponível em: https://www. cpc.org.br/CPC/Documentos-Emitidos/Pronunciamentos/Pronunciamento?Id=105. Acesso em: 31 maio 2023.

CONSELHO FEDERAL DE CONTABILIDADE. NBC TP 01 (R1). Dá nova redação à NBC TP 01, que dispõe sobre perícia contábil. Brasília, 27 de março de 2020.

CONSELHO FEDERAL DE CONTABILIDADE. Resolução CFC 2020/NBCTP01(R1): NBC TP 01, que dispõe sobre perícia contábil. Brasília, 27 de março de 2020. Disponível em: https://www2.cfc.org.br/sisweb/sre/detalhes_sre.aspx?Codigo=2020/ NBCTP01(R1)&arquivo=NBCTP01(R1).doc. Acesso em: 31 maio 2023.

CONSELHO FEDERAL DE CONTABILIDADE. Resolução CFC n. 1.055, de 07 de outubro de 2005. Cria o Comitê de pronunciamentos Contábeis e dá outras providências. Disponível em: http://static.cpc.aatb.com.br/Imagens/Res_1055.pdf. Acesso em: 31 maio 2023.

CORREIA NETO *et al.* Estudo e Consulta. Assunto: Reforma Tributária – PEC 110/2019, do Senado Federal, e PEC 45/2019, da Câmara dos Deputados. 2019. Disponível em: https://www2.camara.leg.br/atividade-legislativa/estudos-e-notas-tecnicas/fiquePorDentro/ temas/sistema-tributario-nacional-jun-2019/ReformaTributria_ComparativoPEC45e-PEC110.pdf. Acesso em: 04 nov. 2023.

FIELDS, Thomas D. *et al.* Empirical research in accounting choice. *Journal of Accounting and Economics*, Rochester, v. 31, p. 255-307, 2001.

GOMES *et al.* O papel da due diligence nas operações de M&A e IPO: motivação, desenvolvimento e conseqüências. *Azevedo Sette Advogados*, Brasília, 21 out. 2007. Disponível em: https://www.azevedosette.com.br/noticias/pt/o-papel-da-due-diligence-nas-operacoes-de-ma-e-ipo-motivacao-desenvolvimento-e-conseqencias/1211. Acesso em: 31 maio 2023.

HARTNETT, Dave. The link between taxation and corporate governance. *In*: SCHÖN, Wolfgang. *Tax and corporate governance.* Berlim: Springer, 2008. p. 3-8.

INSTITUTO BRASILEIRO DE GOVERNANÇA CORPORATIVA. *Código das melhores práticas de governança corporativa do IBGC.* São Paulo: IBGC, 2015.

LIMA, Marcell Feitosa C. Gênese da governança tributária corporativa. *Governança Tributária*, Fortaleza, 6 abr. 2009. Disponível em: http://govtributaria.blogspot.com/. Acesso em: 05 jan. 2010.

PEPPIT, Matthew. *Tax due diligence*. Londres: Spiramus, 2009.

POHLMANN, Marcelo Coletto. Harmonização contábil no Mercosul: a profissão e o processo de emissão de normas – uma contribuição. *Revista de Contabilidade e Finanças – USP*, São Paulo, n. 12, p. 1-19, set. 1995. Disponível em: https://www.scielo.br/j/cest/a/CKkMbKpNdh4W4DpqF3LchMN/. Acesso em: 05 nov. 2010.

POHLMANN, Marcelo Coletto; ALVES, Francisco José dos Santos. Regulamentação. *In*: IUDÍCIBUS, Sérgio de; LOPES, Alexandre Broedel (Coord.). *Teoria avançada da contabilidade*. São Paulo: Atlas, 2004. p. 233-273.

POHLMANN, Marcelo Coletto; IUDÍCIBUS, Sérgio de. *Tributação e política tributária*: uma abordagem interdisciplinar. São Paulo: Atlas, 2006.

SANTOS, Antonio Marcos; ARAUJO, José E. *Comparativo entre as propostas de reforma tributária em discussão no Congresso Nacional*. 2020. Disponível em: https://www.ibet.com.br/wp-content/uploads/2021/02/comparativo_propostas_reforma_santos.pdf. Acesso em: 04 nov. 2023.

SCHOLES, Myron S. *et al*. *Taxes and business strategy*: a planning approach. 3. ed. Upper Side River: Prentice Hall, 2004.

SECRETARIA ESPECIAL DA RECEITA FEDERAL DO BRASIL. COORDENAÇÃO GERAL DE TRIBUTAÇÃO. Solução de Consulta COSIT n. 174, de 27 de dezembro de 2018. Brasília: *Diário Oficial da União*, 2018.

SECRETARIA ESPECIAL DA RECEITA FEDERAL DO BRASIL. Instrução Normativa n. 2.121, de 15 de dezembro de 2022. Consolida as normas sobre a apuração, a cobrança, a fiscalização, a arrecadação e a administração da Contribuição para o PIS/PASEP, da Contribuição para o Financiamento da Seguridade Social (Cofins), da Contribuição para o PIS/PASEP-Importação e da Cofins-Importação. Brasília: *Diário Oficial da União*, 2022.

SECRETARIA ESPECIAL DA RECEITA FEDERAL DO BRASIL. Instrução Normativa n. 1.700, de 14 de março de 2017. Dispõe sobre a determinação e o pagamento do imposto sobre a renda e da contribuição social sobre o lucro líquido das pessoas jurídicas e disciplina o tratamento tributário da Contribuição para o PIS/PASEP e da Cofins no que se refere às alterações introduzidas pela Lei n. 12.973, de 13 de maio de 2014. Brasília: *Diário Oficial da União*, 2017.

SECRETARIA ESPECIAL DA RECEITA FEDERAL DO BRASIL. Instrução Normativa n. 1.753, de 30 de outubro de 2017. Dispõe sobre os procedimentos para anular os efeitos dos atos administrativos emitidos com base em competência atribuída por lei comercial que contemplem modificação ou adoção de novos métodos ou critérios contábeis. Brasília: *Diário Oficial da União*, 2017.

SECRETARIA ESPECIAL DA RECEITA FEDERAL DO BRASIL. Instrução Normativa n. 2004, de 18 de janeiro de 2021. Dispõe sobre a Escrituração Contábil Fiscal (ECF). Brasília: *Diário Oficial da União*, 2021.

SENADO FEDERAL. Resolução n. 9, de 6 de maio de 1992. Estabelece alíquota máxima para o Imposto sobre Transmissão *Causa Mortis* e Doação, de que trata a alínea "a", inciso l, e § 1º, inciso IV do art. 155 da Constituição Federal. Disponível em: https://www2.camara.leg.br/legin/fed/ressen/1992/resolucao-9-5-maio-1992-451294-publicacaooriginal-1-pl.html. Acesso em: 09 jan. 2023.

SENADO FEDERAL. Resolução n. 99, de 16 de setembro de 1981. Estabelece alíquotas máximas para o imposto de que trata o inciso I do artigo 23 da Constituição Federal. Disponível em: https://www2.camara.leg.br/legin/fed/ressen/1980-1987/resolucao-99-16-setembro-1981-465232-publicacaooriginal-1-pl.html. Acesso em: 09 jan. 2023.

ÍNDICE ALFABÉTICO

A

Abusos de poder, 10
Accountability, 9
Accounting Choices, 305
Adições
    da Contribuição Social sobre o Lucro Líquido, 129
    do Lucro Real, 76, 78
Aggressive Tax Planning, 301
Alíquota(s)
    da Contribuição Social sobre o Lucro Líquido, 122
    da Cofins, 155
    do ICMS, 207, 214
    do Imposto de Renda, 62
    do IPI, 190
    do PIS, 155
    na reforma tributária, 319
All
    Costs, 298
    Parties, 298
    Taxes, 298
Amortização, 37
Apuração
    da Contribuição Social sobre o Lucro Líquido, 127
    do IPI a recolher, 194
    do Lucro Real, 74
    do valor devido no
        regime
            cumulativo, 160
            não cumulativo, 164
        no Simples Nacional, 260
Arbitramento do lucro em juízo, 111
Áreas de atuação, 3
Artesanato, 185
Aspectos constitucionais do ICMS, 203
Associação desportiva, 245
Atividades e respectivos percentuais de lucro estimado, 125
    resultado
        arbitrado, 136
        presumido, 133

336 Contabilidade Tributária • Pohlmann

Ativo(s)
    imobilizado, 38
    intangíveis e amortização, 37
Atributo da generalidade, 49
Auditoria
    contábil, 6
    fiscal, 6
    tributária, 6

B

Base de cálculo
    da Contribuição Social sobre o Lucro Líquido, 122
    da Cofins, 155
    do ICMS, 207, 213
    do Imposto de Renda, 62
    do IPI, 187
        regras
            gerais, 188
            especiais, 189
        valor tributável mínimo, 189
    do PIS, 155
Base de incidência na reforma tributária, 319
Bens
    de produção, 187
    do ativo permanente do ICMS, 215
    duráveis lançados como despesa, 36

C

Cálculo
    do crédito, 163
    do Imposto de Renda das Pessoas Jurídicas com base no
        Lucro Arbitrado, 107
        Lucro Presumido, 96
Capacidade econômica, 49
CIDE, 278
Código Tributário Nacional (CTN), 14

Cofins (Contribuição para o Financiamento da Seguridade Social), 16, 151
    alíquotas, 155
    apuração do valor devido no regime
        cumulativo, 160
        não cumulativo, 164
    base de cálculo, 155
    créditos no regime não cumulativo, 161
    definições constitucionais, 151
    legislação de regência, 153
    na importação, 166
    obrigações acessórias, 168
    optantes pelo Simples Nacional, 167
    princípios, 151
    regimes de incidência, 153
    sujeição a ambos os regimes: cálculo do crédito, 163
    transporte rodoviário de carga, 163
Comissão
    de Sistematização, 53
    de Valores Mobiliários, 28
Compensação
    da base de cálculo negativa, 131
    de prejuízos fiscais do Lucro Real, 79
Competência tributária na reforma tributária, 319
Compliance
    fiscal, 4, 11
    tributário, 12
Concessão de benefícios fiscais, 320
Conselho Federal de Contabilidade (CFC), 25
Contabilidade Tributária, 1
    auditoria tributária, 6
    compliance fiscal, 11
    conceito e objeto, 2
    due diligence fiscal, 8
    e os tributos empresariais, 15
    gestão tributária, 5

governança tributária, 9

inteligência fiscal, 12

legislação tributária, 14

perfil profissional e áreas de atuação, 3

perícia tributária, 7

planejamento tributário, 4

tributos, 12

CSLL (Contribuição Social sobre o Lucro Líquido), 16, 62, 119

adições, 129

apuração da Contribuição Social sobre o Lucro Líquido, 127

base de cálculo e alíquotas, 122

compensação da base de cálculo negativa, 131

deduções da Contribuição Social sobre o Lucro Líquido devida, 132

exclusões, 130

hipóteses de incidência, 119

legislação de regência, 121

obrigações acessórias, 139

períodos de apuração, 124

pessoas jurídicas

optantes pelo regime do Lucro Presumido, 132

sujeitas ao Lucro Real, 122

sujeitas ao regime do Lucro Arbitrado, 136

princípios gerais, 119

recolhimento mensal por estimativa, 124

Simples Nacional, 139

Contribuição(ões)

de Intervenção no Domínio Econômico (CIDE), 17

de melhoria, 13, 14

especiais, 13, 14

para terceiros, 241

previdenciárias, 16, 239

da associação desportiva, 245

das empresas e empregadores em geral, 241

de entidades religiosas, 245

do empregador doméstico, 245

do produtor rural e do pescador, 246

dos segurados, 247

fundamentos constitucionais, 239

incidente sobre a receita bruta, 245

para terceiros, 243

parcelas não integrantes da base de cálculo, 242

Contribuinte(s)

do ICMS, 211

do imposto do IPI, 185

Controle Fiscal Contábil de Transição (FCONT), 31

Controle tributário, 4

Correção monetária, 56

Crédito(s)

básico, 193, 194

como incentivo, 193

de outra natureza, 193

do ICMS, 214

do IPI, 192

incobráveis, 38

na aquisição de insumos, 194

no regime não cumulativo, 161

no Simples Nacional, 263

por devolução ou retorno dos produtos, 193

presumido como ressarcimento de contribuições sociais, 193

vedados do ICMS, 216

Critério material do imposto de renda, 55

Custo

das Mercadorias Vendidas (CMV), 34

dos Bens e Serviços, 34

dos Produtos Vendidos (CPV), 34

dos Serviços Prestados (CSP), 34

D

Deduções
da Contribuição Social sobre o Lucro Líquido devida, 132
do imposto e apuração do saldo a recolher do Lucro Real, 81

Definições constitucionais
da Cofins, 151
do IPI, 179
do PIS, 151
do ICMS, 207

Depreciação de bens do imobilizado, 36

Desoneração
da folha de pagamento, 246
no Simples Nacional, 258

Despesas não dedutíveis do Lucro Real, 76

Direito contábil, 26

Dispensa do Lucro Real, 74

Due diligence fiscal, 4, 8

E

Earnings Management, 305

Eficácia do planejamento tributário, 297

Eficiência econômica dos tributos, 2

Elisão
fiscal, 299
tributária, 299

Empregador doméstico, 245

Empréstimos compulsórios, 13, 14

Entidades religiosas, 245

Equidade, 9

Equiparação a estabelecimento industrial, 186

Erros estratégicos, 10

Escala de interferência das normas tributárias na prática contábil, 32

Escolhas contábeis, 305

Escrituração
Contábil
Digital (ECD), 83
Fiscal (ECF), 83
Fiscal Digital (EFD), 83, 197

ESG (*Environmental, Social and Governance*), 11

ESG/Tributação, 11

Espécies tributárias, 13

Estabelecimento
equiparado a industrial, 186
industrial, 186

Evasão tributária, 299

Evolução do Imposto de Renda no Brasil, 47

Exclusão(ões)
da Contribuição Social sobre o Lucro Líquido, 130
do conceito de industrialização, 183
do Lucro Real, 78, 79
do regime no Simples Nacional, 263

F

Fato gerador
do ICMS, 209
do Imposto de Renda, 58
do IPI, 181

Finsocial, 152

Fontes e espécies de normas contábeis, 23

Fraudes, 10

G

Ganho(s)
de capital tributável, 58
financeiros, 34

Gastos de reparação e conservação, 39

Generalidade, 49

Generally Accepted Accounting Principles (GAAP), 24

Índice Alfabético **339**

Gerenciamento de resultados, 305

Gestão tributária, 5

Gestor tributário, 3

Governança
corporativa, 4, 9, 10, 17
tributária, 9, 10

Grau de interferência, 32

H

Hipóteses de incidência da Contribuição Social sobre o Lucro Líquido, 119

I

Impacto das normas tributárias no resultado contábil, 33

Importação, 166

Imposto(s), 13
de Renda das Pessoas Jurídicas (IRPJ), 16, 47
alíquotas, 62
base de cálculo, 62
critério material, 55
evolução, 47
fato gerador, 58
imunidades, 60
isenções, 60
não incidências, 60
princípios constitucionais específicos, 48
generalidade, 49
progressividade, 51
tributação segregada da renda, 52
universalidade, 50
regimes de tributação, 62
regime do Lucro Arbitrado, 105
cálculo do imposto de renda, 107
pessoa jurídica sujeita, 106
regime do Lucro Presumido, 95
cálculo do imposto de renda, 96

período de apuração, 96
regime do Lucro Real, 67
adições, 76
apuração do Lucro Real, 74
compensação de prejuízos fiscais, 79
deduções do imposto e apuração do saldo a recolher, 81
despesas não dedutíveis, 76
dispensa, redução e suspensão do imposto, 74
exclusões, 78
obrigações acessórias, 82
outras adições, 78
outras exclusões, 79
períodos de apuração, 69
pessoas jurídicas obrigadas, 67
receitas e resultados não tributáveis, 79
recolhimento mensal por estimativa, 70
de Renda Retido na Fonte, 288
Predial e Territorial Urbano, 280
sobre a Circulação de Mercadorias e Serviços de Transporte Interestadual e Intermunicipal e de Comunicação (ICMS), 16, 203
alíquotas, 207
aspectos constitucionais, 203
base de cálculo, 207, 213
bens do ativo permanente, 215
contribuintes, 211
créditos vedados, 216
créditos, 214
definições, 207
fato gerador, 209
imunidades e princípios gerais, 205
lei complementar e dos convênios, 204
material de consumo, energia e comunicações, 215

obrigações acessórias, 217

papel do Senado Federal, 206

período de apuração e alíquotas, 214

substituição tributária, 211

sobre a Propriedade, 280

de Veículos Automotores, 281

Territorial Rural, 280

sobre Exportação (IE), 17, 272

sobre Importação (II), 17, 270

sobre Operações de Crédito, Câmbio e Seguro, ou relativo a Títulos ou Valores Mobiliários (IOF), 17

sobre Produtos Industrializados (IPI), 16, 33, 179

alíquotas, 190

apuração, 194

base de cálculo, 187

regras gerais, 188

regras especiais, 189

valor tributável mínimo, 189

contribuinte do imposto, 185

créditos, 192

definições constitucionais, 179

exclusões do conceito de industrialização, 183

fato gerador, 181

industrialização, 182

obrigações acessórias, 197

princípios, 179

suspensão e isenção do imposto, 187

sobre rendimentos, 48

sobre Serviços de Qualquer Natureza (ISSQN), 16, 225

apuração do imposto e obrigações acessórias, 232

aspectos constitucionais e legislação de regência, 225

fato gerador e contribuintes, 227

local da prestação do serviço, 229

sobre transmissão

causa mortis e doação, 277

de bens imóveis, 276

seletivos na reforma tributária, 321

Imunidade(s)

do Imposto de Renda, 60

e princípios gerais do ICMS, 205

geral em relação a impostos concedid
a livros, jornais, periódicos e ao pape
destinado à sua impressão, 205

Incentivos fiscais, 311

Industrialização, 182, 183

sob encomenda, 189

Instituto dos Auditores Independentes do Brasil (Ibracon), 25

Insumo, 161, 162

Inteligência fiscal, 4, 12

Interferência das normas tributárias na prática contábil, 26

Internacional Accounting Standard Board (IASB), 25

IOF, 274

Isenções, 187

do Imposto de Renda, 60

no Simples Nacional, 258

iTax, 12

J

Juros sobre o Capital Próprio, 307

L

Legislação

de regência, 121

de regência da Cofins, 153

de regência do PIS, 153

tributária, definição e alcance, 14

Lei

Anticorrupção, 11

complementar e dos convênios, 204

das Sociedades Anônimas, 25, 27

Kandir, 205

Lucro(s)

Arbitrado, 62, 109

e dividendos de participações avaliadas pelo custo de aquisição, 39

líquido, 75

Presumido, 62

Real, 28, 62, 67

M

Material de consumo, energia e comunicações, 215

Microempreendedor Individual (MEI), 264

Microempresa e Empresa de Pequeno Porte, 254

Modelo de decisão de planejamento tributário, 304

N

Não

cumulatividade, 180

na reforma tributária, 320

incidências do Imposto de Renda, 60

Neutralidade fiscal, 30

Nomenclatura Comum do Mercosul (NCM), 191

Normas

antielisivas, 302

contábeis e fiscais, 23

ativos intangíveis, 37

bens duráveis lançados como despesa, 36

créditos incobráveis, 38

custo dos bens e serviços, 34

depreciação de bens do imobilizado, 36

fontes e espécies, 23

gastos de reparação e conservação, 39

impacto no resultado contábil, 33

interferência na prática contábil, 26

lucros e dividendos de participações avaliadas pelo custo de aquisição, 39

mensurando o grau de interferência, 32

Primeira "Revolução Contábil", 27

receita(s)

bruta operacional, 33

financeiras, 34

Segunda "Revolução Contábil", 29

tributos pagos na aquisição de bens, 38

Contábeis Legais (NCLs), 24

comerciais ou civis, 25

regulatórias, 25

tributárias, 25

Contábeis Profissionais (NCP), 24

O

Obediência tributária, 2

Obrigações acessórias, 139

da Cofins, 168

do ICMS, 217

do IPI, 197

do Lucro Real, 82

do PIS, 168

no Simples Nacional, 263

Oficina, 185

Opção e vedações no Simples Nacional, 259

Organização Mundial das Alfândegas (OMA), 191

P

Parcelas não integrantes da base de cálculo, 242

Partilha da arrecadação do IBS, 320

PEC 45, 318-321

PEC 110, 318-321

Percentual(is)

de estimativa de lucro (IRPJ), 71, 97

342 Contabilidade Tributária • Pohlmann

de Lucro Arbitrado sobre a receita bruta, 107

Perfil profissional, 3

Perícia
   contábil, 7
   tributária, 7

Período de apuração
   da Contribuição Social sobre o Lucro Líquido, 124
   do ICMS, 214
   do Lucro Real, 69

Pessoalidade, 48

Pessoas jurídicas
   obrigadas ao Lucro Real, 67
   optantes pelo regime do Lucro Presumido, 132
   sujeita ao Lucro Arbitrado, 106, 136
   sujeitas ao Lucro Real, 122

Planejamento tributário, 4, 295
   administrativo, 4
   da elisão à evasão tributária, 299
   eficácia, 297
   escolhas contábeis, 305
   estratégico, 5
   gerenciamento de resultados, 305
   incentivos fiscais, 311
   internacional, 5
   interno, 4
   judicial, 5
   Juros sobre o Capital Próprio, 307
   normas antielisivas, 302
   optativo, 306
   processo, 303
   regimes de tributação, 306
   reorganizações societárias, 308
   tópicos, 306

Prejuízo compensável, 80

Prestação de contas, 9

Primeira "Revolução Contábil", 27

Princípios
   constitucionais, 48
      da anterioridade, 206
         especial ou nonagesimal, 120
         geral, 180
         mitigada ou nonagesimal, 181
      da generalidade, 49
      da igualdade, 49, 52
      da irredutibilidade de vencimentos, 50
      da irretroatividade, 206
      da isonomia, 50
      da legalidade, 180, 206
      da materialidade, 34
      da progressividade, 51, 54
      da seletividade, 180
      da tributação segregada da renda, 52
      da universalidade, 50
   de contabilidade geralmente aceitos, 24, 27
   da Cofins, 151
   do IPI, 179
   do PIS, 151
   gerais da Contribuição Social sobre o Lucro Líquido, 119

Processo de planejamento tributário, 303

Produtor rural e do pescador, 246

Programa de Integração Social (PIS), 16, 151
   alíquotas, 155
   apuração do valor devido no regime
      cumulativo, 160
      não cumulativo, 164
   base de cálculo, 155
   créditos no regime não cumulativo, 161
   definições constitucionais, 151
   incidente sobre a folha de pagamento, 165
   legislação de regência, 153
   na importação, 166
   obrigações acessórias, 168

Índice Alfabético **343**

optantes pelo Simples Nacional, 167

princípios, 151

regimes de incidência, 153

sujeição a ambos os regimes, cálculo do crédito, 163

transporte rodoviário de carga, 163

Progressividade

imperfeita, 51

perfeita, 51

Proventos, 57

Q

Questões macroeconômicas da tributação, 2

R

Receita(s)

bruta

conceito, 99

operacional, 33

e resultados não tributáveis do Lucro Real, 79

financeiras, 34

Receita Federal do Brasil (RFB), 31

Recolhimento mensal por estimativa, 70, 124

Redução do Lucro Real, 74

Reforma tributária, 317

alíquota, 319

base de incidência, 319

competência tributária, 319

concessão de benefícios fiscais, 320

conteúdo das propostas de emendas constitucionais, 318

impostos seletivos, 321

não cumulatividade, 320

partilha da arrecadação do IBS, 320

síntese dos principais pontos, 322

transição do sistema de cobrança dos tributos, 321

tributos criados e extintos, 318

veiculadas por projetos de lei, 323

vinculação da arrecadação do IBS, 321

Regime(s)

de incidência

da Cofins, 153

do PIS, 153

de tributação, 306

do Imposto de Renda, 62

do Lucro

Arbitrado, 105

Presumido, 95

Real, 62, 67

Tributário de Transição (RTT), 29

Renda, 57

conceito, 54

constitucional, 56, 57, 58

Reorganizações societárias, 308

Responsabilidade

corporativa, 9

por retenção de tributos, 287

tributária, 287

Retenção

de contribuições previdenciárias, 290

de PIS, Cofins e CSLL, 289

Revisão tributária, 7

S

Segunda "Revolução Contábil", 29

Segurados, 247

Senado Federal, 206

Simples Nacional, 17, 139, 253

apuração do valor devido, 260

contornos constitucionais, 253

créditos, 263

exclusão do regime, 263

isenções, 258

legislação de regência, 253

Microempreendedor Individual (MEI), 264

Microempresa e Empresa de Pequeno Porte, 254

obrigações acessórias, 263

opção e vedações, 259

outras desonerações, 258

tributos abrangidos, 256

Síntese dos principais pontos da reforma tributária, 322

Sistema

de contabilidade de custo integrado e coordenado com o restante da escrituração, 35

Harmonizado (SH), 191

Tributário Nacional (STN), 12

Sociedade em Conta de Participação (SCP), 80

Stakeholders, 9

Substituição tributária, 212

do ICMS, 211

para frente, 206

Substitutivo à PEC 110, 318, 319, 320, 321

Sujeição a ambos os regimes, 163

Suspensão do imposto, 187

do IPI, 187

do Lucro Real, 74

T

Tabela de Incidência do IPI (TIPI), 182

Tax

compliance, 2

due diligence, 9

Tax/ESG, 11

Taxas, 13, 14

Tecnologia da informação fiscal, 12

Terceiros, 243

TI fiscal, 12

Tópicos de planejamento tributário aplicado, 306

Trabalho preponderante, 185

Transição do sistema de cobrança dos tributos, 321

Transparência, 9

Transporte rodoviário de carga, 163

Tributação ótima, 2

Tributarista, 3

Tributos

abrangidos no Simples Nacional, 256

criados e extintos na reforma tributária, 318

definição, espécies e competência, 12

empresariais, 15

pagos na aquisição de bens, 38

sobre atividades econômicas e transmissão de bens, 270

V

Valor tributável mínimo, 189

Vinculação da arrecadação do IBS, 321